人民日报
国际评论选编

REN MIN RI BAO 2016
GUO JI PING LUN XUANBIAN

人民日报社国际部 编

人民日报出版社

图书在版编目（CIP）数据

人民日报国际评论选编.2016/人民日报社国际部编.
—北京：人民日报出版社，2017.2
ISBN 978-7-5115-4449-0

Ⅰ.①人… Ⅱ.①人… Ⅲ.①时事评论—文集
Ⅳ.① D5-53

中国版本图书馆 CIP 数据核字（2016）第 317513 号

书　　名：	人民日报国际评论选编 2016
编　　者：	人民日报社国际部
出 版 人：	董　伟
责任编辑：	蒋菊平　刘天骥
版式设计：	九章文化
出版发行：	人民日报出版社
社　　址：	北京金台西路 2 号
邮政编码：	100733
发行热线：	(010) 65369527　65369509　65369510　65369846
邮购热线：	(010) 65369530
编辑热线：	(010) 65369528
网　　址：	www.peopledailypress.com
经　　销：	新华书店
印　　刷：	北京中新伟业印刷有限公司
开　　本：	710mm×1000mm　1/16
字　　数：	538 千字
印　　张：	37.5
版　　次：	2017 年 2 月第 1 版　2017 年 2 月第 1 次印刷
书　　号：	ISBN 978-7-5115-4449-0
定　　价：	65.00 元

目 录

国纪平

"历史和人民将记住他"
　　——怀念菲德尔·卡斯特罗同志　/ 3
迎接中拉命运与共的历史新时期
　　——写在习近平主席2016年拉美之行前夕　/ 11
让世界经济之水活起来
　　——写在G20杭州峰会召开之际　/ 20
究竟谁在破坏国际法
　　——菲律宾南海仲裁案事实与法理辨析　/ 29
为促进中国—中东欧合作注入新动力　/ 38
构建人类"核安全"命运共同体
　　——写在习近平主席出席第四届核安全峰会之际　/ 46
为中东和平发展注入强大正能量
　　——写在2016年习近平主席首次出访之际　/ 52

钟 声

合力反恐才是正确选择　/ 61
中挪关系转圜揭示国家相处之道　/ 63

中国稳中求进　世界增添机遇　　　　/ 65
铭记南京大屠杀是道义必须　　　　　/ 67
认清时与势　方能促发展　　　　　　/ 69
欧盟需切实遵守世贸规则　　　　　　/ 71
中拉友好关系驶入新航程　　　　　　/ 73
把握中美关系基本面和大方向　　　　/ 75
警惕日本执意废除"不战条款"　　　/ 77
美国为何对中东两场战事"厚此薄彼"　/ 79
中国不会任由美国在南海肆意胡来　　/ 81
美国选举乱象凸显制度弊端　　　　　/ 84
曲线拜鬼是另一种徒劳的嚣张　　　　/ 86
丝路筑梦　金砖闪耀　　　　　　　　/ 88
展现全球治理中的大国担当　　　　　/ 90
控枪难的根子还是金钱政治　　　　　/ 92
俄罗斯不需要"民主教师爷"　　　　/ 94
朝核问题，美国不是局外人和裁判官　/ 96
杭州峰会劲吹"中国风"　　　　　　/ 98
"贸易焦虑症"是个绊脚石　　　　　/ 100
点亮世界经济增长之路　　　　　　　/ 102
日本，否认侵略就是破坏世界和平　　/ 104
逐梦路上尤需坚韧自信　　　　　　　/ 106
值得警惕的危险之举
　　　——部署"萨德"威胁的是东北亚和平①　/ 108
韩国，需要基本的清醒和现实感
　　　——部署"萨德"威胁的是东北亚和平②　/ 110
中国安全利益不容蓄意损害
　　　——部署"萨德"威胁的是东北亚和平③　/ 112
美韩须领会中俄严正警告的深意

——部署"萨德"威胁的是东北亚和平④　　/ 114

排除干扰，推进中国东盟合作　　/ 116

"仲裁庭"竟是外部势力代理人

　　——南海仲裁案不过是场政治闹剧①　　/ 118

谈判协商是解决南海问题的唯一出路

　　——南海仲裁案不过是场政治闹剧②　　/ 121

双重标准是对国际法治的亵渎

　　——南海仲裁案不过是场政治闹剧③　　/ 124

不接受、不承认非法仲裁就是维护国际法治

　　——南海仲裁案不过是场政治闹剧④　　/ 127

支持中国的正义声音是国际社会主旋律

　　——南海仲裁案不过是场政治闹剧⑤　　/ 130

坚持以"双轨思路"处理南海问题

　　——南海仲裁案不过是场政治闹剧⑥　　/ 132

谈判协商才是解决问题之道

　　——南海仲裁案不过是场政治闹剧⑦　　/ 134

中国维护南海和平稳定的决心坚定不移

　　——南海仲裁案不过是场政治闹剧⑧　　/ 136

滥用国际法就是冲击国际秩序　　/ 138

对接发展战略"一带一路"再提速　　/ 140

矛盾并非"一脱了之"　　/ 142

行稳致远　开创未来　　/ 144

美国，炫耀武力就是搞霸权！　　/ 146

读懂历史方能掂出道义的分量　　/ 148

中国在南海断续线内的历史性权利不容妄议和否定　　/ 150

大国关系容不得战略冲动　　/ 152

亚投行赢得开门红　　/ 154

抓住解决安全问题的"总钥匙"　　/ 156

拜鬼背后的任性与狂妄　　　/ 158

"金钱政治"下的虚伪新闻观　　　/ 160

美国，少拿"国别报告"自毁形象　　　/ 162

澜湄合作展现中国东盟亲和力　　　/ 164

为什么中国人更相信世界会更好　　　/ 166

中国，"改革"品牌越擦越亮　　　/ 168

领悟引领中国发展的担当与智慧　　　/ 170

民粹主义何以在西方"走红"　　　/ 172

"选择性失明"也是风险制造者　　　/ 174

从星球生命本源悟文明多样性　　　/ 176

不能在反恐大旗下藏私货　　　/ 178

拿出勇气，化焦虑为前行动力　　　/ 180

大使随笔

中牙友谊赛铁木　　　牛清报/ 185

用诚意点亮叙利亚和平的烛光　　　齐前进/ 187

"一带一路"唱响联合国舞台　　　刘结一/ 189

结交在志合　相知亦相亲　　　吴　鹏/ 191

中智关系新的里程碑　　　李宝荣/ 193

书写中秘友好新篇章　　　贾桂德/ 196

相知无远近　万里尚为邻　　　王玉林/ 198

海上结亲缘　丝路续新篇　　　黄惠康/ 200

开启中几关系新时代　　　卞建强/ 202

携手并进，谱写金砖合作新篇　　　罗照辉/ 204

抓住丝路机遇　共谱合作新篇　　　马明强/ 206

高棉大地绽放中柬友谊之花　　　熊　波/ 208

亚吉铁路带动非洲屋脊发展　　　腊翊凡/ 210

中古友谊航船再启航　　　张　拓/ 212

时代呼唤更紧密的中加关系	罗照辉 / 214
瞩望中国在联合国展现更大担当	刘结一 / 216
相互帮助　风雨同舟	齐前进 / 218
解决叙利亚危机的中国智慧	解晓岩 / 220
努力构建中国—东盟命运共同体	徐　步 / 222
中摩务实合作前景广阔	张迎红 / 224
非法裁决令国际法蒙羞	吴　恳 / 226
美国需要作出正确选择	崔天凯 / 228
丝路牵手草原　共迎美好明天	邢海明 / 231
飞向更加美好新天地	李瑞佑 / 233
积极推动中俄关系保持高水平运行	李　辉 / 235
共享丝路机遇　中乌共创未来	孙立杰 / 237
中波"老友"关系走进新时代	徐　坚 / 239
中塞友谊结硕果　务实合作开新篇	李满长 / 241
携手打造中多命运共同体	刘豫锡 / 243
迈入中奥关系新时代	赵　彬 / 245
中阿友谊深植人民心中	姚　敬 / 247
共建亚洲美好明天	张汉晖 / 249
丝路情缘　再谱新篇	孙树忠 / 251
涓涓细流汇成海	杨厚兰 / 253
"琥珀之路"上的新期待	黄　勇 / 255
推动中立友好合作迈上新台阶	魏瑞兴 / 257
为中新人民带来更多福祉	王鲁彤 / 259
在中非合作中"领跑"	顾小杰 / 261
中斯合作根植于人民友好	易先良 / 263
"三个第一"，捷克等待历史性时刻	马克卿 / 265
春节给"欧洲之都"带来的不只是欢乐	曲　星 / 267
乘风破浪　扬帆远航	徐　坚 / 269

传丝绸之路友谊启中伊关系新篇　　　庞　森/271
丝路新篇章　合作好伙伴　　　宋爱国/273
共拓合作路　乘风到天方　　　李成文/275

国际论坛

中挪关系正常化带来正能量　　　欧阳思/279
欧盟应履行世贸组织法律义务　　　让—弗朗索瓦·贝利斯/282
欧洲防务寻新路　　　皮埃尔·贝尔特莱/285
为中国人权成就而欢欣鼓舞　　　汤姆·茨瓦特/287
治理污染是区域性和跨部门课题　　　尤斯坦·尼加尔　高柏林/289
接过杭州峰会的接力棒　　　迪尔克·梅斯纳/291
智利真心实意同中国合作　　　佩德罗·雷乌斯/293
选举乱象凸显美国"病"得不轻　　　袁　鹏/295
信任的种子结成丰硕的果实　　　纳吉布/298
不要误解中国的人权进步　　　罗伯特·劳伦斯·库恩/300
华盛顿政治竟然如此荒诞无稽　　　阿尼尔·西格德尔/302
"一带一路"，着眼未来　　　彼得·弗兰科潘/304
美国制度弊端给极端立场开道　　　吴心伯/306
"一带一路"预示更光明全球化前景　　　让—皮埃尔·拉法兰/308
杭州峰会展现中国引领力　　　夏先良/310
金砖合作树大根深　　　裴广江　张梦旭/312
美国大选是场权贵间的恶斗　　　约瑟夫·布拉姆尔/314
中国是全球减贫事业的楷模　　　郝福满/316
对G20杭州峰会成效充满信心　　　谢尔盖·塔拉卡耶夫/318
"杭州共识"有助应对全球挑战　　　彼得·威廉姆森/320
杭州G20，洞见全球经济增长　　　维拉普拉萨德/322
当深入研究二战中的中国贡献　　　丹·迪纳/324
增进国际共识的绝佳机会　　　史蒂芬·皮克福德/326

| 中国为推动全球发展做出重要贡献　　　　比尔·盖茨 / 328
G20推动世界重视经济安全　　　郑永年 / 330
完善国际金融架构　期待"中国方案"　　　林建海 / 332
G20峰会值得期待　　　保罗·马丁 / 334
沙特如何看中国　　　萨勒曼·杜赛里 / 336
G20杭州峰会正当其时　　　马丁·雅克 / 338
自说自话几时休　　　宗　文 / 340
运用国际平台创造机遇　　　门　镜 / 343
为发展议题注入新内涵　　　恩里克·杜塞尔·彼得斯 / 345
从根本上建设人类命运共同体　　　狄伯杰 / 347
讨论和解决全球问题的盛会　　　吕克托夫特 / 349
日本应倾听邻国的正义声音　　　石田隆至 / 351
部署"萨德"使半岛问题更难解　　　李相万 / 353
所谓仲裁暴露了西方霸权心态　　　汤姆·兹瓦特 / 355
我们坚决抗议部署"萨德"　　　金忠焕 / 358
伊战错误不可能永远蒙蔽世人　　　拉法埃洛·帕恩图西 / 361
伊拉克战争加剧地区动荡　　　雷蒙·帕切科·帕尔多 / 363
巴西张开双臂迎奥运　　　米歇尔·特梅尔 / 365
共绘中俄蒙合作新蓝图　　　张　军 / 367
实现全球"零饥饿"需要分享经验　　　斯坦莱克·萨姆坎格 / 369
美国"航行自由"的底色是什么？　　　张军社 / 371
为促进相互理解贡献力量　　　阿莱·海德尔 / 373
核安全之路，中国与世界同行　　　诸旭辉　张佳琦　宋翔宇 / 375
我们在同一艘全球巨轮上　　　马凯硕 / 377
中拉整体合作扬帆启程　　　祝青桥 / 379
宗教极端主义不是宗教　　　叶小文 / 381
国际反恐要走正确道路　　　李　伟 / 383

环球走笔

欧洲"红与黑"带来的追问	许立群	/ 389
和平的关键是人心	张梦旭	/ 391
警惕"网络谣言"变成生意	方师师	/ 393
大数据书写"足球经"	李 潇	/ 395
"我非常想念我的国家"	李 琰	/ 397
习惯性"充电"的工薪族	陈尚文	/ 399
大堡礁的脆弱与平衡	李 锋	/ 401
女性的奥林匹克之路不平坦	张慧中	/ 403
地铁中的文化流光	王 迪	/ 405
黄金太多怎么办	苑基荣	/ 407
茶道与商道	阿 罗	/ 409
当心"过滤泡泡"主宰了你	林 芮	/ 411
现在是未来的起点	蔡肖兵	/ 413
"美的本身"才是真	吴绮敏	/ 415
让万家灯火更璀璨	马 菲	/ 417
留存,当以"柔软"的方式	白 阳	/ 419
古城乐声伴着文明归来	宦 翔	/ 421
"半座好屋"有宏大追求	侯露露	/ 423
谁说古巴人听不到摇滚乐	李 强	/ 425
马背上不平凡的梦想	庄雪雅	/ 427
"断舍离"的无奈与意趣	田 泓	/ 429
这样的"传说"可以有	陈效卫	/ 431
潘塔纳尔的湿地保护神话	颜 欢	/ 433
"追求幸福乃严肃之事"	车 斌	/ 435
为人类发展寻找更多可能	杜一菲	/ 437
你能感觉到耳机的温度吗	高 石	/ 439

"玉米人"的尴尬　　　　　王晓波/ 441
华盛顿政治圈的新漩涡　　　章念生/ 443
童书的"魔法"与现实　　　赵　松/ 445
她留给世界一只和平鸽　　　温　宪/ 447
欧洲史与抑郁症　　　　　　丁　刚/ 449
"铁锈地带"不该是工业的宿命　　赵明昊/ 451

经济透视

冻产协议能否"解冻"油价？　　熊　园/ 455
热炒概念只能造就科技泡沫　　阙　雷/ 457
科技公司如何永葆活力？　　史蒂夫·布兰克/ 459
"苹果"税务风波背后的角力　　胡天龙/ 461
里约奥运的"经济遗产"　　马尔克斯·利马/ 463
日本经济，有刺激却欠改革　　张玉来/ 465
为何重提金本位　　　　　　宋　科/ 467
如何看待西方反全球化现象　　陈凤英/ 469
页岩油气，低谷还是低估？　　冯　明/ 471
回归简约之美　　　　　张　杰　强　薇/ 473
美联储进退维谷　　朱利安·阿卡林　扬·日林斯基/ 475
经济困境缘于治理不当　　　丁　刚/ 477
沙特加快经济转型的启示　　岳麓士/ 479
负利率暴露"货币万能主义"短板　　向松祚/ 481
证券交易所为何频频联姻　　陆　婷/ 483
算一算英国"退欧"经济账　　魏　亮/ 485
德银，欧洲银行业艰难重组的缩影　　陈　新/ 487
裁员潮中的危与机　　　　　范剑青/ 489
硅谷人瞄上"新硬件"　　　姜奇平/ 491
应对气候挑战也需要融资工具　　中尾武彦/ 493

科技大观

未来服装"智能"无限　　　　黄培昭/497
二氧化碳或许堪为工业原料　　冯雪珺/499
黑客的克星或叫"白客"　　　宋豪新/501
仿生技术也能"赛"起来　　　颜　欢/503
虚拟现实技术，让人难分"虚"与"实"　　欧　狄/505
人工智能的棋局刚开始　　　金大植/507
说说彗星的那些事　　　　　许文韬/509
打开宇宙时空弯曲的大门　　朱宗宏　范锡龙/511
若精准医疗到来　　　　　　邓雨辰/513

五洲茶亭

隐形的翻译家　　　　莫　言/517
匠心成就经典　　　　李　斌/519
梦境与现实：当两个世界相遇　　李　强/522
拾回文明史书的符号　王骁波/524
哦，卡雅利沙　　　　李志伟/527
不该被边缘的"他者"　赵明昊/530
离艺术更近一些　　　任　彦/532

旅人心语

走出蓝房子的弗里达　　李　强/537
小鸟何以"依人"？　　陈效卫/539
驯鹿的生存法则　　　　陈效卫/541
凝聚人心的节日　　　　赵　松/544
墙面画作　壁上史书　　王骁波/546

专版评论

采取更有力度的行动　　　　　解振华 / 551
中国与联合国：不断深化的合作　　　　潘基文 / 553
让匠心成为一种时尚　　　　　王　永 / 555
中国经验值得借鉴　　　　　文霭洁 / 557
悬崖边上的"美国梦"　　　　斯蒂芬·罗奇 / 560
迎接一个时代的到来　　　　杰克·吉尔博特 / 562
"反哺"与"造血"　　　　　丁　刚 / 565
挖掘国际人才"红利"　　　　王辉耀 / 567
发挥自身优势　用好国际资源　　　李晓华 / 569
"自行车"的双速难题　　　　赵　晨 / 572
对极端思想说"不"　　　　保罗·托马斯 / 574
用文化的力量塑造中国形象　　娜塔莉娅·阿扎洛娃 / 576
为促进妇女发展加速行动　　　拉克什米·普里 / 578
重塑军事力量体系　　　　　阮光峰 / 580
务实合作开新篇　　　　　岳麓士 / 582
大国博弈　动荡难消　　　　苏　格 / 584

国纪平

"历史和人民将记住他"

——怀念菲德尔·卡斯特罗同志

国纪平

悠悠历史,英雄辈出,引领时代。

怅怅别情,英雄千古,万流景仰。

2016年12月4日上午,古巴圣地亚哥市圣伊菲赫尼亚公墓举行葬礼,古巴革命领袖菲德尔·卡斯特罗从此长眠于民族英雄何塞·马蒂之畔。连日来,随着卡斯特罗的骨灰沿着他在圣地亚哥宣布古巴革命胜利后一路来到哈瓦那的相反路线行进,途经古巴10多个省,无尽哀思浸透古巴大地。来自世界的纪念与追忆,又如潮水一般涌向这个英雄国度。

卡斯特罗逝世后,中共中央总书记、国家主席、中央军委主席习近平第一时间发出唁电,并亲自前往古巴驻华使馆吊唁。习近平指出,菲德尔·卡斯特罗同志是我们这个时代的伟人,他为世界社会主义发展建立的不朽历史功勋,他对各国正义事业的支持将被永远铭记。

俄罗斯总统普京表示,卡斯特罗和战友们创立的自由、独立的古巴已成为国际社会的重要成员,为很多国家和人民树立了鼓舞人心的榜样。

法国总统奥朗德在新闻公报中说,卡斯特罗是古巴革命的化身,是古巴人民抗拒外来势力统治的骄傲。

联合国大会,各国代表起立默哀一分钟,表达哀悼。联合国官方微博写道:"在半个多世纪的岁月中,他在古巴和全球政治领域留下了重大的印记。他的革命理想波澜壮阔。在全球论坛上,他是伸张社会正义的一个强有力的声音。"
……

在我们这个依旧为不同文化传统、不同社会制度所分化的世界,卡斯特罗逝去所引发的共同追思,愈加印证了这位时代伟人的人格魅力和不朽功绩。

今天,世界目送影响时代的伟人菲德尔·卡斯特罗安息。人们追问:究竟该如何审视卡斯特罗不平凡的一生?他那始终闪烁着理想与信仰之光的革命生涯,又能赋予后来者怎样的精神力量?

(一)

革命人生,汇聚了无数闪耀光芒的瞬间。

1953年,年仅26岁的卡斯特罗率队攻打蒙卡达兵营,被捕入狱。他豪迈地在独裁者的法庭上慷慨陈词,那载入史册的自我辩护词《历史将宣判我无罪》,宛若唤醒大地的斗争号角——"我们出生在我们的先辈传给我们的自由国家。我们不会同意作任何人的奴隶。除非我们的国土沉入海底。"

1956年,卡斯特罗率部乘坐"格拉玛号"游艇返回古巴——"船已经大大地超重了,一个能容纳10—12人的游艇竟载了82人……我们出海后,第一件事就是唱国歌,这是我一生中少有的感到最高兴的时刻,因为我们正向古巴前进。"登陆,又一个失败,但并不意味退缩。卡斯特罗带领着"十几个人、七八条枪"向马埃斯特腊山转移。

1959年,卡斯特罗率领起义军最终推翻巴蒂斯塔独裁政权,成立了革命政府。接下来的数十年中,在他的领导下,英勇的古巴人民成功抵御来自美国的经济封锁、政治打压、军事威胁、外交孤立,坚持走自己的发展道路,在与一个敌视自己的超级大国相邻而居的强烈不对称中赢得了尊严与平等。

巴西作家克劳迪娅·福丽娅蒂所著《卡斯特罗传》如此写道:有人说,古巴不可能发生社会主义革命,然而它发生了;面对美国及其盟国的政治、经济、军事封锁,古巴革命的生存是不可能的,然而它生存了下来。

为什么"不可能"最终变成了现实?古巴人民说:"因为有卡斯特罗!"

时代造就伟大人物，伟大人物又影响时代。正如习近平总书记所指出，菲德尔·卡斯特罗同志是古巴共产党和古巴社会主义事业的缔造者，是古巴人民的伟大领袖。他把毕生精力献给了古巴人民争取民族解放、维护国家主权、建设社会主义的壮丽事业，为古巴人民建立了不朽的历史功勋，也为世界社会主义发展建立了不朽的历史功勋。

探究卡斯特罗革命事业背后的信仰支撑，有学者如是梳理：崇尚思想、原则、价值、理想和尊严是卡斯特罗思想的灵魂，也是古巴革命的精髓。正是依靠这种精神，古巴以尊严和自强，顽强地生存和发展起来。用卡斯特罗自己的话说："相信思想的巨大力量是我国人民的信念。""我们是思想的儿子"，古巴一代代革命者以此为骄傲，前赴后继为实现理想而抗争。

伟人之所以伟大，不仅因为他们为人民、为民族、为人类建立了丰功伟绩，而且因为他们在艰苦磨砺中铸就了坚强意志和高尚人格。革命征程中的一次次失败并没有让卡斯特罗丢失理想，美国的强大压力没有让他选择退却，苏东剧变带来的困难没有让他心生彷徨……

今年4月，古共七大闭幕式上，卡斯特罗发表了平生最后一次重要演讲："每个人都会有大限来临的一天，不过古巴共产主义的思想将永远留存。这也证明了，如果带着热情与尊严投入到工作与事业中，我们将创造出人们所需要的物质与精神财富，为此我们必须不懈奋斗。"九十高龄的老人依旧选择以理想与信仰之名，催人奋进。

（二）

"谁是主谋？"

"何塞·马蒂！"

1953年，攻打蒙卡达兵营失败后遭遇审讯时，卡斯特罗对检察官的回答令人震惊。

何塞·马蒂，古巴民族英雄与思想家，毕生追求抗帝国、争自由，15岁起参加反抗殖民统治的革命活动，42岁牺牲在古巴独立战争的战场上。为什么1895年离世的何塞·马蒂成为1953年这场起义的"主谋"？

从历史演进的脉络看，古巴革命具有深厚根基和思想积淀。卡斯特罗走上革命道路的过程中，首先接受的正是马蒂追求民族独立的爱国主义思想。随后，他又遇见了马克思主义——"如果乌利塞斯被美人鱼的歌声所陶醉，我则被马克思主义揭示的无可辩驳的真理所吸引。"

理想因其远大而为理想，信念因其执著而为信念。通过将马克思主义与马蒂主义相结合，卡斯特罗形成了关于古巴革命的思想体系。无论是推翻独裁统治，还是推进古巴的社会主义建设，民族独立、国家自强始终是其不懈奋斗的目标。

古巴在偌大的西半球坚持走自己的道路，征程异常艰辛。贯穿古巴近现代史，斗争始终与来自美国的压力相伴。早在1823年，时任美国国务卿约翰·昆西·亚当斯就提出了所谓"熟果政策"——如果暴风雨能把树上的苹果打落到地上，那么脱离它同西班牙的不自然关系且不能自我维系的古巴，也只能倒向北美邻邦。人们看到，随着20世纪下半叶古巴走上社会主义道路，地缘政治与意识形态因素相互叠加，美国的干预更加肆无忌惮。而冷战结束初期，古巴在政治上失去了重要战略依托，经济上失去了曾经的援助，华盛顿"结束卡斯特罗政权"的战略攻势又进一步加速实施。

面对超级大国的种种打压，卡斯特罗领导下的古巴始终铁骨铮铮——"古巴永远都不会在美国面前下跪。""对于与美国的历史性差异，古巴不反对寻找解决方案，但不应期待古巴改变立场或在原则问题上屈服。古巴现在以及未来都会坚持社会主义。"卡斯特罗的坚毅无畏，让霸权主义的企图一次次化为泡影。正如法国作家伊格纳西奥·拉莫内所指出：柏林墙的倒塌、苏联的消失，没有改变卡斯特罗在自己的国家建立一个新型社会的梦想，这个社会相对公正，更加健康，教育程度更高，没有歧视，拥有一种综合整体文化。

精神是一个民族赖以长久生存的灵魂，唯有精神上达到一定的高度，这个民族才能在历史的洪流中屹立不倒、奋勇向前。几年前，有记者问起古巴的前途和命运，卡斯特罗的回答发人深思——"我们是乐观主义者，我们清楚我们的命运是什么，这是一种非常艰难的、但又充满英雄气概的和光荣的命运。"

（三）

"我们相信人民的能力和精神……我们可以动员人民，领导人民的斗争取得胜利"，卡斯特罗坚信并依靠人民群众的意志与力量。

古巴人民亲切称呼卡斯特罗为"总司令"，因为在每一个重大时刻，他永远与人民同在。1961年，当美国雇佣军入侵古巴吉隆滩时，他身先士卒，亲自率领古巴军民击溃雇佣军；2004年，"伊凡"飓风席卷古巴西部地区，他不顾生命安危，亲赴现场指导救济抚恤工作。每逢收割甘蔗季节，他拿起砍刀，来到田里和农民一起砍甘蔗，和农民打成一片。

人类社会的实践证明，廉洁是执政者公信力的基石，如果一个执政者不能保持自身廉洁，并有效遏制和解决贪腐问题，迟早会失去人民的信任和支持。卡斯特罗把人民的利益看得高过一切，严惩腐败、廉洁政治自然成了他极端重视的一项工作。

清廉，卡斯特罗首先是从自己做起。

"他脚蹬一双边缘磨光的靴子。房间摆放着皮面磨得起毛的沙发。"这是《菲德尔·卡斯特罗·鲁斯·时代游击队员——古巴革命历史领袖访谈录》的作者卡丘斯卡在1993年1月，初见卡斯特罗时对他的描述。

卡斯特罗的办公室面积很小，室内陈设只有一套沙发，还有中国制造的彩电和电脑各一台。2007年，他接受法国媒体采访时说："我的工资，以25比索1美元计算的话，每月30美元。但我饿不死。我交党费、交别的，占了一定的百分比，从始至终交，交房租，我想是百分之十几吧。"

推行土地改革，他最先把自己家族的13000公顷土地全部无条件奉公。卡斯特罗在"总司令的思考"专栏文章中写道："我父亲的所有的土地都通过革命交给了人民。"

卡斯特罗对子女及其他亲属要求严格，包括不允许子女在政府担任要职。他的长子曾经担任古巴原子能委员会主席，后因管理不善被他解职。卡斯特罗说："这里的一切都不属于我，它们属于这个国家。百年之后，我的孩子从我身上得到的就是革命赋予他们的。我不会留给他们任何东西。"

面对长期外部高压，卡斯特罗为什么能够凝聚人心，带领人民坚韧不拔地渡过一个又一个难关？因为他与群众同甘苦、共患难，因为他对严于律己、清正廉洁的长期坚守。卡斯特罗始终认为，古巴最可怕的敌人不是美国，不是枪炮、导弹、核武器，而是人类自私的本能，并提出"所有特权、腐败和盗窃都必须受到打击，对于一名真正的共产党人来说，对此没有任何借口可言""要无情地与我们自身的错误、弱点和罪恶作斗争"。他在《三王节的礼物》一文中指出："对年轻的革命者，我提出最高的要求、铁的纪律，不能有权力的野心、自我满足或虚荣心……要把官僚主义的行为视为最坏的障碍。"

"我们的党不是为了获得特权而建立的……我和任何一个朴实普通的古巴人一样。"卡斯特罗用他的一生履行了就职仪式上对古巴人民作出的承诺。

（四）

时至今日，中国人民革命军事博物馆里依旧珍藏着一件当年卡斯特罗送给毛泽东的礼物——一把刻着西班牙语毛泽东名字的手枪。这件特殊的礼物成为中古两国半个多世纪友谊的一个标志。

中古关系从建立到发展，经受住了国际风云变幻的考验，卡斯特罗发挥的作用无可替代。对此，习近平总书记给出高度评价："菲德尔·卡斯特罗同志生前致力于中古友好，密切关注和高度评价中国发展进程，在他亲自关心和支持下，古巴成为第一个同新中国建交的拉美国家。建交56年来，中古关系长足发展，各领域务实合作成果丰硕，两国人民友谊与日俱增，这都与菲德尔·卡斯特罗同志的关怀和心血密不可分。"

中古牵手，共同经历复杂严峻的国际风云。卡斯特罗曾写道："1960年8月底，古巴革命宣布，它行使其主权和自由意志，向中华人民共和国表示愿意两国建立外交关系，并从此断绝与美国第七舰队军舰所支持的台湾政权的关系……我记得在联合国大会上，古巴揭露了联合国矛盾的做法，它剥夺了中国人民的权利，而中国人民曾与美国士兵一起，抗击过同一个敌人，在同一个大陆上献出生命……"

同为共产党领导下的社会主义国家，中古两国志同道合，感情相融，这是两国关系发展的重要政治基础。"革命使两国人民结成兄弟，肩并肩为社会主义而斗争。""我一直关注着中国社会主义建设进程，对中国经济社会发展成就和国际影响的提升表示钦佩。"这些都是卡斯特罗的心里话。

1995年，作为古共第一书记的卡斯特罗首次访华。行前他对中国媒体表示："有机会直接接触到令人敬佩的中国人民及其古老文明，这是我期盼已久的。"

2003年，卡斯特罗再次访华，抵京的第二天晚上就与18位中国友人在古巴驻华使馆叙旧。上海浦东再次被写入访问日程，卡斯特罗高度评价中国改革开放取得的成就。

汶川特大地震后，古巴医疗队投入到抗震救灾第一线，卡斯特罗亲自打电话慰问医疗队员，并指示医疗队全力配合中方做好各项救治工作。

2008年正在术后康复中的他，还以《中国的胜利》为题撰文，在台湾、西藏和北京奥运会等重大问题上给予中方坚定支持，产生了广泛影响。

人民日报记者曾经独家记录过这样一个感人肺腑的瞬间：2004年11月，菲德尔·卡斯特罗因为左膝和右臂骨折，只好坐在轮椅上接待来访的中国领导人。但是，就在两国国歌奏响的时刻，他竟然颤抖地拄着前一天特别赶制出来的拐杖忍痛站立起来，表达对中国的尊重。出人意料的举动，让现场很多人的眼睛湿润了。

人们还记得，两年多前，习近平主席访问古巴，特意为卡斯特罗带去了辣木和桑树种子。对于这两种有助于解决粮食和牲畜饲料问题的植物在古巴推广种植，卡斯特罗表达了特殊的喜悦。今天，尽管卡斯特罗已经离我们远去，但正如辣木和桑树在古巴茁壮生长所预示的，中古两党、两国、两国人民之间的友谊必将得到巩固和发展。

"我们将继续向前，改善一切应该改善的事物，用不懈的忠诚和团结的力量，和马蒂、马塞奥以及戈麦斯一道，永不停歇地前行。"这是卡斯特罗人生最后一次演讲所表达的意志。

联合国的讲台上依然回荡着他的发问：究竟还要等多久才能实现联合国民主化，各国的独立和主权平等才能成为现实？不干涉各国内部事务和进行真正的国际合作究竟什么时候才能占有它应有的位置？今后几代人能否到达半世纪以前应诺的希望中的乐土？有多少人已成为压迫、掠夺、贫困、饥饿和不卫生生活条件的牺牲者……

卡斯特罗终其一生追求公平正义，在理想之光的照耀下不懈奋斗，在世界发展进程上留下浓墨重彩的一笔，他是我们这个时代当之无愧的伟人。中国人民和古巴人民一样，深深怀念他，他的伟大业绩将永载史册。

（2016年12月05日）

迎接中拉命运与共的历史新时期

——写在习近平主席2016年拉美之行前夕

国纪平

翻开中拉关系史册,读不尽中拉人民绵延不绝的友谊佳话。"志合者,不以山海为远。"一句古语,道出了中国同拉美国家相亲相近的心意。

3年多来,一年一件盛事。2013年初夏,习近平主席到访拉美,对特立尼达和多巴哥、哥斯达黎加、墨西哥进行国事访问;2014年7月,习近平主席再访拉美,对巴西、阿根廷、委内瑞拉、古巴进行国事访问,并出席首次中国—拉美和加勒比国家领导人会晤;2015年新年伊始,中国—拉共体论坛首届部长级会议在北京举行,习近平主席出席开幕式并致辞。中拉元首外交力度超凡,双方关系迎来历史最好时期。

3年多来,一步一个脚印。中拉论坛成立,平等互利、共同发展的中拉全面合作伙伴关系向前推进,中拉关系五位一体新格局逐步形成,"1+3+6"框架将双方务实合作引入快车道。中拉互利共赢合作呈现跨越式发展,中拉命运共同体根基更加牢固。

身处一个发展变革的世界、一个新机遇新挑战层出不穷的世界、一个国际体系和国际秩序深度调整的世界,如何认清方向、选准道路、走稳步伐,对国际社会每一个成员来说都是考验。在这种情形下,中拉整体合作能否不断提升?中拉关系发展续航能力有多强,动力之源究竟来自哪里?思考这些问题的人们,把目光投向了习近平主席即将于11月17日至23日对厄瓜多尔、秘鲁、智利三国进行的国事访问。

这是中国面向拉美展开的重大外交行动,是国际关系格局向前演进的重要坐标。又一次,"中拉时间"开启,友谊与合作的暖流在中拉人民心中流淌。

(一)

如一对环绕相伴的和平鸽,又如一双紧紧相握的手。中拉论坛徽标设计匠心独具,承载双方携手同行、密切合作的梦想。

"凡事预则立,不预则废。"以长远眼光,从战略高度作出顶层设计,成为中拉关系稳步发展的重要保障。

58年前,毛泽东主席指出:"只要巴西和其他拉丁美洲国家愿意同中国建立外交关系,我们一律欢迎。不建立外交关系,做生意也好。不做生意,一般往来也好。"28年前,邓小平同志指出:"太平洋时代肯定要到来……那时也会同时出现一个拉美时代。我希望太平洋时代、大西洋时代和拉美时代同时出现。"3年前,习近平主席指出:"中拉关系正处于快速发展的重要机遇期。我们应该登高望远、与时俱进,巩固传统友谊,加强全方位交往,提高合作水平,推动中拉平等互利、共同发展的全面合作伙伴关系实现新的更大发展。"

抓住机遇期,方有大发展。

整体关系方面,推动成立中拉论坛,确立平等互利、共同发展的全面合作伙伴关系,倡导努力构建政治上真诚互信、经贸上合作共赢、人文上互学互鉴、国际事务中密切协作、整体合作和双边关系相互促进的中拉关系五位一体新格局……过去几年,习近平主席同拉美领导人共同努力,擘画中拉关系长远发展蓝图,为双方整体合作提供了指引。

双边关系方面,中国同巴西推动全面战略伙伴关系走得更深更实,同智利推动战略伙伴关系持续稳定发展,同哥斯达黎加建立平等互信、合作共赢的战略伙伴关系,同厄瓜多尔建立战略伙伴关系,同阿根廷加强全面战略伙伴关系,同秘鲁共同推动中秘全面战略伙伴关系迈上新台阶,同乌拉圭建立战略伙伴关系……一系列双边关系新发展,与中拉整体关系发展相互促进,搭建起中拉合作多层面立体化架构。

"知者善谋，不如当时。"顺势转型的合作路径，让中拉务实合作不断激发新活力。

当前，世界经济增长脆弱，中拉双方都面临国际经济形势不确定因素外溢效应的影响和经济下行压力。受大宗商品价格下跌、汇率波动的影响，中拉贸易承压明显。面对新形势，"1+3+6"中拉务实合作新框架被寄予厚望——"一个规划"，以实现包容性增长和可持续发展为目标，制定《中国与拉美和加勒比国家合作规划（2015—2019）》，实现各自发展战略对接；"三大引擎"，以贸易、投资、金融合作为动力，推动中拉务实合作全面发展；"六大领域"，以能源资源、基础设施建设、农业、制造业、科技创新、信息技术为合作重点，推进中拉产业对接，推动中拉互利合作深入发展。

如今，中国与巴西、秘鲁的"两洋铁路"、与阿根廷的水电站和货运铁路等大项目稳步推进；中国核电走出去在阿根廷取得重大阶段性进展；国家电网独立中标巴西美丽山水电站特高压直流输电二期项目，三峡集团获得巴西两座水电站30年特许经营权……一系列大项目合作带动中国企业产品技术走出去，帮助拉美国家培育本土化产业群，培育新的经济增长点。有鉴于此，《2016拉美经济展望》报告指出，全球经济重心向新兴市场国家转移进入新阶段，拉美与经济新常态下的中国继续加强合作仍可获益。

"船的力量在帆上，人的力量在心上。"中拉关系的发展，既有经贸合作的"硬支撑"，也有人文交流的"软助力"。

面对面，手拉手，友好情愫让中拉人民心连心。习近平主席同特多乐手一起敲奏钢鼓，走访哥斯达黎加农户，同他们唠家常、聊民生，参观墨西哥玛雅文明古迹，展现东方文明对悠久的墨西哥文明的尊重。亲身垂范的一个个感人瞬间，印证了"相知者，不以万里为远"。

今天，遍布拉美多国的孔子课堂上，"汉语热"不断升温，中拉友好未来的希望由此培育。"未来之桥"中拉青年领导人千人培训计划有序开展，"中拉科技伙伴计划"和"中拉青年科学家交流计划"已经启动。2016年，正值首个"中拉文化交流年"。加勒比美食节、电影节、音乐节在中国刮起一阵又一阵"加勒比海风"。热络多彩的人文交流，加深了中拉人民之间的相互理解，为中拉关系长远发展注入了更深层次的养分。

智利前驻华大使费尔南多·雷耶斯·马塔近日不无感慨地说："2010年第一届中拉智库交流论坛举行时，我们讨论的更多的是基础，比如如何改善贸易关系。但现在，我们探讨未来10年、15年的中拉关系，探讨这个世纪前50年我们要往哪个方向走。"

今昔对比，更见不平凡历程。打造中拉命运共同体，是中国向世界发出的重要信号，并得到了拉美国家的积极响应。中拉关系快车道行驶的成就表明，中拉合作稳定性和可持续性大大增强，中拉关系实现更大发展面临更好机遇、具备更好基础、拥有更好条件。

（二）

"中国梦和拉美梦息息相通。中拉双方要勇于追梦、共同圆梦。"

两年多前，习近平主席在巴西国会如是强调，引起拉美各界人士广泛共鸣。当下中拉关系呈现出的蓬勃活力，无疑印证了这一主张的重要意义。

究竟是什么样的力量，正在促动中国和拉美跨越浩瀚太平洋阻隔，选择逐梦同行、共创未来？

中国梦和拉美梦息息相通，源自相似的发展历程。

回溯历史，中拉都曾长期经历外来势力的入侵和掠夺，都曾为争取民族的独立、自由和解放进行过长期斗争。从玻利瓦尔到圣马丁、何塞·马蒂，在拉丁美洲大陆上传颂的许多不可磨灭的英雄人物身上，有一种精神绵延不绝地传承——自强不息的拉美精神。这种精神，同几千年来中国人民所尊崇的"天行健，君子以自强不息"如此相通。共同追求解放的道路上，共同追求发展的道路上，双方彼此尊重、相互理解。

毋庸讳言，在当今国际关系中，公平正义还远远没有彻底实现。过去几十年间，对于来自西方或直接或间接的干涉，中拉双方都有着相似的感受。巴西国会大厦的设计者尼迈尔曾经说过："如果有一天世界变得更加公正，生活将更加简单。"在这样的时代背景之下，中拉追求各自发展，迫切需要相互支持，走好适合自己的前行道路。

中国梦和拉美梦息息相通，源自共同的发展取向。

新形势下，中拉双方都面临发展经济、改善民生的共同任务，相同的奋斗目标把双方更紧密地联系在一起。中拉同为发展中国家，同为国际社会的平等一员，有着共同的理念、共同的追求，因此完全可以团结在一起，推进南南合作，更好地拓展和维护共同利益。"以中拉合作为范例，我们找到了南南合作的最佳实践方法。推动南南合作成为超越经贸关系的多边合作，这对于世界发展中国家而言都具有积极意义。"一位联合国开发计划署官员的话，道出了中拉合作对南南合作的示范性。

拉美和加勒比是全球最早开启一体化进程的地区之一，区内合作和跨区域合作经验丰富。多年来，中国同其他发展中地区开展了形式多样、富有成效的整体合作。当下，随着全球经济融合步伐加快，区域一体化和跨区域合作蓬勃发展，中拉双方在更广泛领域拓展互利合作的意愿完全契合。中拉双方互鉴经验，充分发挥中拉论坛作用，必将打造出一个符合自身特点和需求的整体合作模式。

中国梦和拉美梦息息相通，源自互补的发展格局。

中拉各自资源禀赋和产业结构，决定了双方在贸易和投资领域具有很强的互补性。当前，拉美各国都期望实现经济发展多元化，加快工业化。中国则在深化经济结构改革，有大量优质产能和装备需要走出去。中拉在更高水平上实现发展战略对接，契合度高，合作潜力大。中国向拉美转移优质、符合环保标准的装备和产能，既有助于应对经济下行压力，又能帮助拉美低成本、高起点地推进工业化进程。

相通的梦想，带动世界上最大的发展中国家与最具发展潜力的新兴地区之一携手前行，中拉命运与共的历史新时期阔步走来。

（三）

把当前的中拉关系放在拉美与外部世界互动的历史坐标系中，能发现其运行轨迹同以往模式明显不同。

历史的长镜头中,拉美地区是西方世界全球扩张首先"吞并"的地区。数百年来,西方大国的崛起给拉丁美洲留下刻骨铭心的惨痛经历,伟大的拉美文明成为欧洲列强的牺牲品。殖民者用惨无人道的手段掠走了黄金、白银、铜锡、石油、蔗糖、橡胶、棉花、咖啡……将病菌、贫穷和战乱留给了这个伤痕累累的大陆。乌拉圭作家爱德华多·加莱亚诺曾这样写道:"拉丁美洲是一个血管被切开的地区。自从发现美洲大陆至今,这个地区的一切先是被转化为欧洲资本,而后又转化为美国资本,并在遥远的权力中心积累。"

及至二战后,美苏两强争霸又将拉美地区卷进了冷战漩涡,成为超级大国抢夺影响力的战略支点地区。在全球对抗的战略逻辑下,美国始终从"势力范围"视角出发审视拉美。早在1950年,对苏"遏制战略"策划者乔治·凯南就对时任美国总统杜鲁门强调,拉美对美国至关重要,如果欧洲变成反美地区的话,拉美将是美国最后一个后勤地区。冷战时期的拉美地区,见证了一系列政变、外交危机、经济渗透,自主探索发展道路阻力重重,开展联合自强的区域合作也从未得到外部大国的真心支持。

有学者指出,正是出于历史的原因,拉美地区对外部资本有种天然的不信任感。

而与此形成鲜明对照的是,中国提出的诸多合作倡议,却在这片对独立自主有着特殊情感的土地上收获了广泛认同和热情回应。人们有理由问,为什么中国会不同?

中国的不同在于平等相待的合作原则。外交细节颇能说明问题。2013年,习近平主席访问拉美,同拉美多国领导人深入交换意见。这些国家中,既有几万人口的小国,也有1亿人口以上的大国,习近平主席都一一以诚相待,中国坚持大小国家一律平等的外交原则感动了他们。拉美多国领导人纷纷表示:"同中国交往,就是有很强的舒适感和亲近感。"

2015年1月,中拉论坛首届部长级会议开幕式现场,习近平主席深入阐述对中拉论坛未来发展的构想。"坚持平等相待的合作原则"这句话刚一出口,会场上即刻响起热烈掌声。热情的回应,源于认同、源于尊重、源于期待。美国有线电视新闻网记者帕特里克·吉莱斯皮曾在其报道中感慨道:"中国无意干涉别国政治,无意教导别国领导人应该如何治理国家。这与美国形成了鲜明对比,美国从很久以前就一直干涉拉美政治。"

中国的不同在于互利共赢的合作追求。不同于过往大国为了一己私利而强势介入拉美,中国同拉美国家开展合作,始终着眼于共同发展,以实现"1加1大于2"的效果为目标。特别是2008年国际金融危机爆发后,中拉发挥各自优势,同舟共济,共克时艰。当前,中国成为拉美第二大贸易伙伴,拉美和加勒比地区成为中国企业对外投资的重要目的地。

中国的不同在于开放包容的合作精神。中拉论坛框架内的合作充分考虑相关各方不同利益诉求,照顾彼此舒适度。中国也欢迎拉美和加勒比其他地区组织和多边机构积极参与中拉整体合作。与此同时,中国与拉美加强合作,从来不针对第三方,也不存在"地缘政治意图"。

尽管中国取得的成就"当惊世界殊",但中国自身没有"国强必霸"的逻辑。"路遥知马力,日久见人心。"中国是个什么样的国家,中国给世界带来了什么,包括拉美国家在内的广大发展中国家感触最深也最有发言权。坚持走和平发展道路的中国,积极倡导构建以合作共赢为核心的新型国际关系的中国,因顺于理义而成功立事、广受欢迎。

"世界各民族一起望着你/啊,中国!/他们说:'我们当中出现了一个多么坚强的兄弟!'"早在1951年,被誉为"中拉友谊之春第一燕"的智利诗人聂鲁达访问北京,如此写下鼓舞人心的长诗《向中国致敬》。65年后的今天,人们可以更清晰地看到,中拉关系生机盎然,正在成为不同文化传统、不同社会制度、不同发展模式间友好合作的典范,不负中拉人民的期盼。

(四)

拉美在地理上是离中国最远的地区,但在心理上同中国相系相连,在行动上更是同中国结为伙伴。

墨西哥人民心中有位"中国姑娘"。她因16世纪中期的"大帆船贸易"而来到拉美,不仅为当地妇女设计了丝料连衣裙,还留下了美德与智慧的故事。她的塑像至今还矗立在普埃布拉市。拉美人民不会忘记100年前的50万华工,他们修筑巴拿马铁路和巴拿马运河,用双手甚至生命为拉美国家现代化的启动、发展披荆斩棘,谱写了中拉民间友好永不磨灭的篇章。

中国人民熟知马尔克斯、聂鲁达、博尔赫斯、胡安·鲁尔福等拉美文学大师,他们的作品在中国经久热销。精彩纷呈的巴西世界杯和里约奥运会,让中国人民得以同热情似火的拉美文化"近身接触"。智利红酒、秘鲁鱼油、厄瓜多尔咖啡、巴西牛肉、阿根廷红虾等各色拉美物产,如今越来越频繁地出现在中国人的购物单上。

如同玻利维亚外长在中拉论坛首届部长级会议上所言:"人类都是兄弟姐妹,如果从宇宙的角度看,我们之间的距离其实并不遥远,我们是命运相连的一家人。"

70多年前,拉美这片土地曾经启发奥地利作家斯蒂芬·茨威格发问:"在这个世界上,不同阶级、种族、肤色、信仰的人怎样才能和平共处?"他久久沉浸于世界大战给人类带来的无限创伤与绝望,终未找到答案。

"让我们抓住机遇,开拓进取,努力构建携手共进的命运共同体,共创中拉关系的美好未来!"70多年后,同样在拉美这方热土,习近平主席以"命运共同体"破题,在中国人民与拉美和加勒比各国人民的梦想中找寻最大公约数,为中拉人民携手追梦、共创未来描绘出一幅极具建设性的未来蓝图。

打造中拉命运共同体,不是束之高阁的口号,不是镜花水月的幻象,而是现实行动。

加勒比小岛屿国家受气候变化问题影响很大,习近平主席真诚表示中方理解其关切,支持其合理诉求,愿在南南合作框架内继续为其提供力所能及的帮助。中国帮助厄瓜多尔打造的国家公共安全和应急平台,用"中国质量"和"中国标准"经受住了强震考验,并在震后救灾中发挥积极作用,赢得厄瓜多尔民众的称赞。中国研制的玻利维亚通信卫星"图帕克·卡塔里"星成功发射升空,让玻利维亚也拥有了引以为傲的第一颗卫星……积微成大,中拉命运共同体、人类命运共同体,不就是这样的行动汇聚延伸出的未来吗?

潮平两岸阔,风正一帆悬。"中拉时间"再次来临的时候,世界能够深深感知中国人民和拉美人民共同的信念。中拉整体合作的航船乘风破浪,让追梦之旅为双方人民创造更多福祉,为人类和平与发展的崇高事业作出更大贡献。

(2016年11月16日)

让世界经济之水活起来

——写在G20杭州峰会召开之际

国纪平

  碧波荡漾的西子湖畔，平阔奔涌的钱塘江边，二十国集团（G20）领导人第十一次峰会9月4日将拉开帷幕。

  "中方将同各方一道，发扬同舟共济、合作共赢的伙伴精神，集众智、聚合力，落实安塔利亚峰会及历届峰会成果，共同开创国际经济合作新局面。"2015年11月30日，中国接任G20主席国之际，习近平主席就曾对办好杭州峰会作出承诺、提出希望。

  一年后的金秋，站在世界经济和国际经济合作的重要转折点上，聚焦"构建创新、活力、联动、包容的世界经济"的会议主题，让深陷困顿的世界充满期待。如何应对G20自创始以来所面对的最复杂、最严峻的挑战？如何承担起摆脱危机影响、引领世界经济迈向新一轮增长的使命？

  数十场前期会议、数万人次参与讨论，前所未有的沟通、空前广泛的交流……不同领域、不同视角、不同关切，承载起共同的愿景。

  "为实现共同繁荣进步，世界需要向前迈出一大步""希望中国能够有效确立G20回归经济领域、迎接严峻经济挑战的基调""希望中国绘制世界经济走出泥潭的路线图""希望杭州峰会为人类可持续发展建立新的愿景"……

  世界瞻望杭州。人们期望在风光旖旎的中国水乡携手共进，清除当前全球经贸河道上的种种淤塞，跨越阻碍世界经济发展与进步的沟沟壑壑，共同铸就全球经济金融治理进程的新坐标，让世界经济这片浩瀚的水域真正活起来。

（一）

山无静树，川无停流。然而，当前世界经济这条大河从源头到干流、支脉都显得迟滞有余、灵动不足。

国际金融危机爆发至今已近8年，世界经济仍然没有重回正轨，下行压力挥之不去。一年前，国际货币基金组织总裁拉加德敦促各国政策制定者采取一切政策手段，避免"新平庸"成为"新现实"；一年后，仍处于"多事之秋"的世界经济难现"新势头"。

复苏动力不足。尽管世界经济基本走出危机，但全球增长持续乏力，全球经济平均增速仅为3.5%，比危机前5年的平均值低1.6个百分点。增长乏力、失业率上升、债务高企、贸易和投资低迷、实体经济失速、金融杠杆率居高不下……种种表象之下，是世界经济整体动力不足，有效需求不振。今年以来，世界各大机构纷纷调低对全球经济增长的预期，普遍认为2016年全球经济增长预期将在2.9%以下。这将是继2015年全球增长2.4%之后，全球连续第二年增速低于3%。这也从一个侧面反映出当前世界经济复苏高度脆弱的现实。

增长活力不足。若将世界经济比作人的肌体，那么贸易和投资就是血液。如今，"气滞血瘀"日渐明显：全球贸易增速已连续4年低于GDP增速。联合国贸易和发展会议最新数据显示，全球投资仍未恢复至国际金融危机前最高水平，预计今年全球投资增速还将下降10%—15%。不仅传统强国的经济活力不强，一些新兴市场国家经济活力也不强。有论者指出，21世纪第二个10年堪称全球经济的"新增长陷阱"，这包括主要经济体人口"老龄化"、全球财富分配"新鸿沟"难题、全球技术创新"中梗阻"、地缘政治风险等。

治理能力不足。面对发展不平衡问题，现有经济治理机制和架构的缺陷逐渐显现。一方面，主要经济体政策明显分化，难以形成合力。另一方面，全球范围内贸易保护主义继续抬头。美联储于去年12月启动近10年来首次加息，欧洲央行的量化宽松措施不断加码，日本央行一再下调负利率水平。主要经济体的宏观政策分化增加了全球汇率、资金流动、贸易与经济形势的不确定性和波动性。与此同时，世界贸易组织6月发布的最新报告指出，从去年10月到今年5月，G20成员出台贸易限制措施的速度达到2009年以来的最快水平。多边贸易体制发展坎坷、世界贸易组织多哈回合谈判步履维艰、双多边自贸安排重叠交织导致"意大利面碗"现象突出。

一段时间以来，难以预测的"黑天鹅"事件更是为世界经济增长蒙上新的阴影。美国大选中，"反全球化"论调广受追捧，"自由贸易"反而成了攻击对象。在欧洲，英国"脱欧"、难民困局、暴恐袭击冲击着一体化信念，反外资、反移民等民粹主义声音由弱转强。连年的地区冲突和地缘政治纷争也在加剧部分大国的内向趋势。这不仅冲击着全球的生存链、生产链和供应链，也导致国际贸易对经济增长的拉动作用减弱。

"平庸""陷阱""停滞"……种种极具警示性的标签反映出各方对当前世界经济形势的深切忧虑。老的问题尚未解决，新的风险不断涌现。如何实现世界经济强劲、可持续、平衡增长，成为亟待破解的现实命题。

（二）

当"全球化机遇"逐渐沦为"全球化危机"，G20峰会应该显示其在全球合作上能够发挥作用。作出这一判断的英国前首相戈登·布朗，显然对全球经济的现状忧心忡忡却仍不失希望。

国际金融危机爆发后，临危受命的G20会议提升为领导人峰会。作为推动国际经济合作、促进世界经济复苏的主要平台，G20峰会一直被寄予厚望。

迄今，G20已经举行10次领导人峰会，历次峰会主题都紧扣国际经济与金融热点、重点和难点问题，无论反危机还是反衰退，提振各国信心还是刺激世界经济复苏和国际金融体系改革，G20峰会均起着不可替代的作用，也使各成员之间形成了通过相互分享智慧达成全球解决方案的良好传统。

有学者指出，纵观世界，G20的能力和实力，"足以在全球经济转型中发挥东西合作的桥梁和纽带作用"。的确，就代表性、实效性而言，G20在当前全球经济治理机制中具有明显优势,人口占全球 2/3,贸易额占全球 80%,经济总量占全球近 90%,其成员构成兼顾了发达国家和发展中国家以及不同地域利益平衡。

世界向多极化发展,甚至呈现如英国学者所言"交极世界"的样貌——国际秩序日益呈现多极交叉并存。这是 G20 全球经济治理机制诞生的时代背景。全球经济治理主体一步步多元化,新兴市场国家和发展中国家在全球经济治理中的影响力与话语权的提升,将国际经济秩序引至更为公平、公正、均衡、合理的方向。

尽管如此,要担负起促进世界经济复苏的重任,G20 仍需在机制建设方面迈出新步伐。缺乏执行机制,缺乏治理共识,缺乏协调手段……时至今日,G20 自身也面临多方挑战,比如,如何克服自身的"身份困境"与"执行力瓶颈"?如何以更大的作为摆脱全球治理"碎片化""无序化"趋势?

在全球经济治理转型的重要转折点,人们对中国寄予厚望。"现在 G20 作为一个国际社会经济合作论坛的影响力已经有所削弱,中国在此时接任主席国,有机会也有能力更好地促成 G20 履行职责。"英国学者史蒂芬·皮克福德这样强调。"中国主办 G20 峰会不仅是 G20 重生的契机,而且将成为国际合作重生的契机。"加拿大前总理、被誉为"G20 之父"的保罗·马丁如此判断。"中国接任 G20 主席国是一个具有重要象征意义的开端,为解决全球治理和大国关系问题搭建了桥梁。"美国布鲁金斯学会高级研究员布鲁斯·琼斯这般认为。

中国加强与 G20 的互动,将中国内外政策与 G20 峰会主题相对接,将给世界带来更多的"中国机遇"。

(三)

求木之长者,必固其根本;欲流之远者,必浚其泉源。

诚如美国外交关系委员会高级研究员罗伯特·卡恩所言,纵观世界,G20 仍是全球经济政策主要的协调平台,然而现在,它需要补充新的思想和引导力。

"我们要树立人类命运共同体意识,推进各国经济全方位互联互通和良性互动,完善全球经济金融治理,减少全球发展不平等、不平衡现象,使各国人民公平享有世界经济增长带来的利益。"2015年底中国接棒G20主席国之际,习近平主席如是阐释当前国际经济合作所应追寻的理念、路径与目标。

基辛格在《世界秩序》中曾提出过一个世纪性命题:重建国际体系是当代政治家的最终挑战。中国领导人从全球共同福祉出发为G20"中国年"谋划思路,不仅为这一平台继续保持活力补充了亟须的"思想和引导力",更为当前国际体系的完善带来了兼顾眼前与长远的中国方案。

G20安塔利亚峰会上,习近平主席宣布2016年峰会主题确定为"构建创新、活力、联动、包容的世界经济"。国际社会普遍认为,这一主题既直面现实挑战,又富有前瞻性,能够从源与流、路径和方向等方面,回应促进世界经济增长这一中心任务。

"创新",探寻动力源泉。"善治病者,必医其受病之处;善救弊者,必塞其起弊之原。"世界经济发展到今天,上一轮科技和产业革命所提供的动能已经接近尾声,传统经济体制和发展模式的潜能趋于消退。纵观世界经济一系列"症状",根子都在动能不足。周期性政策可以熨平短期经济波动,但单纯依靠财政刺激和货币宽松难以推动持久增长。唯有充分发挥创新激励经济增长的乘数效应,通过科学技术、发展理念、体制机制、商业模式等领域的全面创新,才能真正让世界经济之水活起来。

"活力",疏通发展血脉。当前世界经济的最大问题是增长乏力。让世界经济发展的引擎运转起来,让世界经济气通血畅,已经成为全球共识。能否在兼顾治标与治本这一棘手难题上拿出有效供给,关乎人们对G20这一全球经济治理平台的信心。世界经济的活力不是凭空产生,需要所有利益攸关方共同参与。G20应当向国际经济合作要活力,向各自国内结构改革要活力,推动全球经济治理朝着更加公平、合理、高效的方向发展,提高各国经济增长的内生动力和质量效益,让世界经济的潜能充分释放。

"联动",解决路径问题。"孤举者难起,众行者易趋。"历史发展到今天,没有新兴市场国家的参与,只靠几个发达工业国家,难以提振世界经济。每个国家的发展都同全球的增长形成联动效应,才能实现全球经济资源的优化配置。面对"有整体目标,无全面协调"的现实,各国亟须树立利益共同体和命运共同体意识,携手推动国际经济合作,在互联互通中共享机遇,在良性互动中形成合力。

"包容",彰显长远眼光。国际劳工组织预测,当前疲弱的全球经济增长难以弥合国际金融危机带来的就业和社会差距。在此背景下,把目光投向发展中国家,投向所有人群,使世界经济增长红利为各国人民所共享,无疑是国际社会共同的责任担当。与此同时,缩小各国发展鸿沟也是世界经济可持续发展的内在要求。只有让发展的成果惠及所有国家,市场需求才能得到最大释放,进而为世界经济增长注入强劲动力。

经过近20年的发展,G20正处于从危机应对向长效治理机制转变的关键时期。创新、活力、联动、包容。这四大关键词,提供的正是治标更治本的长远之策,这些引领全球经济治理和国际发展合作的新理念,可以成为激活世界经济之水的催化剂。第七十届联合国大会主席吕克托夫特评价:"中国作为G20主席国,把发展问题放在G20杭州峰会议程的突出位置是众望所归,表明中国是一个负责任大国。"加拿大多伦多大学G20研究项目联席主任约翰·科顿则预见,G20杭州峰会将有力推动全球经济治理取得巨大进展。

(四)

习近平主席曾引用中国古语,以水为喻说明"通"的重要性——"水者,地之血气,如筋脉之通流者也"。古老的中国智慧,融入了对全球经济治理的顶层设计。

集众智、聚合力、畅通血脉、激发活力,这是杭州之约的中国承诺,也是中国和G20各成员9个月来的积极行动。

见之不若知之,知之不若行之。黄浦江畔,G20贸易部长会议书写全球投资新规则;天府之国,第三次G20财长和央行行长会议诊断全球经济新脉动……20个城市,66场相关活动,数万人次参与,中国作为G20主席国全力行动,同各方为峰会做好了成果准备,并推动将成果转化为共同行动。

首次就气候变化问题专门发表声明，首次将发展问题置于全球宏观政策框架的突出位置，首次围绕落实2030年可持续发展议程制定系统性行动计划……不到一年时间，G20有史以来的多个"首次"，标注了中国作为G20主席国的引领作用，世界经济再平衡进程烙上了鲜明的中国印记。

为什么G20同中国相遇能带给世界如此多的惊喜？中国推动完善全球经济金融治理的底气何在？

底气源自不断增强的发展实力。今年上半年，中国国内生产总值增长6.7%，保持中高速平稳增长，为世界经济释放巨大需求。作为全球第二大经济体、最大发展中国家、最大新兴市场经济体、全球经济增长最大贡献者，中国依然是世界经济的稳定器与动力源。

底气源自广受认同的发展理念。"十三五"规划开局，"创新、协调、绿色、开放、共享"五大新发展理念付诸实践，供给侧结构性改革和转型升级战略显现成效。中国理念、中国行动不仅同杭州峰会的主题议题高度契合，而且为各方携手构建创新、活力、联动、包容的世界经济增添了信心。

底气源自日益丰富的外交成就。十八大以来，中国向世界提供公共产品的能力不断提升。同沿线国家携手共建"一带一路"、出资设立丝路基金、倡导成立亚洲基础设施投资银行……一系列充满中国特色的公共产品，充实丰富了全球治理的手段与内涵，为解决全球问题提供中国方案、注入中国智慧、贡献中国力量。

当此全球经济普遍低迷之际，中国的一抹亮色让世界充满期待。专家们认定，过去10年中国所取得的巨大发展成果应更广泛地普及到更多国家，G20峰会应成为中国发挥国际作用的重要渠道。美国哥伦比亚大学教授奥坎波提出，杭州峰会为完善宏观经济政策协调和实施一系列改革提供了一个非常重要的契机。为了实现发达国家和发展中国家的平衡增长，绝不能浪费这一机会。

"2016年中国举办G20峰会将扮演三重领导角色——连接发展中国家和发达国家桥梁的构建者、落实已有政策的促进者、全球经济创新增长的助推者。"美国外交关系委员会网站的文章，道出了国际社会对中国G20主席国角色的普遍认可。

"水之积也不厚，则其负大舟也无力。"人们渴望中国巨大的经济能量，让杭州峰会成为"中国故事"新的解码器，"全球发展"新的风向标。

（五）

20根柔和的曲线，勾勒出一个桥型轮廓，这是G20杭州峰会的会标，也是G20机制的缩影。作为发达国家和发展中国家平等参与全球经济治理的机制，它连接着发达国家与发展中国家，更连接着历史与未来。

杭州峰会，这场蕴含中国智慧、刻录中国印记的盛会，将以实实在在的成果向世界表明，一个新兴全球经济治理机制和一个奋发进取的发展中大国相遇，将会释放出怎样的能量。

以创新发掘新动力，让世界经济之水活起来。"问渠那得清如许，为有源头活水来。"面对世界经济当前种种疲态，杭州峰会将着力"开源"——首次把创新增长作为重点议题，制定G20创新增长蓝图，在创新、新工业革命、数字经济等各领域制定一系列具体行动计划，制定创业行动计划。一系列举措，将从理念、行动、机制等不同层面，点燃创新引擎、汇聚汩汩清流，推动构建创新型世界经济。

以改革注入新活力，让世界经济之水活起来。唯有真正摆脱不平衡状态，世界经济才能行稳致远。杭州峰会将以推动世界经济再平衡为己任——强调改革特别是结构性改革的重要性，制定结构性改革优先领域、指导原则和指标体系；深化国际金融架构改革，进一步加强全球金融安全网。面对保护主义有所抬头的挑战，杭州峰会将致力于疏浚祛瘀，打破各色壁垒，制定全球贸易增长战略与全球投资政策指导原则，推动构建开放型世界经济。

以发展开辟新前景，让世界经济之水活起来。面对当下地缘博弈加剧、安全挑战增多的国际形势，杭州峰会将聚焦国际经济合作，推动各方以发展的力量为全球稳定打牢基础。杭州峰会将成为G20历史上发展中国家代表性最强的一次。为落实2030年可持续发展议程制定集体行动计划，发起支持非洲和最不发达国家工业化合作倡议，杭州峰会力求缩小发展鸿沟，发出"G20不仅关注自身福祉"的清晰信号,推动构建包容型世界经济。

全球经济之桥、国际社会合作之桥、面向未来的共赢之桥……杭州峰会,正是G20值得期待的"中国时间"。

从波光潋滟的西子湖,到汹涌澎湃的钱塘潮,杭州城依水而建,因水而兴。

G20,杭州。这样的历史性相遇,必将激荡起发展、繁荣、进步的大潮,开掘新动力、开辟新路径,让世界经济之水活起来。

世界期待倾听中国故事,中国期待分享发展梦想。让我们从杭州启程,共筑全球利益共同体,打造人类命运共同体,让世界经济潮平海阔、风帆高扬。

(2016年08月31日)

究竟谁在破坏国际法

——菲律宾南海仲裁案事实与法理辨析

国纪平

浩渺南海，水天相接。本是商舟渔船自在穿行的地方，近来却波诡云谲颇不寻常。

7月12日，所谓南海仲裁案结果即将出炉。围绕这毫无合法性可言的一纸裁决，一些人筹谋算计、排兵布阵，企图用它来强化对中国的舆论攻势，将莫须有的罪名强加给中国；一些人颠倒黑白、借题发挥，期望以此抹黑中国的形象，把"不守法"的帽子扣向真正的受害者。

种种急不可耐的喧哗与躁动，无一例外都打出了国际法的旗号，南海问题的真相却被有意忽略了——中菲南海争议究竟源于何处？菲律宾南海仲裁案实质为何？仲裁案所激起的种种波澜，又将给南海的和平稳定带来何种影响？

对于这些问题，7月5日在华盛顿举办的"中美智库对话会"，提供了一个视角——即使是一些来自美国的专家也认为，"中国在南海的权益是历史上形成的""欧洲和其他国家的知名法律专家都表示，南海仲裁案整个过程都是非法的，菲律宾单方提起仲裁，违反了国际法"。

看来，有关南海仲裁案并非难以搞清。拨开一些人以国际法为名蓄意在南海上空制造的迷雾，还原真相，对于中国而言，是维护国家领土主权的神圣使命；对于世界来说，是主持国际公理正义的必然要求。

(一)

一段时间以来,西方舆论连篇累牍渲染南海问题,然而对于南海问题特别是中菲南海争议的历史经纬、事实真相,自诩"主持公道"的西方舆论却"选择性回避"了。

南海诸岛究竟属谁?历史早就给出了明确答案。南海诸岛自古以来属于中国,历代中国政府通过行政设治、海军巡航、生产经营、海难救助等方式持续对南海诸岛及相关海域进行管辖。二战期间,日本在发动全面侵华战争后,侵占了中国南海诸岛。二战结束后,中国根据《开罗宣言》和《波茨坦公告》所作出的明确规定,收复南海诸岛,在岛上派兵驻守并建立各类军事、民事设施,从法律和事实上恢复对南海诸岛行使主权。

在二战结束后相当长一段时间内,美国通过外交询问、申请测量、通报航行飞越计划等方式,承认中国对南沙群岛的主权。中国还曾在南沙群岛有关岛礁上接待过美国军事人员。同期美国出版的地图和书籍等,如1961年版《哥伦比亚利平科特世界地名辞典》、1963年版《威尔德麦克各国百科全书》、1971年版《世界各国区划百科全书》,均确认中国对南海诸岛的主权。

可以说,中国在南海的主权和相关权益,二战结束后数十年没有任何国家提出异议。因为南沙群岛回归中国,是战后国际秩序和相关领土安排的一部分,受到《联合国宪章》等国际法保护;否认中国对南沙群岛的主权,就是对战后国际秩序的否定,就是对国际法的公然违背。

对于南海诸岛属于中国这一点,菲律宾同样心知肚明。菲律宾固有领土范围是由1898年《美西巴黎和平协议》、1900年《美西关于菲律宾外围岛屿割让的条约》、1930年《关于划定英属北婆罗洲与美属菲律宾之间的边界条约》明确规定的。南沙群岛和黄岩岛根本不在上述条约规定的菲律宾版图内。

但自上世纪60年代末南海地区发现丰富的油气资源后,这片原本安宁的水域频起波澜。在巨大资源利益的诱惑下，菲律宾等国开始非法侵占和蚕食属于中国的南沙岛礁，成为南海问题产生的根源。更有甚者，菲律宾等国还以南沙群岛位于自其本国海岸起200海里范围内为由，企图以海洋管辖权主张来否定中国对南沙群岛的主权。

显而易见，在南海问题上，中国绝不是加害者，而是受害者。如果真的遵从法律，应该谴责的是菲律宾等国公然违背国际法和《联合国宪章》的行径，应该禁止的是一切非法侵犯他国领土主权的行为。

作为南海最大沿岸国，中国从维护南海地区和平与稳定的大局出发，在南海问题产生后的几十年里始终保持了极大克制，从未主动挑起争议，也没有采取任何使争议复杂化、扩大化的行动。中国最先提出并始终坚持"搁置争议，共同开发"，坚持通过谈判协商和平解决争议；按照2002年《南海各方行为宣言》所确定的原则，在平等和相互尊重的基础上，探讨与南海声索国之间建立信任的途径；根据1982年《联合国海洋法公约》在内的国际法原则，切实保障在南海的航行及飞越自由。

在过去的几十年里，南海局势总体保持稳定，有关争议得到妥善管控，东南亚地区实现高速发展，这一地区成为世界上和平、稳定和繁荣之地。这自然得益于中国与东盟相关国家的共同努力，但不可否认的是，作为综合国力较强的一方，中国的克制是南海得以保持和平稳定、繁荣发展的最重要原因。中国政府有权利也有能力收复失地，但是中国并没有这样做，目的就是为了南海的和平稳定，以及沿岸各国人民的共同福祉。

遗憾的是，树欲静而风不止。2012年4月10日，菲律宾蓄意挑起"黄岩岛事件"。2013年1月，菲律宾阿基诺三世政府置昔日谈判协商解决南海争议的承诺于不顾，单方面提起有关南海争议的仲裁案。

纵观南海问题演进脉络，2009年以前，虽然相关国家间存在摩擦，但矛盾却总体保持可控。可是从2009年起，南海问题开始步步升级。

为何2009年成为中菲南海争议重要分界线？为何菲律宾阿基诺三世政府会在南海问题上选择一系列政治赌博？

（二）

审视菲律宾在南海问题上逐步走向"活跃"的整个过程，不得不说美国的"战略转变"提供了最有解释力的视角。

2009年1月，奥巴马政府就职，美国外交政策出现方向性调整，在"重返亚太"的战略布局下，南海问题迅速成为美国维护地区霸权地位、对中国进行战略牵制的重要抓手。

2010年7月，时任美国国务卿希拉里·克林顿在东盟地区论坛上宣布美国在南海地区"拥有国家利益"。观察人士指出，此举标志着美国对南海问题开始走向事实上的"选边站"和"引导式"路径，克林顿本人更是在事后回忆称，"这是精心选择的措辞"。此次会议被美方视为"检视美国在亚洲领导地位以及反击中国扩张的临界点"。

正如美国卡托研究所国防外交政策研究室副主任卡本特所言，美国想要通过干预中国与邻国的南海争议来达到制衡中国的目的，"最具挑衅的做法是奥巴马政府支持菲律宾及其对南海争议岛礁的声索"。

大量新闻报道显示，菲律宾正式提起南海仲裁案之后，美国的"深度参与"几乎无处不在。美国律师出任菲方法律顾问，全面帮助菲方向仲裁庭提交总计12册、长达3000页的答复书以回答有关菲方诉求和依据之问题，并一手代理了第一轮口头辩论的文件起草和庭辩。此外，美国多次公开发声，力挺菲律宾非法主张。2014年3月，美菲在华盛顿发表包括所谓以仲裁解决南海国际争端等内容的联合声明；同年4月，奥巴马在与菲律宾总统阿基诺三世会谈时再次对菲律宾诉诸国际仲裁表达了公开支持。

人们看到，美国借南海问题无端抹黑中国国际形象，无所不用其极。近年来，国务卿、国防部长、国会议员等各色美国高官在东盟地区论坛、东亚峰会、香格里拉对话会、亚太经合组织会议、七国集团峰会等各种场合，热炒南海问题，试图把"规则破坏者""现状打破者""军事扩张者"的帽子强加于中国头上。

人们看到，美国以所谓"航行自由"为借口，以种种手段炫耀武力，实质上推动了南海军事化。美国航空母舰、战略轰炸机多次闯入南海，美国导弹驱逐舰不断抵近中国南海岛礁，美国与盟国在南海的军事演习更是接二连三。美国还敦促东盟国家在南海地区进行联合海上巡逻，支持日本在南海地区进行海上巡逻。

人们看到，美国拉帮结派，迫切希望把南海问题引向多边化、国际化，妄图给中国施加所谓外交压力。美国极力推动在各种地区及全球性多边组织框架下讨论南海问题，企图使东盟在南海问题上统一口径，鼓动日本、澳大利亚、印度、欧盟等与南海问题无关的域外国家和地区关注南海问题。

美国有识之士对于华盛顿在南海问题上制造对抗之举深表忧虑。知名战略学家布热津斯基就曾发出警告，美国在南海必须非常小心，南海问题不应成为美中关系的中心问题。然而，在霸权本性驱使下，美国在南海问题上制造紧张局势、破坏和平稳定的冒险之举依然愈演愈烈。

（三）

事实清楚地表明，菲律宾南海仲裁案完全是一个由美国鼓动操纵、菲律宾挑头、仲裁庭客观上予以配合的针对中国的一个"局"。

这个"局"其实不难看穿，自仲裁闹剧开始后，国际社会"不平则鸣"的正义之声从未停歇。迄今，已有近70个国家和地区组织明确表示支持中方在仲裁案上的立场，其中既有东盟国家，也有域外国家，还有阿拉伯国家联盟、上海合作组织等区域组织。即使在西方国家，也有很多国际法专家从专业角度发表严肃、公正的评论，表达对中方法理主张的认同，表明对该案的批评和质疑立场。

为什么中国立场的支持者那么多，越来越多？归根结底，是因为中方不参与、不接受立场有着充分的法理依据，而菲律宾单方面提起南海仲裁案，仲裁庭违法扩权、滥权，才是在真正破坏国际法。

首先，禁止反言是国际法治的一条基本原则，但菲律宾阿基诺三世政府却置自身昔日承诺于不顾，单方面强行提起仲裁，侵犯了中国按照《联合国海洋法公约》规定享有的自主选择争端解决方式的权利。正如联合国国际法委员会前主席、联合国国际法院特别法官布朗利所言："一般国际法上不存在解决争端的义务，以正式法律程序寻求解决的程序取决于当事各方的同意。"争端提交国际仲裁，通常都需经当事国达成合意，尊重当事方意愿才是体现"各国主权平等的一种必然结果"。如今，仲裁庭擅自扩大管辖权限、漠视一国之主权，哪里还有"法的精神"？

其次，菲方不顾基本历史常识，妄称中国人历史上在南海没什么活动和存在，从未拥有对南海诸岛的主权。然而，中国渔民在南沙水域捕鱼作业，已成为南沙群岛主人的历史事实，有多个版本的《更路簿》可以证明；19世纪以来的外国文献，也明确记载了只有中国渔民在岛上生产生活的历史事实。法律的基点本就是"以事实为依据"，如今，昭昭青史仍在，凿凿证据如山，菲方却敢如此颠倒黑白篡改事实，对南海岛礁的有关论述缺失最起码的可信度。这样一个"并不构成争端"的无理诉求，竟然被仲裁庭接受，哪里还有"法的权威"？

再有，仲裁庭不顾中方一贯坚持将南沙群岛视为整体的立场，玩弄"切割"伎俩，歧视性地把中国驻守的南沙有关岛礁从南海诸岛的宏观地理背景中剥离出来。对菲律宾等其他国家非法侵占的岛礁，仲裁庭却只字不提，还将有关领土主权问题包装为所谓的岛礁法律地位问题。如此偷梁换柱、翻云覆雨，哪里还有"法的公信"？

南海仲裁案是否具有合法性和正当性？联合国国际法委员会前主席拉奥·佩马拉朱的判断一针见血：中菲南海争端的实质是关于主权和海域划界，而领土主权问题不属于《联合国海洋法公约》调整的范围，划界问题也可据中国政府声明而排除强制仲裁程序，此案仲裁庭对主权和海域划界问题都没有管辖权。菲律宾诉求的实质是领土问题，因此不属于《联合国海洋法公约》调整的范围。

然而，仲裁庭擅自扩大解释其自身管辖权限。对于领土和海洋划界问题，仲裁庭罔顾中菲早已选择谈判协商作为解决相关争议唯一方式这一前提，罔顾中国早已于2006年根据《联合国海洋法公约》将海洋划界争议排除适用强制争端解决程序这一事实，恶意解读此前中菲对争端解决方式的共同选择，轻易否定国与国之间达成的一致意见，严重侵犯中国作为主权国家和《联合国海洋法公约》缔约国享有的自主权利。其实质，不过是为个别国家滥用仲裁程序制造国际舆论实现政治目的提供配合。

培根在《论司法》中写道，"一次不公的判决比多次不平的举动为祸犹烈。因为这些不平的举动不过弄脏了水流，而不公的判决则把水源败坏了"。菲律宾及仲裁庭滥用强制仲裁程序，让《联合国海洋法公约》失去严肃性，其对《联合国海洋法公约》的破坏性、对国际法治秩序的冲击，不容低估。

事实上，很多西方专业法律人士都对强制仲裁程序被滥用表示担忧和关切。如果今后别国都效仿菲律宾的恶劣先例，只要将领土和海洋划界问题包装成《联合国海洋法公约》解释和适用问题即可提交仲裁，不仅会让30多个缔约国所作排除性声明成为一纸空文，也将伤害《联合国海洋法公约》争端解决机制的信誉，破坏《联合国海洋法公约》建立的国际海洋秩序，对现行国际秩序构成重大威胁。

正如英国牛津大学国际公法副教授安东尼奥斯·察纳科普洛斯、英国外交部前法律顾问克里斯·沃默斯利指出，如果仲裁庭允许菲律宾背弃其在《南海各方行为宣言》中的承诺继续推进强制仲裁，这种处理方式或造成"恶法"，会对国际关系的整体稳定造成潜在破坏。

从这个意义上来看，中国为捍卫国际法做针锋相对的斗争，不仅是在捍卫自己的领土主权，更是在切实捍卫国际海洋秩序、维护世界长治久安。

（四）

菲律宾南海仲裁案如此公然违背国际法，为何向来以"国际法官"自居的美国却在装糊涂？美国著名律师布鲁斯·费恩直言，美国的南海政策体现了其"危险的帝国思维"。

这种为所欲为的"帝国思维"，就是霸权主义。美国比任何人都喜欢把国际法挂在嘴边，但历史和现实一再表明，美国对待国际法，总是对人不对己，且每每玩弄法律于股掌之上——如果国际法对美国有利，美国就高高祭起这面大旗；如果国际法可能约束美国的行为，美国就会把它踩在脚下置之不理，甚至将"非法"尊为"合法"，将"合法"抹黑为"非法"。

美国如果真的关心国际法治，为何《联合国海洋法公约》推行几十年了还不愿加入？众所周知，作为规范当代国际海洋关系最重要的法律文件，《联合国海洋法公约》被誉为当今世界的"海洋宪章"，目前大部分国家都已加入《联合国海洋法公约》。美国作为世界上最大的海洋国家之一，却一直没有加入该公约，是安理会"五常"中唯一没有加入该公约的国家。根子就在美国霸权主义的国际法观和傲慢自私的海洋特权思想。

美国口口声声以海洋法治的维护者自居，却为一己之私拒不批准加入公约；口口声声要求别国接受第三方争端解决方式，自己却又拒不接受国际法院这一联合国最主要司法机构就尼加拉瓜诉美国案所作出的判决和命令；口口声声要求其他国家遵守国际法，却对自己和所谓盟友大开违法之门，长期以来对菲律宾非法侵占中国岛礁的行为视而不见。

这种自相矛盾与双重标准，集中体现了美国对待国际法"合则取，不合则弃"的虚伪本质，暴露了其根深蒂固的"帝国思维"。美国现实主义国际关系学者米尔斯海默谈及南海问题时曾说，"中国的邻国有动机在现阶段就把问题解决掉，而不是等到中国强大了，到时候就来不及了"，一句话道出了对中国防范遏制的阴暗心理。

中国正在成长，但一个多世纪里屡遭外敌入侵、强权欺凌的屈辱经历，是中国人民不可磨灭的记忆。在这样的历史记忆中强起来的中国，最懂得遭受欺凌和屈辱的滋味，"己所不欲，勿施于人"；在这样的历史记忆中走过来的中国人民，也决不会答应"屈辱的过去"哪怕在局部重演。

习近平总书记在庆祝中国共产党成立 95 周年大会上指出："中国人民不信邪也不怕邪，不惹事也不怕事，任何外国不要指望我们会拿自己的核心利益做交易，不要指望我们会吞下损害我国主权、安全、发展利益的苦果。"这道出了全体中国人民的心声。

放眼南海，闪闪发光的航标灯，照亮的应该是和平的方向，驱散的应该是霸权主义的心魔，警醒的应该是被眼前蝇头小利冲昏的头脑。不合法的裁决不过是废纸一张，它否定不了中国在南海的合法权益，改变不了中国人民维护国际法治尊严，与相关国家一道维护南海和平稳定的坚定意志和决心。

（2016年07月11日）

为促进中国—中东欧合作注入新动力

国纪平

（一）

2016年，中国—中东欧外交热潮涌动。距中国国家元首对捷克首次国事访问不到3个月，习近平主席再度启程前往中东欧地区，对塞尔维亚和波兰进行国事访问。

"中方愿同中东欧十六国一道，不断探索合作方式，充实合作内涵，提升合作规模和水平，推动合作取得更多成果，使中欧关系取得更大发展。"习近平主席近3年前表达的诚挚愿望，已经化为新时期中国外交的扎实成就。

中国与中东欧，一个是世界最大发展中国家，一个是欧洲新兴市场国家集中的地区。当中国—中东欧国家合作机制（"16+1合作"）逐渐步入成熟和早期收获期，双方将如何汇聚更为蓬勃的动力，开辟更为广阔的空间？"16+1合作"又将如何实现同"一带一路"建设、中欧全面战略伙伴关系以及各国发展战略的有效对接？

一次具有里程碑意义的访问即将拉开帷幕。巩固传统友谊、深化务实合作、共享发展成果，中国—中东欧关系正在开启发展的新篇章。

（二）

悠悠岁月，见证了中国同中东欧国家相互交往中结下的深情厚谊。如同中东欧地区的谚语，"友谊如美酒，酒越陈越香，情越久越深"。

遥远的地理距离，挡不住文化使者的脚步。

早在17世纪，就有罗马尼亚人斯帕达鲁远行而至中国。他以亲身经历撰写的《中国漫记》，把中国的古老文明介绍给中东欧。19世纪，捷克中国学研究专家德沃夏克译介《论语》和《老子》，又将博大精深的中国文化带入中东欧人民的视野。20世纪初，鲁迅、茅盾等中国新文化运动先驱的目光投向了中东欧，将匈牙利诗人裴多菲、罗马尼亚诗人埃米内斯库的诗歌、散文介绍给中国人民，感染了一代又一代中国读者。

对彼此文化的欣赏，让中国和中东欧国家人民之间心心相印。保卫萨拉热窝的瓦尔特成为中国人民珍贵的记忆，夺取网球"全满贯"冠军的德约科维奇拥有大量中国粉丝。波兰人民把象征"至尊"的肖邦奖颁予中国"钢琴王子"，为真情演唱波兰名曲《小杜鹃》的中国歌者鼓掌喝彩。就在不久前，波兰羊之歌剧团的经典作品《樱桃园的肖像》在中国浙江乌镇戏剧节轰动世界……中国和中东欧人民相知相交，相敬相亲。

对世界和平的钟爱，书写了抗击法西斯的共同历史。

在世界反法西斯战争东西方两大战场上，中国和中东欧人民不仅各自浴血奋战，而且相互帮助支持。中国人民不顾自身安危，为来自包括波兰等国在内的2万余名犹太人发放"生命签证"，上海一度成为护佑欧洲国家犹太人的"诺亚方舟"。与此同时，一支来自欧洲多国的医生队伍，在中国人民最艰难的时刻长途辗转来到东方，把宝贵的青春献给了中国人民的解放事业，为中国人民提供了坚定支持——罗马尼亚的柯列然医生两次染上恶性传染病，却仍在缺医少药的战地坚守，他发明的疗伤药膏治愈了4万多名伤员；保加利亚医生甘扬道坚持冲在最前线，并将自己的两个孩子取名"保中"和"保华"；波兰的傅拉托医生被赞为"华佗"，战后还继续投身对华友好工作。2015年9月，当塞尔维亚总统尼科利奇率领阅兵方队来华出席中国人民抗日战争暨世界反法西斯战争胜利70周年纪念活动时，中塞两国人民心潮起伏，共同感知那用生命织就的生生不息的友谊之脉。

新中国成立后，中东欧国家率先同中国建立外交关系并给予宝贵支持。改革开放初期，中国还鲜见广告，悬挂在上海外滩18号楼顶的"CP"（"中波"）大广告牌留在许多国人的老照片里。这个广告代表的是1951年两国政府合资创办的"中波轮船股份公司"，那是新中国成立后的第一家中外合资企业，为打破当时西方世界对中国的经济封锁发挥了重要作用。

半个多世纪过去了，尽管国际形势和各自国内情况均发生巨大变化，但中国同中东欧国家保持真诚相待，彼此信任，相互支持，友好关系稳步发展。中国尊重中东欧国家根据本国国情选择的社会制度和发展道路，同中东欧国家关系发展稳中有升。建立全面友好合作伙伴关系、全面合作伙伴关系、战略伙伴关系……中国同中东欧国家结伴而行，友谊愈加深厚，合作愈加密切。

"让我们齐心协力，奏响中捷关系时代强音，共同创造中国—中东欧国家合作以及中欧关系更加美好的明天。"这振奋人心的话语，出自习近平主席今年3月在捷克《权利报》发表的署名文章，让人们看到中国—中东欧友好合作关系掀开了新篇章。

（三）

波兰杰出的科学家居里夫人曾说："如果能追随理想而生活，本着自由的精神、勇往直前的毅力、诚实不欺的思想而行，一定能臻于至美至善的境地。"

中国与中东欧国家虽然在社会制度、国情、文化等方面存在差异，但双方凭借发展友好关系的共同愿望和坚定信念，潜心耕耘、深化合作，收获了丰硕成果。

"中国与中东欧国家传统友好，其相互关系是整个中欧关系的重要组成部分。各国领导人将以战略眼光从长远角度看待彼此关系，本着相互尊重、平等互利的原则，建立面向未来、共同发展的友好伙伴关系。"2012年4月，波兰华沙，中国与中东欧国家领导人举行会晤并发表新闻公报，中国宣布了关于促进与中东欧国家友好合作的12项举措。中国与中东欧国家关系由此步入了全新的发展阶段，迎来了充满希望的春天。

这是一种"16+1>17"的合作模式。中国是最大的发展中国家，也是世界第二大经济体。中东欧国家面积约为欧盟的3/10，人口约为欧盟的1/4，日益被视为欧洲发展的潜在增长点。同为新兴市场国家，双方都面临转型创新、提升竞争力的紧迫任务。中国经历30多年的改革开放，工业体系完备，基础设施建设实力雄厚，资金充裕。中东欧国家经济在重回复苏和增长轨道的过程中，在金融、投资、能源、农业、互联互通和基础设施建设等领域均出现新一轮发展机遇期。中国企业在基础设施建设等方面积累了成熟的经验和技术。"16+1合作"，契合各自发展需要，符合各方利益，对促进中东欧国家经济发展、民生改善，对中国企业走出去、实现共赢，均有深远意义。

4年来，从《中国—中东欧国家合作布加勒斯特纲要》《中国—中东欧国家合作贝尔格莱德纲要》《中国—中东欧国家合作苏州纲要》等3份合作文件的发表，到《中国—中东欧国家合作中期规划》的出台，"16+1合作"路线图愈加清晰，合作内容由小到大、由浅入深，在经贸、投资、基础设施、金融、旅游、教育、农业、人文和地方合作等诸多领域取得成果，惠及广大成员国及其民众。

2015年，中国与中东欧国家贸易额达562亿美元，比2010年增长了28%，双方贸易结构不断优化，贸易领域不断拓展。目前中国企业在中东欧国家投资超过50亿美元，中东欧16国在中国投资超过12亿美元。中国各省市已经与除爱沙尼亚外的15个中东欧国家的155个省、州、市建立了"友好城市"或"友好省州"关系，其中"友好省州"58对，"友好城市"97对。

实践证明，"16+1合作"潜力很大，前景看好。波黑历史学家斯洛博丹·绍亚曾言，得益于中国的项目安排，这16个国家联系越来越紧密了。同时，在"16+1合作"框架下的多边合作比双边合作更容易上规模、提水平，而且容易形成"比照"和"追赶"效应，有利于推动中国和16国整体关系的发展。

"中国与中东欧16国之间仿佛架起了一座十七孔桥，'16+1合作'平台亦从初期的探索阶段,进入承前启后的新时期。"法国《欧洲时报》如此比喻。在中国和中东欧国家的共同努力下,"16+1合作"不断发展壮大,形成了全方位、宽领域、多层次的格局,已步入成熟期和早期收获期。这种全新的合作模式开辟了中国同传统友好国家关系发展的新途径,创新了中国同欧洲关系的实践,搭建了具有南北合作特点的南南合作新平台。

(四)

古希腊诗人荷马在《奥德赛》中赞美琥珀"闪烁着太阳一般的光泽"。中东欧古老的土地曾经沐浴在这样的光泽之中。

琥珀被誉为"波罗的海钻石",标志着商贸繁荣的"琥珀之路"向西进入地中海沿岸,向东连接"丝绸之路"。这美好的连接,助力东西方商贸跨越山海,融通彼此遥望的欧洲文明和亚洲文明。斗转星移,沧海桑田。"琥珀之路"和"丝绸之路",在新时期迎来新的对接,放射出新的光芒。

"一带一路"建设,新时期塑造新格局。中东欧16国,全部是"一带一路"沿线国家。目前,中东欧国家中已有7个与中国签署共建"一带一路"政府间谅解备忘录。实现"一带一路"与"16+1合作"的有效对接,犹如为中国—中东欧合作列车装载了"超级引擎",不仅拓宽了沿线国家的企业投资之路、贸易之路,也拓宽了中国与中东欧国家的战略对接、合作共赢之路。

"中国参与并资助从布达佩斯到贝尔格莱德的高速铁路建设,这一线路将延伸至希腊雅典。今后,火车从布达佩斯到贝尔格莱德的运行时间将由8小时减少到两个半小时左右。"美国《福布斯》网站刊文指出,每个中东欧国家都想成为丝绸之路经济带上联通中欧的枢纽,并竞相与北京达成协议,希望加强本国在这一地区的地位。

在塞尔维亚,中国企业已投资建设跨越多瑙河的贝尔格莱德泽蒙—博尔察大桥、贝尔格莱德—布达佩斯高速铁路,翻修科斯托拉茨电站,建设塞尔维亚E763高速公路两个标段。"通过与中国公司和致力于基础设施建设的中国金融机构合作,塞尔维亚正在实施的'再工业化战略'做好了对接'一带一路'倡议的准备。"谈及"一带一路",塞尔维亚驻华大使米兰·巴切维奇满怀热情与憧憬。

在中国腹地成都的青白江口岸,满载着欧码皮鞋、烤瓷杯、电子零部件和发电设备的列车徐徐驶出,目的地是9800多公里外的波兰第二大城市罗兹。这就是蓉欧快铁,也是如今中国到欧洲最快的铁路货运固定班列。"'一带一路'建设具有历史意义,是波兰的重要机遇,波方愿积极参与。"波兰总统杜达在多个场合表达了对参与"一带一路"建设的热切期待。

放眼中东欧大陆,塞尔维亚科斯托拉茨电站一期项目已经完工,二期项目已经签署贷款协议;匈塞铁路、马其顿两段高速公路、波黑斯坦纳里火电站等项目正在进行;依托亚得里亚海、波罗的海及黑海港口的"三海港区合作"正在探讨当中,有条件的港口将合作建立产业聚集区……产业现代化、节能环保、交通物流、基础设施,在"16+1合作"与"一带一路"建设以及各国发展战略的对接过程中,中国—中东欧合作的领域越来越广,项目越来越多。

习近平主席指出:"中国同中东欧国家开展共建'一带一路'合作以及中欧不断加强战略对接,为'16+1合作'汇聚了更为蓬勃的动力,开辟了更为广阔的空间。"这是从宏观和战略层面作出的判断和指引,也是"16+1合作"生机盎然的原因所在。

(五)

"'16+1合作'是中欧全面战略伙伴关系的重要组成部分和有益补充,完全可以为构建中欧和平、增长、改革、文明四大伙伴关系作出应有贡献。"

2015年11月,习近平主席集体会见出席第四次中国—中东欧国家领导人会晤的中东欧国家领导人时,为中国同中东欧国家合作指出方向。

也正是在这次中国—中东欧国家领导人会晤期间,"16+1合作"平台迎来了特殊的客人——欧盟、奥地利、希腊和欧洲复兴开发银行派代表作为观察员与会,充分彰显了中国—中东欧合作的透明性与开放性。

在中国—中东欧合作建立之初,有人曾怀疑,欧盟,特别是中东欧地区以外的一些欧洲大国，对于中国同中东欧 16 国走近，是否会有所疑虑？伴随中国同中东欧国家合作的不断推进，答案不言自明：近年来，中国同中东欧国家提升合作关系时，头脑中始终装着"欧洲"这个大框架，将中国—中东欧合作视为中欧关系整体发展的一个重要组成部分，承诺对欧盟成员国的有关合作在欧盟框架下进行，对于非欧盟国家的合作也有利于欧洲一体化进程。中国不仅坚持邀请欧盟代表列席各届领导人会晤，每次发布的正式文件均强调以《中欧合作 2020 战略规划》为指导。

中国与中东欧国家合作有助于弥补东西欧差距，推动欧洲一体化更平衡发展，已经成为越来越多欧洲人的共识。2014 年贝尔格莱德会晤举行后，欧盟驻华大使公开表示，"（'16+1'合作）与中欧关系不仅是兼容的，还可以产生附加值"，"（欧盟）成员国不仅完全遵守了条件，而且与中国的合作一直保持透明"。在中欧数字协会主席甘巴尔代拉看来，中东欧与中国加强互联互通，将促进该地区经济发展，并有助提升欧盟整体经济水平和欧盟各成员国之间的彼此联通。

（六）

中国—中东欧合作的快速发展，是近年来中欧关系整体发展进入新阶段的一个重要方面。在世界眼中，中共十八大以来，中欧关系的新定位、新战略为这一切创造了可能。

"作为最大的发展中国家和最大的发达国家联合体，中欧是维护世界和平的'两大力量'；作为世界上两个重要经济体，中欧是促进共同发展的'两大市场'；作为东西方文化的重要发祥地，中欧是推动人类进步的'两大文明'。"

"我们要共同努力建造和平、增长、改革、文明四座桥梁，建设更具全球影响力的中欧全面战略伙伴关系。"

……

习近平主席对于中欧关系发展作出的重要论述，在欧洲赢得广泛共鸣，为中欧关系发展注入了强劲动力。在长期研究中欧关系的学者看来，"中国对中欧关系的新定位，不仅反映了新的欧洲观，而且反映了中国对自身国际作用和角色的新认识，表达了中国希望为地区和世界和平与发展作出更大贡献的意愿"。

"一带一路"建设同欧洲的发展战略相对接，中国国际产能合作同欧洲"容克投资计划"相对接，"16+1合作"同中欧整体合作相对接，这三大对接正在发挥重要的引领作用，正在激发中欧各层级、各领域合作活力。中欧共同投资基金加紧建设，中欧互联互通平台搭起，中欧双边投资协定谈判推进，中欧自贸区可行性研究启动……一系列成果的取得，标志着中欧务实合作迈上新台阶。

从2014年春天的欧洲之行，到2015年金秋的英国行，再到今年3月对捷克的历史性访问，中国国家元首三次出访欧洲，为中欧关系发展注入强劲动力。

仲夏时节，习近平主席对塞尔维亚、波兰的国事访问令人期待。

放眼未来，中国—中东欧合作、中欧合作的美好愿景令人期待。

（2016年06月17日）

构建人类"核安全"命运共同体

——写在习近平主席出席第四届核安全峰会之际

国纪平

（一）

核安全，牵系人类命运的大事。

自核能发现和运用以来，它如同普罗米修斯带到人间的火种，为人类发展点燃希望之光。随之伴生的核安全风险却犹如"达摩克利斯之剑"，为人类利用核能的美好前景蒙上阴影。三哩岛、切尔诺贝利和福岛核事故，都让人们深切地认识到，为何要"万无一失"，什么叫"一失万无"。

核设施安全运行必须确保，核材料安全管理同样不能掉以轻心。国际原子能机构数据库显示，截至2014年底，该机构共计收到442件关于未经授权获取核材料及相关违法行为的报告，714件关于核材料偷窃与遗失相关行为的报告，1526件关于其他涉核材料非法行为的报告。

一个木桶的盛水量，是由最短的那块板决定的。一国核材料丢失，全世界都将面临威胁。如果各国不能一道筑牢核安全防火墙，和平利用核能的希望之火就有可能积薪候燎，酿成灾难，人们对实现持久核安全的信心、对核能事业造福人类的信心也将随之受损。

在全球核电逐渐复苏、核能运用日渐广泛的背景下，如何进一步整合全球核安全资源和行动？如何对国际核安全进程予以战略性、机制性和长期性规划？如何有效应对潜在的核恐怖主义风险？国际社会面临紧迫课题。

3月31日至4月1日，中国国家主席习近平出席在美国华盛顿举行的第四届核安全峰会。本届峰会以"加强国际核安全体系"为主题，50多个国家和国际组织的领导人应邀出席，是加强核领域全球治理的一次重要会议。

自2010年首届峰会举行以来，核安全峰会已成为国际核安全领域合作的重要平台。在这一平台上，中国一直发挥着重要作用。世界看到中国同各国共同推进国际核安全体系建设、加强核领域全球治理的责任担当，感受到中国践行新安全观和增进普遍安全的真诚意愿。在本届峰会上，中国将为凝聚核安全国际共识、深化核安全国际合作、培育核安全文化、加强核安全机制建设带来什么样的新方案？国际社会充满期待。

（二）

"天下之患，莫大于不知其然而然。"直到今天，对国际社会而言，核安全依然是一个既熟悉又陌生的话题。

比如，有人认为核领域全球治理尚属小众话题，不值得兴师动众；有人完全排斥，主张"零核能"；也有人试图剥夺发展中国家和平利用核能的权利……纷繁复杂的观念、不同利益的博弈，一方面揭示了核安全面临的"共识挑战"，另一方面呼唤着切实可行的"安全方案"。

2014年海牙第三届核安全峰会上，习近平主席郑重向世界阐述了理性、协调、并进的中国核安全观：发展和安全并重，以确保安全为前提发展核能事业；权利和义务并重，以尊重各国权益为基础推进国际核安全进程；自主和协作并重，以互利共赢为途径寻求普遍核安全；治标和治本并重，以消除根源为目标全面推进核安全努力。

中国率先系统阐述的核安全观，获得国际社会高度评价。学者分析指出，中国核安全观的提出，为国际社会就核能发展和核安全合作提供了价值观参照，体现了注重平衡的中国哲学思想，彰显了大国领导人的政治智慧和历史担当。

不谋全局者，不足谋一域。中国核安全观之所以具有全局性、战略性、持久性，就在于它与习近平主席反复阐述的共同、综合、合作、可持续的安全理念一脉相承；之所以赢得国际社会的普遍认可，归根结底是因为它有助于构建公平、合作、共赢的国际核安全体系，有助于提升全球核安全水平，促进世界和平与发展。

（三）

安全无国界。对于核安全来说，"为之于未有，治之于未乱"是核心要义。

随着恐怖主义在全球的泛滥，恐怖分子利用核装置来发动袭击的威胁正在增加。今天，已经有越来越多的国家认为，核恐怖主义不再是一个假设性的问题。2005年，"基地"组织就曾在网站上公布了一本说明手册，详细介绍如何利用浓缩铀制造"脏弹"。而美联社一份报告显示，目前全球存在着一些专门贩售核材料的黑市，获取核材料的经济代价和技术要求都已不再高昂。正如联合国秘书长潘基文所言，哪怕是仅发生一次核恐怖主义攻击，都将"给世界带来永远无法弥合的改变"，"我们必须行动起来阻止这样的灾难发生"。

如同国际秩序的演变，核领域全球治理也在经历变化，治理话语权从少数国家垄断向更多国家转移。冷战期间，国际原子能机构正式成立，承担起管理核能和平利用的职能。冷战结束初期，国际原子能机构强化保障监督能力，多边出口管制机制加强对涉核物项出口的管控，国家间展开实质性核安全合作。"9·11"事件之后，国际社会逐渐形成核安全国际共识，全球性制度建设加速。国际原子能机构作为核领域全球治理的核心机构，获得了更多国际支持，行动力获得显著提升。

然而，尽管国际核安全体系建设取得一定成就，但现实挑战依旧严峻：不少国家仍未签署并批准《核材料实物保护公约》及其修订案和《制止核恐怖主义行为国际公约》，仍未按照国际原子能机构《附加议定书》的范本与该机构签署协议；全球分离钚和高浓铀存量依然惊人，很多国家发展核电将增加核材料存放地点；一些国家有意建立独立的燃料循环能力，将增加全球核材料存量……"凡物置之安地则安，危地则危。"当前，加强国际协调和合作的客观需求丝毫没有减弱。打造国际核安全体系，加强核领域全球治理，符合各国共同利益，是实现更好利用核能的基础。

"光明前进一分，黑暗便后退一分。"习近平主席在第三届核安全峰会的讲话意味深长。展望未来，构建公平、合作、共赢的国际核安全体系，提升全球核安全水平，国际原子能机构应进一步发挥主导作用，并帮助发展中国家提高核安全能力；应该吸收更多国家加入国际核安全进程，使各国既从中受益，也为之作出贡献，争取实现核安全进程全球化；各国应加强交流、互鉴共享，有关多边机制和倡议要统筹协调、协同努力，争取做到即使不在同一起跑线上起跑，也不让一个伙伴掉队。

（四）

重要核材料"一克不少、一件不丢"，这是中国发展核事业60多年来，在核安全领域给世界交上的一份优异成绩单。成绩单背后，是一个始终将人民利益放在第一位的发展中大国从自身做起、发挥国际作用的责任担当。

"核安全首先是国家课题，首要责任应该由各国政府承担。各国政府要知责任、负责任，强化核安全意识，培育核安全文化，加强机制建设，提升技术水平。这既是对自己负责，也是对世界负责。"在海牙核安全峰会上，习近平主席这样论述国家在核安全领域需担负的首要责任。

言必信，行必果。人们看到，中国把核安全纳入国家总体安全体系，写入《国家安全法》，明确了核安全的战略定位。《核安保条例》草案已上报国务院审议；《核材料衡算与控制视察导则》《核材料和核设施实物保护》等一批核安保导则和技术规范，陆续由政府发布，有力推进了国家核安全工作的法制化进程。

人们看到，中国严格按照国际最新标准开展了新建核设施的核安保系统建设，政府安排了数十亿专项资金用于原有核设施的核安保系统改造，大幅提升核安保技术水平和防范能力。同时，持续加强和改进核应急准备与响应工作。在核应急法律法规标准建设、体制机制建设、基础能力建设、专业人才培养、演习演练、公众沟通、国际合作与交流等方面取得巨大进步。

人们看到,中国核安全监管工作步入了机制化、规范化轨道。国家原子能机构设置了核安保管理部门,成立了国家核安保技术中心,开展核安保技术研发工作。中国强化核安保日常监督管理,严格实施核设施设计基准威胁和核安保系统设计方案审查,定期开展各类核安保监督检查,扎实推进核安保工作机制化。

人们看到,中国大力培育和发展核安全文化。始终把核安全放在和平利用核能事业首要位置,坚持为发展求安全、以安全促发展的理念,追求发展和安全两个目标有机融合。中国的核安全观,是现阶段中国倡导的核安全文化的核心价值观,也是对国际社会和中国核安全文化发展经验的总结。

能力建设是话语权之基。中国在核安全领域的出色表现,使中国在全球核安全治理进程中赢得声誉,也让中国的主张更有感召力。

(五)

2016年3月18日早晨,坐落于北京市房山区的中美核安保示范中心的大门缓缓打开。这一亚太地区乃至全球规模最大、设备最全、设施最先进的核安全交流与培训中心,正式落成并投入运营。

除了拥有各种最先进、最完备的实验测量仪器,这个中心还拥有响应力量训练及演练设施。演练场能够模拟风雨雷电各种极端天气,可以用于训练安保人员全天候作业。该示范中心的落成是中美两国在核安全领域合作取得的一项重要成果,更是中国不断加大自身核安全能力建设,大力推动全球核安全进程的一个缩影。

作为联合国安理会常任理事国、国际原子能机构成员国,中国始终致力于同各国一道推动建立国际核安全体系,促进各国共享和平利用核能事业成果。

自1984年加入国际原子能机构以来,中国先后加入一系列国际公约:《核事故或辐射紧急情况援助公约》《及早通报核事故公约》《核材料实物保护公约》《不扩散核武器条约》《核安全公约》《制止核恐怖主义行为国际公约》……并在公约机制内始终致力于同各国一道推动建立和平、合作、共赢的国际核安全应急体系，充分发挥建设性作用。

1984年以来，中国先后与巴西、阿根廷、英国、美国、韩国、俄罗斯、法国等30个国家签订双边核能合作协定，开展各项合作与交流。中国在打击核材料非法贩运领域同俄罗斯和哈萨克斯坦等国开展一系列合作项目。同时，中国协助加纳改造其高浓铀研究堆的项目已取得积极进展，将继续向发展中国家提供力所能及帮助。

全球核安全离不开每一个区域的安全。作为地区重要国家，中国也在充分发挥地区作用，努力为本地区搭建一个可靠的核安全治理环境。中、日、韩三国2008年启动中日韩核安全监管高官会机制，2011年签署"中日韩核安全合作倡议"，确定将建立合作框架，承诺在地区核安全标准、区域应急响应机制和监管能力等领域开展合作行动。

"凡益之道，与时偕行。"从自身到国际，从合作到分享，在参与构建国际核安全体系进程中，中国始终与世界同行。加强核安全是一个持续进程。核能事业发展不停步，加强核安全的努力就不能停止。展望未来，中国将继续积极参与核领域全球治理，同各国携手合作，构建"核安全"人类命运共同体，为增进人类福祉作出更大贡献。

（2016年03月31日）

为中东和平发展注入强大正能量

——写在2016年习近平主席首次出访之际

国纪平

唯有放到全球格局大背景下,才能将中东地区的重要性看得更加清楚。

这里是世界航运要冲。中东处两洋三洲五海之地,仅苏伊士运河上,就有全球14%的海运贸易量通过。早在二战结束初期,美国总统艾森豪威尔就作出判断:"甚至仅仅从地理的角度讲,在整个世界战略上也没有比中东更重要的地区。"

这里是世界能源供给的阀门。石油储量、产量、出口量等各项指标稳居第一,世界石油市场中心的位置无可撼动。20世纪下半叶,3次石油危机皆因中东战事而起,触动全球经济痛处。

这里是人类文明最早闪耀的地区之一。尼罗河畔的金字塔、古巴比伦"空中花园"、苏美尔人的楔形文字熠熠生辉。犹太教、基督教和伊斯兰教三大宗教诞生于此。《一千零一夜》描述的繁忙集市、航海冒险,恰是各民族在这个地区互动交融的印记。

一部中东史也是战争与和平交织的历史。长期以来,一些西方国家奉行殖民、干预、颠覆政策,地区内部民族、宗教、领土纷争不断,中东发展进程频频受阻,整个地区甚至在惊涛骇浪中落入彷徨无助的境地。2010年底,一个突尼斯小贩的自焚点燃新一轮动荡的导火索,社会失序、流血冲突的破坏力时至今日仍时有显现。近年来,中东国家直面挑战,立足国情艰难探寻和平、稳定、发展路径，执着追求民族振兴、国家发展梦想。

1月19日，中国国家主席习近平启程对沙特、埃及、伊朗进行国事访问。作为在国际事务中发挥重要作用的负责任大国，中国将如何同中东地区国家开拓双边关系发展新机，为中东和平发展提供方案，为世界安全稳定贡献力量？国际社会将热切目光投向习近平主席的中东之行，希望藉此为上述问题找到新的答案。

（一）

从历史到当下，丝绸之路让中国与中东紧密相连。

大漠戈壁上，"驰命走驿，不绝于时月"。汪洋大海中，"云帆高张，昼夜星驰"。中国同中东的交往，走在了古代世界不同地区友好往来前列。

10世纪后期，出生在耶路撒冷的阿拉伯地理学家穆卡达西将阿曼和也门的港口称作中国的"走廊"。"州南有海浩无穷，每岁造舟通异域。"北宋时期，大批阿拉伯商人聚居福建泉州。在日本学者长泽和俊看来，丝绸之路连接三个大陆，众多民族与之发生关系，要说整个人类的历史与之有关也并不为过。

历史演进，岁月悠悠。丝绸之路承载的和平合作、开放包容、互学互鉴、互利共赢精神薪火相传，在中国同中东新时期友好合作进程中发扬光大。

60多年前的万隆会议上，中国向尚未建交的阿拉伯国家承诺支持巴勒斯坦人民的正义斗争。1956年5月，埃及在中东国家中率先与中国建交。早在建交前，周恩来总理就明确指示："要想立住脚，首先是尊重别人，态度诚恳，才能取得对方信任；尊重是相互的，但我们要积极主动，因为我们是大国……"1971年10月，13个阿拉伯国家和非洲朋友一道，投票支持新中国恢复在联合国的合法席位。1972年9月，中国在安理会仗义执言，否决了西方提出的打压巴勒斯坦和阿拉伯国家的决议草案。

美国外交家傅立民撰写《美国在中东的厄运》一书时，这样描述中东人民眼中的中国：他们看到的是一个似乎决意要与他们建立伙伴关系的文明大国。这个国家不会诋毁其宗教或生活方式，珍惜其可靠石油供应国的声誉，不会参与随意的制裁或其他压制性措施,也没有轰炸或侵略他国的习惯。

今天,中国和中东国家正在共同致力于推动"一带一路"建设,丝路故事书写新的篇章。沙特大学走进中国校园招生、巴林版"义乌小商品城"开业、阿联酋阿布扎比王储穆罕默德来华招商……"当我环游阿拉伯世界时,我发现越来越多的阿拉伯人在讲述中国故事。有时是一些个人的逸闻趣事,更经常谈论的是他们一位与中国做生意的朋友或亲戚的故事。这些是与全球经济发生变化同等重要的信号。"澳大利亚经济学家贝哲民在《新丝绸之路:阿拉伯世界如何重新发现中国》一书中写下了这样一段话。

经贸人文合作蓬勃发展,中国同中东国家政治互信和战略合作也在提升。中国同伊拉克建立战略伙伴关系、中国同阿联酋提升战略伙伴关系水平、中国同埃及推进全面战略伙伴关系、中国同约旦建立战略伙伴关系、中国同土耳其拓宽和充实战略合作内涵……3年来,习近平主席在双边和多边场合为中国同中东国家关系发展注入强大推动力,务实友好合作正在迎来新的历史性机遇。

(二)

"中国的中东外交政策非常有战略性。"一家德国媒体如是评价。

中国同中东国家关系特色鲜明。在维护民族尊严、捍卫国家主权的斗争中相互支持,在探索发展道路、实现民族振兴的进程中相互帮助,在深化人文交流、繁荣民族文化的事业中相互借鉴。

"履不必同,期于适足;治不必同,期于利民。"中国真心实意支持中东地区国家和人民自主探索符合本国国情的发展道路,同时也愿意同中东国家分享治国理政经验。

"贫瘠的土地上长不成和平的大树,连天的烽火中结不出发展的硕果。"中东地区长期动荡的根本症结在发展,出路也在发展。中国愿将自身发展同中东地区国家发展对接,实现互利共赢。

"和平犹如空气和阳光,受益而不觉,失之则难存。"在推动解决中东面临的棘手问题上,中国坚持从地区人民根本和长远利益出发,主张政治对话,避免战争，防止动乱。

"五色交辉，相得益彰；八音合奏，终和且平。"中国同中东地区国家坚持以开放包容心态看待对方，创造了不同社会制度、不同信仰、不同文化传统国家和谐相处的典范。

"恐怖主义是人类的公敌，中国坚决反对一切形式的恐怖主义，坚决打击任何挑战人类文明底线的暴恐犯罪活动。"当一些人在反恐大旗下随意给部分中东国家贴上"邪恶"标签，甚至严重歪曲、丑化伊斯兰文明，中国坚决反对将恐怖主义同特定民族、宗教挂钩，反对在打击恐怖主义过程中根据政治偏好和一己私利奉行双重标准。

中国的中东政策经受住时间的检验，符合和平、发展、合作、共赢的时代潮流。

（三）

约旦学者萨米尔·艾哈迈德在《文明的追溯》一书中写道：和平崛起的中国蕴藏着宝贵经验，中国梦可供世界分享。中国全面深化改革的蓝图让中东国家深感振奋。沙特《阿拉伯新闻报》提出，中东国家应该在国际经贸合作中"向东看"。人们注意到，这样的观点在中东地区日渐成为主流。

当中东各国政府纷纷将本国发展战略与中国发展战略对接，当中东各国人民普遍希望分享中国发展红利，"搭便车论""赚钱机器论""资源掠夺论"等论调也不时在西方媒体和政坛出现。

"被行动证明的语言是最有力的语言。"这句阿拉伯谚语道出了把握中国同中东国家关系的真谛。

2014年6月，习近平主席在中阿合作论坛第六届部长级会议开幕式上阐述双方"一带一路"合作前景，强调以"1+2+3"合作格局为顶层设计，为双方合作早期收获项目注入政治动力。两年多来，习近平主席同埃及、伊拉克、阿联酋、土耳其、约旦等中东国家领导人在各个不同场合共商双边关系发展时，"一带一路"受到高度重视，成为规划合作的优先领域。

"一带一路"是互利共赢之路。中国和中东国家共同推动基础设施建设，创造新的经济和就业增长点，增强经济发展内生动力和抗风险能力。阿拉伯国家联盟秘书长阿拉比这样告诉记者：同中国开展"一带一路"合作会使所有阿拉伯国家受益，阿拉伯国家联盟愿同中国建立战略性合作关系。

发展同中东国家务实合作的同时，中国也在为解决地区政治、安全等领域的棘手问题展开积极行动。

为推动解决巴以争端这个老大难问题，2013年夏天，中国邀请巴勒斯坦总统阿巴斯和以色列总理内塔尼亚胡相继访华，提出解决巴勒斯坦问题的四点主张；叙利亚问题上，中国始终出以公心，坚持止暴促谈，通过政治渠道解决危机；2013年底，在印度洋执行护航任务的护卫舰盐城舰北上地中海，与俄罗斯等国军舰一起为联合国海外销毁叙利亚化武行动护航；伊朗核问题谈判过程中，中国主张坚持政治解决方向，每逢谈判陷入困境，中国通过积极斡旋发挥了独特的建设性作用。

有学者分析指出，中国是安理会常任理事国，参与中东事务时坚持以联合国为主渠道，不存在合法性赤字。与此同时，中国同中东各方均无矛盾，更加注重事情客观真相，更多考虑冲突当事方感受，注重平衡与折衷。中东国家普遍对中国参与冲突治理持欢迎态度并寄予厚望。

"中国是一个大国，正在做一个大国应该做的事。"新加坡国立大学东亚研究所所长郑永年的这句话意味深长。

（四）

在中国中东外交长卷中，有两个历史场景令人难忘。

万隆会议上，中国代表团里有大阿訇担任宗教事务顾问，有回族教授担任译员。时任埃及总统纳赛尔的解读是：精心安排阿语翻译之举，是中国政府对他本人、对埃及人民和阿拉伯人民、对伊斯兰教信仰和阿拉伯—伊斯兰文化的尊重。

1990年8月，伊拉克入侵科威特。危急时刻，科威特副首相兼外交大臣萨巴赫访华。中国外长会谈时坦承,虽然中国与伊拉克和科威特都是友好国家,但中国在具体问题上坚持客观公正立场,坚决反对入侵之举。

尊重带来亲近,公正培育信任。尊重和公正,是中国中东政策的底色,也是中国在这一地区走出一条全新大国之路、打破"中东是大国坟墓"这一魔咒的关键所在。

在国际关系现实主义流派重要人物汉斯·摩根索看来,掌握非同寻常影响力的大国运用权力时懂得克制,是一种最高贵的美德。然而,不损害地区稳定发展这一天经地义的底线,却被西方大国一再突破。推崇大破大立的"创造性动荡论",危言耸听的"文明冲突论",居高临下的"民主改造论"……西方国家打着种种旗号干预中东事务,给中东人民带来深重灾难的同时,也无一不让自己深陷战略泥沼。

"所贵于天下之士者,为人排患、释难、解纷乱而无所取也。"中国在处理同中东国家关系时,牢记"为"与"不为"之间的辩证法,行动出发点由道义支撑,具体政策立足现实,为最终发挥正向作用提供了保障。有人曾作出如下对比:西方渲染所谓"中东民主赤字",中国注重中东在"民生治理"上的根本性需求;西方倚重"激进式手段",不惜搞边缘政策,中国提倡"渐进式改革",强调标本兼治、综合治理;西方力推"强制型"方式,不惜动用武力搞政权更迭,中国追求"协商对话",坚持通过谈判解决问题。

沙特前国王阿卜杜拉曾动情地说:"中国是一个亲密友好的国家,因为她总是同真理与正义站在一起。"

(五)

没有哪个大国靠"搭便车"实现梦想,也没有哪个大国不作为就能获得感召力。

1999年,埃及《金字塔报》董事长伊卜拉欣·纳菲尼在《中国——20世纪末的奇迹》一书中,用大量数据和翔实材料向中东读者介绍了一个崭新的中国,发出"抓住中国机遇"的呼声。2015年8月,该报执行总编辑曼苏尔强调,中国正在中东地区扮演更加积极的角色,这有助于该地区恢复稳定。

"中国发展得益于国际社会,中国也要为全球发展作出贡献。"今天的中国外交更具全球视野、更有进取意识、更富开创精神。浸润中国优秀传统文化、顺应时代潮流的中国特色大国外交,以实实在在的行动,践行构建以合作共赢为核心的新型国际关系、打造人类命运共同体理念,推动全球治理体制变革,为处于深度转型期的整个国际关系体系注入正能量。

"中国正在以一种特殊方式改变世界。"十八大以来,中国的"朋友圈"越来越大,同世界各国结成紧密的利益共同体和命运共同体。此次中东之行是习近平主席2016年首次出访,也标志着习近平主席出访足迹实现全球覆盖。期待习近平主席对沙特、埃及、伊朗的国事访问圆满成功,期待中国外交的全球布局和精耕细作结出更丰硕的果实。

(2016年01月19日)

钟 声

合力反恐才是正确选择

极端主义、恐怖主义一旦蔓延，没有谁能成为真正赢家

12月19日，土耳其和德国相继发生恐怖袭击事件，引发国际社会对暴力恐怖行为的一致谴责，也再度引发人们关于全球合力反恐必要性的深层思考。

从当前透露的信息看，两起事件的背后动机尚未完全明确，但其发生方式，却在一定程度上反映了当前国际反恐形势面临的新变化。即将过去的2016年，恐怖主义呈全球化、本土化、碎片化、网络化，"伊斯兰国"和"基地"两大组织更是摆出竞拼态势，导致全球恐怖活动整体上升。而国际反恐依旧困于大国博弈，特别是美俄关系龃龉，迟迟难以完全形成合力。

19日俄罗斯驻土耳其大使遇袭身亡的消息，不免让人联想起2012年9月11日，美国驻利比亚班加西领事馆遭袭，导致美国大使身亡事件。西亚北非动荡以来，美俄在一系列地区问题上分歧巨大，但必须面对反恐这个共同的挑战。遗憾的是，过去几年来，共同的挑战却并没有自然转化为反恐合作。

前一阶段，中东发生两场大的战役，一场是伊拉克政府军发起的摩苏尔攻势，另一场是叙利亚政府军在俄罗斯支持下发起的阿勒颇战事。两场战役无疑都涉及反恐，占据摩苏尔的"伊斯兰国"和困守阿勒颇的"支持阵线"均是联合国列名的恐怖组织。然而，对这两场战事，美国等西方国家态度却迥然不同。一面对摩苏尔之战欢迎和支持，积极派兵助阵反恐，希望借机弥补昔日伊拉克战争造成的"声誉损失"；另一面却对阿勒颇战役横加阻拦，为"支持阵线"辩护，同时极力指责俄、叙制造人道惨案。

俄驻土大使遇袭身亡后，尽管西方各国政府也多在第一时间对袭击行为表达了谴责，但多家美欧媒体的相关报道，却依旧不乏再"黑一把"俄罗斯的色彩，叙述中刻意强调袭击事件"与俄罗斯支持巴沙尔·阿萨德政权、对叙利亚平民狂轰滥炸有关"。

恐怖主义是人类的共同威胁，打击恐怖主义是每个国家都应该承担的责任。但现实中，一些国家在反恐问题上采取双重标准，或者在反恐过程中夹杂"私货"，有时甚至以"反恐"为工具，希望借此收获"额外利益"。面对反恐这一全局性问题，打小算盘的后果必然是严重的、惨痛的。19日两次袭击事件的受害方，一头是俄罗斯，一头是老牌西方国家。在叙利亚等中东热点问题上，西方与俄罗斯长期处于对立状态，但恐怖主义却并未对此"作出区分"。由此足见，极端主义、恐怖主义一旦蔓延，没有谁能成为真正赢家。放下分歧、合力反恐，对于整个世界具有紧迫性和必要性。

历史学家尼尔·弗格森曾就当今世界面临的恐怖主义威胁写道："在整个短期和平期间，我一直隐隐约约地怀疑陀思妥耶夫斯基笔下的群魔还会回来。"放眼下一阶段国际反恐合作，焦点离不开叙利亚和伊拉克形势，不让恐怖主义重新在此建成基地是关键。同时，也必须加大努力防止恐怖主义意识形态传播，提高对"独狼式"袭击的警惕，并且以更大力气解决容易被恐怖组织利用的宗教冲突、地缘政治博弈。为了挡住"群魔"，各国只有合力反恐这一条路可以走。

（2016年12月21日）

中挪关系转圜揭示国家相处之道

中挪关系过去几年走过的历程，有助于人们更好地认识当今时代国与国之间发展关系必须遵守的基本规则

12月19日，挪威外交大臣布伦德对中国进行访问，中挪两国就双边关系正常化发表声明。此举标志着在挪方就未来如何处理对华关系做出明确重要承诺的基础上，两国关系重归正轨。

2010年，挪威诺贝尔委员会把当年和平奖发给因触犯中国法律而被中国司法机关判处徒刑的刘晓波。这一无视中国法律、干涉中国内政的粗暴做法，立即遭到中国政府和人民的坚决反对，也引发国际社会广泛批评。

是非曲直如此清楚，中国政府除了以实际行动维护自身核心利益、捍卫当今时代国际关系基本准则，不可能作出其他选择。

回溯历史，中挪关系发展其实不乏"高光"时刻。1950年1月7日，挪威成为第二个承认新中国的西方国家。1963年，中挪签订中国与西方国家的第一个文化协议。挪威于2007年承认中国市场经济地位，2008年开启同中国的自贸区谈判。中国唯一一座北极科考站黄河站就位于挪威斯匹次卑尔根群岛的新奥尔松。然而，由于挪威6年前在涉及中国核心利益和重大关切的问题上做出错误举动，双方合作的良好态势就此改变，两国关系发展的政治基础遭到冲击，多领域合作随之陷入停摆，所有关心中挪关系发展的人士都为此感到惋惜。

解铃还须系铃人。当前，挪威政府对昔日错误做出了深刻反思，并拿出了解决问题的诚意，选择同中方相向而行，为两国关系翻开新的一页创造了可能。

中挪关系转圜,以挪威就未来如何处理对华关系做出明确重要承诺为前提。19日发表的中挪关于双边关系正常化的声明明确写道,挪政府重申坚持一个中国政策,充分尊重中国的主权和领土完整,高度重视中国的核心利益和重大关切,不支持损害中方核心利益和重大关切的行为,将全力避免双边关系今后受到损害。由此足见,中国通过据理力争,有效维护了自身核心利益。同样值得指出的是,中挪关系走上正轨,也完全符合挪威自身利益。挪威经济发展借重外部合作,对国际事务也素来有远大抱负,错失同中国的合作机遇,明显于己不利。

中挪关系过去几年来走过的历程,也有助于人们更好地认识当今时代国与国之间发展关系必须遵守的基本规则。相互尊重、平等相待,切实照顾彼此核心利益和重大关切,是任何一对双边关系长远健康发展的基础所在。中国一直致力于同各国建立友好关系,处理国际事务时也向来通情达理、顾全大局,但是在涉及自身核心和重大利益的问题上,中国有不可逾越的底线,捍卫自己的核心利益从来不会畏首畏尾。

展望未来,只要挪威切实遵守承诺,同中方共同致力于推动两国合作,并不断造福两国人民,双边关系就能迎来宽广的发展前景。

(2016年12月20日)

中国稳中求进　世界增添机遇

当前国际形势下,"确定性"成为全球稀缺资源。中国经济坚持稳中求进,增添世界信心

即将过去的2016年,一个"乱"字成为不少国家盘点一年局势的关键词,国际形势受到重重冲击,"确定性"成为全球稀缺资源。在此背景下,世界对中国改革发展行稳致远的期待继续上升。日前结束的中央经济工作会议,无疑为世界的这份期待进一步增添了信心。

中央经济工作会议提出,稳中求进工作总基调是治国理政的重要原则,也是做好经济工作的方法论,明年贯彻好这个总基调具有特别重要的意义。稳是主基调,稳是大局,在稳的前提下要在关键领域有所进取,在把握好度的前提下奋发有为。国际观察人士敏锐地捕捉到了这些重要论断,"稳中求进"成为各方关注的焦点。路透社、美联社等国际媒体纷纷强调了中国宏观经济政策的延续性。

从世界的角度来看,中国坚持稳中求进,将为世界经济确保"机遇"供给。2016年以来,中国经济形势总的特点是缓中趋稳、稳中向好,经济运行保持在合理区间,质量和效益提高。耶鲁大学教授、摩根士丹利前亚洲区主席斯蒂芬·罗奇不久前指出,中国对全球增长的贡献比所有发达国家贡献总和高出50%多,中国依然是世界经济增长最重要的引擎。下一步,中国经济稳定大局、不断进取,继续深化供给侧结构性改革,将为各国经济发展带来更多红利。以中国经济当前的体量而言,坚持稳中求进,就将为世界各国提供更广阔的市

场、更充足的资本、更丰富的产品、更宝贵的合作契机。

中国坚持稳中求进,给世界增添急需的"秩序"供给。当前,稳居世界第二大经济体的中国,正在逐渐适应自己的新角色——世界经济版图的变革者、全球经济治理的引领者、国际经济秩序的建设者。从G20到APEC,中国在全球和地区平台上,致力于推动国际社会共同寻找破解世界经济低迷的良方,提振全球贸易和投资,积极推进贸易自由化和便利化,促进区域经济一体化。从这个意义上说,中国经济的下一步走得更稳,全球经济治理就会随之收获更多动力。英国《金融时报》日前在评论文章中强调,在国际秩序深刻演变的当下,中国有机会成为"全球治理的守卫者和开放贸易体系的火炬手"。

中国坚持稳中求进,也给世界创造更多"方法"供给。今天,中国发展对世界的影响早已超越数据范畴。未来的发展之中,中国经验将是世界经验中最重要和最具创造性的因素之一。"中国领导人明白他们需要做什么。"美国前财政部长保尔森在其著作《与中国打交道》中写道,"这也正是我对中国的改革前景持谨慎乐观态度的原因所在。"一段时间以来,五大发展理念、供给侧结构性改革等"中国概念"已经为世界所熟识,中国发展所坚持的问题导向、底线思维也给各方带来启示。中国继续走稳改革发展之路,无疑能为更多国家解决自己的发展问题提供重要参考。

上个月,习近平主席对秘鲁进行国事访问期间,秘鲁总统库琴斯基曾说道:"中国发展代表着世界的未来。"这句话提纲挈领,也是当今世界对中国发展之信心与期待的写照。中国稳步行进在实现奋斗目标的征程上,为各国带来更多合作机遇,为世界经济复苏贡献更大力量。

(2016年12月19日)

铭记南京大屠杀是道义必须

对于日本而言,历史认知不是可以随意取舍的战略筹码,不是可以自由选择的外交手段

12月13日是第三个南京大屠杀死难者国家公祭日,中国人民同国际社会一道深切哀悼南京大屠杀死难者。让亚洲乃至世界的集体记忆中铭刻那段黑暗历史,是为了和平的长远。

近年来,世界关于南京大屠杀的认知正在逐步加深。中国政府设立国家公祭日,南京大屠杀档案被联合国教科文组织列入世界记忆名录,许多相关展览相继在海外举行,这些举措帮助越来越多的人去认识、思考作为第二次世界大战"三大惨案"之一的南京大屠杀。

一个多月前,法国卡昂和平纪念馆馆长格里马尔迪在一场南京大屠杀相关展览开展仪式上说,二战实际上是从中国战场开始的,中国人民和包括日本人民在内的各国人民在战争中饱受非人道的痛楚。今天,类似的声音愈加普遍,充分说明随着南京大屠杀以及二战期间中国战场相关历史为更多人所了解,世界对二战的反思正在打开新维度。

南京大屠杀发生在79年前,二战结束也有71年了。然而,历史从不会因时代变迁而改变。南京大屠杀是骇人听闻的反人类罪行,是人类历史上十分黑暗的一页。任何人要否认这一事实,历史都不会答应。今天,人们继续铭记这段历史,是出于捍卫国际公理正义,出于内心深处对和平的向往和坚守,而不是要延续仇恨。

不久前，有消息传出，日本首相安倍晋三将赴珍珠港进行访问。面对这一打着"历史牌"的外交举动，有日本媒体第一时间指出：安倍更应该去南京大屠杀遇难者纪念馆。

舆论的上述反应，恐怕只有放在日本处理历史问题的整体脉络中，才能得到更准确理解。近年来，以安倍政府为代表的日本右翼政治力量，在历史问题上开倒车的迹象十分明显。参拜靖国神社、修改历史教科书等问题密集爆发，引起亚洲邻国和国际社会广泛质疑。几个月前，日本文部科学省公布的新高中教科书审定结果，再次出现了粉饰战争罪行、删减南京大屠杀相关内容的做法。

在此背景下，国际社会很难相信安倍的珍珠港之行，是真正意义上的"历史之旅"，也难怪各方多从战略层面审视该举动——通过访问珍珠港做出姿态，日本政府希望"减轻"日美同盟的"历史包袱"，进而为自己的一些现实战略考量服务。

且不说日本的战略考量是否能够拿得上台面，其对待历史的机会主义态度，本身就隐藏着真实危险。历史真相不容篡改，历史记忆不容抹去。历史就是历史，不想、不愿、不敢触碰某一段历史，并不意味着它就不存在。

美国人不会忘记珍珠港被袭以及其后发生的太平洋战争；东南亚一些国家不会忘记日军摧毁他们的家园、奴役他们的人民；中国人民同样不会忘记日本军国主义侵略者给国家、民族带来的深重灾难。对于日本而言，历史认知不是可以随意取舍的战略筹码，不是可以自由选择的外交手段。昔日军国主义侵略历史是日本必须诚实对待的一段完整历史，而不是一道选择题——提起这一段却丢下另一段，这不是对待历史的应有态度。

"昭昭前事，惕惕后人。"时至今日，铭记南京大屠杀的苦难，依旧是人类的道义必须。作为昔日的战争发动者、罪行实施者，日本能否真正承担起历史责任？这个问题，必然逃不脱世界的审视和正义的评判。

（2016年12月13日）

认清时与势　方能促发展

世界经济发展规律不可违逆，只有坚持开放，加强合作，才能开辟世界经济美好前景

对世界经济而言，2016年是开启发展之门不寻常的一年，全球贸易和投资两大传统引擎集体失速，金融市场从年初波动到年尾，各种保护主义花样翻新，反全球化思潮"风头火势"，"黑天鹅"事件层出不穷，给充满不确定性的世界经济增添了变数。年终将至，大家都在关注，今年世界经济究竟会交出一份什么样的成绩单？

近日，经济合作与发展组织发布的一份报告显示，全球经济活动开始回暖，主要新兴市场经济体稳定增长，部分发达经济体出现稳固复苏迹象。高盛、花旗银行等金融机构近期也纷纷上调世界经济增长预期。这对一直沉浸在悲观情绪中的经济学家和投资者来说，不啻为一个令人鼓舞的好消息。

数据显示，今年对全球经济增长贡献最大的仍然是新兴市场经济体，按购买力平价权重计算，中国贡献了近一半的全球经济总增长，其他新兴市场国家贡献了1/4。耶鲁大学教授、摩根士丹利前亚洲区主席斯蒂芬·罗奇认为，中国对全球增长的贡献比所有发达国家贡献总和高出50%多，中国依然是世界经济增长最重要的引擎。

不少人都在探寻，中国经济何以能为世界经济持续带来强劲动力？中国应对全球经济风险和挑战的法宝是什么？中国经济未来会向哪个方向走？人们拿着放大镜仔细地检视中国经济这个"独特"的样本。究其根本，还是因为在关

键时刻果断做出正确选择，并坚定不移付诸行动。

凡益之道，与时偕行。中国主动适应、把握和引领经济发展新常态，找到了开启经济发展之门的关键钥匙，就是创新、协调、绿色、开放、共享五大发展理念；着力推进供给侧结构性改革，加快新旧发展动能接续转换，更加注重质量和效益的提升。这既是从中国经济发展需要出发的主动作为，更是中国为实现世界经济平稳健康可持续增长的积极努力。"一带一路"建设、亚洲基础设施投资银行、金砖国家新开发银行、国际产能合作，中国在创新自身发展之路的同时，也给世界提供了丰富的公共产品。

世界经济自2008年国际金融危机以来就一直没缓过劲来，近几年的增长一直处在较低水平。恰如"病来如山倒，病去如抽丝"，当前世界经济就像是一个大病初愈的病人，不能指望什么灵丹妙药，一下子解决所有的问题。

困难面前，信心和合作尤为重要。世界经济走出当前困局，离不开国际社会的共同努力，离不开各国的协调配合，离不开主要经济体的负责担当。正因如此，无论是在今年9月的二十国集团领导人杭州峰会，还是在11月的利马亚太经合组织领导人非正式会议上，中方在各种全球和地区平台上，致力于推动国际社会携手并肩，共同寻找破解世界经济低迷的良方，提振全球贸易和投资，积极推进贸易自由化和便利化，促进区域经济一体化。

开辟经济发展之路，要靠对时与势的准确把握。尤其值得强调的是，世界经济发展规律不可违逆，只有坚持开放，加强合作，才能开辟世界经济美好前景。

（2016年12月12日）

欧盟需切实遵守世贸规则

在事关国际规则的问题上，欧盟不能靠概念游戏蒙混过关

近来，欧盟履行《中国加入世界贸易组织议定书》第十五条义务问题，再度引起各方关注。对于欧盟而言，该问题涉及其对待国际条约及世贸组织规则的态度，切实履行相关国际义务当是唯一负责任选择。

本月早些时候，欧盟委员会向欧洲议会及欧盟理事会正式提交了修改其反倾销、反补贴法律制度的提案。人们看到，该提案通过取消"非市场经济国家"名单体现了履行第十五条义务的意愿，却同时提出令人费解的新方法——以"市场扭曲"概念和标准替代"非市场经济"概念和标准，并没有从根本上取消"替代国"做法，只是在变相延续原有做法而已。

在事关国际规则的问题上，仅靠概念游戏显然难以蒙混过关。中国2001年加入世贸组织，但部分世贸组织成员认为中国不是搞市场经济，中国出口产品对其他搞市场经济的经济体享有"不公平"价格优势，因此在反倾销调查时往往使用参考第三国价格的"替代国"做法。根据《中国加入世界贸易组织议定书》第十五条规定，世贸组织成员在对原产于中国的产品发起反倾销调查时采用"替代国"价格计算倾销幅度的做法应于2016年12月11日终止。换句话说，如期履行第十五条，是包括欧盟在内的其他世贸组织成员应尽的法律义务和应该遵守的多边贸易体制规则，而不是对中国的优惠。

今年以来，欧盟在处理《中国加入世界贸易组织议定书》第十五条义务问题时，出现了将其同钢铁产能过剩、中国市场经济地位等不相干问题挂钩的论

调。必须指出,这种做法与真正履约的要求明显背离。众所周知,《中国加入世界贸易组织议定书》第十五条为日落条款,也就是说,根据国际法和国际规则,无论发生什么情况,到2016年12月11日,这个条款都要自动终止。这不取决于任何欧盟成员国的国内标准,也不应同其他问题挂钩。人们有理由问,如果直到现在欧盟一些人还试图在该问题上讨价还价,那是不是意味着中国加入世贸组织的问题也需要重新谈判?

欧盟之所以在履行《中国加入世界贸易组织议定书》第十五条义务问题上"顾虑重重",归根结底还是为了满足小部分利益集团的诉求,试图为贸易保护留出"后门"。欧委会新提案把是否存在"市场扭曲"作为是否采用被调查国相关产品成本和价格作为反倾销比较基础的前提,把国家政策影响力、国有企业的分布程度、支持国内企业所造成的歧视、金融机构的独立性等因素作为衡量"市场扭曲"的要素。这些新做法不仅在世贸组织规则中没有依据,而且容易成为新的贸易保护工具。今年10月,世贸组织上诉机构就阿根廷诉欧盟生物柴油反倾销措施案做出裁决,裁定欧盟败诉,即在一定程度上反映了问题。英国《金融时报》此前也评论指出,欧盟的新举动,是滑向保护主义的又一体现。

欧盟作为世界上最大的经济体之一和世贸组织举足轻重的成员,有责任带头遵守世贸规则,履行国际义务,规范使用贸易救济措施。退一步讲,即使从其自身视角看,切实履行《中国加入世界贸易组织议定书》第十五条义务,也符合欧盟的整体与长远利益。切实履约将对市场、对企业、对社会都发出积极信号,让中欧经贸合作在稳定的轨道上继续前进。当前中欧经贸合作互利共赢的主流并没有变,双方经济互补性强的基本面也没有变。如果欧盟放任局部问题绑架整体对华经贸合作,玩兵行诡道的把戏,那么结果肯定是得不偿失的。

(2016年11月29日)

中拉友好关系驶入新航程

中国和拉美之间不是"利尽则散"的短暂相交,而是相互依存、共同发展的命运共同体

11月21日,又一个重要的"中拉时间"定格,中拉友好关系新航程备受瞩目。

习近平在秘鲁国会发表题为《同舟共济、扬帆远航,共创中拉关系美好未来》的重要演讲,提出"高举和平发展合作旗帜,让中拉命运共同体之船行稳致远""推动发展战略对接,让中拉命运共同体之船乘风远航""推进合作换挡加速,让中拉命运共同体之船满载繁荣""实现合作成果共享,让中拉命运共同体之船造福人民"。4点建议指明了前进的方向,勾画出中拉双方在浩渺重洋之上携手并进的美好前景。

"相知无远近,万里尚为邻。"人们清晰记得,继2013年成功访问拉美三国之后,习近平主席于2014年同拉美国家领导人举行首次集体会晤,确立了平等互利、共同发展的中拉全面合作伙伴关系,中拉关系发展进入新的历史阶段,新的发展格局初步形成。习近平主席本次拉美之行启程前夕,厄瓜多尔、秘鲁、智利三国的各界人士纷纷表示"访问将带来的美好前景令人激动""我们期望值很高""与中国经贸增长将使整个拉美受益"……涌动激情的土地上,美好的心愿交织升腾。

中国是拉美第二大贸易伙伴,拉美成为仅次于亚洲的中国海外投资第二大目的地。习近平主席访问拉美期间又传来好消息:中国承建的厄瓜多尔辛克雷

电站正式竣工发电,中国和秘鲁宣布启动双边自贸协定升级联合研究……埃菲社报道指出,在拉美国家眼中,是中国的投资打开了该地区实现结构转型的那扇门。

为什么即便世界经济"寒风凛冽",也难挡中拉务实合作"春意盎然"?因为中国和拉美之间,不是"利尽则散"的短暂相交,而是相互依存、共同发展的命运共同体。谋合作,求发展,始终是中拉关系的主线。无论国际风云如何变幻,改变不了的是中拉双方彼此天然的认同感和共同的使命感。双方从战略高度和长远角度看待彼此关系,中拉关系发展的大方向就不会偏移。西方一家媒体不无感慨,近些年来拉美国家经济面对困难的关键时刻,有的国家选择背弃和撤退,但中国同拉美的关系更近了。

备受瞩目的中国—拉丁美洲和加勒比国家共同体论坛,推动中拉关系进入整体合作和双边合作并行互促新阶段。绚丽多彩的中拉文化交流年,让文明的光华、友谊的情愫浸润双方人民的心田。一系列中拉关系发展新成果,无不说明"中拉重在互信互助、互利互惠、互学互鉴,符合时代潮流,也符合双方人民根本利益,是新时期南南合作的典范"。

秘鲁国会全会大厅经久不息的掌声,诉说着拉美人民的心愿。习近平主席的拉美之行,让美好的未来变得如此清晰可辨。息息相通的美好梦想彰显了巨大感召力,推动双方共同打造的携手共进的中拉命运共同体之船,顺应历史潮流,扬帆远航。

（2016年11月23日）

把握中美关系基本面和大方向

只要中美着眼于双方共同利益和两国人民福祉,顺应时代潮流,秉持不冲突不对抗、相互尊重、合作共赢的原则,中美关系就能在新的起点上取得更大发展

当前,中美关系正处于承前启后的过渡阶段。美国大选后,特朗普当选总统推出了初步政策框架,但提名内阁成员的过程才刚刚开始,新一届政府成立后内外政策、对华政策怎么样,还需要进一步观察。在此背景下观察下阶段中美关系,最重要的是把握基本面和大方向。

审视当前中美关系基本面需要看到,两国建交37年来,中美合作、交流的深度和广度已达到前所未有的水平。过去3年多来,在习近平主席与奥巴马总统共同努力构建中美新型大国关系这一战略共识的引领下,中美关系取得了重要积极的进展。中美关系在美国大选年总体保持稳定发展,中国和中美关系未成为美大选争议焦点。当前,中美双边贸易额、双向投资存量、两国人员往来均创下历史新高。双方在重大国际地区和全球性问题上合作富有成效。这为未来中美关系发展奠定了基础,充分展示了中美关系的战略意义和全球影响。

着眼未来,中美关系的发展已经确立了正确的方向。特朗普先生当选美国总统后,习近平主席向他发去了贺电,随后又同他通了电话。习近平主席向特朗普当选总统全面阐述了中方对未来中美关系发展的原则立场。两位领导人谈得很好,气氛非常积极,达成了重要共识。习近平主席指出,当前,中美合作拥有重要机遇和巨大潜力,双方要加强协调,推动两国经济发展和全球经济增

长，拓展各领域交流合作，让两国人民获得更多实惠，推动中美关系更好向前发展。特朗普当选总统也认为，美中两国可以实现互利共赢，相信美中关系一定能取得更好发展。习近平主席和特朗普当选总统同意保持密切联系并早日会面。这些都为未来中美关系发展奠定了基调、指明了方向。

当前，中国人民正努力实现"两个一百年"奋斗目标和中华民族伟大复兴的中国梦。特朗普先生在竞选期间打出"使美国再度伟大"的口号，提出要使美国经济增长率提高一倍，创造更多就业机会，进行大规模基础设施建设，还提出在国际上可以和中国、俄罗斯等大国友好相处。由此足见，中美两国发展战略有很多契合之处和利益汇合点。在国际上，无论是维护世界和平，还是促进全球发展，中美两国都肩负特殊重要责任，拥有巨大合作潜力。不难预见的是，中美开展合作可以为两国和世界带来巨大利益，但如果双方摩擦不断甚至出现对抗，则必将给两国和世界带来灾难，合作是中美两国唯一的正确选择。

同样需要看到的是，中美关系发展拥有广泛民意支持。人民的友好愿望以及对合作的支持是中美关系长期稳定发展的根基。在双方共同努力下，中美之间目前已缔结46对友好省州、212对友好城市关系。两国人员往来去年达到了475万人次，今年预计将突破500万人次。双方在对方国家的留学生总数也已经突破50万人。今年是"中美旅游年"，年初在北京举办了开幕式，日前刚刚在华盛顿举办了闭幕式。此外，两国智库、青年等各领域交流合作也正蓬勃开展。这些鲜活的实例充分表明，两国和两国人民从中美关系的发展中得到了实实在在的好处，发展良好的中美关系合乎两国人民的根本利益。

当今国际关系体系中，中美关系的重要性不言而喻，可谓"大到不能倒"，只能搞好，不能搞坏。只要中美着眼于双方共同利益和两国人民福祉，顺应时代潮流，秉持不冲突不对抗、相互尊重、合作共赢的原则，中美关系就能在新的起点上取得更大发展。

（2016年11月22日）

警惕日本执意废除"不战条款"

日本有责任切实记取历史教训,恪守坚持走和平发展道路的承诺,在军事安全政策上慎重行事,多做有利于增进与邻国互信的事情

11月16日,日本参议院宪法审查会时隔约9个月再度启动了关于修宪的实质性讨论。这是日本国会中的"修宪派"在今年7月的参议院选举中获得足够席位后,各党派首次在国会就修宪正式展开讨论。尽管与在野党产生了巨大的分歧,但当下主导政府且一直致力于修改"和平宪法"的自民党仍野心难挡。

在国会力促修宪的同时,安倍政府还在逐步坐实频频被指"违宪"的新安保法。本月,先是作为"利剑"军演的一部分,日美首次实施反映新安保法内容的联合演习;其后日本政府又赋予了日本自卫队在南苏丹进行"驰援护卫"的新任务。这些都引发日本社会各界强烈反对,新安保法也被指作赤裸裸的"战争法"。

"永远放弃以国权发动的战争、武力威胁或武力行使作为解决国际争端的手段"——日本"和平宪法"的核心不战原则,是安倍政府自上台以来就不断想要解脱的"枷锁"。如果说修宪是明修栈道,那么新安保法就是暗度甚至明度陈仓。后者实际已经解禁了集体自卫权,日本自卫队主动参与战事不过是时间问题,也就是在事实上将"和平宪法"踩在了脚下。

但已经习惯装傻充愣、黑白颠倒的安倍政府却并不满足于此,追求成为能光明正大"打仗"的"正常国家",才是加速保守化倾向的安倍政府必不可少的一环。对战后历届内阁推行的内外政策进行否定和修正、推翻其对二战的反省和道歉,在钓鱼岛、南海制造紧张局势,四处结交所谓的"友邦",不断挑

拨中国同周边国家的关系……对内对外的种种举动，让"是否会改变二战以后和平发展道路"已经成为国际社会对日本的最严重关注。

"反对将孩子和年轻人送上战场""强行通过新安保法是历史的暴行""修改宪法是日本的退化"……自去年9月安倍政府强行通过新安保法以来，日本全国各地反对新安保法的民众集会游行已经超过300次，激愤的民众高呼口号，强烈要求废除新安保法。日本全国各地都有民众以新安保法违宪以及因卷入战争和恐怖袭击的不安和恐惧等遭受精神折磨为由把日本政府告上法庭。恰如美国《外交政策》杂志不久前发表的一篇文章指出："安倍虽然使新安保法得以通过，却从未成功地消除公众的担忧。人们担心在华盛顿指使下，东京会在某时某地卷入与日本防务毫不相干的冲突。"

鼓吹修宪的势力，的确把日本社会搅得心神不宁，但受伤害的可能将不仅仅是日本人民。新安保法允许日本自卫队在全球范围内活动，可以为美国等盟国的军事活动提供支援，并且可以先发制人采取军事行动，这些都为亚太地区安全局势增加了不确定因素。谋求修宪、力推新安保法，企图彻底废除"不战条款"对日本外交、军事和海外行动的最后限制，进而与二战后日本的和平体制彻底告别。反观历史，日本政府的行径已经在拉响警报。

70年前，日本众议院审议宪法草案小委员会委员长芦田均曾言："放弃战争的宣言是所有经历过导致数千万死难者的大战的人们所希望的，是迈向世界和平的康庄大道。"70年后，"和平宪法"的重要性不能被漠视，这是日本人民的定心丸，也是曾经受日本军队蹂躏过的国家的安心剂，更是消除东亚和平潜在威胁的重要一环。

为维护地区和世界和平与稳定真正发挥积极的建设性作用，这是国际社会每一个成员的本分和天职。日本只有切实记取历史教训，恪守坚持走和平发展道路的承诺，在军事安全政策上慎重行事，多做有利于增进与邻国互信的事情，才能真正"正常"起来。日本人民对此是清楚的。一些右翼势力若还是执迷不悟，顽固走向外扩张的老路，只能将日本带上歧途。

（2016年11月18日）

美国为何对中东两场战事"厚此薄彼"

随着大国博弈的加深，叙利亚问题的解决难度将进一步加大，解决时间也可能不断拉长，而真正为这一切承受最大代价的，无疑是无辜的叙利亚民众

近来，中东有两场大的战役正在进行，备受关注。一场是伊拉克政府发起的摩苏尔攻势，另一场是叙利亚政府发起的阿勒颇战事。仔细对比可见，两个邻国在各自国内重镇进行的这两场恶战，颇有相似之处。

摩苏尔和阿勒颇各为伊、叙两国第二大城市，人口过百万。当下占据摩苏尔的"伊斯兰国"和困守阿勒颇的"支持阵线"均是联合国列名的恐怖组织。收复两地的战役都是两国政府以反恐为名旨在收复失地的军事行动，背后都有大国的支持。

对这两场战事，以美国为代表的西方世界态度迥然不同。一面对摩苏尔之战欢迎和支持，积极派兵助阵反恐；另一面却对阿勒颇战役横加阻拦，为"支持阵线"辩护，并以叙利亚反对派难同恐怖组织切割为由，限制俄、叙两国携手打击恐怖主义，同时极力指责俄、叙制造人道惨案。10月21日，西方国家强推联合国人权理事会召开关于阿勒颇人权状况的特别会议，并就阿勒颇局势成立独立调查委员会，意图以人道为由阻止俄、叙推进收复阿勒颇的战役。

俗话说得好，无利不起早。美国对上述两场战役的态度"厚此薄彼"，皆由利益驱之。伊拉克今天的烂摊子是当年美国政府强力推翻萨达姆政权并解散伊拉克原政府、复兴党和军队所造成，是美国在中东的烫手山芋。多年来，美国为维持伊拉克的局面投入巨大，局势如果一直混乱下去，不仅对内无法交代，

对外也将授人以柄，进一步影响美国的国际信誉。因此美国自始至终对在伊拉克的反恐行动表现得十分上心。甚至有评论指出，奥巴马政府选择此时支持伊拉克政府发起摩苏尔攻势，也不无为民主党候选人竞选总统造势的考虑。

在叙利亚问题上，美国和其他西方国家从一开始就把巴沙尔下台作为解决问题的前提条件。喊了这么多年，这一条件在这些国家几乎已经成为需要硬撑的"政治正确"。事实表明，也正是这一点给有效解决叙利亚问题造成了巨大障碍。再从地缘博弈的视角看，俄罗斯强势介入叙利亚问题无异于是在中东这个大棋盘上将了美国一军。俄罗斯因素自然也成了美国制定叙利亚政策的重要着眼。眼下，摩苏尔战役部署围住三面，放开西面，从军事上讲围师必阙是为了减少攻击难度，让敌人脱离工事在运动中加以歼灭。但如果对敌人出逃不加阻拦，歼敌就成了驱敌。无怪乎俄罗斯、叙利亚都在警告不要放恐怖分子逃往叙利亚。

叙利亚问题发展至今，其本质已经远远超出叙政府维护既有秩序和民众要求改革的矛盾，地区民族和教派矛盾、恐怖主义蔓延、大国地缘博弈等复杂因素纷纷夹杂其中。阿勒颇之战正是眼下美俄双方角力的发力点，摩苏尔之战也与叙利亚问题不无关联。随着大国博弈的加深，叙利亚问题的解决难度将进一步加大，解决时间也可能不断拉长，而真正为这一切承受最大代价的，无疑是无辜的叙利亚民众。

（2016年10月27日）

中国不会任由美国在南海肆意胡来

美国受霸权思维驱使的妄动,刷不出在亚太地区的存在感。搬弄是非、制造事端只会加速美国国际影响力衰落

10月21日,美国海军"迪凯特"号驱逐舰擅自进入中国西沙领海。中国政府对美国这一冒险举动表示坚决反对,并采取一系列有力反制措施。

早在1996年5月,中国政府就公布了《关于领海基线的声明》,明确宣布了西沙群岛的领海基线。根据《中华人民共和国领海及毗连区法》和相关国际法规定,外国军舰进入中国领海须经中国政府批准。美国军舰在未经中方批准情况下擅自进入中国领海,严重侵犯中国主权和安全利益,严重违反中国相关法律和国际法,破坏有关海域的和平、安全和良好秩序。美国以"航行自由"为名侵犯沿海国主权、安全和海洋权益的挑衅行为,再一次暴露了美国重返亚太战略的负能量,凸显了美国在南海问题上的"麻烦制造者"角色。

美国这次所谓巡航行动,正值菲律宾总统杜特尔特访问中国,中菲关系全面恢复且双方签署一系列合作协议。在中国同相关国家关系改善、稳妥解决南海问题出现令人鼓舞的新势头之际,美国派军舰来中国领海挑事,恰恰验证了美国一段时间以来在南海问题上刻意制造和渲染紧张的破坏性作用。此举再清楚不过地向世人表明,美国看不得南海趋于平静、容不得地区局势稳定,如果没有谁帮助它在这里惹是生非,华盛顿就会气急败坏自己跳出来生事。

"中国跟我们关系很好,美国有点焦虑。"杜特尔特此次在中国发表演讲时

说的这句话有助于人们看清美国此举背后的复杂心态。以挑起事端为手段展示自己的蛮横,是心中郁闷的宣泄,也是霸权惯性使然。不知道美国自己是否已经意识到,正是这种霸权惯性在加速美国国际影响力日见衰落,让美国越来越难以提供具有正能量的公共产品。不管华盛顿是否有勇气承认,靠编织谎言制造紧张局势,进而组建一个阵营让自己舒舒服服当盟主的时代已经过去了。没有谁要削弱美国在亚太地区的影响力,问题是这种影响力只能在积极参与并推动地区共同发展中获得。陈旧的霸权思维与地区国家求和平、促合作、谋发展的共同愿望格格不入。

所有人都知道,美国为搞所谓航行自由而打出的法治旗号不过是弥天大谎,它所追求的不过是维护自身绝对安全的"自由"。觊觎自身绝对安全的结果是什么,美国不会不记得。美国为自己的狂妄与无知付出的代价够惨痛的了。明知不可为而为之,结果自然就是撞南墙。不识时务、只会撞墙的国家,充其量有点硬实力,丝毫谈不上什么软实力和巧实力。美国要想做世界大国,不能只靠舞枪弄炮,尤其要培育坦荡的胸怀,要学会同各国一道致力于扩大共同利益,而不是制造分裂、浑水摸鱼。嘴上冠冕堂皇、现实中刁蛮冒进之徒,不可能赢得别人尊重和信任。近年来,美国为了维护其海洋霸权,屡屡在南海制造事端,向中国发难,离间菲律宾同中国的友好关系,破坏地区和平稳定。它不明白,这些端不上台面的小动作,根本改变不了这一地区追求和平发展的大势。如今,菲律宾发出"不能永远充当美国棕色小兄弟"的声音,适时调整外交政策,拓展中菲合作,即应验了"得道多助,失道寡助"的古训。

美国围绕南海问题同中国打交道也不是一天两天了,华盛顿不要有任何不切实际的幻想。中国维护国家主权和领土完整的意志坚如磐石。不是中国的,一分不要,该是中国的,寸土必保。习近平总书记在纪念红军长征胜利 80 周年大会上庄严强调:"全军要增强忧患意识、危机意识、使命意识,以只争朝夕的精神推进国防和军队现代化,担负起维护国家主权、安全、发展利益的重大责任。"

美国借军事行动维护霸权之举,只会更加清楚地表明中国加强国防、团结奋斗的现实必要性,只会进一步激发中国增强捍卫自身利益能力的决心与意志。中国军队将根据需要加大海空巡逻力度,强化各项防卫能力建设,坚定捍卫国家的主权和安全。在事关南海和平稳定的大是大非问题上,中国不会任由美国肆意胡来。

(2016 年 10 月 23 日)

美国选举乱象凸显制度弊端

> 选举的意义在于为解决事关国家发展的严峻现实问题注入推动力,政治人物的使命在于有效治理国家而不是只在搞竞选方面成为高手

美国总统大选已进入最后冲刺阶段,两党候选人角逐愈发激烈,民众的困惑与无奈也在加深。"维基解密"近日宣布,将陆续公布内容涉及美国总统选举、战争、武器、石油等方面的秘密文件。可以想见,更多爆料只会给这场混乱不堪的"政治秀"扔下更多的"炸弹"。

2016年美国大选的两党候选人都深陷争议,这增强了选民的不满情绪和对未来的不确定感。美国媒体近期一项民意调查显示,特朗普以注册选民高达60%的不满意度成为近25年来最不受欢迎的总统候选人,希拉里·克林顿则以微弱差距紧随其后。特朗普的"税单门""大嘴门"有增无减,克林顿的"邮件门""健康门"和克林顿基金会政治捐款丑闻则持续发酵……两人的首场电视辩论成了"揭短大会":更多时间是在进行出格的人身攻击,而非政策和执政理念的比拼。英国《泰晤士报》日前就美国大选发表评论称,"美国梦"与美国的社会现实差距日益拉大,但是总统候选人都选择视而不见。

一段时间以来,在经济复苏不平衡背景下,美国政治极化、中产阶层衰退、枪支泛滥、种族歧视等问题愈演愈烈,社会裂痕进一步加大。有民调显示,在为数众多对国家现状不满的选民看来,政府和国会位居问题之首,其次才是经济、失业和移民问题。这样的排序并非意味着经济、社会问题不再牵动人心,其传递的信息是,美国民众清清楚楚看到种种问题难以解决症结何在。

种种怪象不仅凸显美国政坛的窘迫，也直指美国政治制度弊端。选战开始以来，美国民众多次因不满金钱政治和选举丑闻进行游行，但日前特朗普仍透露计划在投票日到来前再砸 1.4 亿美元的竞选广告费。据预测，2016 年美国大选总开支将可能超过 50 亿美元，成为有史以来最昂贵的选举。这笔巨资自然少不了各大利益集团慷慨解囊。"金钱政治"的恶果人们早已看清。没有人会去想象，新总统入主白宫将结束华盛顿政治对抗，让民众对政府和国会的不满情绪有所减弱。英国经济学家马丁·沃尔夫尖锐指出，不平等日益加剧，生产率增长日益放缓，民主制开始变得无法忍受，而资本主义也渐渐失去合法地位。

长期以来，美国将其热闹非常的选举标榜为制度优势的象征，甚至借此对广大发展中国家横加指责。然而，选举的意义在于为解决事关国家发展的严峻现实问题注入推动力，政治人物的使命在于有效治理国家而不是只在搞竞选方面成为高手。"民主教师爷"的超级自信与傲慢该收起来了。

（2016 年 10 月 08 日）

曲线拜鬼是另一种徒劳的嚣张

悖谬的历史观把日本的国家发展方向搅得相当迷乱，给地区乃至国际秩序都埋下了隐患

10月17日，日本首相安倍晋三又一次向供奉有二战甲级战犯的靖国神社献上祭品，拜鬼的重重魔影在日本竟然如此挥之不去。自2013年12月亲身参拜靖国神社在国际社会引起轩然大波之后，每逢春秋大祭以及战败日向靖国神社献上祭品或祭祀费，几乎成了日本领导人的"新惯例"。

日本右翼政治力量在靖国神社问题上"明知不可为而为之"，忘乎所以。亲身拜鬼或者曲线拜鬼，上演了各种桥段，暴露了各种嚣张，以悖谬的历史观把日本的国家发展方向搅得相当迷乱，给地区乃至国际秩序都埋下了隐患。

历史，从来不仅关乎过去。当前，日本的错误历史观正在深度影响其处理国际事务的方式，国际社会早已对此看得清清楚楚。美国一些战略人士不久前提出，奥巴马总统访问广岛之后，安倍晋三首相有必要到访珍珠港。日本政府对此断然予以回绝——的确，出于日本政府当下对历史问题的态度，安倍晋三岂能为当年偷袭珍珠港"谢罪"？

据日本媒体报道，日本迄今尚未向联合国教科文组织支付今年应承担的会费与自愿资金。探究其中原因，人们看到，去年联合国教科文组织将《南京大屠杀档案》列入世界记忆名录时，日本内阁官房长官菅义伟曾表示，由于审查结果没有反映日本的看法，"将讨论停止缴纳会费和自愿资金"。

南京大屠杀是二战期间日本军国主义犯下的严重罪行，是国际社会公认的

历史事实。《南京大屠杀档案》列入世界记忆名录，成为全人类的共同记忆，展现了国际社会铭记历史、珍惜和平、捍卫人类尊严的共同担当。然而，日本政府却罔顾历史正义，不仅在之前的申报过程中无理纠缠，而且时至今日还演出以停止缴纳会费进行"抗衡"的闹剧，这充分表明，在日本右翼政治力量眼中，掩盖昔日侵略罪行何其重要，日本对国际社会的义务只不过是可有可无的博弈杠杆。

一段时间以来，日本右翼在历史问题上频频开倒车，在现实领域以种种方式突破战后和平体制，迫不及待篡改历史叙述来重新包装自己。为实现这个右倾政治目标，日本政府在具体战术选择上，或无端渲染"周边安全威胁"，为安保政策突破原有框架创造借口；或虚与委蛇，如在今年夏天参议院选举周期一度将此前强力推进的安保议题暂时冷却，以防民意剧烈反弹；或拉帮结派，在海洋问题上一再拉拢七国集团、极力向美国靠拢，试图靠激化地区矛盾来捞取私利。

裹挟国内民意、强化军事同盟、追求安保突破——日本的这些做法，难道不正是在重演二战爆发前后的历史中曾出现过的"危险的日本"吗？

当然，在历史正义面前，日本右翼政治人物心怀鬼胎的任何挣扎都是徒劳的。人们完全可以从历史的镜子中，看清这个国家右倾化所意味的危险。国际社会更应进一步明确意识到，世界和平从来不是一劳永逸的收获，它需要公理正义的匡佑，更需要以清醒的战略远见和行动加以捍卫。

（2016年10月18日）

丝路筑梦 金砖闪耀

期待"一带一路"建设达成新共识、收获新成果,期待金砖国家攥指成拳、携手前行

金秋十月,一次促进周边友好、推进"一带一路"建设、推动金砖国家合作的重要外交行动即将拉开帷幕——习近平主席将于10月13日至17日对柬埔寨、孟加拉国进行国事访问,并出席在印度果阿举行的金砖国家领导人第八次会晤。

中柬是情同手足的好邻居,也是肝胆相照的好朋友。建交半个多世纪以来,由两国领导人共同缔造和精心培育的中柬友谊,经受住了时间和国际风云变幻考验,历久弥坚。柬埔寨在事关中国核心利益问题上始终主持公道和正义,对中国给予宝贵支持。习近平主席此访是党的十八大以来中国主要领导人首次访问柬埔寨,对于巩固中柬传统友好、进一步深化双方全面战略合作具有重要意义。

中孟是好邻居、好朋友、好伙伴。建交41年来,两国相互尊重、相互理解、相互支持,双边关系持续取得进展。中方视孟加拉国为南亚和印度洋地区重要合作伙伴,愿同孟方保持高层交往,拓展贸易、产能合作、能源开发、基础设施建设等重点领域合作。中国国家主席30年来首次访问孟加拉国,对中孟关系具有里程碑式的重要意义。

"一带一路"源于亚洲、依托亚洲、造福亚洲。3年前的秋天,"21世纪海上丝绸之路"构想正是在习近平主席访问东南亚地区时首次提出。同属于亚洲

国家以及中国的友好邻国，柬埔寨和孟加拉国对于参与"一带一路"建设均展现出积极意愿。柬埔寨首相洪森表示，柬埔寨全力支持并希望全面参与习主席提出的"一带一路"倡议，相信这将给柬人民和沿线各国人民带来更大福祉。孟加拉国总统哈米德也曾表示，望借鉴中方成功经验，抓住"一带一路"建设的机遇，促进两国贸易和互联互通。此次周边之行，中国领导人将带去新的合作设想，与两国领导人进一步就推进"一带一路"建设深入沟通交流，为"一带一路"合作开辟新前景。

今年是金砖国家合作机制成立10周年。历经10年发展，金砖合作逐渐成长壮大，已形成全方位、宽领域、多层次的合作架构，成为新兴市场和发展中国家合作的典范。尽管一段时间以来，由于外部环境等因素影响，金砖国家经济发展遭遇不同程度的挑战，有关"金砖褪色"的声音不时出现。但随着金砖国家采取的一系列应对措施，世界对金砖国家的经济增长态度和预期随之改观。国际货币基金组织总裁拉加德日前指出，在全球经济复苏脆弱且不均衡的大背景下，作为发展中国家的领头羊，金砖国家前景光明、后势可期。

正如习近平主席所说，"金砖国家就像5根手指，伸开来各有所长，攥起来就是一只拳头。"上月在二十国集团杭州峰会期间举行的金砖国家领导人非正式会晤上，各成员国领导人强调金砖国家应在开放、团结、平等、相互理解、包容、互利合作等原则指引下，进一步加强战略伙伴关系。仅一个多月后，五国领导人果阿再聚，将进一步深化金砖国家合作，唱响金砖团结互助、共谋发展的时代之音。

跟随习近平主席的外交足迹，期待"一带一路"建设达成新共识、收获新成果，期待金砖国家攥指成拳、携手前行。

（2016年10月11日）

展现全球治理中的大国担当

国际社会在追踪人民币加入 SDR 货币篮子每一步重要进展的同时，也对中国在国际经济金融规则制定中发挥的作用有了更多期许

10 月 1 日，人民币将正式加入国际货币基金组织（IMF）特别提款权（SDR）货币篮子。这是 SDR 创立以来发展中国家货币首次真正"入篮"，体现了国际社会对中国改革开放成就的充分认可，有助于增强 SDR 自身的代表性和吸引力，促进国际金融市场稳定。

"这是对中国在过去多年来在改革其货币和金融体系方面取得成就的认可，将推动建立一个更加充满活力的国际货币和金融体系。"IMF 总裁拉加德不久前如是评价人民币加入 SDR 货币篮子，将此视为"国际货币体系改革的一个里程碑事件"。国际金融协会首席经济学家查尔斯·柯林斯指出，随着时间的推移，人民币将发挥越来越重要的国际作用，与中国在全球经济和金融体系的重要地位相匹配。人们注意到，国际社会在追踪人民币加入 SDR 货币篮子每一步重要进展的同时，也越来越多地将关注点放在此举对国际金融体系改革产生的影响上，对中国在国际金融规则和制定中发挥的作用有了更多期许。

SDR 作为国际储备资产和记账单位，其创设初衷是解决国际流动性不足、尝试推动国际货币体系改革。然而，创设近半个世纪以来，SDR 的作用一直未能得到充分发挥。美国著名经济学家巴里·艾肯格林和弗兰克尔曾有过这样一个比喻：如果把货币体系比作语言体系，那么美元就是英语，SDR 就是世界语。世界语综合了多种语言的规律，更能体现交流的平等性，但始终未能在全世界

得到推广与应用。当前形势下,如何避免 SDR 陷入世界语的尴尬,真正成为国际货币体系的一种稳定性力量,是当前国际货币体系和国际金融框架改革的重要方面。

作为世界第二大经济体和第一大外汇储备国,中国对全球经济金融治理体系的影响力与日俱增。与此同时,中国也在为完善国际金融架构贡献越来越多的方案与能量。在今年担任二十国集团主席国期间,中国重启国际金融架构工作组,与各方一道推动建立更加稳定和有韧性的国际金融架构,其中一项重要工作即为提议扩大 SDR 的使用,包括以 SDR 为报告货币、发展 SDR 计价的资产市场等。

为引导形成扩大 SDR 使用共识,中国率先于今年 4 月同时以美元和 SDR 发布外汇储备数据,为此后在华盛顿举行的 G20 财长和央行行长会议讨论 SDR 作用创造条件,提供动力。根据 G20 厦门财政和央行副手会的讨论,中国于 6 月底发布了以美元和 SDR 作为报告货币的国际收支和国际投资头寸数据,得到各方积极反响。G20 杭州峰会前夕,世界银行首期 SDR 计价债券在中国银行间债券市场成功发行,被普遍视为推动 SDR 金融工具市场化的有益尝试,为扩大 SDR 使用、增强国际货币体系的稳定性和韧性发挥标志性作用。在 9 月 5 日通过的二十国集团领导人杭州峰会公报中,中国方案与倡议得到显著体现,各方欢迎人民币于 10 月 1 日被纳入 SDR 货币篮子并且支持正在进行的扩大 SDR 使用方面的研究,如更广泛地发布以 SDR 为报告货币的财务和统计数据,以及发行 SDR 计价债券等。

从倡导创立亚洲基础设施投资银行和金砖国家新开发银行,开创发展中国家组建多边金融机构的先河,再到成功实现人民币纳入 SDR 货币篮子、在 G20 引导完善国际金融架构……在全球经济金融治理进程中,中国展现负责任大国的担当,努力使全球治理体制向更加合理、均衡和公平的方向发展,推动国际货币体系更加完善,为维护国际金融稳定、促进世界经济增长注入信心、贡献力量。

(2016 年 09 月 29 日)

控枪难的根子还是金钱政治

美国枪击案接连发生，逝去的生命拷问美国政府的行动力和美国政治制度

当地时间9月23日，美国西北部华盛顿州发生枪击案，截至目前已经造成5人死亡。近来，美国社会枪支泛滥等问题造成恶性案件频发，加深了人们对于美国深层次治理弊端的质疑。

英国《经济学家》杂志曾发表评论称，美国社会对大规模枪击案之后的反应变成了人们所熟悉的定式：悲伤—义愤—国会控枪努力失败。如此描述背后的讽刺意味很直白：既然问题已经一再发生，为何还没有明确的解决手段？

枪支管理等老问题解决起来困难重重，恰是美国政治生态痼疾的最清楚显现。

频发的枪击悲剧被奥巴马称为自己任上最为痛心的事情。他曾叹道，在当今世界，"美国是唯一一个每隔几个月就目睹如此惨剧的文明国家"。今年1月4日，奥巴马曾绕过国会，通过颁布行政命令的方式宣布所有枪支零售商均须获得许可；通过联邦与地方的信息资源共享、零售商配合、增加联邦调查局检查员等举措严防精神病人拥有枪支。然而联邦与地方的各说各话与法理模糊之处，让这些措施在执行起来时效果大打折扣。而禁止被列入禁乘飞机"黑名单"的人购枪、进一步扩大和加强对枪支购买者的背景审查等法案即使获得了通过，在有着3亿支枪的美国社会，也很难从根本上解决问题。

"政府职能失效—公众愤怒—政治混乱—政治失效加剧"。面对美国各地接连爆发的枪击事件、种族对立和抗议活动，布鲁金斯学会一位学者断言，美国

正在陷入基于政治系统自我组织能力慢性衰退的恶性循环，称美国患上了"乱象综合征"。

归根结底，美国控枪难有作为还是因为金钱在作祟。有学者指出，控枪的艰难与无力反映出美国社会根深蒂固的枪文化。枪文化背后有着早已形成产业链的利益集团，利益集团的背后则是那些不知有着多少幕后交易的国会议员。众所周知，美国步枪协会等强大的枪权游说团体在美国控枪议题上拥有强大影响力。9月20日，美国步枪协会宣布花费500万美元投放政治广告，支持枪权，并支持共和党总统候选人特朗普。此前，该组织已经花费770万美元用于广告投放。

枪口下逝去的无辜的生命触动人性亲情，打碎美国自我标榜的人权楷模形象。对于一个政府来讲，在治理层面提供有效供给是不容回避的职责。美国政府在控枪等问题上迟迟没有作为，暴露的是美国政治深层次弊端。

（2016年09月25日）

俄罗斯不需要"民主教师爷"

西方一些人不顾自身民主模式无可回避的弊端，毫无现实感地自我标榜民主样本，又一次暴露了傲慢与偏见

俄罗斯国家杜马（议会下院）选举于当地时间9月19日落下帷幕，执政党统一俄罗斯党在本届俄国家杜马选举中获得54.19%的选票，成为国家杜马第一大党。此次杜马选举被克里姆林宫官员称为"俄罗斯现代史最干净的一次"，俄方采取了多项措施以增加选举透明度、确保公平公正。然而，"最干净的选举"一如既往受到一些西方舆论的质疑与批评，俄罗斯的民主状况也再次遭遇非议。

英国《金融时报》称，俄罗斯选举还远没有实现真正的自由。"美国之音"将俄杜马选举视为"管控式民主"，并援引反对派人民自由党领导人卡西亚诺夫的话称选举是装样子骗人。甚至面对本次选举平稳进行、并未发生大规模投诉和抗议事件的事实，西方媒体也给出了自己独特的注释："德国之声"称，在俄罗斯很难说有什么真正自由公平的选举，过去几年来对反对派的"重手镇压"，让俄罗斯总统普京的批评者要么被赶到国外，要不就被政治边缘化，因此现在不太可能出现抗议示威。

西方攻击俄罗斯的民主状况早已不是什么新鲜事。欧洲议会曾提交300多页的报告，对俄罗斯民主状况提出严厉批评，认为俄罗斯"很难称得上是一个民主国家"。美国有线电视新闻网曾称："在理论上俄罗斯是一个民主国家，但没有一位客观的观察家这么认为。普京就是国家，每一项重大决策都得由他来

定。"尤其在当下俄罗斯和西方关系降到低点之际,方方面面的对立似乎已经让俄罗斯各界对西方今天的非议早有预料。今年3月,普京在颁布有关选举的总统令后就曾表示,西方相关部门早已准备好了干扰2016年杜马选举和2018年总统选举计划,会继续通过各种方式来破坏俄民众对政府的信任,扰乱俄国内稳定。

分析西方舆论对于俄罗斯以往各类选举的指责可见,一些西方人士对俄罗斯民主模式的认知似乎陷入"有罪推定"的困境无法自拔,始终将俄罗斯视为独裁和不民主的存在。谈及俄罗斯此前的国内民主改革,莫斯科国际关系学院国际问题应用分析系主任沙克列伊娜曾一针见血地指出,西方一些人无视俄罗斯国内稳定对于其他地区经济利益的影响,一直尝试用新的"铁幕"来限制俄罗斯,以图助长俄罗斯国内的极端思潮,使俄罗斯在国际上更为孤立。

正如普京曾说:"经常有人给我们俄罗斯上民主课。但是,那些给我们上课的人,不知出于什么原因,自己却不愿学习。"近年来,西方民主导致的选举政党对立、社会分裂、国家治理低效等问题凸显。今年的英国脱欧事件与美国大选中暴露的种种问题更是让越来越多西方人士对自身制度展开深刻反思。《纽约时报》近期刊文指出,出于各种原因,选民越发难以通过投票真正影响政策。当人们不断往自动售货机里塞钱,而自动售货机却无动于衷或吐出与他们的选择截然相反的商品时,一些人就会脚踢或掀翻自动售货机。英国《经济学人》杂志指出,西方民主正在经历艰难时世。

俄罗斯国家杜马选举本就是俄罗斯的内部事务,与其他国家无关。西方一些人不顾自身民主模式无可回避的弊端,毫无现实感地自我标榜民主样本,又一次暴露了傲慢与偏见。然而,面对俄罗斯这样一个清醒地走自己道路的强大国家,西方民主教师爷在傲慢与偏见中又能收获什么呢,除了失落情绪的宣泄。

(2016年09月21日)

朝核问题，美国不是局外人和裁判官

美国以战略短视和任性妄为制造了太多的麻烦。难以应对时，它越来越习惯于将自己装扮成局外人，道貌岸然地抱怨指责他国。美国的做法不仅违背国际道义，更为解决问题平添了巨大障碍

日前，朝鲜不顾国际社会普遍反对，进行第五次核试验。此举破坏核不扩散体系、威胁地区和平稳定，需要有关各方在避免进一步相互刺激的同时加以有效应对。

然而，相关消息传出后，华盛顿却无视问题的复杂与严峻，又一次毫无根据地搬出了"中国责任论"。美国国防部长卡特在谈及朝鲜新一轮核试验时称，"这是中国的责任"，"中国对这一事态发展负有重大责任，也有重大责任来扭转事态"。

在朝核问题上，美国有什么资格装局外人，又有什么资格随意把局势恶化的责任推到他国身上？朝鲜半岛核问题历史脉络清楚地摆在那里，问题的由来和症结，难道不在美国身上？否则，朝鲜为什么一直将不断追求的核打击能力直指美国？

中国作为朝鲜半岛最大邻国，从地区安全大局和自身合理安全关切出发，在朝鲜半岛核问题上始终坚持实现半岛无核化、坚持维护半岛和平稳定、坚持通过对话协商解决问题的"三坚持"原则立场，在一系列重要关头为避免局势"崩盘"发挥了不可替代的作用。与此同时，只要是联合国安理会通过的相关决议，中国从来都是不折不扣地加以执行。此次朝鲜再次进行核试验后，中国

采取了一系列积极外交行动。中国将继续以建设性和负责任的态度参与安理会相关讨论，为推动朝核问题的解决发力。

美国对朝鲜半岛核问题真相有足够多的了解，很难想象华盛顿真的相信自己所渲染的"中国责任论"。人们有理由怀疑华盛顿是否真的有意愿花力气把朝核问题往解决的方向推。今年年初，朝鲜进行第四次核试验之后，美国不惜增加对半岛安全格局的刺激、不惜损害地区国家战略安全利益，极力推动在韩国部署"萨德"反导系统。美国当然不会真的认为部署"萨德"就可以一劳永逸地解决朝鲜半岛核问题，但出于一己私利考量，美国还是选择了把朝鲜核试验这个借口"用好""用足"。

近年来，在诸多国际事务中，美国提供有效公共产品的能力不断下降，但其制造麻烦的劲头却丝毫没有减弱，朝鲜半岛核问题只不过是其中一例。人们看到，在乌克兰问题上，美国非但没有对西方过度挤压俄罗斯战略空间导致局势越过"平衡点"有所反思，反而将责任全盘推给俄罗斯。在东亚地区，美国自从推出"亚太再平衡"战略以来，就一直将南海问题当作维护自身地区霸权地位、对中国进行战略牵制的重要抓手，明目张胆挑拨相关国家间的矛盾，同时又以一副"规则守护者"形象出现，不断对中国妄加指责。

本是问题制造者，随后又以"局外人"的姿态高高在上指责他国，美国的做法不仅违背国际道义，而且为解决现实问题平添了巨大障碍。具体到朝鲜半岛核问题上，需要奉劝华盛顿的是，在这个旷日持久的难题面前，任何侥幸心理、观望心态、投机心术，都是冒险的；任何夹带私货、无视大局的做法，都将使半岛局势更趋紧张，使解决问题更加困难。

当前，朝鲜半岛紧张局势显然又进入了新一轮升级阶段，有关各方都要着眼大局，谨言慎行，避免相互刺激，导致紧张局势轮番升级。美国尤其应该全面回顾朝鲜半岛核问题演变过程，认真思考切实有效的解决方案，承担起应有责任。

（2016 年 09 月 14 日）

杭州峰会劲吹"中国风"

二十国集团这艘满载各方期待的航船将借力"中国风",开始一次新的远航

二十国集团领导人第十一次峰会即将在中国杭州举行。这是今年中国最重要的主场外交活动。作为主席国,中国将在杭州峰会上倡导中国理念,贡献中国智慧,展现中国风采,在二十国集团发展史上烙下鲜明的中国印记。

杭州峰会将展现中国的创新精神。创新是引领经济发展的核心动力。中国将创新摆在国家发展全局的核心位置,推出《国家创新驱动发展战略纲要》,鼓励大众创业、万众创新,促进制造业从"中国制造"向"中国创造"转型。创新正在对中国经济社会发展产生积极显著影响。"独乐乐不如众乐乐"。中国将在杭州峰会上积极倡导创新理念,与各国分享创新驱动发展经验。杭州峰会将推动制定二十国集团创新增长蓝图,从创新、新工业革命、数字经济、结构性改革等新要素入手,加强供给侧发力,加强挖掘新潜力、新机遇,解决全球增长动力不足问题,为推动全球范围内新一轮创新贡献中国力量。

杭州峰会将展现中国的合作意识。当前,世界经济增长乏力,二十国集团成员经济发展走势和政策取向分化,导致全球主要经济体宏观经济政策协调难度增大。伦敦经济政策研究中心发布的《全球贸易预警报告》显示,2008年以来,二十国集团成员共推出3500项新的贸易保护主义政策,其中81%仍在执行。这对当前世界经济增长明显不利。面对这一形势,中国将迎难而上,以杭州峰会为平台,团结各方力量,凝聚各方共识,强化各国利益共同体、责任共同体和命运共同体意识,聚焦当前世界经济面临的最突出、最重要、最紧迫

挑战，求同存异，合作应对，共同推动世界经济实现强劲、可持续、平衡增长。

杭州峰会将展现中国的开放胸怀。对外开放推动了中国的发展，中国未来将继续扩大对外开放，敞开大门搞建设、谋发展。杭州峰会筹备过程中，中国始终秉持开放理念。中国在联合国、非盟、达沃斯世界经济论坛、博鳌亚洲论坛年会等一系列多边舞台介绍杭州峰会并就如何办好这次峰会广纳雅言，邀请联合国、世界贸易组织、国际货币基金组织、国际劳工组织、经济合作与发展组织、世界银行、联合国贸发会议、联合国工发组织等国际组织和机构为杭州峰会提供智力支持。为配合杭州峰会举办，中国全年先后在国内 20 个城市举办各类会议 66 场，其中部长级会议 23 场、各类工作组会议 43 场，广开言路，集思广益，为峰会筹办建言献策。

杭州峰会将展现中国的共赢追求。中国一贯致力于推动构建以合作共赢为核心的新型国际关系。举办这次杭州峰会，中国不是要谋一己私利，而是努力追求各方的合作共赢。杭州峰会不是大国富国沙龙，而是一场真正的全球盛会。除二十国集团成员外，中方还将邀请老挝、乍得、塞内加尔、哈萨克斯坦、埃及、泰国、新加坡等国以及在国际经济金融领域具有重要影响的国际组织与会，杭州峰会因此有望成为二十国集团历史上参会发展中国家最多、代表性最广泛的峰会。杭州峰会还将在气候变化、国际发展事业、反腐败等领域达成诸多成果，这将惠及包括广大发展中国家在内的世界各国。共赢方能持久。杭州峰会将以促合作、求共赢载入史册。

"长风破浪会有时，直挂云帆济沧海。"杭州峰会大幕将启，二十国集团这艘满载各方期待的航船将借力"中国风"，开始一次新的远航。

（2016 年 09 月 03 日）

"贸易焦虑症"是个绊脚石

越是经济增长乏力之时,越需要贸易引擎的拉动。破解保护主义难题,需要强化开放思维

二十国集团(G20)杭州峰会,面对全球贸易失速、保护主义抬头的背景。中国将"强劲的国际贸易和投资"作为杭州峰会重要议题之一,旨在重振世界经济的贸易引擎,符合解决当前世界经济难题的需要。

2008年国际金融危机让全球贸易遭遇冰火两重天。危机前20年,国际贸易基本上以两倍于经济增长的速度扩大,各国尽享自由贸易带来的好处,推动贸易便利化成为大势。世界经济大船遭遇金融危机重创后,贸易迟迟无法收复失地,今年甚至将连续第五年增速低于3%,成为30多年来最糟糕的时期。

与需求不足的客观原因相比,贸易保护主义抬头更值得警惕。世界经济增长乏力,本应是大力推进自由贸易的理由,但不幸的是,自由贸易成为经济表现不佳的牺牲品。世界贸易组织数据显示,G20成员2008年以来共采取1583项贸易限制措施。英国研究机构报告表明,美国过去8年采取了600多项贸易保护措施。关起门来看似自保,却熄灭了世界经济增长的重要引擎之一。

在贸易保护主义者眼中,本是双赢的国际贸易成为了零和游戏。"贸易赤字让我们每年都在损失钱,谁会这样做生意!"美国总统候选人特朗普说。贸易保护主义者常抛出的另一个论调是,贸易赤字表明,进口导致的失业大于出口创造的就业。然而,这些计算得失的简单化方法,在事实面前不堪一击。2006年至2009年,美国贸易赤字占国内生产总值比重从5.8%下降至2.7%,却

没有阻止失业率上升至近10%。很少有人看到失业背后的技术因素，但美国鲍尔州立大学的研究表明，2000年至2010年，美国制造业就业岗位减少560万，其中85%是新技术带来的效率提升造成的。为此，世界贸易组织总干事阿泽维多也不得不为贸易严正辩护：美国等国制造业岗位流失与进口无关，应保护全球贸易免遭此类批评。

美国《外交》杂志最近的一篇文章指出，贸易只是替罪羊，"贸易焦虑症"的根本原因在于"国内机会消失和社会流动性问题"，"美国低技能的先辈通往中产阶级的梯子已断"。在经济不景气、自认没有得到发展带来的实惠时，人们容易迁怒于他人。但问题是，贸易不是造成失业的原因，贸易保护主义也不可能提供解决办法。斩断贸易链条不仅不会改变自身境遇，还会造成两败俱伤。美国家具行业2003年诉中国竞争对手"倾销"，自中国家具进口陷入停顿，但从其他亚洲国家进口家具攀升，十几年来本国的家具行业就业率持续下降，就是典型例证。

越是经济增长乏力之时，越需要贸易引擎的拉动。破解保护主义难题，需要强化开放思维。只有把全球市场的蛋糕做大了，世界经济增速提上去了，才可能让更多人受益。G20杭州峰会制定全球贸易增长战略，抓住了问题的根本，因此令世界充满期待。

（2016年09月01日）

点亮世界经济增长之路

在中国的引领下，二十国集团将进一步集众智、聚合力，开辟创新、活力、联动、包容的世界经济新前景

二十国集团（G20）领导人第十一次峰会召开在即，这是又一个关键时刻的重要会议。国际金融危机爆发8年后，全球经济仍未完全迈入复苏正轨，增长乏力，发展失衡，贸易失速，地缘冲突、恐怖主义、难民危机等政治安全因素冲击着本不稳定的经济环境，保护主义、民粹主义等逆流盛行，削弱了国际合作的基础。在世界经济困难重重之时，全球把目光投向中国，期待古老文明与新兴机制的相汇能够点亮世界经济增长之路。

超越一时之困，寻求创新驱动的增长之道。中国向来有反思和革新的开拓思维。G20成员GDP占全球约90%，在提振世界经济增长、摆脱"新平庸"方面责无旁贷。自担任G20主席国以来，中国就提出创新驱动，设立"创新增长方式"议题，推动G20各方从"协同刺激"走向协同创新。中方倡议制定的G20创新增长蓝图得到各方支持，杭州峰会还将通过新工业革命行动计划和数字经济发展与合作倡议等成果文件，引领各国协同行动，打造新动能，开辟世界经济增长新路径。

创新还意味着发展理念、体制机制、商业模式等在内的全方位革新。面对世界经济增长动力不足、低利率依赖、宽松政策难以为继的局面，中国积极倡导结构性改革。今年7月，G20财长和央行行长会议已核准G20深化结构性改革议程，制定了相关指导原则和一整套评估指标体系，旨在推动各方深化结构

性改革，优化资源配置，提高全要素生产率，增强世界各国的经济韧性和中长期增长潜力。

超越一国之限，寻求全球互联互通的共赢之道。自2012年以来，全球贸易增速已连续4年低于3%。多哈回合谈判受阻，全球贸易投资安排碎片化，贸易保护主义有所抬头。为重振贸易投资的增长引擎作用，中国倡议召开G20贸易部长会，通过了G20历史上首份《贸易部长会议声明》，推动世贸组织发布首份全球贸易景气指数。全球贸易增长战略等峰会成果文件将为扭转贸易失速、促进贸易自由化、增加就业注入新的活力。

近年来，全球资本流动的规模越来越大，速度越来越快。但另一方面，全球在基础设施投资方面的缺口巨大。如何让资本落地、让投资对接需求助推可持续增长？作为今年G20主席国，中国开创性地推动G20制定全球首个多边投资规则框架——全球投资指导原则，成立全球基础设施互联互通联盟，促进跨国、跨区域基础设施建设，推动发达国家和发展中国家迈上互联互通的共赢之路。

超越一域之狭，寻求共同发展和繁荣之道。中国传统尚和合、求大同，"独乐乐不如众乐乐"。作为世界上最大的发展中国家，中国将发展打造为G20杭州峰会的一张亮丽名片。在G20"中国年"，G20走进联合国大会、非盟总部，同七十七国集团、最不发达国家、内陆国和小岛国展开对话，杭州峰会也将成为发展中国家参与最多的一次峰会。

发展既是国际社会共同的道义责任，也是世界经济增长的动力之源。中国将发展问题引入G20重点议程，置于全球宏观政策框架的突出位置，制定落实2030年可持续发展议程行动计划，推动G20关注并支持非洲工业化进程。中国行动正引领各方超越一己私利，发扬同舟共济、合作共赢的精神，以实现包容、联动发展和共同繁荣。

经过近一年积极筹备，杭州峰会的画卷即将展开。人们期待，在中国的引领下，G20将进一步集众智、聚合力，开辟创新、活力、联动、包容的世界经济新前景。

（2016年08月30日）

日本，否认侵略就是破坏世界和平

70多年来的世界总体和平是反法西斯战争胜利成果的延续，是以战后国际秩序为基础的

71年前的8月15日，日本宣布无条件投降。在这个理应深刻反省军国主义侵略历史的日子里，日本首相安倍晋三再次通过代理人向供奉甲级战犯的靖国神社献上祭祀费。

不管以何种形式拜鬼，都是美化侵略罪行的倒行逆施，都是对昔日遭受日本侵略的亚洲邻国新的伤害，都是对亚洲乃至世界和平的公然破坏。

事实一再证明，随着右翼势力不断膨胀，日本在挑战世界反法西斯战争胜利成果的道路上不会止步不前。众所周知，靖国神社是日本发动侵略战争的精神支柱，而日本防卫大臣稻田朋美公然将如此声名恶劣的地点与追悼和祭奠日本自卫队员联系到一起。稻田朋美在一次座谈会上说："靖国神社不是进行不战誓言的地方，这里必须成为宣誓'在祖国发生状况时将前赴后继'的地方。"对此，连日本共同社都惊呼令人震惊。

二战后持续了70多年的世界总体和平从来都不是抽象的，也不是偶然得来的。这一和平是世界反法西斯战争胜利成果的延续，是以战后国际秩序为基础的。这一点不是哪个国家想承认就承认，想轻看就轻看，甚至想推翻就推翻的。道理是明摆着的，世界和平、战后国际秩序凝聚着世界反法西斯国家人民的流血牺牲，同人类公理正义息息相关。去年是世界反法西斯战争胜利70周年。令人遗憾的是，个别国家混淆大是大非的界限，出于现实利益的盘算，对

日本错误历史观视而不见,甚至纵容日本背弃和平宪法。这一战略短视的危害性不断显示出来。

涂抹昔日侵略历史的日本不仅要给战争记忆贴上封条,同时注定会伺机行动。联系今年7月日本参议院选举中,主张修宪势力赢得2/3以上议席,日本有识之士甚至开始担心"战争是否会卷土重来"。

渲染"中国威胁论"始终是安倍政府欺骗日本民众和世界舆论,以推进修宪强军、摆脱战后体制的一面幌子。人们看到,当日本已正式实施以解禁集体自卫权为中心的新安保法,安倍政府正不遗余力挑动地区国家与中国的争端来压制中国。在所谓南海仲裁案中,日本不是当事国,却在所谓仲裁结果公布当日,立即宣称当事国有必要接受裁决。在7月亚欧首脑会议、东亚合作系列外长会等场合,日本一再宣扬所谓南海仲裁结果必须得到遵守。日本防卫省8月2日发表2016年版《防卫白皮书》,除了延续以往大肆鼓吹中国"军备、军费增长及其不透明性"以外,更在南海问题上无端指责中国。安倍政府一系列处心积虑以求"改变现状"的行为引发国际社会警惕和不安。

8月15日发生在日本的恶劣事件再次表明,世界和平从来不是一劳永逸的收获,它需要公理正义的支撑,更需要靠实力去捍卫。

(2016年08月16日)

逐梦路上尤需坚韧自信

如何沿着自己选择的发展道路稳步前行，中国人自己心中有数

里约奥运会第三天，中国选手孙杨获得男子 200 米自由泳金牌。赛后，国际媒体纷纷评论，因为此前出现了澳大利亚选手霍顿的恶语攻击，孙杨这块金牌拿得很不容易，可以说是成功顶住了压力。

无端遭遇恶语，固然可以算作追求公平与友谊的奥运赛场上的意外，但是以冷静和坦荡战胜干扰，也是竞技场上的一种考验。自信的人常说，公道自在人心。事实也必然如此。国际奥委会发言人出来强调了——对同场竞争者的尊重值得珍视，表达自我的自由与尊重对手之间还应有一道界限。澳大利亚主流媒体《澳大利亚人报》8 月 9 日刊文指出，霍顿的恶语对中国选手不公平，他若不改变态度，世界将看到一出恶意满满的戏剧。

宠辱不惊，以理性成熟的心态作为支撑，专注于自己该做的事，这是值得尊重的，堪为荣耀。

当然，理性成熟不等于逆来顺受。里约奥运会现场千万里之外的那个"转播意外"，应该有个说法。澳大利亚电视七台的开幕式转播中，选择在中国代表团出场时插播广告；该电视台又将奖牌榜上的中国国旗误放为智利国旗。对于这样的安排和失误，众多在澳华侨华人和中国国内民众第一时间有理有利有节地表达了不满。这家电视台如今表示"毫无保留地道歉"。

奥运视角下的中国从容豁达，向世界传递底气与平和。当今中国在世界版图上的坐标，中国人自己看得很清楚。尽管外界的无谓曲解与非议不时出现，

但对中国国家走向起不了什么作用。如何沿着自己选择的发展道路稳步前行，中国人自己心中有数。

专注于该做的事，是一种坚韧。赛场上的出色表现，离不开冲刺瞬间的"洪荒之力"，更少不得经年累月的艰辛磨砺。30多年的改革发展，中国逐步走近世界舞台中央，取得推动历史进程的成就，一大法宝就是埋头苦干，坚持做好自己的事。

专注于该做的事，是一种自信。奥运首日"无金"，中国舆论界发出"我们并不需要别人来证明自己"的声音。奥运赛场上的中国体育军团，其实力和意志，已经到了只需要按部就班往前走、不必纠结于一城一地得失的境界。而从国家层面来看，中国发展走到今天，于理于势而言，只要坚持做好自己的事，这个有着远大梦想，倡导和平发展、合作共赢的国家，在国际上自然会获得应有的地位与认同。

奥运之梦与复兴之梦相互映照。逐梦路上，中国特色、中国风格、中国气派不断绽放新的光彩。

（2016年08月10日）

值得警惕的危险之举

——部署"萨德"威胁的是东北亚和平①

任何一方的安全都不可能稳固地建立在别国不安全的基础之上，任何一方都不会任由他国肆意侵害自身的正当权益和国家战略安全利益

本月初，美国和韩国不顾中俄等国明确反对，宣布将在韩国部署"萨德"反导系统。此举意欲何为？质疑之声纷至沓来。谁都能看出来，这一行动并不能防御朝鲜核武器及导弹威胁，但却足以加剧朝鲜半岛局势紧张，破坏地区战略平衡，对东北亚地区安全与稳定造成严重威胁。

作为世界上最先进的导弹防御系统之一，"萨德"系统可在超出大气层的高度拦截来袭的短程和中程弹道导弹。其特点是"防高不防低"，对付朝鲜远程火炮和短程导弹就像"炮弹打蚊子"。从技术上看，朝韩如发生冲突，朝方的远程火炮、火箭炮等足以威胁韩方。朝鲜半岛南北直线最远距离只有不到900千米，"萨德"根本没有用武之地。正如一位前美军驻韩司令曾不无讥讽地说，朝鲜把核武器放到飞机肚子里或无人机上，即可对韩国和驻韩美军构成威胁。

"萨德"到底针对谁？其覆盖范围，特别是其X波段雷达监测范围远远超出半岛防卫需求，深入亚洲大陆腹地，不仅将直接损害中国的战略安全利益，也将损害本地区其他国家的安全利益。不妨听听美国官方此前的抱怨："现有反导系统无法满足战略需要"，"对于俄罗斯和中国的战略导弹缺乏应对手段"。

而日本《读卖新闻》则指出,"萨德"系统或将成为监视中国军队的重要利器。

显然,美韩在韩国部署"萨德"的危险之举,完全就是"项庄舞剑,意在沛公"。所谓"只为针对朝鲜核导威胁、不针对第三国"之说,完全是站不住脚的谎言。美国似乎急于摆脱对自身国力式微日益上升的焦虑感和对保护本土安全的极其不自信,所以不远万里跑到韩国来编织所谓安全防御网。它似乎又一次忘了,以往不计后果的玩火,给其自身带来过怎样的难以了断的困境,给世界制造了怎样的后患。

朝鲜半岛无核化事关维护半岛和东北亚的和平与安全,事关维护一个有利于本地区国家繁荣和发展的环境,与各方利益息息相关。在这个旷日持久的难题面前,任何夹带私货、相互刺激的做法,任何加强军事对峙、强化军事演习或部署超出半岛防卫需求的武器系统的行为,都将使半岛局势陷入更趋紧张的恶性循环。在韩部署"萨德",不仅将进一步刺激朝鲜在核导项目上走得更远,而且将破坏东北亚地区战略平衡,威胁东北亚地区和平稳定。正如韩国《京乡新闻》在社论中清醒指出,此举将让东北亚安全进入两难境地,给国际社会为解决朝核问题作出的努力浇上冷水。

朝鲜半岛不可能因部署"萨德"而归于宁静,因为任何一方的安全都不可能稳固地建立在别国不安全的基础之上,任何一方都不会任由他国肆意侵害自身的正当权益和国家战略安全利益。对待国际关系、地区问题,必须有负责任的态度。任性胡来的结果,必定是沉痛的代价。

(2016年07月29日)

韩国，需要基本的清醒和现实感

——部署"萨德"威胁的是东北亚和平②

对于韩国政府而言，同意部署"萨德"，无异于养虎为患、引狼入室，如不迷途知返，必将引火烧身、自食恶果

近日，韩国国家安全保障会议继续传出强调部署"萨德"反导系统必要性的信息。接过"萨德"这颗烫手山芋，韩国便成为美国导弹防御系统的前哨基地，等于被美国绑在其东北亚"战车"上。

危险的裹挟，必然带来危险的后果。这一点，连韩国媒体也看得清清楚楚。《韩民族日报》评论所提出的看法："美国在半岛部署'萨德'是其亚太再平衡战略的一部分。然而，'萨德'的部署反而会使半岛的安保环境更加恶化，因为这将打破该地区的军事平衡……"

"萨德"就如同美国在东北亚地区钉入的一个楔子，不仅无助于朝鲜半岛无核化进程，而且制造了新的矛盾点，令朝鲜半岛局势进一步恶化。此举会给韩国带来政治、经济、安全、环境、社会等一系列风险，一旦冲突爆发，韩国将首当其冲，其命运也必然会发生转折性改变，其代价将不得不由全体韩国国民来承担。这样的错误，韩国政府承担得起吗？

其实，真正能够保护韩国的，既不是一两件像"萨德"这样看似唬人实则脆弱的武器，也不是远在万里之外的美国，而是对大局大势的把握和清醒的现实感。

朝鲜半岛的和平稳定是一项系统工程，大家对此都清楚得很。打破恶性循环的怪圈，让各方相向而行，难度的确大得很。但是，火上浇油是最愚蠢、最不负责任的做法。想必韩国不会忘记，每逢朝鲜半岛陷入岌岌可危的境地，中国发挥了怎样不可替代的作用。韩国应该静下心来好好想想，中国为什么积极推动重启六方会谈。

近年来，中韩两国关系发展迅猛，高层交往频繁，战略合作伙伴关系不断深化，中国是韩国最大贸易伙伴、最大出口市场和进口来源国，自由贸易协定的积极效应正在显现，两国人员往来步入"1000万+"时代，友好交往给两国人民带来了实实在在的利益。但是，发展中韩双边关系，同样需要共同呵护。

在韩部署"萨德"，得意的自然只是痴迷于昔日霸权美梦的华盛顿。美国的"代理人"战术似乎用得轻车熟路——从阿富汗到伊拉克再到利比亚，美国为巩固霸权不择手段，搅乱一个国家或地区就抽身而退，这样的戏码人们见得还少吗？对于韩国政府而言，同意部署"萨德"，无异于养虎为患、引狼入室，如不迷途知返，必将引火烧身、自食恶果，陷入不可挽回的败局。

韩国同意部署"萨德"，就是在主动充当美国的"马前卒"，就是在半岛激起新的矛盾漩涡。韩国决策者从本国长远利益与民众利益出发，理应保持基本的清醒和现实感。

（2016年08月01日）

中国安全利益不容蓄意损害

——部署"萨德"威胁的是东北亚和平③

美韩在韩国部署"萨德"反导系统对中国战略安全形成严重现实威胁,中国对此不会无动于衷

面对东北亚地区尤其是朝鲜半岛严峻复杂的安全形势,韩国谋划加强自身安全感不足为奇。但是,如果韩国的政策选择冲击整个地区的战略平衡、损害他国安全利益,事情的性质就发生了变化。韩国须清醒认识到,国家之间的关系是严肃的,尤其是在事关核心利益的安全问题上,更是没有儿戏可言。

美韩商定在韩国部署"萨德"反导系统,表面看来是应对朝鲜核问题,真正的意图是打破东北亚安全格局。对此,国际舆论多有议论——美国《基督教科学箴言报》指出,部署"萨德"表面看来是应对所谓朝鲜核问题,但实际上不过是美国遏制中国崛起的一步。俄罗斯《观点报》则指出,美国对朝鲜问题大加利用,是为自己在中国及俄罗斯边界附近的长期存在寻找借口。显然,媒体文章的分析并不能算作一家之说。韩国领导人对美国的战略图谋不可能不了解,对"萨德"反导系统的真实指向更是心知肚明。种种迹象表明,首尔决策者正一意孤行地将自己国家的安危同美国"萨德"反导系统捆绑在一起,为此不惜破坏地区稳定,公然损害周边大国安全利益。问题是,韩国承受得起由此带来的连锁反应吗?

朝鲜半岛问题在纠缠中绕成死结的可能性并非不存在,令人不安的火药桶

也没有可靠的保险阀。如此凶险的情势下,韩国领导人理应慎之又慎地处理问题,力避因小失大进而让自己的国家落入首当其冲的最坏境地。美韩决定部署"萨德"反导系统的盲动性和冒险性是明摆着的。这一决策甚至严重冲击了韩国民众心中的安全底线。8月1日公布的韩国民调数据显示,7月第四周韩国总统朴槿惠的支持率持续低迷,高达60.7%的受访者对其施政持负面评价。引人关注的是,她在20岁左右的年轻人中的执政认可度已跌破10%。与此同时,韩国民众强烈抗议政府出卖国家利益,反对党疾呼当局撤销接纳"萨德"的错误决策。

美韩双方曾经承诺就部署"萨德"反导系统问题同中方协商,后来忽然间"变脸",仓促宣布部署决定。无论是对美国还是韩国来说,以牺牲他国安全利益来强化自身安全,都不过是一厢情愿的盘算。7月28日,中俄两国外交官就东北亚安全再次进行磋商。双方对美韩推动在韩国部署"萨德"反导系统表示严重关切,强调中俄作为全面战略协作伙伴,将以最可靠、最有效方式切实维护两国利益特别是战略安全利益。观察人士指出,美韩执意部署"萨德"反导系统,很有可能在东北亚导致新一轮军备竞赛。如果美韩一意孤行,中俄可能会拿出美韩意想不到也承受不起的反制措施。部署"萨德"反导系统,对韩国非但没有任何好处,反而有可能将韩国拖入美国与中俄的军事对峙中,而一旦爆发冲突,韩国无疑将第一时间成为遭受打击的目标。

中国一向奉行与邻为善、以邻为伴的周边外交政策,这一政策今后也不会改变。但是,中国的善意是有前提的,是讲原则的。中国坚持走和平发展道路,其他国家也必须走和平发展道路。美韩在韩国部署"萨德"反导系统,对中国战略安全形成严重的现实威胁。对此,中国不会无动于衷。中国安全利益不容蓄意损害。应对外来威胁,中国从来不信邪、不怕压。任何人都不要低估中国保卫国家安全的意志和实力。

(2016年08月03日)

美韩须领会中俄严正警告的深意

——部署"萨德"威胁的是东北亚和平④

中俄均为联合国安理会常任理事国,两国不仅拥有自己的安全利益,而且肩负着维护世界和平稳定的特殊责任

无论是从东北亚安全秩序还是全球战略稳定的角度看,美韩在韩国部署"萨德"反导系统的危害性都不容小觑。

毫无疑问,朝鲜半岛问题在东北亚安全秩序的转换过程中具有重要的牵动作用。中方一向强调,阻止朝鲜半岛安全局势恶化须标本兼治,全面系统解决问题。实现半岛无核化,实现有关国家关系正常化,构筑东北亚和平安全机制,是缔造朝鲜半岛和平稳定的重要方面。道理简单得很,建立在"战略互疑""战略对抗"基础上的安全格局终不可能持久。然而,美国及其盟友始终没有放弃强化军事存在以打压对手,进而获得实力优势、心理安慰的陈旧思维。

美韩极力推动在韩国部署"萨德"反导系统,就是这种陈旧思维主导的又一次冒险,其冲击波远远超出朝鲜半岛、东北亚地区,严重威胁全球战略稳定。正如俄罗斯《国防》杂志总编辑科罗琴科所指出的,在韩国部署"萨德"是美国全球导弹防御计划的一部分,不仅对俄罗斯核力量构成威胁,遏制中国的核力量同样也是美国在军事上最重要的优先考虑之一。

以牺牲他国利益为代价谋求自己的绝对安全,这是典型的无理和霸道。对此,必须予以强有力的回击。否则,美国及其追随者就不会明白"吹灭别人的

灯，会烧掉自己的胡子"这样一个朴素的道理，甚至会变本加厉，不断制造新的事端。

人们注意到，早在今年6月，中俄两国元首即发表《关于加强全球战略稳定的联合声明》，强调美韩在韩国部署"萨德"系统与导弹扩散领域面临的实际挑战和威胁毫不相干，与其宣称的目的也明显不符，将严重损害包括中俄在内的域内国家战略安全利益，中俄两国对此强烈反对。日前，中俄两国代表就东北亚安全再次进行磋商，明确表示中俄作为全面战略协作伙伴，将进一步加强沟通协调，以最可靠、最有效方式切实维护两国利益特别是战略安全利益。

中俄均为联合国安理会常任理事国，两国不仅拥有自己的安全利益，而且肩负着维护世界和平稳定的特殊责任。中俄两国反对域外势力加强在东北亚的军事存在，反对在该地区部署美国新的反导据点，这一立场是明确的，也是坚定不移的。下一步，中俄以美韩预测不到、承受不起的反制措施应对强推"萨德"反导系统之举，既是对自身安全利益的捍卫，也是对全球战略平衡和国际关系体系稳定负责。

中俄两国不希望看到东北亚重新陷入冷战状态，不希望看到国际舞台上掀起新一轮军备竞赛。但是，国际局势的走向、国际关系的氛围是由有关各方共同构建的，需要有关各方相向而行。如果美韩悟不出中俄严正警告的深意、一意孤行推进部署"萨德"反导系统，那么，美韩就要承担其狂妄之举所引发的后果，并对破坏国际局势稳定负责。

（2016年08月04日）

排除干扰，推进中国东盟合作

中国东盟继续合作是双方共同的意愿

东亚合作系列外长会在老挝首都万象举行，东亚地区国家加强合作的主旋律振奋人心。7月25日，中国—东盟国家外长发表了关于全面有效落实《南海各方行为宣言》(《宣言》)的联合声明，重申了《宣言》在维护地区和平稳定中发挥的重要作用，承诺根据国际法原则由直接有关的主权国家通过友好磋商和谈判解决南海有关争议。

中国同东盟国家如此融洽、和谐地达成共识，明确强调《宣言》不容否定和破坏，明确指出全面有效落实《宣言》的道路不会改变，这是值得国际社会共同欢迎的事情。

但是，美日澳三国25日深夜搞出一个三方声明，继续炒作南海问题，渲染地区紧张，把矛头指向中国。这个声明，与本地区国家正在维护南海稳定的努力相违背，与本地区人民携手合作、共谋发展的愿望相违背。这个声明，再次让世界看清了谁正在为谋一己私利，频繁介入、插手南海问题，谁才是影响南海和平稳定的主要风险源。人们不得不质问：这三方究竟是想做和平的维护者，还是想做搅局者？

的确，这次东亚合作系列外长会早就在个别域外国家的盘算之中。它们本指望东盟国家集体向中国发难，给中国施加外交压力。但是，它们误判了形势，东盟国家外长会议发表的声明只字未提南海。日本方面显得格外着急，不久前企图在亚欧会议上就南海问题挑起事端而未成，这次又搬弄是非。听闻美方在中国外长面前表示对菲律宾单方面提出的仲裁案内容不持立场时，公开站出来表示失望。

这几个域外国家的失望是可以想象的。那个仲裁提起不合法、仲裁庭成立不合法、仲裁结果不合法的所谓南海仲裁案，其政治闹剧本质已被国际社会所看透，没有哪个国家愿意扮演别人手中的"提线木偶"。

中国始终坚持以"双轨思路"处理南海问题，维护中国东盟合作大局的政策立场，即有关具体争议由直接当事国在尊重历史事实和国际法基础上，通过谈判协商和平解决；南海和平稳定由中国和东盟国家共同加以维护。这才是本地区寻求各方利益最大公约数的正轨。中国东盟继续合作是双方共同的意愿。

今年是中国—东盟建立对话关系 25 周年。在东盟的对话伙伴中，中国第一个加入《东南亚友好合作条约》，第一个成为东盟的战略伙伴，双方关系的发展给地区各国人民带来了实实在在的利益，树立了大小国家平等相待、共谋发展的成功典范。无论形势如何变化，中国—东盟只要始终不忘初心，珍惜双方多年积累的信任和友谊，珍惜来之不易的良好合作局面，就一定能在迈向中国—东盟命运共同体的道路上书写出新的篇章。

（2016 年 07 月 27 日）

"仲裁庭"竟是外部势力代理人

——南海仲裁案不过是场政治闹剧①

菲律宾南海仲裁案仲裁庭所作所为,从一开始就偏离公正客观方向,沦为某些国家和人士的私器

翻开7月12日公布的所谓仲裁文书会发现,菲律宾所有非法声索,一概被"落实"为仲裁结果,如此"原汁原味"与"予取予求",实际上是向世人暴露了所谓仲裁庭既无任何合法性质,也无任何公正可言,是彻头彻尾的一场政治闹剧。

所谓菲律宾南海仲裁案是披着法律外衣的政治挑衅,其实质是否定中国南海岛礁主权和海洋权益。当法律成为被政治操纵的工具,法律的公正性便荡然无存。仔细梳理仲裁庭在审案判案过程中的诸多"高光"表现,便不难发现其早已沦为外部势力代理人。

在该案中,菲律宾阿基诺三世政府诉求的核心之一,是要求仲裁庭裁判中国历史性权利违反1982年《联合国海洋法公约》(以下简称《公约》),试图否定中国南海断续线,进而否定中国在南海的海洋权利。

仲裁庭为了服务幕后推手的这一目标,不惜违背条约解释的基本规则,无视其他与《公约》具有同样效力的国际习惯法规则。中国在南海享有历史性权利,这一权利先于《公约》,并且依一般国际法形成。综观国际实践,国家通过长期实践取得的历史性权利复杂多样。正因如此,在《公约》起草和形成过

程中，并未对历史性权利作出统一规定，也未说要以《公约》规定替代历史性权利。相反，《公约》将其留待由一般国际法规范，并在《公约》中多处体现对历史性权利的尊重。比如，《公约》在第298条对强制管辖的排除性条款中明确把"历史性所有权"排除在外。仲裁庭强行将历史性权利纳入《公约》的解释或适用范围，超越《公约》赋予仲裁庭的裁判授权。正是因为历史性权利本就不属于《公约》调整的范畴，仲裁庭只能笼统认定菲相关诉求构成涉及《公约》解释或适用的争端，但无法说明有关争端到底涉及《公约》哪一条哪一款，只能是牵强附会，难以服人。

菲律宾阿基诺三世政府诉求的核心之二是要求仲裁庭判定中国南沙部分岛礁的法律地位。

仲裁庭完全明白自己无权审理涉及领土主权问题的争议，但为了枉法裁判，对菲诉求在于否定中国领土主权的真实目的刻意选择性"失明"。事实却很清楚，菲律宾在启动仲裁程序当天，菲外交部就发布了一份仲裁程序问答文件，明确宣称本案是"为了保护我们国家的领土和海域"，强调"我们的行动是为了保卫我们的国家领土和海域"。据此可见，此案关乎领土主权这一不属于《公约》调整的事项。为此，仲裁庭故意回避主权问题，通过对中国南沙群岛"碎片化"处理的伎俩，扩权、越权，审理有关岛礁领土地位问题，这样做远远超出了所谓《公约》解释和适用问题。另外，包括宋斯在内的本案部分仲裁员，在本案中就岛礁法律地位与海洋划界之间的关系所持看法，与其本人此前长期所持观点完全相左。这一"自我背叛"显然很难单纯从学术和理论层面理解，让人无法不怀疑其法律良知，让人无法不怀疑仲裁庭的公正性。

同时，仲裁庭在整个审理和论证过程中完全背离了国际司法实践所秉持的程序正义，矛盾之处数不胜数。在这方面，中国国际法学会等多家学术机构已以专题报告形式对其提出质疑和批判。例如，仲裁庭预设结论，然后通过所谓"自由心证"来加以论证，实际上是一种"圆谎"。在援引相关国际仲裁案例时，刻意回避多数案例所证明的一般实践，仅采用对其有利、极具争议的个别案例或少数意见。在认定事实时，对有利于中国的事实或视而不见，或一带而过，故意贬低其权重。在采信证据上，无视证据的真实性、关联性和证明力问题，未能践行国际通行规则，偏听偏信，全盘倒向菲律宾。国际司法和仲裁的核心价值在于其公正客观性。作为匡扶正义的公器，它不能偏倒一方，否则就成为一方谋利的私器。反观本仲裁庭所作所为，显然从一开始就偏离这一方向，沦为某些国家和人士的私器，诚哉可悲。

临时拼凑起来的仲裁庭这个草台班子收场了。中国在南海的领土主权和海洋权益在任何情况下都不受其所谓仲裁裁决的影响，中国不接受任何基于该仲裁裁决的主张和行动！

（2016年07月13日）

谈判协商是解决南海问题的唯一出路

——南海仲裁案不过是场政治闹剧②

中国有关南海问题的白皮书带来和平合作的清新气息，南海和平稳定牵系中国和其他南海周边国家的共同福祉

中国国务院新闻办公室7月13日发表《中国坚持通过谈判解决中国与菲律宾在南海的有关争议》白皮书，还原中菲南海有关争议的事实真相，重申中国在南海问题上的一贯立场和政策。

洋洋两万余字，回溯昭昭两千多年青史，列举凿凿证据。中国郑重向国际社会表明，在长期历史过程中，中国确立了对南海的主权和在南海的相关权益，中国人民早已成为南海诸岛的主人。任何有良知的人都会由此更加意识到，黑白不容颠倒，是非不容混淆。

2013年菲律宾阿基诺三世政府单方面就中菲南海争议提起的所谓强制仲裁，就是漏洞百出的闹剧。中国从一开始就理直气壮亮明了"不接受、不参与"的立场。关心地区和平稳定的域内外国家纷纷发声支持，力挺中国坚持谈判协商解决南海争议的立场。这不仅体现了中国作为维护南海和平稳定一方所具有的强大感召力，也展现了国际社会对于中国坚持同有关国家通过谈判协商方式解决南海争议的期待。

由于历史原因，南海地区仍存在一些涉及领土主权、海洋权益争端的复杂难题。解决这些难题，不仅是划定一条海上界限的问题。要让一条海上界限得

到接受和尊重，必然要涉及历史、法律、政治乃至民族感情等诸多因素。对于利益深度交融、命运紧密相连的地区国家来说，相比第三方争端解决机制，谈判协商的方式在解决复杂敏感的领土和海洋划界争端中占据着更多优势。它最能体现各国的自主意愿和主权平等谈判结果，最易为当事国人民所接受，引起的震动也最小。

多年来，中国始终寻求在尊重历史事实的基础上，根据国际法原则，通过谈判协商解决有关争议，并与有关国家作出了积极努力，体现了大国胸怀和担当。2002年，中国与东盟十国共同签署的《南海各方行为宣言》第四条明确规定："有关各方承诺根据公认的国际法原则，包括1982年《联合国海洋法公约》，由直接有关的主权国家通过友好磋商和谈判，以和平方式解决领土和管辖权争端。"其中，直接有关的主权国家做出了郑重承诺，而其他国家则是见证人和监督者。此外，中国与菲律宾等国在一系列双边文件中达成了通过谈判协商解决南海有关争议的共识，并明确排除了第三方争端解决方式。

令人遗憾的是，为谋求自身对中国南沙群岛部分岛礁的非法侵占的永久化和合法化，菲律宾阿基诺三世政府对中菲之间达成的共识和自身在《南海各方行为宣言》中的承诺弃若敝屣，单方面对中国提起强制仲裁。菲方貌似将《联合国海洋法公约》奉为圭臬，却通过片面解释并滥用《联合国海洋法公约》仲裁程序，损害《联合国海洋法公约》的权威性和完整性。更为荒谬的是，所谓菲律宾南海仲裁案仲裁庭不顾基本事实和国际法原则，竟然堂而皇之地行干预领土主权或海洋划界之事，甚至公然在岛礁领土地位上架谎凿空。显然，所谓仲裁根本不是为了定分止争，而是为了达到把南海搅乱这一不可告人的政治目的。

菲律宾阿基诺三世政府为推进仲裁编造了一系列借口，指称中国与南海声索国国力相差悬殊，中国坚持双边谈判解决领土和海洋划界问题是企图"以大欺小"。这种臆断是陈词滥调，是对中国外交实践的歪曲。新中国成立60多年来，中国与14个陆地邻国中的12个依据历史事实和国际法的基本准则，通过双边磋商与谈判，公平合理地解决了历史遗留的边界问题，划定了中国陆地边界线的约90%。中国还同越南通过谈判划定了两国在北部湾的海洋边界。目前，中国与韩国正在就黄海划界进行谈判。在这些邻国中，有大国，更多的是中小国家，从来没有一国指责中国"以大欺小""恃强凌弱"。中国是大小国家一律平等原则的忠实捍卫者，一贯在主权平等、相互尊重的基础上协商解决边界问题。中国的外交实践有口皆碑。在新时期，中国仍将坚定地走和平发展道路，坚持在主权平等基础上通过谈判和平解决南海有关争议，积极发展睦邻友好关系。中国坚信，坚持平等谈判和友好协商，才能使南海成为永久和平之海、友谊之海、合作之海。

所谓仲裁的满纸谎言终将随乌烟瘴气散去，中国白皮书带来的和平合作的清新气息才值得欢迎。中国将始终敞开谈判协商解决争议的大门。南海和平稳定牵系中国和其他南海周边国家的共同福祉，谈判协商是解决争议唯一出路。

（2016年07月14日）

双重标准是对国际法治的亵渎

——南海仲裁案不过是场政治闹剧③

在国际法治问题上,美国等少数国家不仅没有资格做中国"教师爷",反倒应彻底反躬自省,摒弃自身由来已久的霸权主义、利己主义、虚伪主义和双重标准

菲律宾南海仲裁案所谓裁决宣布后,美国等少数几个国家颇显亢奋,打着"尊重法律"之旗号企图施压中国。这种罔顾事实、为非法无效裁决张目的行为,本身就不符合法治精神,违背国际法和国际关系基本准则,不仅让更多人看清这些域外政治力量在整出闹剧中所扮演的不光彩角色,而且给南海问题相关各方妥善管控海上局势、和平解决争议制造了障碍。

自菲律宾阿基诺三世政府一手炮制南海仲裁案以来,美国、澳大利亚、日本等国就频频借此明里暗里指责中国不遵守国际法,破坏国际规则体系,口口声声要求中国必须执行所谓裁决。这样的卖力表现,无非是其不可告人战略目的的自然流露,丝毫掩盖不了中方相关立场的合理合法性,也改变不了国际社会正义力量对中方立场的支持。

值得指出的是,美国、澳大利亚、日本等西方国家在南海仲裁案问题上堂而皇之打出国际法大旗,同其自身在处理国际法治相关问题时的现实做法形成了鲜明对比,充分暴露了其虚伪与蛮横。

长期以来,西方一些国家在国际法适用上采取双重标准,合则用,不合

则弃，打造了一个又一个违法"样板"。作为世界头号海洋强国，美国一直享受《联合国海洋法公约》项下海洋权利，却因不甘心海洋霸权受约束而迟迟不加入，规避履约义务。美国《外交》杂志日前在文章中不无戏谑地指出："美国从来没有就《联合国海洋法公约》遭到起诉，这是因为与中国不同，华盛顿根本就没有批准这部法律。"上世纪80年代，尼加拉瓜在国际法院起诉美国在尼境内非法实施军事和准军事活动侵犯其主权并最终赢得了这场官司，但美国却采取强硬姿态，拒不接受这一联合国最主要司法机构关于管辖权的判决，拒绝参与实体诉讼程序，拒不承认、不执行法院的最终判决。时任美国驻联合国代表柯克帕特里克将国际法体系描述为"半合法、半司法、半政治性的实体"，其逻辑则是涉事国家可以对其决定选择接受或不接受。

总想当上"国际副警察"的澳大利亚也是如此。在与东帝汶缔结海洋权益条约时，它强行塞入不得进行划界、不得诉诸第三方争端解决程序等内容。东帝汶无奈之下提起仲裁，要求判定有关条约无效。为阻止东帝汶提起仲裁，澳情报机关被曝采取搜查东帝汶在澳法律代表处、扣押文件、阻止证人作证等卑劣行为。

日本也是"争先恐后"在违背国际法的问题上展示作为。在南极捕鲸活动被国际法院认定为违反《国际管制捕鲸公约》。国际法院判令日本停止核发南极捕鲸许可证。日本口头表示尊重判决，实则并未收敛，也未采取切实措施规范国内捕鲸行为。对此，连作为盟友的澳大利亚也看不下去，谴责日方违反国际法。

与这些西方国家形成鲜明反差的是，中国一直坚定捍卫国际法尊严。习近平主席在和平共处五项原则发表60周年纪念大会上曾指出，各国应该共同推动国际关系法治化。"推动各方在国际关系中遵守国际法和公认的国际关系基本原则，用统一适用的规则来明是非、促和平、谋发展"。这不仅是中国向国际社会作出的致力于维护和建设国际法治的郑重承诺，而且深刻阐释了建设国际法治，归根结底是要在国际关系中用普遍适用的规则明辨是非、定分止争、协作共赢，而非借国际法助长霸权强权，也非调词架讼、挑动争端，将国际法治引向歧途。

徒法不足以自行。与西方国家选择性适用国际法不同，中国一贯坚持将国际法治融入外交实践。迄今，中国已缔结 23000 多项双边条约，加入 400 多项多边条约，参与几乎所有政府间国际组织，与 14 个陆地邻国中的 12 个通过谈判协商划定和勘定了近 90% 的陆地边界。对外交往中，中国一贯主张国家不论大小、强弱，一律一视同仁，不搞以大欺小，也不会以强凌弱。

在国际法治问题上，美国等少数国家非但没有资格做中国"教师爷"，而且应该彻底反躬自省，摈弃其由来已久的霸权主义、利己主义、虚伪主义和双重标准，以实际行动践行国际法和国际关系基本准则。

（2016 年 07 月 15 日）

不接受、不承认非法仲裁就是维护国际法治

——南海仲裁案不过是场政治闹剧④

中国为什么坚持在法理层面一再回应那些西方势力的不根之论？因为中国坚定捍卫国际法

"海洋争端解决国际法研讨会"7月15日开始在香港举行。为期两天的会议，吸引世界公认的国际法权威专家坐到一起，从专业角度审视经不起任何推敲的所谓南海仲裁案的仲裁结果。由此，人们可以看一看什么才是真正的法治的精神、法治的权威、法治的公信。

2013年1月22日，菲律宾阿基诺三世政府就中菲南海有关问题针对中国单方面提起国际仲裁。此案建立在菲律宾违背中菲协议、违背菲律宾在《南海各方行为宣言》中的承诺、违背《联合国海洋法公约》(以下简称《公约》)有关规定和仲裁的一般国际实践基础上，构成菲律宾对《公约》强制争端解决程序的滥用。菲律宾阿基诺三世政府强推仲裁，完全是借国际法之名，行破坏国际法治之实。

中国一向是国际法治的坚定维护者和建设者，对这样一场走了调、变了味的所谓仲裁，中国坚决反对——坚决不接受、不参与仲裁程序，坚决不接受、不承认裁决结果。郑重对待国际法的人都能够认识到，中国的立场有充分的国际法依据。

首先，《公约》第十五部分规定的强制争端解决程序只适用于有关《公约》

解释或适用的争端,而菲律宾提请仲裁事项的实质是南海部分岛礁的领土主权问题,超出《公约》的调整范围,不涉及《公约》的解释或适用。菲律宾强推仲裁,是披着法律外衣的政治挑衅,其实质不是为了解决争端,而是妄图否定中国在南海的领土主权和海洋权益,洗白菲律宾对中国南沙群岛部分岛礁的非法侵占行径。中国不接受、不参与仲裁,是为了维护自身合法权益,捍卫中国对南海诸岛的领土主权和在南海的海洋权益。

其次,以谈判方式解决在南海的争端是中菲两国通过双边文件和《南海各方行为宣言》所达成的协议,菲律宾强推仲裁,违背了"约定必须遵守"这一国际法与国际关系中的重要原则,是在滥用《公约》规定的强制争端解决程序。中国不接受、不参与仲裁,是遵信守诺的表现,符合国际争端解决中的"国家同意原则"与通行做法,同时也是为了有效维护中国作为主权国家和《公约》缔约国所享有的自主选择争端解决方式和程序的权利。

第三,菲律宾提出的仲裁事项即使涉及有关《公约》解释或适用问题,也构成中菲两国海域划界不可分割的组成部分,而中国已经根据《公约》第298条的规定于2006年作出声明,将涉及海洋划界等事项的争端排除适用仲裁等强制争端解决程序。此类排除性声明构成《公约》争端解决程序不可或缺的组成部分,对《公约》所有缔约国都具有法律效力。如果菲律宾精心"设计"的争端被认为可以满足强制仲裁管辖权的条件,那么《公约》第298条将形同虚设,目前全球30多个国家所作出的排除性声明将毫无意义。中国不接受、不参与仲裁,不仅是维护自身权利,也是维护与中国一样作出排除性声明有关国家的权利,是维护《公约》的完整性和权威性。

目前有70多个国家和国际、地区组织发表声明,对中国的立场表示理解和支持,有力说明国际社会对这场政治闹剧的态度,足以说明某些国家围堵、抹黑中国的阴谋失败了。国际正义力量普遍认为,应尊重各国根据国际法自主选择争端解决方式的权利,不赞成单方面强加于人的做法;应坚持由直接当事国通过对话协商解决领土和海洋权益争议,域外国家应发挥建设性作用,而不是相反。

有人问,既然不接受、不承认菲律宾单方面提起的所谓仲裁,既然已得到国际正义力量的广泛支持，中国为什么仍然坚持在法理层面一再回应那些西方势力的不根之论？答案非常清楚：因为中国坚定捍卫国际法，以自身实际行动维护国际法治。这一事实终将为历史证明，并将为时代所铭记。

（2016 年 07 月 16 日）

支持中国的正义声音是国际社会主旋律

——南海仲裁案不过是场政治闹剧⑤

许多国家根据事情本身的是非曲直，在国际公平正义大旗下汇成了一支无形的"正义联盟"

连日来，国际社会成员对菲律宾南海仲裁案的所谓裁决纷纷表明态度。多国政府、政要和国际组织官员纷纷声援中国政府在南海问题上的立场和主张，呼吁直接当事国通过谈判协商解决南海有关争议。联合国官方微博声明，常设仲裁法院与联合国没有任何关系，国际法院同时发表声明指出，国际法院作为完全不同的另一机构，自始至终未曾参与所谓的南海仲裁案。声援正义，撇清同非法行为的关系，成为突出特点。

这起仲裁案自始就建立在菲律宾一系列违法行为和非法诉求基础上，临时仲裁庭不具合法性，没有管辖权。这种变了味、走了调的仲裁本应为国际社会不齿，但以美国为首的一些国家却奉若至宝，大肆渲染。13日，美国前太平洋司令布莱尔在美国国会听证会上表示，美国"应当愿意使用军事力量"反对中国在南海争议岛屿进行的活动。14日，日本首相安倍晋三启程赴蒙古国寻求"针对南海仲裁的七国集团声明"。面对国际社会对中国的广泛理解和支持，极少数国家还不太甘心。

但凡对此案有所了解的人都清楚，菲律宾阿基诺三世政府单方面提起仲裁的行为本身即违反与中国达成的通过双边谈判解决南海争议的协议，违背自己在《南海各方行为宣言》中的承诺，违背《联合国海洋法公约》有关适用争端解决程序的规定；临时仲裁庭建立在菲律宾违法行为和非法诉求基础上，对本案不具有管辖权，却肆意扩权和越权，强行对属于习惯法管辖的历史性权利、岛礁领土地位和海洋划界相关问题进行审理，严重违背《联合国海洋法公约》授权，构成对国际法治的粗暴践踏，冲击当代国际关系的基本准则。这是世界上所有珍视和平稳定和爱好国际公平正义的国家和人民所不能接受的。

中国政府一贯坚持通过谈判协商解决争议，坚持全面完整落实《南海各方行为宣言》，反对缺乏国际法基础的所谓仲裁庭扩权和越权。早在所谓仲裁结果出来之前，中国的立场主张就得到大量国家的认同。4月初，斯里兰卡总理维克勒马辛哈访华期间，同中国发表联合声明支持中方有关立场。4月18日，中国外长王毅同俄罗斯外长拉夫罗夫、印度外长斯瓦拉吉共同发表联合公报，呼吁所有相关争议应由当事国通过谈判和协商解决，全面遵守《联合国海洋法公约》《南海各方行为宣言》。之后几个月，支持中方在处理和解决南海问题上立场的国家越来越多。许多国家根据事情本身的是非曲直，在国际公平正义大旗下汇成了一支无形的"正义联盟"，为了维护国际法治挺身而出，振臂高呼。目前，已有70多个国家和国际、地区组织发表声明，对中国的立场表示理解和支持。此外，还有很多世界各地的智库学者，抛除政治偏见，从法律、历史等学术层面对中国立场纷表认同，这其中不乏美国、英国、澳大利亚、德国等西方国家的各领域专家。

以美国为首的一些国家企图凭借话语"霸权"发动一场针对中国的舆论"围剿"，但中国有句俗话说得好，身正不怕影斜。美国等西方国家意欲陷中国于孤立之境，却忘了这世上还有比个别西方媒体鼓噪更能打动人心的力量，那是"德不孤，必有邻"的志同道合；却忘了世上还有比抱团施压、拉帮结伙更加汹涌澎湃的力量，那是人间正道的不可阻挡之势。

中国的立场代表了国际正义，支持中国的正义声音是国际社会的主旋律，不是几个人的狂言呓语所能改变的。

（2016年07月18日）

坚持以"双轨思路"处理南海问题

——南海仲裁案不过是场政治闹剧⑥

中国是南海最大沿岸国,实现南海地区的和平稳定和繁荣发展是中国利益所在,中国愿同东盟国家一起走合作共赢道路

7月18日,南海问题与区域合作发展高端智库学术研讨会在新加坡举行,东南亚多国知名学者同中国学者一道,就"南海争端解决机制""南海争端解决途径"以及"南海区域合作与发展"等议题展开对话。在菲律宾南海仲裁案对南海局势形成干扰的背景下,这样一场研讨会很有意义,有助于人们辨清究竟以什么途径处理南海问题、朝着什么方向推进中国东盟关系,才是真正有益于地区长治久安的正确选择。

纵观菲律宾南海仲裁案整个过程,一系列事实表明,菲律宾在美国的推动下炒热南海问题,不是为了解决菲律宾与中国之间的争议,而是企图借此否定中国在南海的领土主权和海洋权益,其出发点完全是恶意的。尽管仲裁案策划者试图把本案包装为无关领土主权和海洋划界问题,但菲律宾阿基诺三世政府外交部却在正式文件中露出了马脚,宣称本案是"为了保护我们国家的领土和海域"。仲裁案的实质清清楚楚,难怪乎参加此次研讨会的多位东南亚学者纷纷对其表达质疑和批评。

中菲南海争议存在已有几十年,关于如何管控争议,中菲一度达成了共识,明确了稳定局势、靠谈判解决争议的目标。上世纪80年代,中国在解决南海

问题上提出了"搁置争议,共同开发"倡议,这首先是对菲律宾提出的。1995年8月,中菲共同发表联合声明表示,"争议应由直接有关国家解决";"双方承诺循序渐进地进行合作,最终谈判解决双方争议"。需要特别指出的是,声明表述中的"最终"一词明显是为了强调"谈判"是双方已选择的唯一争端解决方式,并排除包括第三方争端解决程序在内的任何其他方式。2002年,中国同包括菲律宾在内的东盟10国共同签署《南海各方行为宣言》,承诺通过谈判协商解决南海有关争议。此后,2004年9月中菲联合新闻公报、2011年9月中菲联合声明等双边政治文件,一再确认《南海各方行为宣言》所作承诺。由此可见,菲律宾单方面提起非法仲裁,纯属背信之举,明显违背国际法强调的"约定必须遵守"原则。泰国法政大学法学院教授普拉斯特·阿卡普特拉在此次研讨会上发问:"根据《南海各方行为宣言》,所有东盟国家都需要首先就争端同中国进行对话磋商,我很想知道,为什么菲律宾要提交仲裁申请?为什么不先同中国展开磋商谈判?"类似问题,可以说代表了地区人士基于南海问题历史经纬所作出的客观理性思考。

所谓仲裁结果公布后,中国政府发布了题为《中国坚持通过谈判解决中国与菲律宾在南海的有关争议》的白皮书。白皮书的标题,即清楚表明中国坚持回到谈判桌前的建设性立场。用出席此次研讨会的一位新加坡学者的话说,如此选择,其根基正是在于"解决实际问题的政治决心"。

一段时间以来,尽管某些政治力量在放大仲裁案"作用"、制造中国同东盟国家裂缝方面倾注了很大精力,但中国始终坚持以"双轨思路"处理南海问题、维护中国东盟合作大局的政策立场。"双轨思路"即有关具体争议由直接当事国在尊重历史事实和国际法基础上,通过谈判协商和平解决;南海和平稳定由中国和东盟国家共同加以维护。南海问题不是中国和东盟之间的问题。东盟一向承诺在南海问题上持中立立场,不介入具体争议。中国是南海最大沿岸国,实现南海地区的和平稳定和繁荣发展是中国利益所在,中国愿同东盟国家一起走合作共赢道路。

(2016年07月19日)

谈判协商才是解决问题之道

——南海仲裁案不过是场政治闹剧⑦

中菲切实回到谈判协商解决分歧的正确轨道上,才是对两国关系的长远发展负责,对两国人民的福祉负责

一段时间以来,菲律宾南海仲裁案成为横亘在中菲关系间的一道鸿沟。菲律宾阿基诺三世政府在2013年单方面就中菲南海争议提起的所谓强制仲裁,背离了国际法,背弃了与中方达成的共识,也让中菲关系渐行渐远。中国与菲律宾作为搬不走的邻居,实现关系健康稳定发展符合两国人民共同的利益,推动中菲关系走向改善成为当务之急。

中菲有着悠久的友好交往史。早在唐宋时代,两国就开始了贸易往来。明朝永乐年间,中国航海家郑和的船队曾多次抵菲。1417年,菲律宾苏禄王不远万里访问中国,受到隆重接待,后因病客死山东德州,永乐皇帝为他厚葬、立碑并亲撰碑文,其后代至今还在德州居住。菲民族英雄、国父黎刹祖籍福建晋江,中国著名抗日将领叶飞出生在菲律宾奎松。

中菲两国于1975年正式建立外交关系,此后双边关系发展总体顺利。两国政府建立了多层次交流与合作机制,高层互访频繁。在南海问题上,中菲双方还就通过双边谈判协商解决达成重要共识。1995年8月,中菲就南海问题发表联合声明,表示"双方承诺循序渐进地进行合作,最终谈判解决双方争议","争议应由直接有关国家解决"。2000年,中菲两国政府发表关于21世纪双边合作

框架的联合声明，表示"同意根据公认的国际法原则，包括1982年《联合国海洋法公约》，通过双边友好协商和谈判促进争议的和平解决"。直至2011年9月的中菲联合声明中，两国领导人还"重申将通过和平对话处理争议"。

如延续上述交往势头，切实落实两国高层共识，中菲关系应有良好的发展前景。然而，随着2010年7月阿基诺三世就任总统，2011年2月德尔罗萨里奥出任菲外长，菲律宾在对华关系上，尤其是南海问题上逐渐改变立场，中菲关系发生逆转。2012年4月，菲律宾军舰在黄岩岛海域非法袭扰中国渔船渔民。2013年1月，菲律宾单方面提起南海仲裁案。5月，菲律宾图谋在南沙群岛仁爱礁采取新的侵权行动。2014年3月，菲律宾再次图谋在仁爱礁加固"坐滩"军舰。

短短几年时间，中菲关系一路下滑，面临困难局面，先辈们为中菲友好关系作出的贡献几乎被遗忘，关心中菲关系发展的人无不感到痛心疾首。究其根本，是阿基诺三世政府在南海问题上误读误判，把中菲关系抛置脑后，企图把南海局势搅乱，浑水摸鱼，捞取实利。

中国人一贯崇尚"以和为贵"的理念，面对纷繁复杂的局势和恶意的挑衅，我们还是愿意通过对话沟通心平气和地去解决问题。唯有当事方面对面进行双边沟通，才是解决问题的最好方式。对于当前的中菲关系，只有回归双方共识，坚持谈判协商，坚持全面有效落实《南海各方行为宣言》，真正缓解和管控海上局势，才能使双边关系回到健康发展的正确轨道。中方自始至终为此而努力，本地区人民有目共睹。

人们注意到，菲律宾总统杜特尔特和菲新政府已作出有关妥善处理中菲分歧、推动中菲关系改善的积极表态，这是值得欢迎的信息。人们更期待，菲律宾新一届领导人和新政府展现政治智慧，从中菲两国和两国人民的共同利益出发，为中菲关系未来和两国人民福祉做出正确选择。

南海仲裁案不过是场政治闹剧。中菲切实回到谈判协商解决分歧的正确轨道上，才是对两国关系的长远发展负责，对两国人民的福祉负责。

（2016年07月21日）

中国维护南海和平稳定的决心坚定不移

——南海仲裁案不过是场政治闹剧⑧

不接受、不承认所谓南海仲裁案仲裁结果,体现了中国维护南海和平稳定的坚定决心

日前,中国政府发布题为《中国坚持通过谈判解决中国与菲律宾在南海的有关争议》白皮书。白皮书强调,中国一贯遵守《联合国宪章》的宗旨和原则,坚定维护和促进国际法治,尊重和践行国际法,在坚定维护中国在南海的领土主权和海洋权益的同时,坚持通过谈判协商解决争议,坚持通过规则机制管控分歧,坚持通过互利合作实现共赢,致力于把南海建设成和平之海、友谊之海和合作之海。

南海和平稳定对中国和周边国家的安全与经济发展至关重要。菲律宾阿基诺三世政府单方面提起南海仲裁案,是对南海和平稳定的严重干扰和恶意破坏。中方不接受、不承认所谓南海仲裁案仲裁结果,体现了中国维护南海和平稳定的坚定决心。中国一直在为南海和平稳定做出各种努力。

中国深化与东盟国家的传统友谊与交流合作,奠定了南海和平稳定的政治基础。中华民族历来爱好和平,中国政府一贯奉行睦邻友好、亲诚惠容的周边外交政策。中国与东盟国家的深厚历史友谊和密切交流合作是南海和平稳定的政治保证。在南海问题上,中国的倡议体现了解决南海争议的诚意。中国首先提出"搁置争议,共同开发",近年又积极倡导"双轨思路",并提出一系列促

进海上合作的倡议和措施。中国愿意全面有效落实《南海各方行为宣言》，积极推进"南海行为准则"磋商。作为南海的沿岸国，中国和东盟成员国在南海问题上的共同利益远大于分歧，只要各方坦诚沟通、相向而行，中国与东盟国家有意愿、有能力、有办法共同维护南海和平稳定。域外国家应尊重中国与东盟国家维护南海和平稳定的自主努力，摆正自身位置，发挥建设性作用。

中国坚定支持南海的航行与飞越自由，以发挥南海和平稳定的巨大价值。古老的海上丝绸之路把中国与世界联系在一起，600年前，中国航海家郑和曾远涉鲸波，通过中国南海远渡东南亚、印度洋，带去了友好交流和平等贸易。如今，中国40%的货物贸易和80%的进口能源经过南海，这不仅仅是中国的利益，而且是世界各国共同的利益。中国作为南海航行自由与安全的受益者，必然也是南海和平稳定的坚定维护者。中国高度重视南海国际航道的安全畅通，一贯尊重并维护各国依国际法在南海享有的航行和飞越自由，积极参与到包括打击海盗和海上犯罪在内的诸多国际努力和国际机制中。在中国和东盟国家的共同努力下，各国船舶和飞行器在南海一直享有充分的航行和飞越自由并受到妥善保障，南海国际航道安全畅通，贸易繁荣稳定。

中国致力于通过谈判协商和平解决南海有关争议，以提供南海和平稳定的根本保障。中国一直相信，当事国在友好合作基础上进行谈判协商是解决国际争端最直接、最有效和最普遍的途径，历史事实反复证明了这一点。

道阻且长，行则将至。南海目前虽然存在一些争议和问题，但放到历史发展长河中看，有关争议和问题是暂时的，和平与发展才是各方追求的长远目标。有关国家当有"不畏浮云遮望眼"的定力，坚定信心，通过谈判协商和平解决有关争议和分歧，共同维护南海地区的和平稳定。

（2016年07月22日）

滥用国际法就是冲击国际秩序

中国坚定捍卫领土主权和海洋权益，维护国际法治，这展现了一个负责任大国的担当

美国、菲律宾和所谓南海问题仲裁案仲裁庭联手破坏国际法治的举动，在国际社会招致广泛批评并且引起警惕。一段时间以来，国际社会对仲裁案实质的认识越来越清楚。据不完全统计，已有近 70 个国家和地区组织公开发声，近 130 个外国政党和政治组织积极表态，支持中国正当立场、批评美菲和仲裁庭滥用国际法的声音越来越响亮。

操纵仲裁案的政治势力想必有些始料未及。美国所代表的西方势力长期在国际舞台上拿着大喇叭，对其自身在国际事务中翻云覆雨、颠倒黑白的能力也颇为自负。它们明知所谓仲裁案在法理上站不住脚，却一意孤行强行推动。殊不知，黑白自有界限，是非自有公论。国际正义的能量从来都是不容低估的。

当然，那些西方势力尚未甘于挫败。它们还在拿中国对仲裁不接受、不参与、不承认的立场进行纠缠，对中国为坚决捍卫国际法而做针锋相对斗争进行攻击。但是，它们的算盘从一开始就打错了。

面对南海仲裁案，中国为什么不接受、不参与、不承认？道理很简单，讲理要找对地方。菲律宾南海仲裁案本是一出政治闹剧，仲裁庭本身就是违背国际法而建的草台班子，中国岂会把自己的领土主权和海洋权益交付这样一个没有任何合法性的仲裁庭品头论足？仲裁庭浑水摸鱼的企图是徒劳的。联合国官员现在都忍无可忍地站出来，郑重申明仲裁庭根本不是联合国机构。

南海仲裁案撼动不了中国的领土主权和海洋权益，但其造成的影响却是恶劣的。这桩恶诉关乎中国的民族情感和国际形象，也关乎国际法治和公理正义。在如此关键的问题上，中国又岂能任由他人泼脏水？中国坚定捍卫领土主权和海洋权益，维护国际法治，这展现了一个负责任大国的担当。

理越辩越明，国际正义力量声势浩大。我们不能不奉劝那些滥用国际法的国家和政治势力清醒清醒。

中国获得广泛支持，原因在于中国立场合乎国际法、合乎国际正义。连美国《时代》周刊也在文章中谈道：不遵从国际原则的国家并非中国；相反，长久以来美国才是那个离群异类。

如此多国家、地区组织、政党、政治组织站在正义一方积极表态，是出于对当前国际体系所面临的现实威胁的一种警惕。美国屡屡凭借自身霸权地位，以种种宏大口号，行谋取私利、为祸他人之实，早已恶名远扬。"凡是有国外势力干涉的情况，总会带来灾难。我们认为，如果南海地区有问题，应该由当事国直接协商解决，而不应受外部势力干涉。"南非非国大全国执委会兼中央外事分委会委员易卜拉欣·伊斯梅尔此前就南海问题所作声明，反映了国际社会对美国胡乱作为的普遍担忧。

菲律宾阿基诺三世政府背信弃义，仲裁庭扩权、越权、滥权，美国极力施以霸道，这三方绑架国际法的行为无论做得多么带劲，都掩盖不了损害《联合国海洋法公约》权威性和完整性、破坏国际法治的真相，都蒙蔽不了国际社会绝大多数人的眼睛。

法理公义昭彰，人心公道自在。

（2016 年 07 月 12 日）

对接发展战略"一带一路"再提速

中国同世界各国携手打造人类命运共同体，让各国人民生活更加幸福美好的步履不断向前迈进

一次对传统友好国家的"走亲戚"之行，一次"一带一路"建设的提速之旅。6月17日至24日，中国国家主席习近平应邀对塞尔维亚、波兰、乌兹别克斯坦进行国事访问，并赴塔什干出席上海合作组织成员国元首理事会第十六次会议。习近平主席此行以"一带一路"建设为主线，依托传统友好国家，辐射中东欧、中亚两大区域和上合组织重要平台，是完善中国总体外交布局的重要一步。

3年前，习近平主席访问中亚期间，提出共同建设丝绸之路经济带的倡议，"一带一路"为世界提供了一项充满中国智慧的共同繁荣发展的方案。如今，已初步完成规划和布局，正在向落地生根、深耕细作、持久发展阶段迈进的"一带一路"建设将如何实现新的发展跨越？在第一个同中国建立战略伙伴关系的中东欧国家，习近平主席提出将"16+1合作"打造成为"一带一路"倡议融入欧洲经济圈的重要承接地；在"琥珀之路"和"丝绸之路"的交汇点，习近平主席为"一带一路"建设提出齐心协力、突出重点、紧密协作、优化机制、智力先行5点建议；在乌兹别克斯坦最高会议立法院，习近平主席提出"一带一路"下阶段发展思路，即构建"一带一路"互利合作网络、共创新型合作模式、开拓多元合作平台、推进重点领域项目，并着力携手打造"绿色、健康、智力、和平"四大指向的丝绸之路。河北钢铁集团收购斯梅代雷沃钢厂项目揭牌、中欧班列首达欧洲（波兰）、安格连—帕普铁路隧道竣工仪式视频连线、

"一带一路"首个多边经济合作走廊《建设中蒙俄经济走廊规划纲要》正式实施……伴随中国领导人一路中东欧、中亚之行的足迹,"一带一路"正激活越来越大的合作潜力,点亮沿线各国共同发展繁荣的美好梦想。

将中塞关系提升为全面战略伙伴关系,将中波关系提升为全面战略伙伴关系,将中乌关系提升为全面战略伙伴关系……习近平主席此行推动中国同3个传统友好国家关系提高到历史新水平。双边关系的提升引领更高水平的战略对接与务实合作:中塞同意共同推进"一带一路"建设,加强塞尔维亚国家发展战略同"一带一路"建设和中国—中东欧国家合作对接,把共建"一带一路"落实到具体项目上;中波同意中国—中东欧国家合作对接欧盟重大倡议,促进中欧全面战略伙伴关系发展;中乌同意将共建"一带一路"作为两国务实合作的主线,坚持共商、共建、共享原则,加强发展战略对接,充分挖掘经贸合作潜力,积极推动产能合作。以点带面,聚点成片,中国同塞尔维亚、波兰、乌兹别克斯坦三国合作水平的稳步提升也将进一步带动中国与中东欧、中亚国家互利合作。

走过15年发展历程,上合组织已成长为最具生命力和影响力的国际合作机制之一。在继往开来的新起点,上合组织如何跟紧时代步伐,永葆生机活力?中国领导人立足当下、面向未来提出建议:各方应大力弘扬"上海精神",坚持本组织发展之本;坚持安全为先,巩固本组织发展之基;扩大务实合作,拓展本组织发展之路;夯实人文基础,建设本组织发展之桥;坚持开放包容,壮大本组织合作队伍。5点建议,既是促进上合组织团结互信的精神引领,也是推动上合组织枝繁叶茂的切实努力。"中方大力推动'一带一路'建设同各国发展战略对接,希望上海合作组织为此发挥积极作用并创造更多合作机遇。"上合组织是"一带一路"建设的重要平台,"一带一路"也在进一步增强上合组织的凝聚力与行动力。

巩固传统友谊,弘扬"上海精神",携手共创"一带一路"新辉煌。习近平主席中东欧、中亚之行取得圆满成功,中国同世界各国携手打造人类命运共同体,让各国人民生活更加幸福美好的步履不断向前迈进。

(2016年06月26日)

矛盾并非"一脱了之"

后国际金融危机时代，英国社会普遍的焦虑情绪达到某种极端。解决不了结构性矛盾，就没办法真正弥合社会分歧，没办法引领国家走上繁荣稳定之道

"娜拉出走后怎么办？"这个产生于欧洲大陆的经典问题，如今似乎正可以套用在"脱欧"的英国乃至更多国家面前。

6月24日，英国"脱欧"公投结果出炉，"脱欧"派赢得更多选票，英国脱离欧盟将成为现实。这是英国民众对于国家发展道路的一次重要选择，外部世界理当予以尊重。但值得关注的是，对于催生"脱欧"倾向的种种现实问题，以及公投本身带来的诸多问题，投票结果尚无法提供现成答案。

"脱欧"结果一经发布，全球市场随之陷入紧张。同时，苏格兰和北爱尔兰要求脱离英国、部分其他欧盟成员国国内右翼政治力量纷纷要求仿效英国举行"脱欧"公投的消息也不断传出。就此来看，当下对于英国和欧盟而言，最要紧的显然是尽力做好公投后的"危机管控"，防止公投负面效应不断蔓延。与此同时，英国与欧盟之间也需通过相关谈判早日达成协议，稳定人们对于欧洲未来走向的预期。

"文章该怎么开头呢？这场公投改变了一切。"英国《金融时报》首席政治评论员菲利普·斯蒂芬斯在公投结果发布后的评论文章以此起笔。对于这场改写英国和欧洲历史的公投，人们的确有理由给出多视角解读：经济思考与身份政治的较量，经济全球化与民族主义的碰撞，精英与普通民众的疏离，代际差异，区域差异……如此种种分歧与对立，转化成针尖对麦芒的正面较量，甚至

趋于极端化。6月16日,主张"留欧"的英国女议员乔·考克斯被自称名为"叛徒必死,英国自由"的凶手残忍杀害,正是英国社会因公投而分裂加剧的一个极端例证。

激活戾气,这对任何社会而言都是一个不稳定之源。"脱""留"两派政治力量为了给自己加分,毫无克制地相互攻讦,甚至不惜滥用各种事实、数据。公投开始前,《哈利·波特》的作者罗琳在博客中写道,深知如何在故事中"创造怪物"的她,在这场公投造势过程中听到了平生听过的最丑陋故事。《卫报》专栏作家佐伊·威廉姆斯则写得更直白:"从来没有一次大选像这次公投一样为谎言所充斥,以至于人们不得不通过观察政客的语速、眼神来判断他是否在说谎。"

"脱欧"倾向在英国早有种种呈现,如今走进现实,这是同后国际金融危机时代英国社会普遍的焦虑情绪达到某种极端分不开的。收入增长停滞、工作稳定性降低、社会公平缺失,诸多问题加剧了英国民众的求变情绪。可问题是,一次公投不可能解决这一切麻烦。更重要的是,在经济全球化已成为历史性趋势的情况下,人们真能做到重回过去吗?

显然,公投结果并未说明英国社会取得了普遍共识,因为支持"留欧"的英国人并不是小数字。英国内部的分歧依然是突出的。相当一部分英国人根本不相信"脱欧"就能自然而然带来经济竞争力上升,就意味着更好的发展机遇、更多的财富创造,他们甚至预感到"脱欧"引发的震荡会带来难以挽回的代价。

矛盾并非"一脱了之"。解决不了结构性矛盾,就没办法真正弥合社会分歧,没办法引领国家走上繁荣稳定之道。未来,脱离了欧洲的英国,失去了英国的欧洲,都需要把握这个关键点。

(2016年06月25日)

行稳致远　开创未来

中欧关系在中东欧这一重要枢纽和通道上揭开崭新的交流合作篇章，在"一带一路"建设的时代大潮中提升合作水平

欧洲大陆，中东部激荡别样热情。塞尔维亚贝尔格莱德中国文化中心外，刚刚被命名的"孔子大街""中塞友谊广场"，让中塞传统友谊再添新彩。波兰华沙瓦津基公园内的"中国大道"上，高高挂起的火红灯笼，依然沉浸在中国贵客来访带来的喜庆中。6月17日至21日，习近平主席成功对塞尔维亚、波兰进行国事访问，推动中塞、中波关系进入新阶段，不仅开启了中国—中东欧关系发展的新篇章，更为中欧关系发展注入新的内涵。

此次访问，中国与塞尔维亚、波兰关系均提升至全面战略伙伴关系。今年3月，习主席访问捷克，中国与捷克关系提升为战略伙伴关系。中国最高领导人三个月两访中东欧，凸显了中国对中东欧伙伴的重视，对中欧关系的重视。

中东欧是欧洲最有发展潜力的地区，中国和中东欧国家有着深厚传统友谊、真诚合作意愿，经济互补性强，这为中国—中东欧国家合作（"16+1合作"）提供了充沛动力和巨大空间。

相互尊重、互利共赢、包容开放，经过4年多的发展，"16+1合作"形成了全方位、宽领域、多层次的格局，合作广度和深度不断扩大，已经进入成熟期和收获期。

展开"16+1合作"的成绩单，数字在增长，领域在扩大、项目在增多。2015年，中国与中东欧国家贸易额达562亿美元，比2010年增长了28%。目

前中国企业在中东欧国家投资超过50亿美元,中东欧16国在中国投资超过12亿美元。中国各省市已经与15个中东欧国家的155个省、州、市建立了"友好城市"或"友好省州"关系。

"16+1合作"热潮涌动,不同的地理坐标也因合作有了相同的注脚。就在习主席此次访问中东欧国家期间,第三次中国—中东欧国家地方领导人会议在河北唐山举行;第二届中国—中东欧国家卫生部长论坛在中国苏州举行。"16+1合作"是中欧关系重要组成部分和有益补充,完全可以为构建中欧和平、增长、改革、文明四大伙伴关系作出应有贡献。

近年来欧洲发展进程命运多舛,欧债危机、难民危机、乌克兰危机、恐怖主义袭扰、"疑欧"主义盛行等,桩桩件件数下来,都在不同程度上侵蚀着战后欧洲一体化的成果。

中欧是全面战略伙伴关系,关键时刻展示了伙伴应有的态度和行动。中国一贯支持欧洲一体化进程,乐见一个繁荣、团结、稳定的欧盟。作为全球两大力量、两大市场、两大文明,中国积极倡导通过深度对接各自发展战略,深化利益融合,促进共同增长。"一带一路"建设同欧洲的发展战略相对接,中国国际产能合作同欧洲"容克投资计划"相对接,"16+1合作"同中欧整体合作相对接,这三大对接正在发挥重要的引领作用,激发中欧各层级、各领域合作活力。

回望中欧交往的历史长河,互学互鉴、互利共赢的精神传承千年不息,和平合作、开放包容的信念绵延万里不绝。如今,中欧关系在中东欧这一重要枢纽和通道上揭开崭新的交流合作篇章,在"一带一路"建设的时代大潮中提升合作水平。

这是值得铭记的仲夏中东欧之旅,是对中国—中东欧、中欧关系行稳致远的引领,是对合作共赢美好的未来开拓。

(2016年06月23日)

美国，炫耀武力就是搞霸权！

华盛顿必须搞清楚，任何事情都是有底线的，一旦玩过了火就要付出代价

美国两艘航空母舰近日在菲律宾附近海域搞了一场演习。美国海军作战部长约翰·理查德森6月20日在美国新安全中心年会上扬言，美国派出两艘航母在同一片海域演习的情况并不常见，这代表美国承诺维持该区域安全的信号，也是对有关国家的"威慑"。

靠炫耀武力传递所谓维持安全的信号，进而摆出威慑对手的姿态，这种事美国干得实在是太多了。不管在别的什么地方是否得手过，美国针对中国玩这套把戏，实在是选错了对象。这种错判的背后，是华盛顿的焦躁与狂妄，也是其霸权本性的真实流露。

美国航母演习以及军方高层人士的言论再次表明，这个国家非但不是区域安全的维护者，而恰恰是麻烦制造者。在南海问题上，美国扮演的是极具破坏性的角色。

一段时间以来，美国煞有介事地渲染南海军事化危险，将破坏地区和平稳定的帽子扣到中国头上。而事实上，人们看到的是美国的航空母舰开过来了，美国的战略轰炸机飞过来了，美国导弹驱逐舰打着"航行自由"的旗号不断抵近中国岛礁，美国与盟国的军事演习接二连三……究竟是谁在推动南海军事化，究竟是谁试图将南海变成火药桶？

美国是南海域外国家，从浩渺的太平洋一侧跑到另一侧炫耀武力，目的就是要在南海制造紧张局势，挑起事端破坏和平稳定，进而浑水摸鱼，极力维护

其霸权。这种贼喊捉贼的勾当是对国际法的公然藐视，也是对他国安全利益的公然损害。

美国曾在各种国际场合向中方保证，在南海有关领土问题上不持立场、不选边站队。但是，美国近来的一系列军事行动充分暴露了其上述表态的虚伪，同时也让人们看清，美国对中国领土和海洋权益的肆意挑衅才是南海紧张局势的根源所在。

在南海问题上，中国维护国家主权和领土完整的意志坚如磐石。不是中国的，一分不要，该是中国的，寸土必保。对于这一点，任何人都不应心存侥幸和幻想。

中国将继续严密监视有关海空情况，并视情采取适当和必要措施，防止发生危害中国领土主权和安全利益的情况。中国的意志和行动力意味着什么，美国应该十分清楚。中国不会让他国由着性子在事关南海和平稳定的大是大非问题上胡来。

美国借军事行动维护霸权之举或许可以制造轰动一时的效应，但是美国必须搞清楚，任何事情都是有底线的，一旦玩过了火就要付出代价。到那时，美国所要应付的复杂局面恐怕就不会像搞一两场军事演习、放几句狠话那么轻松了。

（2016年06月22日）

读懂历史方能掂出道义的分量

新加坡《海峡时报》不久前一篇评论文章颇有见地:"美国的底线是什么?强权即公理。"

美国商务部前不久向中国企业华为发出一纸"传票",展开所谓违反美国出口限制的调查。早在 2012 年 10 月,美国国会调查报告就毫无根据地指控华为和中兴对美国构成安全威胁,今年 3 月美国商务部曾一度把中兴列入美国出口限制名单。

人们不禁要问,在很多国家广受市场欢迎的中国企业,为什么到了自诩为"自由市场样板"的美国就屡屡遭遇麻烦?美国市场如此麻烦丛生,到底是"规则"使然,还是"潜规则"作祟?

哈佛大学教授约翰·奎尔奇曾这样点评:"华为和中兴代表了新的时代,一个第三世界的国家生产着第一世界的高技术。美国公司从内心觉得很难适应这一点。"英国《金融时报》曾发表文章,指出美国的做法"就像是找个托词来排挤中国的竞争对手"。如此"双重标准"表演几乎成了美国的"标准做法"——一方面大唱经济自由主义高调,动辄给人开出"华盛顿共识"政策药方;另一方面又带头阻挠其他国家有竞争力的企业发挥优势,形形色色的保护主义手法用起来毫不含糊。

就是这个动辄拿原则当儿戏的美国,竟堂而皇之地在南海问题上打出捍卫原则的旗号。香格里拉对话会上,试图解释华盛顿格外重视派舰机到别国近岸活动意图时,美国国防部长卡特居然强调这事关航行自由和飞行自由,华盛顿聚焦的是原则。

　　了解南海真实情况者，都不难看出美国的逻辑根本无以自洽。美国屡屡搬出法治大旗，自己为何研究《联合国海洋法公约》几十年了还不批准？美国将中国合理合法的防御力量建设指责为"军事化南海"，那么美国作为域外国家屡屡派舰机闯入南海上演危险动作，同时拉拢诱压盟国和伙伴在南海搞针对性极强的"联合军演"和"联合巡航"，这究竟是不是"军事化南海"？新加坡《海峡时报》不久前一篇评论文章颇有见地："美国的底线是什么？强权即公理。"

　　"双重标准"是什么？说到底就是霸道和虚伪。罗马不是一天建成的，美国今天的实力也不是一夜之间获得的。如果华盛顿高官们从本国短暂的历史中得出的"成功秘诀"就是霸道和虚伪，那实在是令人遗憾。"得道多助，失道寡助。"这句名言是中国的，其中所蕴含的哲理却属于世界。一时不能理解这句话的深意也不要紧，不妨静下心来读一读比美国历史悠久丰富得多的世界史。真正读懂了，或许就掂量出"道义"的分量了。

（2016年06月13日）

中国在南海断续线内的历史性权利不容妄议和否定

在南海仲裁案中，菲律宾在诉状中提出十几项仲裁请求。其中，第一和第二项请求的目的是，提请仲裁庭裁断中国在南海断续线内的历史性权利违反1982年《联合国海洋法公约》（以下简称《公约》），从而否定中国在南海权利的合法性。在整个仲裁程序中，菲律宾为此歪曲事实，臆断中国的历史性权利并错误解释《公约》。

菲律宾罔顾基本的历史事实，妄称中国人民在历史上没有在南海活动，缺乏同南海的历史联系。然而，历史不容否认。中国在南海的活动已有2000多年的历史。中国最早发现、命名和开发经营南海诸岛。中国历代政府通过行政区域设置、军事巡航、海难救助等方式，对南海诸岛及其附近海域进行管辖。日本在第二次世界大战中侵占中国西沙、南沙群岛。二战结束后，《开罗宣言》和《波茨坦公告》明确要求日本归还窃取的中国领土。中国据此派军政官员收复西沙、南沙群岛并派兵驻守，恢复对南海诸岛及其附近海域行使主权。

菲律宾割裂中国对南海诸岛以及南海断续线内海域的历史性权利，妄断中国对海域的历史性权利是在《公约》产生27年后的2009年才新提出的主张。这是对中国在南海的历史性权利的恶意解读。中国政府无数次强调，中国在南海诸岛及其海域的主权和相关权利是在长期的历史过程中形成的，为历届中国政府长期坚持。1947年，中国政府经地理测量对南海诸岛重新命名。1948年，中国政府在公开发行的官方地图上标绘南海断续线，重申和确认在南海的主权和相关权利。1949年10月1日以来，中国政府坚持并采取实际行动积极维护在南海的历史性权利。

菲律宾为肢解中国历史性权利，还妄称中国对南海断续线内海域的权利根据《公约》不具有法律效力。然而，在缔约过程中，《公约》起草者恰恰考虑到，国家通过长期实践而在一般国际法上取得的历史性权利复杂多样，《公约》不适宜对各种历史性权利作出统一规定。历史性权利作为《公约》未调整的事项，继续受习惯国际法调整。中国在南海的主权和相关权利，是先于《公约》并且依据一般国际法形成的历史性权利。《公约》不是评断中国历史性权利的法律效力的标准。仲裁庭也无权超越《公约》规定对基于习惯国际法的历史性权利妄加断言。

菲律宾在仲裁程序中大量援引有倾向性的学者观点，虚构有关中国在南海的历史性权利的政府立场和其他事实。学者发表的个人观点岂可用于证明一国政府表达的法律立场！有倾向性的学者发表的观点，就更不能成为一项事实的客观证据。在任何公正且严肃的国际司法程序中，都不可能接受个人的学术论文作为案件事实的证据。同时，中国还有大量史料和国家档案证明与菲律宾主张相反的事实。菲律宾此种对待仲裁程序的行为只是将南海仲裁案这场闹剧演变得更加荒诞，并且损害了《公约》有关和平解决争端的规定的权威性。

中国在南海的历史性权利不因菲律宾歪曲事实而被否定。中国在南海的历史性权利不因菲律宾滥用《公约》规定的仲裁程序而被减损。中国在南海的历史性权利仍然继续受一般国际法的调整，且始终受到《公约》的尊重。

（2016年05月23日）

大国关系容不得战略冲动

即便传统意义上的冷战缺少现实条件支撑,大国之间持续局部对抗的风险同样不容小觑

低谷中的美俄关系再现新风险点。日前,美国在罗马尼亚和波兰推进欧洲反导系统部署引发俄罗斯强势回应,俄总统普京表示将被迫"中和"北约上述动作给俄国家安全带来的威胁。

围绕欧洲反导问题的这轮较量,是美俄双方在乌克兰危机后战略博弈升级的继续。"新冷战随之到来"或许言过其实,但美国执意触动俄罗斯敏感神经,无疑在让紧张关系的发条绷得更紧,此举给欧洲整体安全环境带来的冲击也不应忽视。

此前,《华盛顿邮报》专栏作家安妮·艾普尔鲍曼撰文指出,美俄关系始终存在一个"怪圈":2001年,时任美国总统小布什初次会晤普京后对外表示,"我看到他的眼睛,我发现这个人很简单,值得信任……我看到了他的灵魂深处"。然而,随后的美俄关系纠葛不断,直到2008年华盛顿在俄罗斯—格鲁吉亚冲突中彻底站到了莫斯科的对立面。奥巴马政府初期以"重启"姿态着手处理对俄关系,结局却是美俄关系由于乌克兰危机陷入新低谷,美国主导了一场针对俄罗斯的金融制裁。

"怪圈"缘何而来?冷战结束以来,美俄关系存在结构性矛盾。美国对俄政策,无论是遏制施压还是重启接触,始终没有摆脱"不放心"的阴影,骨子里也没有把俄当成平等伙伴。然而,俄罗斯即便在最艰难的时候也从未丧失过

大国意志，对自身战略利益的维护可谓坚定不移。

"战略互疑扭曲了一方对另一方意图的认知，导致双方都从长期的战略意图判断对方的短期行为，从而影响了双方在危机管理中实现'损害控制'。"美国哥伦比亚大学教授罗伯特·莱格沃尔德就美俄关系提出的这一观点，有助于人们理解为什么一旦发生涉及双方或一方重大关切的危机，美俄双边关系即全面陡转直下。

世界对美俄关系保持平稳的需求是显而易见的。英国《金融时报》的一篇评论不无忧虑地指出：人们很难期待"美国人和俄罗斯人一码归一码地处理他们之间的关系——在东欧对峙的同时在中东展开合作"，"如果没有美俄合作，只能预计叙利亚还会上演更多的悲剧和死亡"。令人担心的自然不只是叙利亚问题。美国和俄罗斯都是在全球格局中具有"系统性影响"的大国，安理会正常运转，以及在核裁军、反恐、防扩散等诸多重大国际问题上，美俄两国间的协调都不可或缺。

大国关系保持平稳，是整个国际关系体系正常运行的必要前提。而大国关系的一个重要特征，就是需要格外强调"平等性"和"克制力"。种种示强之举只会带来两种效应：一是逞一时之快，获得心理上的满足；二是让持续下滑的关系不断获得加速度。即便传统意义上的冷战缺少现实条件支撑，大国之间持续局部对抗的风险同样不容小觑。

（2016 年 05 月 20 日）

亚投行赢得开门红

把握共同发展的机遇，格外需要开放包容的理念、真诚合作的行动

"世界银行和亚洲基础设施投资银行，这两个最初被人们看作竞争对手的机构达成协议，联手为项目融资。"法新社不久前的一篇报道如此写到。

自1月中旬开业至今，亚投行扎实推进，赢得了开门红。与世界银行签署联合融资框架协议，与亚洲开发银行签署合作备忘录，商讨与欧洲复兴开发银行等的合作，6月有望批准首批基础设施项目……

回顾亚投行筹建历程，人们不难发现，亚投行开放包容的属性一直清晰明确。早在2014年10月筹建亚投行备忘录签署后，中方即强调，亚投行应该秉承开放包容的区域主义，欢迎所有有兴趣的国家积极参与，实现合作共赢。今年1月亚投行开业时，中方再次强调了这一观点。从筹建亚投行的倡议提出，到亚投行开业，再到首批项目即将批准，亚投行忠实践行开放包容理念。

虽然来自外界的质疑依然存在，但事实永远最有说服力。质疑多集中于这样一个问题：已经有世界银行、亚洲开发银行等多边金融机构，亚投行会不会造成竞争？其实，只要有基本的常识，就可以去除这个疑问。全球每年基础设施投资缺口达1.5万亿美元，而所有多边投资银行只能提供10%的资金。面对基础设施融资的广阔蓝海，亚投行正与世行就12个联合融资项目进行商讨，争取与亚行实现优势互补。"与新伙伴迈出满足世界基础设施需求的第一步""亚投行是亚行在亚洲一个新的强大伙伴"，亚投行的开放包容，赢得的是世行和亚行等敞开怀抱。就连当初疑心很重的美国的一些人物，面对亚投行最

近的表现后也不得不承认,亚投行可起到"建设性补充作用"。

中国作为亚投行倡议国和最大股东国,将如何发挥作用,也是各方比较关注的话题。开业至今,中国以真诚合作的态度和行动,赢得了各方的广泛信任。开业之初,中国财政部即表示,亚投行成立初期,中方暂不考虑申请亚投行资金支持,因为"本地区基础设施发展需求更加迫切的国家较多"。亚投行的项目选择更多是从专业角度做出,符合项目所在国需要。类似亚投行是"中国扩大影响力的工具"的臆测,正渐渐失去市场。

经济全球化时代,共同发展的机遇不断涌现。把握这样的机遇,格外需要开放包容的理念、真诚合作的行动。

（2016年05月09日）

抓住解决安全问题的"总钥匙"

在亚洲地区安全合作需求强劲的今天，亚信拥有广阔的作为空间

4月27日至28日，亚洲相互协作与信任措施会议第五次外长会议将在北京召开，中国国家主席习近平将出席会议开幕式并发表讲话。此次会议将以"以对话促安全"为主题，规划未来两年亚信合作，是进一步加强亚信发展顶层设计的一次重要会议。

2014年5月，中国首次担任亚信主席国，成功举办上海峰会，并开创性地提出树立共同、综合、合作、可持续的亚洲安全观。中方担任亚信主席国两年来，努力推动各方共同落实上海峰会共识，亚信机制能力建设在此过程中不断强化，亚信的国际影响力也日益扩大。各成员国此前一致同意中方将主席国任期延长至2018年，充分反映了中方主席国工作所收获的认可。

亚洲成为世界经济增长重要动力源以来，国际社会对亚洲安全前景的关注始终处于高位。今天的亚洲，和平、发展、合作、共赢始终是地区形势主流，通过协商谈判处理分歧争端也是地区国家主要政策取向。人们看到，亚洲安全合作正在迎难而上，各种合作机制也更加活跃。

但与此同时，历史遗留问题、现实利益摩擦、领土权益争端、地缘政治博弈，依旧影响着亚洲整体安全格局。最近一段时间以来，有的域外国家刻意渲染他国威胁，借以强化军事同盟。有的国家不但不反省侵略历史，还逐步突破和平"束缚"。有的国家不断挑起事端，有恃无恐，威胁地区稳定。经济金融安全、能源安全、粮食安全、网络安全等非传统安全挑战也在今天的亚洲不时显现。相较于地区经济不断融合的形势，亚洲整体的安全机制建设仍显薄弱。

从长远来看，没有一个国家能够从一个安全感不足的亚洲真正获益，但是现实表明，一些不健康的安全理念在今天的亚洲依旧还有部分市场。固守冷战思维、信奉威慑对抗、树立假想敌、谋求绝对安全……这些安全理念将带来怎样的负面影响，历史已经给出回答。亚洲作为一个整体在当下所展现出的发展活力，正是在冷战割裂格局被打破之后才逐步出现的。很显然，就亚洲安全问题而言，去旧迎新的历史进程仍处进行时。

在如此时代背景下，中国在亚信上海峰会上提出亚洲安全观，为搭建地区安全合作架构指明方向，其意义更为凸显。亚洲安全观，植根于亚洲智慧，符合亚洲需求，有助于亚洲各国共同走出一条共建、共享、共赢的亚洲安全之路。追求共同安全，才能跟上亚洲各国利益交融、安危与共的新现实。追求综合安全，才能在安全问题内涵和外延不断拓展的背景下提供有效安全治理。追求合作安全，才能以和平方式解决争端、不断增进各方互信。追求可持续安全，才能抓住解决安全问题的"总钥匙"，有效化解安全挑战，实现长治久安。

亚信是亚洲覆盖范围最广、成员数量最多、代表性最强的地区安全论坛。在亚洲地区安全合作需求强劲的今天，亚信拥有广阔的作为空间。中国将同各方一道，继续积极践行亚洲安全观，有力支持亚信发展，推动亚洲地区安全合作不断向前迈进。

（2016年04月27日）

拜鬼背后的任性与狂妄

承认侵略历史、反省历史罪责,是日本迟早都必须还清的债

靖国神社问题,是安倍晋三政府的一块心病,任凭国际社会抗议谴责,其虔心拜鬼的执拗与冲动始终难消。4月21日,安倍晋三以"内阁总理大臣"名义向靖国神社供奉名为"真榊"的祭品,首相特别助理卫藤晟一前往参拜。

供奉包括东条英机在内的14名二战甲级战犯的靖国神社,是日本军国主义发动侵略战争彻头彻尾的精神工具和象征。诚如日本哲学家高桥哲哉所说,"靖国神社就是一个动员国民趋向战争的思想性、宗教性的装置"。参拜靖国神社、向罪大恶极的战犯表达敬意,是对军国主义旧梦的执迷,其实质是为侵略历史翻案,为战争罪行张目。

2013年12月,安倍晋三不顾中国、韩国等邻国的强烈反对,悍然参拜靖国神社。此举严重冲击东亚地区稳定,遭到国际社会广泛谴责。此后,安倍晋三多次向靖国神社供奉祭品,其幕僚一再前往参拜。不管形式如何变化,种种扬幡招魂丑剧性质是一样的。

人们注意到,日本媒体援引政府消息人士的话称,安倍晋三之所以没有亲自前往靖国神社,可能是顾忌参拜将给与邻国关系改善的势头"带来障碍"。同时,七国集团伊势志摩峰会在即,日本和美国都需要一个总体稳定的大环境。

这种盘算看似务实、谨慎,其险恶之处恰恰在于骨子里的任性与狂妄。在"盘算者"看来,日本拥有"道义上的权利"和"行动上的自由"挑战人类公理正义、伤害日本侵略战争受害国人民的感情,至于采取何种形式,那完全是

日本自己的事。

去年是世界反法西斯战争暨中国人民抗日战争胜利70周年。面对国际社会隆重纪念活动和捍卫战后国际秩序的强音，日本领导人内心的凄惶不难想象。然而，凄惶的背后是固守和对抗，唯独没有丝毫反省与感悟。去年底，自民党成立所谓"学习历史、思考未来研究会"，公然宣称要查证包括远东国际军事法庭审判、南京大屠杀等近现代历史事件的"真相"。今年3月18日，日本文部科学省公布新的高中教科书审定结果，多家原本持论相对公允的教科书出版社被迫修改在历史、领土、修宪等问题上的立场。令人担忧的是，错误历史观在日本社会大行其道，右翼思潮不断抬头。

"历史负资产早晚要还债，越往后推，包括负资产的利息在内，历史负资产会不断膨胀，问题就会越发严重。"日本历史学家、明治大学教授山田朗这段话，既是对"历史观出现倒退"的安倍晋三政府的劝诫，也是向国际社会发出的警示。

承认侵略历史、反省历史罪责，是日本迟早都必须还清的债，也是日本获得亚洲邻国信任、成为一个受尊重国家的前提。如果日本拒绝从历史中汲取教训并在历史问题上恣意行事，这个国家终究没有前途可言，亚洲乃至世界的和平稳定也将一再遭到挑战。

（2016年04月22日）

"金钱政治"下的虚伪新闻观

美国民众抗议活动遭到主流媒体的漠视。华盛顿标榜的新闻自由、媒体独立,不过是公开的谎言

美国民众发起的"民主之春"运动直指"金钱政治",国会大厦前千余名示威者遭警方逮捕,创下历史新高。令示威者感到愤怒的是,美国主流媒体对这一切集体失声。示威人群中不时发出"CNN(美国有线电视新闻网)在哪里"的质问。

4月19日,CNN倒是出现了难得一见的相关报道。但是,报道无涉民众对"金钱政治"的抗议,而是聚焦两位冰淇淋行业大亨参加抗议活动并遭逮捕以及两人一直以来对某位总统候选人的支持。

当其他国家出现类似政治运动时,美国主流媒体向来闹腾得厉害,此次何以对自家眼皮下的新闻如此心不在焉、避实就虚?对美国媒体有较深了解的人都知道,华盛顿极力标榜的所谓新闻自由、媒体独立不过是公开的谎言,每一次亢奋或失声都有其内在逻辑。美国主流媒体对"民主之春"的漠视,同几年前对"占领华尔街"运动的冷处理别无二致。

"美国社会当前的问题是系统性的,金钱无孔不入,掌握了最大影响力。"美国媒体早已成为这一"系统性问题"的一部分。长期以来,多数自称独立的美国媒体,从未独立于资本力量。经过上世纪90年代的"放松垄断管制"和"跨媒体、集团化"结构重组,再加上近年来数字化阅读带来的转型压力,美国主流媒体对资本的依附程度越来越高。资本带来的是"生意"逻辑,对内容生产

的影响是全方位的。媒体所谓为公共利益服务原则给大资本利益让路，早已不是什么新闻。美国法学家欧文·费斯在《言论自由的反讽》一书中指出，美国版新闻自由造成的后果往往是强势的人有说话权利，弱势的人说话权利形式上是有的，但是别人听不到。

有数据表明，美国主流媒体是今年总统选举的利益攸关方和大赢家。媒体分析机构坎塔尔副主席伊丽莎白·维尔纳测算，今年大选各位候选人花在电视政治广告的支出将达到44亿美元。同时，媒体纷纷给足版面、时段，放大某些候选人的出格言论以博取受众眼球，进而抬升商业广告价位。如此之深地陷入"金钱政治"，美国主流媒体又怎么会有足够的勇气和良知去面对国会大厦前的抗议者？

同样需要指出的是，美国政府面对媒体时，全然没有其对外宣称的那般"超脱"。"软干预"是一种常用方式。据《纽约时报》一位编辑透露，当美国总统不希望某件事见报时，白宫新闻秘书会给媒体打招呼；如果某家媒体"不听话"，其负责人将无缘"总统早餐会"，采访总统的申请也将石沉大海。必要时采取的"硬手段"更是毫不含糊。因对弗格森枪击案的抗议，至少有15名新闻记者被捕。2013年曝出，美国政府秘密窃取了100多名美联社记者电话通信记录。

空口袋立不起来。不管美国如何起劲地要将貌似高大上的新闻观打造成软实力金字招牌，但只要"金钱政治"弊端不除，资本的力量就不会手软，将一次又一次让金字招牌现形为遮羞布。

（2016年04月21日）

美国，少拿"国别报告"自毁形象

国际人权交流对话必须强调真诚平等，美国没资格把自己扮成法官和教师爷

美国把人权作为外交工具，粗暴干涉他国内政的错误做法再一次上演。4月13日，美国政府发表"2015年度国别人权报告"，对众多国家的人权状况妄加评论，其中涉华部分再次毫无事实根据地对中国人权状况横加指责，透露出十足的蛮横和霸道。

美国年度国别人权报告把人权问题政治化，是对各国主权平等、互不干涉内政等国际关系基本准则的公然违背。面对美国的错误举动，包括中方在内的广大发展中国家保持警惕和反感，予以严厉批驳。

今年的所谓年度国别人权报告发表后，美国国务院助理国务卿汤姆·马利诺夫斯基在接受美国媒体采访时勾画了这样一个逻辑链条：中国政府关心自己在世界上的合法性，在乎自己在世界上的名声，因此只要美国持续努力，在人权问题上对中国铸建一道"阵线"，就能够"产生影响"。

这番自说自话的"狂想式"推理，进一步暴露了美国借人权问题抹黑中国形象的阴暗目的。同往年一样，美国年度国别人权报告中的涉华部分，根据既定结论编排、臆造种种素材的痕迹十分明显。例如，这份报告只盯着极少数违反中国法律、破坏社会秩序的人，将其美化为"人权卫士"，为其"鸣冤张目"，干涉中国司法主权，对于中国法治建设迈出的巨大脚步却视而不见，对中国13亿人民整体人权状况的逐步改善也不闻不问。试问，这样一份充满意识形态偏见且罔顾事实的报告，怎么会对中国在世界上的"合法性"和"名声"产

生影响？改革开放 30 多年来，中国人权事业取得了举世瞩目的巨大成就，这是任何真正关心中国人权事业、任何真正关心人权事业的人都看得到的事实。

中国人民对于一些外部力量将人权问题政治化、借此干涉中国内政的行为始终有着清醒的认识。中国历史一再揭示，在人权问题上，从来就没有什么救世主。只有坚决抵制一些人搞乱中国的图谋，维护稳定的发展环境，才能在改善人权的道路上不断前进。在这种清醒和定力面前，一份早已声名狼藉的政治报告究竟有多大分量，想必美国高官也是心知肚明。

中国对于国际人权交流对话，向来持积极态度。但是，国际人权交流对话必须强调真诚平等，各国不应是你主我从、你说我听关系，更不能是医生与病人、法官与被告的关系。

美国年度国别人权报告，映射出华盛顿不顾国际公理、企图垄断话语权、固守对抗思维的偏执。这样一份报告，如果说真能产生什么形象，那不过是对美国自身道义形象的损耗。

（2016 年 04 月 16 日）

澜湄合作展现中国东盟亲和力

澜湄合作顺利推进表明,中国同东盟国家的合作,有坚实的利益基础,也有充分的提升空间

3月23日,澜沧江—湄公河合作(澜湄合作)首次领导人会议在海南三亚举行,中国、柬埔寨、老挝、缅甸、泰国、越南六国领导人将共商深化六国友好合作、促进次区域发展之道。此次会议将在领导人层面正式启动澜湄合作机制,规划澜湄合作未来,推出一批重大合作倡议与成果,为澜湄合作提供政治指导和强劲动力。

"水可以成为和平的乐器,弹奏出和谐的乐章。中国已经决定弹奏这一乐章。"正如印度智库战略远见集团主席森迪普·瓦斯乐卡近日在其评论文章中所描述,自中方于2014年11月提出倡议以来,澜湄合作展现出了多边合作中不常见的亲和力和高效率。从提出倡议,到筹建规划,再到启动合作,仅用了一年多时间。六国在澜湄合作机制筹建过程中,都展现出高效的协调行动、紧迫的合作意愿、包容的协商态度、和谐的互动气氛。有分析指出,上述这些特点或许未来将成为独具特色的"澜湄合作文化"的雏形。

澜湄合作展现出的积极态势,归根结底来说是因为该合作机制契合各方所需。由于历史原因,湄公河次区域发展起步较晚,经济水平落后于周边其他国家和地区,人均国内生产总值只有2800多美元,工业化、信息化和农业现代化水平较为滞后。去年11月澜湄合作外长会期间,从河内到云南景洪直线距离区区1000多公里,乘飞机却需要两次中转一共12小时。仅隔一个月,河内

至昆明的直航开通，一个多小时就可以到达，转机去景洪不过再添 1 小时即可。通过这个例子，澜湄合作的需求和潜力显现得非常清楚。根据规划，澜湄合作将以政治安全、经济和可持续发展、社会人文为三大合作支柱，以互联互通、产能、跨境经济、水资源、农业和减贫为五个优先方向。如此明确的设计和定位，有助于防止澜湄合作成为"清谈馆"，有助于澜湄合作为地区民众带来更多实实在在的益处。

中国积极推进澜湄合作，是落实习近平主席提出的建设亚洲命运共同体倡议的具体实践，也是为促进次区域发展与繁荣提出的重要方案。正如法国国际广播电台在一篇相关报道中所指出，澜湄合作是"中国推动区域国家全方位合作、经济一体化的重要计划"。与此同时，人们也应看到，澜湄合作是六国共商、共建、共享的平台，各国在机制中地位平等，秉持协商一致、平等互利等原则，根据实际情况和需求，共同规划合作。

今年是东盟共同体建成元年和中国—东盟建立对话关系 25 周年。继续践行亲诚惠容的周边外交理念，打造更为紧密的中国—东盟命运共同体，中国发展同东盟国家关系时，这一大方向是确定的。澜湄合作顺利推进的事实进一步表明，中国同东盟国家的合作，有坚实的利益基础，也有充分的提升空间，只要各方坚定合作意愿，就一定能从中受益。

（2016 年 03 月 23 日）

为什么中国人更相信世界会更好

"中国是全世界在最短时间内改善最多人生活的国家,这种情况也有助于乐观情绪在整个国家的传播"

"消除贫困预计将是'十三五'规划的主要关注点""最低工资制度将得到改进,养老和医疗保险将被扩大,环保和改善大城市的空气质量这样的问题将更受重视"……外国媒体早些时候的"中国两会猜想",显示出中国民生领域"大动作"的全球关注度。两会期间传递出的信息让世界更加坚信,"十三五"规划,五大发展理念,将把中国经济引向更高的发展阶段,将让中国人民的生活更美好。

让人民过上好日子,是中国党和政府各项工作的出发点和落脚点。即便在经济下行压力增大的背景下,中国的"民生蛋糕"也没有缩水,民生保障不降反升。去年,全国居民人均可支配收入实际增长7.4%,其中农村居民人均可支配收入实际增长7.5%;城镇新增就业1312万人;城乡居民养老、医疗、低保等保障水平不断提高,一张保基本、兜底线、广覆盖的民生保障网不断织密织牢。俄新社认为,中国"经济整体发展速度或许略有放慢,但将会改善13亿人的生活"。

"在'十三五'期间,中国政府打算与贫困问题作斗争,让7000多万贫困人口脱贫。"俄罗斯《消息报》称,中国领导人能够成功实现宏伟的发展计划。

"人民对美好生活的向往,就是我们的奋斗目标。"党的十八大以来,中国经济社会发展的巨大成就,中国人民感受真切。近日,英国尤格夫调查公司对

17 个国家民众的调查显示，41% 的中国民众认为世界会变得更好，远高于其他国家的数据。形成反差的是，只有 3% 的法国人和 6% 的美国人认为世界会变得更好。西班牙《国家报》分析称，一个重要原因就是中国正在变好。1979 年以来，很多中国人的生活水平都有了大幅提高。"中国是全世界在最短时间内改善最多人生活的国家，这种情况也有助于乐观情绪在整个国家的传播。"

另外有分析认为，发达国家普遍的悲观情绪，源自深层的制度因素和长期积累的社会矛盾。去年底，皮尤研究中心发表的大型研究报告指出，20% 的成年美国人在贫困线附近挣扎或者生活在这条线以下，其中一半的人从 2011 年以来就一直是这种情况。而经合组织去年发布的报告显示，目前经合组织成员的贫富悬殊创下了有记录以来的最高水平，而该组织成员国收入分配不公程度已达近 30 年来之最。美国《外交》杂志指出，随着发达国家经济增速放缓，经济不平等状况已达到新高度。不平等加剧的主要原因是，收入分配体系中最上层人士的收益激增。

让国家改革发展的成果更多、更公平、更实在地惠及广大人民群众，这是应有的强国富民之道。中国正健步行进在这条道路上——户籍制度改革、考试招生制度改革、农村土地制度改革、司法体制改革……一项项着眼社会更加公平的改革陆续布局落地。"十三五"规划建议提出，缩小收入差距，明显增加低收入劳动者收入，扩大中等收入者比重。日本《朝日新闻》指出，在经济持续发展的状况下，中国现在将把着力点放在缩小社会贫富差距和不公平上面。

中国改善民生的足音，让世界对中国故事的理解更加真切。实现中华民族伟大复兴，就是让全体中国人民共享更加美好的明天。

（2016 年 03 月 16 日）

中国，"改革"品牌越擦越亮

中国锐意创新、蓬勃向上的国家形象正在收获更多认同

2016年中国两会召开前夕，澳大利亚中国工商业委员会在堪培拉举行会议，澳大利亚总理特恩布尔在会上就中国经济改革话题发表了一番讲话。在他看来，中国经济目前正在向消费驱动转型，尽管改革和结构调整面临一些挑战，但相信澳大利亚将从这个过程中受益。"中国经济的转型正在引领澳大利亚的转型，我们希望与中国共同发展，创造更多就业和投资机会，进一步促进经济繁荣。"

每年两会，国际社会都希望第一时间从中捕捉中国的改革信号。今年，更多的关注目光被投注到中国推进供给侧结构性改革上。供给侧结构性改革旨在用改革的办法推进结构调整，减少无效和低端供给，扩大有效和中高端供给，增强供给结构对需求变化的适应性和灵活性，提高全要素生产率。两会期间，如何推进供给侧结构性改革成为代表委员热议的话题，攻坚之年的奋力作为由此开启。

推进供给侧结构性改革，是中国适应和引领经济发展新常态的重大创新。世界关注中国的这场大变革，有不同的着眼点。一方面，国际市场希望从中获得世界第二大经济体发展方向的线索，特别是希望借此把握中国解决产能过剩等现实挑战、构建经济再平衡的整体逻辑和顶层设计。

另一方面，在世界经济复苏乏力的背景下，人们也希望中国改革能探索出一些可供分享的新经验。例如，悉尼科技大学学者詹姆斯·劳伦森就在日前表

示，经合组织成员国从2008年起开始实行极度宽松货币政策，但是经济增速并未恢复，原因就在于没有解决结构性问题，中国当前正在进行的经济结构改革是朝着另一个方向做出的有益探索。

当前从全球范围来看，对改革的"需求"可以说普遍存在，但却并非每一个国家都能在这方面拿出"有效供给"。中国沿着自己的改革路线图稳步前行，这是世界继续看好中国的一个重要原因。2013年11月，中国共产党十八届三中全会对全面深化改革作出整体部署，开启了中国改革新阶段。过去一年中，中央全面深化改革领导小组确定的101个重点改革任务基本完成，中央有关部门完成153个改革任务。国务院派出11个督查组，对35个国务院部门和单位、18个省（区、市）开展实地督查，打通改革"最后一公里"。

"没有其他任何一个国家像中国一样进行如此大规模的调整和适应，也很少有民族有它这样的事业心和雄心壮志。"西方学者曾对中国改革给出这样的评价。各个领域的具体改革成果，再加上中国在实践过程中所积累的"加强宏观思考和顶层设计""要有强烈的问题意识""胆子要大、步子要稳"等一系列改革方法论，正让中国的"改革"品牌在激烈的国际竞争中越擦越亮，中国锐意创新、蓬勃向上的国家形象也正在收获更多认同。

（2016年03月08日）

领悟引领中国发展的担当与智慧

国际社会正翘首以待,感受中国改革发展的强劲脉动,领悟中国领导人凝聚社会共识、引领国家发展的历史担当和政治智慧

"我的春天始于两会",这是两年前一位资深外国驻京记者为本报撰文的标题。随着中国日益走近国际舞台中心,中国国内政治议程的全球关注度和外溢效应与日俱增。2016年两会将至,外媒在聚焦中国2016年经济增长目标、未来五年发展规划、供给侧结构性改革等宏观话题的同时,也在努力捕捉中国处置"僵尸企业"、化解房地产库存、新增就业岗位等具体问题的最新动向。

思想是行动的先导,理念是实践的指南。无论是分析宏观形势还是深入具体领域,国际人士总会不约而同地提及中国领导人自党的十八大以来提出的治国理政新理念、新思想、新战略。这些新理念、新思想、新战略,已成为世界分析中国变化、把握中国走向的重要依据。《习近平谈治国理政》一经出版,火速风靡全球,截至目前已发行到100多个国家和地区,全球发行537万册,创下了改革开放以来中国国家领导人著作海内外发行的最高纪录。多国政要、学者、舆论争相发表书评,相关研讨会、座谈会已在美国、俄罗斯、英国、法国、埃及、墨西哥、秘鲁、柬埔寨等多个国家火热举办。

同样值得关注的是,一批阐释中国道路、中国探索、中国经验的主题类图书版权也已输出美、英、德、法、俄等十几个国家和地区,版权输出总量240多项。如《历史的轨迹:中国共产党为什么能?》实现12个语种文版的版权输出;《中国——新长征》英文版海外市场销量已突破2万册,销售码洋160

万美元;《中国震撼：一个"文明型国家"的崛起》引发国外学界和普通读者的广泛关注……

协调推进"四个全面"战略布局，贯彻落实好五大发展理念，决胜全面建成小康社会……观察十八大以来中国治国理政新实践，国际社会对中国领导人的执政理念与责任使命有了更为清醒的判断。伦敦城市大学名誉教授、中国文化对外翻译与传播研究中心高级顾问卫克安认为，习近平主席是"功崇惟志，业广惟勤"的笃行者。德国前驻华大使施明贤说，从习近平当选为中共中央总书记和国家主席后的一系列讲话中可以看出，他深知中国面临的挑战。中国共产党和中国政府正拿出勇气，全面深化改革。中国一定能给世界带来更加美好的前景。

也正是基于对中国治国理政新理念新思想新战略的深入理解，越来越多的国际人士在分析中国社会发展遇到的困难时，展现了更为宏大的视野、表现出难能可贵的定力。澳大利亚前总理陆克文表示，问题的关键是中国领导人"是否已认识到这些问题？有没有掩盖这些问题？他们没有。""在每一个我提到的领域里，中国政府都有足够的政治意愿、足够的处理这些有关中国长期发展模式的重大问题的政策方向。"

"人民在期待着我们，历史在期待着我们，世界在期待着我们。""两会窗口"再度开启，国际社会正翘首以待——感受中国改革发展的强劲脉动，领悟中国领导人凝聚社会共识、引领国家发展的历史担当和政治智慧。

（2016年03月03日）

民粹主义何以在西方"走红"

"人民开始对成熟民主国家提供称职治理能力丧失信心"

又到美国总统大选季,种种奇谈怪论不时卷起乌烟瘴气。比如2月19日,美国共和党总统参选人特朗普在演讲中,高调抨击中国,说中国"做了世界历史上最大的盗窃,要把工作岗位从中国等国家拿回来"。此前,他还嚷嚷过在美墨边境建立隔离墙、禁止穆斯林入境等邪曲之论。

美国学者伊恩·布鲁玛将以特朗普代表的西方民粹主义力量崛起称之为"精神错乱的美国民主"。他不无担忧地说,民粹主义正在敲响警钟,今天的美国政坛景象与托克维尔在1831年的所见所闻南辕北辙,自由仍然时时挂在政客嘴边,但常常是用来推动极端观点的。德国《明镜》周刊也发出疑问:为何"特朗普们"在西方受追捧?

当前民粹主义在西方的崛起,可称之为西方社会一大怪象。恰如美国《纽约时报》文章指出,民粹主义政党在大多数西方民主国家的支持率正急剧上升。

近年来,美国民粹主义潮流沸沸扬扬,社会政治思潮也朝着越来越极端的方向发展。大西洋彼岸的欧洲同样如此。法国极右翼政党"国民阵线"借欧洲难民问题发酵之机,四处奔波发表"反穆斯林移民"言论;德国右翼分子制造的暴力案件也在激增,德国司法部称互联网上种族主义和排外的煽动性言论泛滥成灾;部分中东欧国家由于诸多经济和社会问题无法得到妥善解决,以种族主义、排外主义为特征的极右思潮在普通民众、特别是年轻人群体中得到了越来越多的呼应。

如此极端、非理性的一面，何以在西方国家渐成潮流？显然，是西方体制赖以存在的经济基础和政治文化出了问题。华盛顿经济政策研究所的一项研究结果表明，20世纪70年代中期以来，普通工人的报酬明显落后于生产率的提高，美国经济增长的成果都集中在社会顶层。有统计显示，从1973年到2014年，剔除通胀因素后，美国中等收入者收入只增长了8.7%，而同期生产率增加了72.2%，经济增长受益者，在很大程度上仅局限于高薪人士和富人组成的小团体。

与经济上贫富差距拉大相伴而生的，是西方社会的党争与极化，以及西方民众对选票政治的失望。近年来，美国国会两党对峙导致的政府停摆事件，部分欧洲国家因债务危机而濒临破产边缘，这样的治理混乱案例比比皆是。《金融时报》专栏作家吉迪恩·拉赫曼说："人民开始对成熟民主国家提供称职治理能力丧失信心。在美国，国会的威望已接近历史最低水平。在意大利、法国等欧洲国家，其政治制度似乎无法为改革或增长提供土壤，选民开始跟极端主义政党眉目传情。"

民粹主义盛行，以及由此导致的反体制、极端民族主义和盲目排外的现象，目前已成为西方社会一大问题，任其发展下去，对于西方社会乃至世界来说都是不稳定之源。但在这一问题面前，西方显然已经陷入制度困境。为了选票，西方传统执政者无法真正解决不合理的体制问题；改革无望，又让选民进一步失去对传统执政者的信赖。西方"旋转木马式"的政治怪圈，不断催生形形色色的民粹主义怪象。而历史的经验又一再证明，靠蛊惑人心的口号上台，只会带来更大的麻烦。

越来越多的人认识到，民粹主义不可能真正关切到民众的实际生活，它与公平与正义无关，更谈不上推动社会成员共享经济发展的成果。美国学者罗伯特·弗阿和雅斯查·蒙克为西方当前的制度困境开出的药方值得思考——改革再分配政策，改善人民的生活水平。

（2016年02月26日）

"选择性失明"也是风险制造者

相当一部分关于中国经济的出格预测源自"选择性失明",或是因为"醋意"甚浓,或是因为市场投机所需

"知识的敌人不是无知,而是已经掌握知识的幻觉。"一段时间以来,西方媒体上关于中国经济的一些论断让人想起史蒂芬·霍金的这句名言。

"硬着陆几乎不可避免""中国是当前金融危机的根源"……抛出这些耸人听闻论调的多数是西方投资和分析人士,各有其自洽的逻辑作为支撑。多年来,西方"唱衰"论调此起彼伏,但中国经济始终平稳向前发展。那些沉醉于"幻觉"的"唱衰者"因此一而再、再而三地透支了信用。这一轮"中国崩溃论"也不会例外,根本原因还是在于它脱离了中国经济的实际,没有看到中国主动调整以求经济可持续发展的不懈努力。

经济学是一门经验科学,但西方一些人却常常不明智地将目光局限在固定公式推算出来的结果。英国《金融时报》专栏作家戴维·皮林说在西方"想象中国经济列车脱轨并不难",正是针对这种情况所言。本世纪初,中国银行体系被西方一些人判定为"技术性破产",并预言将拖累中国经济步入深渊。他们话音未落,中国展开新一轮银行改革,中国银行业开启了一段快速发展的新征程。诺贝尔经济学奖得主布坎南曾得出结论:中国改革开放以来的发展成就,依据西方经验可能"看上去不合理,可是却管用"。

不过,有相当一部分关于中国经济的出格预测,并非出于研究方法出了错误,而是源自"选择性失明",或是因为"醋意"甚浓,或是因为市场投机所需。

无论是哪一种，他们拿出来的东西都叫偏见，丝毫不能适配中国经济的成就与潜力。就像美国哥伦比亚大学地球研究所所长杰弗里·萨克斯所看到的，在"索罗斯们"的陈词滥调中，"某天，中国是不可战胜的、新的经济强国；第二天就变成了它做什么都是错的"。显而易见，有些人的"崩溃"报告是为中国专门预制的，且不惧在事实面前反复碰壁。更有个别妄评中国经济的人是受利益驱动，是在为自己的逐利行为制造舆论。当初，索罗斯狙击东南亚，就是通过唱衰、做空、收割等一整套手法"有序"进行的。

当前，正在转型的中国经济的确有自己的难题，中国正努力以自己的方式破解这些难题。在中国经济转型过程中，客观指出问题是为了防范风险，但肆意放大问题则是在制造风险，这不仅于中国无益，同样于世界无益。在联系日益紧密的地球村，没有哪一个国家能变成离群索居的鲁滨逊。高盛日前的一项假设性研究很能说明问题：假如中国经济增速下降一个百分点，美国经济增速将下降 0.1 个百分点，包括直接和间接影响，但如果市场反应过度，美国经济增速所受的影响就可能扩大到下降 0.47 个百分点。

经济分析，即便是国际场合的"清谈"，也当有负责任的态度。金融市场跟人们的情绪和信心关联紧密，不实信息也能呼风唤雨，掀起一阵风浪。"选择性失明"也是风险制造者，如若金融市场上起起伏伏的瞬时信号成为伤及实体经济的祸端，则受害的很可能就是一连串国家，需要引起人们足够的警惕。

（2016 年 02 月 03 日）

从星球生命本源悟文明多样性

中国积极倡导以文明交流互鉴取代"文明对抗""文明冲突",开展增进友好行动,其重要意义一定会在历史发展进程中清晰显现

习近平主席的中东之行也是一次文明交流之行。

走访"四方宫"、阿比丁宫,赶赴卢克索出席2016中埃文化年开幕式,通过署名文章和演讲倡导文明交流互鉴,宣布一系列致力于加强同中东国家人文交流的具体举措……密集的访问行程,"文明议题"分量十足,这是近年来中国领导人出访的亮点,呼应着经济全球化时代尊重文化多样性的大势。

文明具有多样性,就如同自然界物种的多样性一样,一同构成我们这个星球的生命本源。两千多年前,《左传》写道:"若以水济水,谁能食之?若琴瑟之专壹,谁能听之?同之不可也如是。"《国语》写道:"夫和实生物,同则不继。以他平他谓之和,故能丰长而物归之;若以同裨同,尽乃弃矣。"中国古人对"和"与"同"的哲理思辨,凸显对和而不同、兼收并蓄的价值追求。这份选择绵延至今,为当代思考提供启迪。

上世纪,两位西方学者曾对人类不同文明相处之道作出不同阐述。1922年,罗素在《中西文明比较》中写道:"不同文明之间的交流过去已经多次证明是人类文明发展的里程碑。希腊学习埃及,罗马借鉴希腊,阿拉伯参照罗马帝国,中世纪的欧洲又模仿阿拉伯,而文艺复兴的欧洲仿效拜占庭帝国。"90年代,当世界进入"后冷战时代",亨廷顿在《文明的冲突?》的开篇处写道:"全球政治的主要冲突将发生在不同文化的族群之间。文明的冲突将左右全球政治,

文明之间的断层线将成为未来的战斗线。"

两段论述预设不同的文明相处观,也必然导向不同的行动,孰是孰非,历史已经证明。在我们生存的这个世界,不同文明如何和谐相处,不仅是摆在各国政府面前的政策议题,而且是日益频繁地出现在地球村"村民"面前的生活课题。不合时宜的"优越感""对抗论"不仅误己,而且害人。

傲慢与偏见,是文明交流的障碍,也有违正义。文明隔阂的恶果更是各国都难以承受的问题肇端。古往今来,那些千方百计去强行征服、改造、同化其他文明的企图,总是带来迭出的灾难。现在,有些人把恐怖主义同特定民族宗教挂钩,制造民族宗教隔阂,更是大谬特谬。

当今世界,新兴市场国家和一大批发展中国家快速发展,在文明领域日益"非边缘化"或者"重返中心",这不仅合乎历史发展趋势,而且有助于为当代人提供更为丰富的精神支撑和心灵慰藉,为人类携手解决世界面临的诸多难题提供更丰厚的思想源泉。

"交流的目的或许相去甚远,交流本身却是历史的主要驱动轮。"当代全球史研究代表人物威廉·H·麦克尼尔曾如此归纳人类几千年来走过的道路。今天,在全球事务中影响力不断上升的中国,积极倡导以文明交流互鉴取代"文明对抗""文明冲突",开展增进友好行动,其重要意义一定会在历史发展进程中清晰显现。

开展文明对话,倡导包容互鉴,挖掘民族文化传统中积极处世之道同当今时代的共鸣点,必是功在当代、利在千秋的大事情。

（2016 年 01 月 23 日）

不能在反恐大旗下藏私货

任何一个国家都没有资本把反恐当做盘算"私利"的筹码,有效开展国际反恐合作才是应对问题的唯一办法

2015年,"伊斯兰国"等恐怖组织制造各类恐怖袭击事件。跨年时刻,全球多地出于对恐怖威胁的担心,取消了传统迎接新年活动。

"世界没有能免遭恐怖袭击的避风港",这是英国《金融时报》在去年11月巴黎袭击事件发生后发表的一篇评论文章的标题。过去一年,恐怖主义的全球蔓延让更多人意识到,反恐是当今时代各国面临的一项集体考验。

日前,量子对冲基金创始人乔治·索罗斯撰文阐述了恐怖主义带来的"第二重威胁":它导致人们偏离了理性思考,进而偏离了理性行动。事实上,从"9·11"事件后美国打响反恐战争以来,这"第二重威胁"已经实实在在有所显现。

一方面,一些国家尽管始终高举反恐大旗,但对于恐怖主义产生的根源缺乏全面把握。有学者指出,极端组织"伊斯兰国"是中东政治困局中的冰山一角,各国如果单纯瞄准露出水面的那一角,任凭冰山主体藏在水下,就难以根除该地区恐怖主义威胁。进入21世纪以来,从伊拉克战争到西亚北非动荡,中东地区多国出现政治失序、安全真空,给恐怖组织"野蛮生长"提供了空间。与此同时,动荡国家经济社会问题进一步加剧,导致大量年轻人失业,恐怖组织所提供的极端主义意识形态的"吸引力"不断上升。西方国家一直以来对中东国家实施"民主改造",甚至强力推动政权更迭。美国哥伦比亚大学教授杰

弗里·萨克斯指出，西方国家总是不断追问中东地区为何不能实现自治，但这种发问欠缺基本的自省……正是因为美国和欧洲从第一次世界大战以来不断出台的干预政策，（中东）地区的政治秩序才迟迟没有建立起来。

另一方面，一些国家在反恐过程中夹杂"私货"，有时甚至以"反恐"为工具，希望借此收获"额外利益"，导致国际反恐迟迟没有形成合力。扶植代理人、谋求势力范围、攫取资源、牵制战略竞争者……一位美国学者不久前做出的反思很能说明问题：当身为安理会常任理事国的俄罗斯反对美国在叙利亚推翻巴沙尔政权时，华盛顿就不应该再执意坚持该目标，这样安理会在打击"伊斯兰国"方面就能发挥更大作用。当前不仅有恐怖分子从叙利亚战场渗透到欧美，极端主义思想也在蔓延。事实表明，任何一个国家都没有资本把反恐当做盘算"私利"的筹码，有效开展国际反恐合作才是应对问题的理性选择。

2015年10月，历史学家尼尔·弗格森就世界面临的恐怖主义威胁写道："在整个短期和平期间，我一直隐隐约约地怀疑陀思妥耶夫斯基笔下的群魔还会回来。"时间的脚步迈入2016年，各国唯有拿出更为有力的行动、更加紧密的合作，才能真正驱散恐怖主义的阴霾。

（2016年01月08日）

拿出勇气，化焦虑为前行动力

一个个看似没有出路的困境催生了变革，一次次对精诚合作的坚守打开通向美好明天的希望之门

岁末年初，世界各大媒体上总是少不了回顾与展望的重头言论。林林总总观点中，弥漫着挥之不去的焦虑情绪，一些忧心忡忡的论断甚至相当打眼。

英国《金融时报》专栏作家吉迪恩·拉赫曼在《异乎寻常的全球性焦虑》一文中写道："2015 年，世界主要权力中心似乎都弥漫着一种不安和不祥的气氛……全球阴霾让国际政治体系感觉就像是一个仍然难以从 2008 年金融危机时期患上的重病中恢复的病人。"美国欧亚集团总裁伊恩·布雷默在《时代》周刊网站上发出警示："缺少全球领袖将塑造一个动荡的 2016 年"，"世界上的多场野火将燃得更烈，因为没有人认为自己能够承受伴随灭火而来的代价和风险。"哈佛大学历史学教授尼尔·弗格森感叹说，战争正在卷土重来，1991 年到 2010 年的"短期和平"走向终结。

回望 2015 年，国际形势令人担忧的一面的确很突出。全球经济缓行于"亚健康状态"。据国际货币基金组织预测，2015 年全球经济增长 3.1%，创 2009 年以来新低。与此同时，中东动荡加剧，极端组织"伊斯兰国"在多国制造恐怖袭击。欧洲出现二战后最严重的难民危机。俄罗斯同西方在反恐问题上虽有合作一面，但双方关系的裂痕未能得到修补，地缘博弈的范围在扩大，烈度也有提升。相对于这些现实困扰，对"这个世界还会好吗"的质疑，在人们心理层面投下更为浓厚的阴影。

"任凭风浪起，稳坐钓鱼台。"这样一种自信与淡定，显然要有足够强大的正能量来支撑。仔细梳理一下，不难发现销蚀人们对世界未来信心的，主要缘自两个方面的困窘。一是全球化时代各国利益深度交融，各种危机与难题的传播、扩散与影响力都达到前所未有的程度，国际形势的复杂性与关联性空前突出。二是诸多有影响力的大国国内议题紧迫，外交行动可动用的资源被压缩。在一些大国领导人的话语体系里，"集中精力处理国内事务"，渐渐成为不愿正视全球性挑战的遁词。其实，上述两个问题并不在一个层面上。前者是大背景、大环境，甚至可以称作大趋势。大趋势是无法回避的，迟早要在现实层面留下深深印迹。后者更多的是对轻重缓急的思虑。人无远虑，必有近忧。老百姓过日子尚且如此，对叱咤风云的大人物来说，自我蒙蔽、刻意回避更是要不得。人们对政治家的评价从来不会局限在一时一事，总是要放到更大的历史纵深中考量。

审时度势的重大意义不言自明，可真正做到却往往很难。难就难在能否看到危机中蕴藏的机遇，能否为了紧紧抓住机遇自觉调整思路、更新行为准则。具体到当下的国际形势，需要格外强调以下两点：第一，世界上的事情要商量着办；第二，世界上的事情要一起办。商量着办、一起办，是应对全球性挑战的新思路，也是展开扎实有效国际行动的新资源。2015年，国际关系领域并非哀鸿遍野，可圈可点的亮点同样不少："一带一路""亚投行"等中国提供的公共产品得到世界各国广泛响应，世界经济复苏、国际金融体制改革获得实实在在推动力；联合国发展峰会正式通过2030年可持续发展议程，为未来15年发展合作指引方向；联合国气候变化框架公约缔约方在巴黎通过协定，对2020年后全球应对气候变化行动做出安排；久拖不决的伊朗核问题达成全面协议，动荡不安的中东局势少了一个引爆点……这一系列大事难事，无一不是在新思路的引领下、依托新资源办成的。

最近，电影《星球大战：原力觉醒》在世界各地热映。影片讲述的是遥远河外星系的秩序调整与重塑。故事中自然少不了形形色色的挑战、争执、博弈，但为了维护星系的和平安宁，这却是必须经历的过程。在我们人类居住的这个星球上，国际体系和国际秩序的深度调整只会更为艰辛曲折，甚至还会有连电影导演都难以编排的突如其来的风暴。世界那么大，问题那么多，人们有种种焦虑和担忧不足为奇。关键在于，要把这种不安情绪转化为直面挑战、勇敢前行的动力。中国有"生于忧患，死于安乐"的古训，拿破仑亦有"最困难之时，也就是离成功不远之际"的名言。人类社会的发展进程从不曾一帆风顺，正是一个个看似没有出路的困境催生了变革，正是一次次对精诚合作的坚守打开通向美好明天的希望之门。

（2016年01月07日）

大使随笔

中牙友谊赛铁木

牛清报

牙买加坚持一个中国原则,奉行对华友好政策。牙买加政要骄傲地认为,这是牙买加历史上作出的最正确、最重要的政治决策之一

今年 12 月 2 日,牙买加运动员博尔特六度加冕国际田联年度最佳运动员。这一新闻在中国引发热议。牙买加人口虽不足 300 万,但按通行的奥运奖牌与国内生产总值比值来看位居世界第一,是不折不扣的体育"超级强国"。很多中国人了解牙买加,就是从博尔特在 2008 年北京奥运会上获得三枚金牌开始的。不过近年来,在体育之外,牙买加引发国人关注的焦点越来越多。

牙买加位于加勒比心脏地带,战略地位重要,在地区事务和国际问题上发挥着超出其自身实力的影响力。牙买加面积虽小,但自然资源丰富,其中铝矾土蕴藏量达 25 亿吨,高居世界第四位。丰富的矿藏为其经济发展潜能奠定了雄厚的基础。与此同时,金色的阳光、蔚蓝的大海和洁白的沙滩将牙买加装点成"加勒比天堂",每年吸引远超本国人口数量的国际游客来此度假,牙买加也被国际知名旅游网站评为 2015 年全球最佳度假海岛第三名。此外,牙买加产的蓝山咖啡品质全球排名第一,受到越来越多中国年轻人的追捧;其独特的朗姆酒也让众多酒仙陶醉。牙买加首都金斯敦是联合国教科文组织认定的"全球创意城市",雷鬼音乐发祥于此。雷鬼音乐的"教父"鲍勃·马利被美国《时

代》杂志评为20世纪人类最伟大的艺术家之一，以其名字命名的故居和博物馆每天都吸引着众多"雷鬼迷"前来"朝圣"。

牙买加是中国在加勒比地区的好朋友、好伙伴。1972年11月21日，牙买加成为英语加勒比地区最早与中国建交的岛国。此后，无论哪个党派执政，牙买加都坚持一个中国原则，奉行对华友好政策。牙买加两党政要每每与我谈及于此，都骄傲地认为，这是牙买加历史上作出的最正确、最重要的政治决策之一。中牙建交以来，双边关系快速平稳发展。2005年，两国确立"共同发展的友好伙伴关系"。党的十八大以来，以习近平总书记为核心的党中央高度重视发展同拉美和加勒比地区关系，建立中国—拉共体论坛，发布第二份对拉美和加勒比政策文件，提出了"1+3+6"中拉务实合作新框架以及"3×3"产能合作新模式等具体举措。中牙关系也借中拉整体合作的大船顺利出海，水涨船高。

目前，中牙双边政治互信进一步巩固，务实合作取得积极进展。今年3月，由中交集团投资7.3亿美元建成的牙买加南北高速公路全线通车。这是牙买加历史上最大的基础设施项目。11月，甘肃酒泉钢铁集团公司正式收购牙买加阿尔帕特氧化铝厂，成为中企在加勒比地区首个产能合作项目，牙买加政府和当地民众对铝厂早日完成升级改造翘首以盼。

中牙人文交流方兴未艾。牙买加兴起"中文热"，孔子学院人潮涌动；牙西印度大学与中国高校合办的中国软件工程学院面向全加勒比地区招生，同时越来越多的牙买加青年来华留学；中国艺术团组访牙演出获得巨大成功。牙买加籍钢琴家、画家等纷纷来华参加中拉艺术节和电影展，受到中国同行和观众的一致赞誉。

我有幸出使牙买加，亲身感受到，中牙政治上相互友好，经济上互利共赢，两国关系"一年更比一年强"。牙买加朋友总爱用"越来越好"来形容中牙关系。的确，中牙关系"没有最好，只有更好"。牙买加有一种铁木，生长慢但木质密实，可为大用。这种树所开之花虽不张扬，但却是牙买加的"国花"。我深信，中牙两国人民用时间培植的友谊会像"铁木"一样坚不可摧、万古长青。

（作者为中国驻牙买加大使）

（2016年12月28日）

用诚意点亮叙利亚和平的烛光

齐前进

政治解决冲突能否奏效,要看和解的条件环境是否成熟,取决于大国和国际组织能否强力促和,最重要的是各方要有谈判的意愿和想法

连日来,同叙利亚危机相关的大事接踵而至。一是俄罗斯驻土耳其大使卡尔洛夫在安卡拉出席一个展览开幕式时,被恐怖分子残忍枪杀,让人感觉到初冬的阵阵寒意。二是联合国安理会一致通过对叙利亚危机的新决议,决定根据需要在阿勒颇部署国际观察员,联合国开始实施人道救援活动。随后,联合国大会通过设立叙利亚问题追责机制的决议,虽然中国和一些国家投了反对票,但中国表示希望国际社会共同努力,为推动叙问题政治解决发挥积极作用,给叙利亚和平点亮一盏温暖的烛光。

叙利亚危机延宕至今已近6年,起初是叙国内政治运动,后来演变为政府与反对派的内战,之后一些地区国家和世界大国卷入。同时,"伊斯兰国"等极端组织乘虚而入,夺抢地盘并发动袭击。叙利亚危机因此变成中东乃至世界最复杂难解的问题。叙利亚军队日前虽已收复阿勒颇,但有关各方的矛盾冲突并未消除,叙利亚危机远不到画上句号的时候。

王毅外长在9月安理会会议上表示,叙利亚冲突双方不应在战场上决胜负,而要在谈判桌上止纷争。几周前,我国政府叙利亚问题特使解晓岩访问叙利亚,

表示中国希望有关方面增强互信，展示诚意，共同推动通过政治道路解决叙利亚危机。我国对叙利亚危机政策主张，具体就是主张推进停火、人道救援、反恐和政治谈判四个重大议题。"四轨"应齐头并进，相得益彰。核心是主张尽早结束叙利亚危机，重启和谈进程，促使各方谈起来、谈下去、谈出成果。

和平解决叙利亚危机，可以从历史中找到答案。历史不能重复，但历史能让我们学习经验、汲取教训。纵观世界历史，有一些战争譬如欧洲三十年战争、拿破仑战争和黎巴嫩战争等，与现在的叙利亚危机比较相似，都是国内矛盾引起，都有其他国家的卷入。其中一些战争通过各方政治谈判，最终解决了冲突，实现了和平。这些历史经验告诉我们，任何军事冲突的结果只能是两败俱伤，各方遭受更大的损失。解决冲突的最佳出路，是政治对话和谈判。历史经验也告诉我们，政治解决冲突能否奏效，要看和解的条件环境是否成熟，取决于大国和国际组织能否强力促和，最重要的是各方要有谈判的意愿和想法。叙利亚危机也是如此，我们希望有关各方把握机遇，开展对话，增进理解，共同达成政治解决危机的办法。

同时，我们也主张打击在叙利亚的恐怖组织。反恐与和谈应同时推进，不可偏废。恐怖组织就像细菌一样四处蔓延，传播极端思想，滥杀无辜民众，危害所有国家的安全。国际社会应该联合起来，打击"伊斯兰国"等被联合国认定的恐怖组织。我们反对在反恐问题上实行双重或多重标准。我们也希望各国遵守国际法准则和联合国宪章，反对一些国家谋求改变他国政权的做法。

我观看过一次叙利亚政府组织的儿童呼吁结束战争的演出，当看到孩子们充满期待的目光，听见他们讲出"大人战争，儿童无辜"时，我的心情久久不能平静。真诚希望叙利亚危机尽快结束，希望更多的人点亮和平的烛光。

（作者为中国驻叙利亚大使）

（2016年12月23日）

"一带一路"唱响联合国舞台

刘结一

"一带一路"倡议是中国为实现世界和平稳定、发展繁荣提供的公共产品，是大家携手前进的阳光大道

前不久，第七十一届联合国大会协商一致通过关于阿富汗问题第A/71/9号决议。决议明确欢迎"一带一路"重要倡议，敦促各国通过参与"一带一路"，促进阿富汗及地区经济发展，呼吁国际社会为开展"一带一路"建设提供安全保障环境。这是今年3月安理会第2274号决议首次纳入"一带一路"倡议内容后，联合国193个会员国一致赞同"一带一路"倡议载入联大决议。

中国提出的"一带一路"倡议，唱响联合国舞台，转化为国际共识，得到所有会员国的认可和支持，充分表明"一带一路"倡议与联合国当前工作和未来发展方向高度契合，与联合国所承载的多边主义精神高度契合，与联合国会员国的共同利益高度契合。

联合国是最具普遍性、权威性和代表性的政府间国际组织，在维护国际和平安全、推动共同发展方面发挥着不可替代的重要作用。2015年9月，联合国发展峰会通过2030年可持续发展议程，确定了未来15年国际社会共同发展的蓝图。习近平主席在峰会上宣布，中国愿意同有关各方一道，继续推进"一带一路"建设。中国将以落实发展议程为己任，推动全球发展事业不断向前发

展。"一带一路"倡议确定的政策沟通、设施联通、贸易畅通、资金融通、民心相通五大国际合作方向，与2030年可持续发展议程17项可持续发展目标紧密相关。联合国倡导共建"一带一路"，将助力2030年可持续发展议程顺利实施。

联合国作为政府间合作组织，推进多边务实合作是精髓。不久前，习近平主席在会见候任联合国秘书长古特雷斯时表示，中方将继续参与和支持联合国各领域合作，做联合国事业的坚定支持者、多边主义的坚定践行者，以《联合国宪章》宗旨和原则为核心的国际秩序的坚定维护者。"一带一路"倡议以共商、共建、共享为原则，以和平合作、开放包容、互学互鉴、互利共赢为指引，以打造命运共同体和利益共同体为合作目标。这些原则和目标，使联合国和各会员国体会到"一带一路"倡议是中国为实现世界和平稳定、发展繁荣提供的公共产品，是大家携手前进的阳光大道。

"一带一路"倡议提出3年来，由点及面，稳步推进，已取得一系列重要早期收获。100多个国家和国际组织积极参与其中，30多个国家同中国签署了合作协议，一批重要基础设施和互联互通项目得到落实。有关各方共同利益的蛋糕越做越大。这使更多国家看到中国倡议带来的广阔合作前景和丰硕成果。这次联合国全体会员国一致以决议形式为"一带一路"倡议点赞，呼吁沿线各国积极参与其中，便是鲜明体现。

当前，国际形势复杂演变，全球治理深入推进，和平与发展仍是时代主题。联合国在维护世界和平，促进共同发展方面任务更加艰巨，国际社会对同中国开展合作的意愿更加强烈。我们将抓住机遇，与联合国广大会员国共同落实好"一带一路"倡议，使"一带一路"倡议实实在在惠及各国人民，推动构建以合作共赢为核心的新型国际关系，打造人类命运共同体，为建设持久和平、共同繁荣的世界作出更大贡献。

（作者为中国常驻联合国代表、特命全权大使）

（2016年12月08日）

结交在志合 相知亦相亲

吴 鹏

中塞两国合作互有需要、互具优势、互为机遇

应习近平主席邀请,塞拉利昂总统科罗马即将对中国进行国事访问。塞拉利昂地处非洲西部、濒临大西洋,国家版图形似一只雄狮的头部,因此塞拉利昂又名"狮子山"。塞拉利昂景色秀丽、资源丰富,尤以盛产钻石闻名。同时,塞拉利昂人民勤劳好学,始建于1827年的福拉湾学院是非洲历史最悠久的高等学府之一,为西非地区培养了一批杰出的老一代领导人。

"志合者,不以山海为远。"今年是塞拉利昂独立55周年,也是中塞建交45周年。中塞两国虽相距遥远,文化历史背景不同,但并不影响两国和两国人民之间的友好交往。塞拉利昂有句谚语"你怎么对待我,我就怎么对待你",中国也有句古话"若要人敬己,先要己敬人"。建交45年来,双方始终本着相互尊重原则,风雨同舟,患难与共,在国际和地区事务中默契配合,在涉及彼此核心利益和重大关切问题上相互支持。1971年第二十六届联合国大会上,塞拉利昂和众多非洲兄弟国家一道,为中国恢复联合国合法席位投出了宝贵一票。2014年塞拉利昂暴发史无前例的埃博拉疫情,中国不远万里,率先紧急驰援,拉开了国际社会援非抗疫行动大幕,用实际行动诠释了中塞之间的兄弟情谊。科罗马总统此次赴华行前对我说,中国政府和人民为帮助塞拉利昂抗击埃博拉疫情作出了巨大贡献，这次访华最主要的目的就是当面向习近平主席和中国人民表示感谢！

  国之交在于民相亲。中塞友好深植于两国人民心间，这也是我到任塞拉利昂短短20多天的深切感受。不管是在首都弗里敦，还是在田野乡间，都能听到塞拉利昂人民对中塞友谊的称颂。以中国援塞医疗队为例，从1973年至今，中国政府已向塞派遣了18批医疗队，累计在塞开展20多万例门诊和手术，成为名副其实的传播健康和友谊的"白衣天使"。我们在活动中遇到过一位名叫巴克的老人，曾在两国建交之初到中国学习培训。时至今日，他仍能哼唱"我爱北京天安门"的旋律。我相信，正是得益于一个个普通人的默默支持与付出，中塞友谊才能永葆生机与活力。

  同舟共济扬帆起，乘风破浪万里航。当前，中国人民正在为实现中国梦而努力奋斗，塞拉利昂人民也在为落实科罗马总统提出的"繁荣纲领"战略规划而辛勤工作。两国人民都有着实现国家繁荣富强的共同理想。中塞两国合作互有需要、互具优势、互为机遇。中国正在大力实施走出去战略，积极开展国际产能合作；塞拉利昂物资丰饶，为开展疫后重建亟须吸引外来投资，加强国际协作。近年来，双方在经济、文化、卫生等领域合作硕果累累，为两国人民带来了实实在在的好处。

  相信以此次两国领导人会面为契机，中塞双方将进一步凝聚共识，深化友谊，增强互信，扩大合作，携手把中塞关系打造成中国同非洲国家务实友好、互利共赢、合作发展的典范。

（作者为中国驻塞拉利昂大使）
（2016年11月30日）

中智关系新的里程碑

李宝荣

当前的中智关系更为成熟，政治基础更为牢固，各领域合作更为深入，两国关系的战略性和全局性进一步得到提升

中国和智利的关系，正可用"天涯若比邻"来形容。论地理距离，智利是离中国最远的国家之一。但论双边关系，中智却如邻居一般亲近友好；而且两国代表在很多国际会议中是名符其实的"邻居"，因为智利和中国的英文座次排序紧挨在一起。

中智传统友好关系由来已久。拉美最早的民间对华友好组织"智利—中国文化协会"，就是智利友人在1952年发起创建的，创建人包括后来担任总统并作出同中国建交决定的智利著名政治家阿连德，以及著名诗人聂鲁达和画家万徒勒里。

1970年，智利成为第一个同中国建交的南美国家，为当时开辟中国同拉美国家关系新局面起到了良好的示范作用。智利在发展对华关系上还创造了众多的"第一"：第一个同中国就中国加入世界贸易组织达成双边协议、第一个与中国签署双边自贸协定的拉美国家……

近年来，在两国领导人的积极引领下，中智关系保持快速发展势头。2014年7月，习近平主席在巴西利亚出席中拉领导人会晤期间同智利总统巴切莱特

举行双边会见。同年11月,巴切莱特总统赴北京出席亚太经合组织领导人非正式会议并对中国进行工作访问。

两国务实合作取得丰硕成果。2005年双方签署自贸协定以来,双边贸易快速发展,经贸合作持续深化。2015年,中智双边贸易额达到10年前的近5倍。目前,智利已成为中国在拉美第三大贸易伙伴,中国是智利第一大贸易伙伴、出口目的地国、进口来源国和铜产品购买国。两国贸易产品更为多元化,更多各自优质产品进入对方市场。中国品牌的汽车在智利市场占有率名列前茅,智利葡萄酒、三文鱼以及蓝莓、樱桃、食用葡萄等水果在中国市场备受青睐,对华出口迅猛增长。

中智投资合作不断扩大,已扩展到基础设施建设、农业、可再生能源、矿业、通信等多个领域。双方成立了经济合作与协调战略对话机制,统筹规划和推动产能等领域务实合作,促进产业对接和融合。

中智金融合作为双方经贸投资合作提供重要助力。两国央行于2015年签署了本币互换和人民币清算安排等协议。今年6月在智利首都圣地亚哥开业的中国建设银行智利分行,是拉美首家人民币清算行,为中智乃至中拉双方企业界人士开展合作提供了良好的金融平台。

中智文化交流亮点纷呈。2015年是智利"中国文化年",今年是"中拉文化交流年",两国文化机构通力合作,举办了一系列高水平交流项目。世界著名钢琴家郎朗、著名音乐家谭盾,以及中国广播民族乐团、天津市青年京剧团和青岛交响乐团等多家文艺团体先后在智利多个城市举行近70场高水平的演出,让智利观众领略了内容丰富的中国优秀文化。在智利总统府文化中心举办的故宫博物院文物展向观众展现了中国古代灿烂辉煌的文明,展览开始两个月观众人数已突破20万,成为该文化中心历史上最受欢迎的展览之一。精彩纷呈的文化艺术交流增进了两国人民的相互了解和友谊。

经过双方多年努力,当前的中智关系更为成熟,政治基础更为牢固,各领域合作更为深入,两国关系的战略性和全局性进一步得到提升,将进入一个新的时期。

应巴切莱特总统邀请,习近平主席即将对智利进行国事访问。这是时隔

12 年后中国国家元首再次访智。我们相信,此访将成为中智关系发展史上新的里程碑,对两国关系未来发展产生深远影响,并为双方各领域友好合作注入更为强劲的动力。

(作者为中国驻智利大使)

(2016 年 11 月 15 日)

书写中秘友好新篇章

贾桂德

站在历史新起点上的中秘全面战略伙伴关系风鹏正举、蓄势待发

站在世界地图前,从祖国大陆东岸向着东南,跨赤道、越大洋来到南美洲西部,有一个版图如同竖起双耳的美洲豹的国家,这就是我持节出使的国度秘鲁。

这是一个文明古国。灿烂的印加文明闻名遐迩,马丘比丘令人神往;鲜为人知的卡拉尔文明是美洲最古老的文明。

这也是一个资源大国。作为世界第七大矿产国、第四大渔场、生物多样性最丰富的国家之一,秘鲁发展潜力巨大。近10年,秘鲁经济增速位居拉美前列,开放的环境成为投资热土。

这还是一个文化多元、兼容并包的国度。印第安与欧洲殖民文化和亚非文化相互交融,深厚的文化底蕴造就其人民包容的心态和洞察世事的眼光。秘鲁前总统加西亚认为,全球化同中国实现的社会经济改革是20世纪末世界的两大发展进程。现总统库琴斯基表示,"中国的发展代表着世界的未来"。

这更是一个与中国友好交往源远流长的国家。1849年首批华人抵达秘鲁,如今约占秘人口10%的华裔织就了中秘友好的血缘纽带。遍布全国的万余家中餐馆Chifa("吃饭"的谐音)广受欢迎,成为秘鲁美食的亮丽名片,也体现了中秘文化的深度融合。

今年恰逢中秘建交 45 周年。我作为第十四任中国驻秘鲁大使，有幸见证了双边关系发展的历史成果：两国高层交往频繁，政治互信不断加深，贸易投资齐头并进，合作机制日益完善，多边领域相互支持，人文交流如火如荼。秘鲁成为唯一既同中国建有全面战略伙伴关系、又签有双边一揽子自贸协定的拉美国家。中国已成为秘鲁最大贸易伙伴、出口目的地国和进口来源国，对秘累计投资超过 140 亿美元，170 多家中资企业在秘投资兴业。中国的手机、汽车、工程机械等产品在秘鲁表现不俗，来自秘鲁的鳄梨、葡萄、羊驼制品等也越来越为中国民众所喜爱。库琴斯基总统就任后首访选择中国，更是中秘关系根茂实遂的鲜明写照。

再过几天，中国国家主席习近平将出席在利马举行的亚太经合组织（APEC）第二十四次领导人非正式会议并对秘鲁进行国事访问。中方支持 APEC 会议以"高质量增长和人类发展"为主题，这同"十三五"规划推进经济转型升级的宗旨一致。中秘均支持区域经济一体化，推进亚太自贸区进程；支持贸易投资自由化和便利化，反对保护主义；支持经济全球化，促进包容发展。中方将与亚太各方一道，打造发展创新、增长联动、利益融合的开放型亚太经济格局。中秘两国元首在两个多月内实现互访在国际交往史上并不多见，充分体现了两国关系的高水平和双方对发展中秘友好的坚定意愿。习近平主席此访将成为中秘关系史上的里程碑。

展望未来，站在历史新起点上的中秘全面战略伙伴关系风鹏正举、蓄势待发。双方发展目标契合。秘鲁要在 2021 年独立 200 周年之际实现现代化，2021 年中国将迎来中国共产党建党 100 周年，也是中国实现第一个百年目标的年份。这为双方加强合作提供了前所未有的历史机遇。双方发展的内在需求契合。两国都处在经济转型升级的关键期，秘鲁正实施生产多元化、加速工业化进程，中国则正在推广优质产能输出，两国加强产能合作，尤其在基础设施、能源、矿业、加工制造业领域合作大有可为。

我坚信，在两国元首政治引领下，太平洋东西两岸的文明古国，将书写友好新篇章。

（作者为中国驻秘鲁大使）

（2016 年 11 月 14 日）

相知无远近 万里尚为邻

王玉林

中厄两国已成为真诚互信的好朋友、互利合作的好伙伴,两国关系正处于历史最好时期

厄瓜多尔是南美洲重要国家,面积 25.6 万平方公里,人口约 1600 万。自然资源丰富,历史文化悠久。生物多样,农产品丰富,是世界上香蕉、可可、对虾、鲜花等主要生产国和出口国,素有"香蕉共和国"之称。

中国和厄瓜多尔虽相距遥远,但两国人民之间的友谊源远流长。自 1980 年两国建交以来,双方政治互信不断增强,经贸等领域务实合作日益深化,人文交流丰富多彩,在国际和地区事务中相互支持和密切配合。

1997 年,我曾随代表团访问厄瓜多尔,切身感受到这个远在浩瀚太平洋彼岸的南美洲国家对中国和中国人民的友好情谊。如今,作为中国驻厄瓜多尔第十三任大使,我有幸见证了中厄战略伙伴关系不断深入发展并开花结果。当前,中厄关系呈现全方位、宽领域良好发展态势,两国已成为真诚互信的好朋友、互利合作的好伙伴,两国关系正处于历史最好时期。

双方各层级交流日益密切,政治互信不断深化。2015 年 1 月,科雷亚总统对中国进行了成功的国事访问,两国元首共同宣布将两国关系提升至战略伙伴关系。同时,两国党、政、军、议会及地方等各层级交流越来越密切。

两国经贸务实合作不断深化，硕果累累。当前，中国是厄瓜多尔第三大贸易伙伴，厄瓜多尔是中国在拉美重要的能源资源合作伙伴、主要的投融资对象国和承包工程市场。2015年，两国贸易总额达38.26亿美元。厄瓜多尔香蕉、对虾、鲜花等深受中国百姓的青睐。在厄中资企业已超过90家，由中国企业承建的ECU911综合安全指挥系统、厄最大水电站科卡科多—辛克雷等重大战略项目相继投入使用，已成为两国务实合作的标志性项目，给两国和两国人民带来了实实在在的好处。

两国人文交流日益频繁，中厄友好深入人心。悠久灿烂的中国历史、博大精深的中华文明深为厄瓜多尔人民所敬仰，而厄瓜多尔绮丽秀美的自然风光、热情奔放的民风民俗也吸引着越来越多的中国公民踏足这片神奇的土地。两国在科技、文化、教育等领域交流日益频繁。目前有400多名厄瓜多尔留学生在华学习深造。今年8月，中厄两国互免持普通护照人员签证协定正式生效，进一步便利了两国人员往来。

今年4月16日，厄瓜多尔西部沿海地区发生里氏7.8级强烈地震，造成重大人员伤亡和财产损失，中国政府和人民感同身受，及时施以援手。习近平主席第一时间向科雷亚总统致电慰问，中国政府和红十字会分别向厄政府和红十字会提供紧急人道主义现汇援助。中国政府还向厄提供了紧急人道主义物资援助。在厄中资企业和华侨华人积极参与救灾，多支中国民间搜救队不远万里赶赴灾区参与救援行动。患难见真情。在厄方最困难的时刻，中方用实际行动体现了两国战略伙伴关系水平和两国人民兄弟般的深厚情谊，也向国际社会展示了中国负责任大国形象。

习近平主席即将对厄瓜多尔进行国事访问。这是中国国家元首首次访厄，具有重要的里程碑意义，必将推动两国关系迈上更高水平。我相信，在双方的共同努力下，中厄战略伙伴关系必将取得新的更大发展，造福两国和两国人民。

（作者为中国驻厄瓜多尔大使）

（2016年11月11日）

海上结亲缘 丝路续新篇

黄惠康

今天的中马关系不仅进入历史最好时期,而且始终走在中国同东盟国家关系前列

金秋时分,北京将再次迎来马来西亚总理纳吉布。作为中国驻马来西亚大使,能又一次见证两国关系中的历史性时刻,我深感荣幸。

中马友好源远流长,历久弥新。唐朝义净法师南渡至马来半岛,将马来西亚有文字记载的历史提前了 700 多年;明朝郑和七下西洋,其中 5 次驻节马六甲,在加深两国人民友谊的同时,更有力维护了周边地区近百年的和平与繁荣,还繁衍了中马血缘相融的巴巴娘惹独特族群。近代以来,大批华人南下定居马来西亚,经世代交替,始终与当地人民和谐相处、共存共荣,华人文化传统已与马来西亚历史发展进程深深融合。孙中山先生在革命早期,曾多次到马来半岛筹集经费,得到慷慨相助。今年,马来西亚多地隆重庆祝孙中山诞辰 150 周年,再次彰显中马友好的深厚渊源。

42 年前,马来西亚时任总理拉扎克冲破冷战阴云,在东盟国家中率先访华并与中国建交,掀开了两国交往史的新篇章。今天的中马关系不仅进入历史最好时期,而且始终走在中国同东盟国家关系前列。2013 年,习近平主席对马来西亚进行国事访问,与纳吉布总理共同确定将两国关系提升为全面战略伙

伴关系。2014 年，纳吉布总理继 2009 年之后再次正式访华，两国总理共同签署中马建交 40 周年联合公报。

中马两国互为亲密的邻邦、值得信赖的朋友和可靠的伙伴。中马关系的发展得益于两国和两国人民始终守望相助，风雨同舟；得益于两国相互尊重，平等相处；也得益于双边务实合作快速发展。近年来，中马双边贸易额保持 1000 亿美元规模，中国已连续 7 年成为马来西亚最大贸易伙伴，马来西亚连续 8 年是中国在东盟的最大贸易伙伴。两国人员往来频繁，每年互访人数超过 300 万人次。

在推动"一带一路"建设及国际产能合作进程中，马来西亚率先响应，积极参与，为双方互利合作注入新活力。近两年来，中国对马投资快速增长，一批大型投资项目相继落户马来西亚，越来越多中国 500 强企业在马设立区域总部。马来西亚也有越来越多商界人士赴华投资兴业，开拓市场。两国扩大本币互换，人民币清算银行在马设立，进一步便利了两国贸易往来与投资合作。通信、网购、农业、旅游、绿色经济等正成为双方合作的新热点。

中马两国的共同利益远大于分歧。虽然双方在南海问题上存在一些分歧，但双方秉持和平协商原则，努力寻求妥善处理，有效维护了海上安宁。

到任近 3 年来，我与马各界人士广泛接触，亲历了两国关系走过的点点滴滴，深切感受到两国人民加强合作、增进了解、共谋发展的迫切愿望。正如马来西亚人民为在吉隆坡诞生的大熊猫宝宝取名"暖暖"，中马友谊暖到了每个人的心里。

美酒越陈越香，朋友越久越真。此次是纳吉布就任总理以来第七次访华。我相信此访必将推动中马全面战略伙伴关系迈上新台阶，中马关系的明天定会更加美好。

（作者为中国驻马来西亚大使）

（2016 年 10 月 28 日）

开启中几关系新时代

卞建强

中国驻几内亚使馆内有一棵百年古树,根深叶茂,四季常青,恰如蓬勃发展的中几关系。

几内亚与中国虽远隔千山万水,但两国人民的友谊源远流长,两国友好关系历久弥坚,并在新时代焕发出蓬勃发展的强大生机。

应习近平主席邀请,几内亚总统孔戴即将对中国进行国事访问,将为中几关系发展注入强劲动力,开启两国合作共赢、共同发展的新时代。

58年前,几内亚冲破法国殖民体系独立,中国即予以承认。1959年10月4日,中几两国建立外交关系,几内亚成为第一个与中国建交的撒哈拉以南非洲国家。1960年9月,几内亚开国总统杜尔访华,成为第一个访问中国的非洲国家元首。中几关系在中非关系中具有开创性意义。

建交57年来,中几关系一直健康稳定发展。无论国际风云如何变幻,两国风雨同舟,患难与共,高度互信,在国家建设中互帮互助,在国际和地区问题上相互支持和配合。中国在几内亚独立之初给予宝贵支持,助其渡过难关,并持续向几提供大量援助,为几经济社会发展作出积极贡献。1968年起,中国向几内亚共派出25批医疗队,他们以优良品德、精湛技术服务几民众,成为中几友好的使者。埃博拉疫情期间,中国率先施援,助几成功抗疫,诠释了

"患难见真情"的真谛。几内亚长期坚持一个中国原则,在涉及中国核心利益问题上始终予以坚定支持,是中国在非洲的"铁哥们"。

源浚者流长,根深者叶茂。中几关系发展建立在两国务实合作基础上。上世纪60年代以来,中国援几的金康和丁基索水电站、人民宫、中几友好医院、广电中心、总统府、体育场等项目在几内亚家喻户晓,成为中几友好的丰碑。近年来,两国合作不断取得新成果。中国企业承建的卡雷塔水电站被称为"点亮几内亚"的世纪工程,中国企业投资建设的"钻石广场"国际生活区、卡鲁姆五星级酒店提升了几首都科纳克里的城市形象,"中国赢联盟"博凯铝土矿、几国家骨干网等一大批双边合作项目的实施深化了两国互利合作。中几双边贸易额持续增长,2015年两国贸易额达13.06亿美元,中国成为几最大的贸易伙伴。

新形势下,中几关系面临新的发展机遇。中国正加快经济结构改革和转型升级,持续扩大对外开放,对外拓展产能合作,大力推进"一带一路"建设,而几内亚正在大力发展经济,努力建设新兴市场国家,视中国为最优先的合作伙伴。两国发展战略遥相呼应,利益高度契合。几内亚素有"地质奇迹""西非水塔""西非粮仓"的美誉。铝矾土储量约400亿吨,占全球总储量2/3,铁矿储量达150亿吨,品位56%—72%,河流1000多条,可耕地620万公顷,是世界上少有的未有效开发的资源富集国。中国则拥有资金、技术、市场等优势,两国经济互补性强,合作前景十分广阔。扩大各领域合作是两国人民的共同愿望。

中国驻几内亚使馆内有一棵百年古树,庞大的根系深植于大西洋畔肥沃的土壤,翠绿的树冠遮天蔽日,直指苍穹,蔚为壮观。这棵大树根深叶茂,四季常青,恰如蓬勃发展的中几关系。木欣欣以向荣,泉涓涓而始流。在新的历史起点上,中几双方应抢抓机遇,开拓进取。

(作者为中国驻几内亚大使)

(2016年10月25日)

携手并进，谱写金砖合作新篇

罗照辉

金秋十月，印度西南部海滨城市果阿天清气爽，椰影婆娑。金砖国家领导人第八次会晤在这里隆重登场，习近平主席率团与会。围绕加强金砖国家合作、深化全球治理、应对国际地区形势演变等重大问题，各方将深入交换意见和看法，携手谱写金砖国家合作新篇章。

自2009年首次金砖国家领导人会晤以来，金砖国家合作机制从单纯的经济投资概念，发展成为以领导人会晤为引领，在政治、经济、安全、人文等领域开展合作的多层次架构，国际影响力日益提升，"金砖"成色不断增强。

与此同时，在世界经济复苏乏力、增长动力不足的背景下，国际社会质疑金砖合作及前景的声音同步上扬。事实胜于雄辩，"金砖"没有褪色。金砖国家国土面积占全球的30%，人口约占42%，经济总量占全球的21%，占新兴市场国家的一半以上。"红日初升，其道大光"，过去10年，金砖国家对世界经济增长的贡献超过50%。金砖国家经济增长的前景和动力依然深厚，依然是世界经济增长的重要引擎。

习近平主席指出："金砖国家就像5根手指，伸开来各有所长，攥起来就是一只拳头。"面对困难与挑战，金砖国家秉持开放、包容、合作、共赢的精神，抱团取暖，共谋发展。各方正创新思路，深入思考如何加强体制机制建设，提出"果阿方案"，适应不断发展变化的新形势；妥处分歧，唱响金砖合作光明论，提振金砖信心与活力；深化务实合作，打造合作新亮点，增强利益融合，让实实在在的利益惠及各国民众。相信金砖国家领导人果阿会晤将在全面落实二十国集团领导人杭州峰会共识的基础上，加强沟通协调，激发增长潜力，推动金砖国家合作取得更大发展。

东道国印度已提出"打造有效、包容、共同的解决方案"的会晤主题。印度认真准备此次会晤，与各方密切协商，重规划，抓落实，推旗舰项目，打造人文亮点，得到各方肯定。

中印是金砖合作的天然伙伴。两国人口占金砖国家总人口的86.8%，GDP占金砖总额的79.1%，双边贸易占金砖总额的29%。习近平主席说，中印用一个声音说话，全世界都会倾听。莫迪总理也表示，印中是两个身体，一种精神。近年来，在两国领导人的引领下，中印双边关系保持快速发展态势，各领域合作不断推进。自印度接任金砖国家合作机制轮值主席国以来，中方一直给予印方全力支持与配合。我们有充分的理由期待，此次金砖国家领导人聚首果阿，论道全球，拓展合作，共谋发展，定会让"金砖"光芒更加炫目。

（作者为中国驻印度大使）

（2016年10月16日）

抓住丝路机遇 共谱合作新篇

马明强

习近平主席对孟加拉国进行国事访问,将为两国共建"一带一路"注入新动力,全面提升两国政治、经济、军事、文化等领域合作水平,开辟中孟关系发展新篇章。

很多人提到孟加拉国,首先想到的字眼是贫穷、落后、灾荒等。事实上,自1971年孟加拉国独立后,面对独立战争留下的满目疮痍,坚强不屈的孟加拉国人民顽强探索,找到了一条基本适合本国国情的发展道路。特别是哈西娜总理2009年执政以来,在全球经济放缓背景下,孟年均GDP增速超过6.2%,总额达2200亿美元,外汇储备在南亚地区仅次于印度,人均国民收入达到1466美元,升至中低收入国家行列。

孟加拉国经济保持长期向好发展势头。惠誉等国际评级机构普遍认为孟经济前景稳定,美国高盛公司评选孟为"新钻十一国"之一。孟全国1.6亿人口平均年龄为25.6岁,正处于人口红利收获期。凭借低廉的劳动力成本,孟成衣业快速发展,吸引了大量知名国际时装品牌生产商,成为仅次于中国的世界第二大服装出口国,年出口额达280.9亿美元。孟政府宣布建立100个工业园区,制定了到2021年成为中等收入国家、2041年成为发达国家的"远景规划目标"。孟加拉国人民正为实现"金色孟加拉梦"而努力。

孟加拉国连接南亚和东南亚，地处丝绸之路经济带和21世纪海上丝绸之路的重要交汇处。公元前4世纪，中孟两国人民就通过古代南方丝绸之路互相借鉴和学习文明成果。此后，法显、玄奘、义净等中国高僧先后来孟礼佛求学。玄奘在《大唐西域记》中描绘当时的孟加拉地区"稼穑滋植花果繁茂，池馆花林往往相间""气序和，风俗顺""居人殷盛，好学勤励"。中国航海家郑和至少两次到孟，记录了这里"街道铺店，连檐接栋，聚货甚有"的繁荣景象。丝绸之路成为联结两国人民的纽带。

中孟两国传统友好。习近平主席指出，中孟两国之间只有友谊、信任、合作。"一带一路"倡议的提出，契合中孟关系发展的历史需要，释放出中孟间巨大合作潜力。哈西娜总理表示，中国是孟久经考验的朋友，孟支持"一带一路"倡议，认为"一带一路"倡议和孟中印缅经济走廊建设将为区域互联互通和区域合作创造巨大发展机遇。借鉴中国的发展经验，进一步深化中孟友好关系是孟民众的普遍心声，两国友好关系具有扎实的社会基础。

中孟经济互补性强。孟基础设施落后，市场潜力巨大，劳动力资源丰富，是中国企业走出去和国际产能合作的"黄金地段"。2015年，两国贸易额同比增长17.2%，中国企业在孟工程承包合同额增长30%。今年前6个月，中孟双边贸易依然保持逆势增长势头。

中国梦与"金色孟加拉梦"相融相通，中国"两个一百年"奋斗目标同孟"远景规划目标"高度契合。在"一带一路"框架下，中孟两国正加强发展战略对接，务实合作加速发展。两国正就基础设施、电力、通信等领域大量互利合作项目进行商谈。

应哈米德总统邀请，习近平主席即将对孟加拉国进行国事访问。30年来中国国家元首首次访孟，将为两国共建"一带一路"注入新动力，全面提升两国政治、经济、军事、文化等领域合作水平，开辟中孟关系发展新篇章。

（作者为中国驻孟加拉国大使）
（2016年10月13日）

高棉大地绽放中柬友谊之花

熊 波

10月13日至14日，习近平主席将对柬埔寨进行国事访问。这是我党和国家最高领导人时隔4年再次访柬，必将为中柬传统友谊谱写新的历史篇章。

中柬两国人民友好往来源远流长。公元13世纪，中国元朝官员周达观随使团在柬埔寨逗留一年，写下《真腊风土记》，详细记录了当时吴哥王朝的繁荣以及两国人民和睦相处的景象。明代著名航海家郑和下西洋时也曾数次驻留柬埔寨，当地人特意修建了庙宇以资纪念。1958年中柬建交掀开两国友好新的一页，由毛泽东主席、周恩来总理和西哈努克亲王等两国老一辈领导人共同缔造和精心培育的中柬友谊，经受了时间和国际风云变幻的考验，历久弥坚。

当前，中柬关系日益成熟。两国是和睦相处的好邻居、情同手足的好兄弟、肝胆相照的好朋友、休戚与共的好伙伴，堪称国与国之间友好相处、互利合作的典范。

两国政治互信不断深化。双方高层往来频繁。今年6月，西哈莫尼国王对中国进行国事访问。习近平主席此次访柬，将中柬高层交往推上新的高度。

两国经贸合作成果丰硕。作为柬埔寨最大贸易伙伴和外资来源国，中国在柬埔寨经济社会发展中发挥着日益重要的作用。2015年，中柬双边贸易额44.3亿美元，同比增加18%。中国累计对柬投资超过120亿美元。习近平主席提出的"一带一路"倡议同柬埔寨"四角战略"高度契合，双方合作空间和潜力巨大。

两国人文交流不断扩大。2015年,访柬中国游客近80万人次。目前,十几个中国城市与柬埔寨城市间实现直航,每天有35个航班往返于中柬之间。两国文艺团组互访频繁,互派留学生和人员培训规模不断扩大。汉语热在柬持续升温,孔子学院和孔子课堂广受欢迎。

两国在国际地区事务中的沟通协调与合作日益密切。双方基于高度的政治共识,在涉及彼此核心利益和重大关切的问题上相互理解、相互支持,共同维护中国—东盟关系大局和地区和平稳定。

中柬都是拥有灿烂历史的文明古国,近代以来在谋求国家独立和民族解放的进程中有着相似的历史遭遇,最懂得和平与独立自主的珍贵。作为传统友好邻邦,中国一贯坚定支持柬维护国家独立和主权完整,支持柬走符合自身国情的发展道路,真心实意帮助柬加快发展、改善民生。上世纪90年代以来,在中方帮助下,柬方完成了2600多公里公路项目、41.3万公顷农田水利项目和4998公里输变电线路项目。

新的历史条件下,中柬关系发展面临难得机遇。习近平主席此访,必将为中柬全面战略合作伙伴关系的发展注入新的强大动力,为两国人民带来实实在在的好处,也将为地区和平稳定与发展作出重要贡献。我坚信,在两国领导人的共同引领下,在两国人民的大力支持下,中柬传统友谊必将世代传承,发扬光大。中柬友谊之花将在高棉大地绚丽绽放,结出丰硕的果实。

(作者为中国驻柬埔寨大使)

(2016年10月12日)

亚吉铁路带动非洲屋脊发展

腊翊凡

亚吉铁路是非洲第一条中国标准跨国电气化铁路。这是一条友谊之路、合作之路，也是发展之路、繁荣之路。

在非洲屋脊——埃塞俄比亚高原上，一条钢铁巨龙蜿蜒前行。这就是由中国公司建设的非洲第一条跨国电气化铁路，也是东非铁路网主干线之一亚的斯亚贝巴—吉布提铁路。不远处，一条百年前由西方殖民者修建的米轨铁路早已废弃。两条铁路对比鲜明，昭示着旧时代的远去以及合作共赢、共同发展新时代的开启。

2013年3月，习近平主席就任后首次出访就来到非洲，提出"真实亲诚"的对非政策理念，并介绍中国完善基础设施助推经济社会发展的成功经验。2014年5月，中国承诺愿帮助非洲修建铁路，实现用高铁连接非洲各国首都的美好梦想。

亚吉铁路是非洲第一条中国标准跨国电气化铁路。当初，西方专家实地考察后认为，从零海拔的吉布提到平均海拔超过2500米的埃塞高原，建设一条现代电气化铁路比登天还难。但中国公司工程人员一步步"丈量"出铁路设计沿线地质水文资料，攻克一个个技术难关，从2014年5月铁路正式铺轨，到2015年6月750公里长铁轨全线铺通，用时仅13个月，再次创造了铁路建设的奇迹。

40多年前，5万多名中华儿女同非洲兄弟并肩奋斗，修建了被誉为解放之路、自由之路的坦赞铁路，在中非关系史上树立了不朽的丰碑。如今，坦赞铁路精神在亚吉铁路建设中得以传承和弘扬。如果说坦赞铁路是中国支持非洲反对帝国主义和种族隔离、帮助非洲实现政治独立的支撑，亚吉铁路就是中国支持非洲可持续发展的见证。

　　亚吉铁路是友谊之路、合作之路。建设者们克服高原缺氧、物资匮乏等困难，以战天斗地的豪迈情怀逢山开路，遇水架桥。铁路建设累计雇用3万多名当地员工，中方工程人员手把手传授技术，为的是让非洲兄弟也能具备铁路建设能力。去年底以来，埃塞遭遇大旱，但援助粮食和物资却因公路运力不足积压吉布提港。关键时刻，中国企业果断提前启用亚吉铁路，用建设施工的内燃机车把9万多吨救命粮及时送到灾民手中。

　　亚吉铁路是发展之路、繁荣之路。此前，货物从吉布提港到埃塞首都亚的斯亚贝巴需要至少一周时间，运费居高不下且运力严重不足。铁路建成后，客货运输时间将缩短至7小时，物流成本大大降低，运输安全性显著提高。此外，中国与埃塞两国正在铁路沿线合作建设若干工业园区，打造亚吉铁路经济走廊，努力形成铁路与产业联动发展、相互促进的有利格局。

　　亚吉铁路即将于10月5日全线竣工通车。凭借在建设过程中展示出的过硬素质和丰富经验，承建铁路的中国企业联营体击败众多竞争对手，顺利拿下6年铁路运营权。他们将帮助两国建立自己的铁路制度和产业体系，并为非洲培养铁路建设和运营人才。

　　诚然，在非洲建设和运营一条电气化跨国铁路尚无先例可循，前进的道路上或许有这样那样的困难，但埃塞谚语说得好，"蜘蛛合力可以网住狮子"，相信勤劳智慧的中非人民完全有能力共同应对，使这条新时代中非合作共赢之路越走越顺。

（作者为中国驻埃塞俄比亚大使）
（2016年10月03日）

中古友谊航船再启航

张 拓

在两国领导和人民的携手努力下,中古友谊的航船必将从新的历史起点再次启航,驶向更加辉煌的未来

"朋友之心,虽远不疏"。中国与古巴虽远隔重洋,但却心心相印。

中古关系是中拉关系的先行者,是发展中国家团结合作的典范。双方在建设具有本国特色社会主义道路上相互借鉴探索,在治国理政方面的经验交流日益深化,在涉及两国核心利益问题上相互支持,已经结成好朋友、好同志、好兄弟般的亲密关系。我出使古巴已4年有余,有幸亲历和见证了中古友好合作关系全面快速发展。

中古两国领导人保持频繁交流,建立了深厚的友谊。古巴革命领袖菲德尔·卡斯特罗、现任领导人劳尔·卡斯特罗都曾多次访华,是中国人民的老朋友。同时,古巴也是中国党和国家领导人访问最多的拉美国家之一。2014年7月,习近平主席访问古巴,同劳尔主席就双边关系、治国理政等议题深入交换意见,双方共同规划了中古关系未来发展蓝图。目前,双方高水平的政治关系正逐渐转化为多层次、多领域的经贸合作成果。中国连续多年是古巴第二大贸易伙伴和重要经济合作国之一,古巴是中国在加勒比地区的第一大贸易伙伴,双方贸易互补性强,惠及民众。古巴几乎每家每户都有价廉物美的"中国

制造"，古巴的雪茄、朗姆酒、生物制药等产品也逐渐打入中国市场。

国之交在于民相亲。中古两国人文交流精彩纷呈，"欢乐春节"活动连续多年在古巴举办，几乎每场演出都在当地引起强烈反响；由中古双方共同举办的"哈瓦那中国文化节"已经成为当地一项品牌文化活动。越来越多的中国艺术家、音乐家来古演出、交流，中国电影人也开始到古巴拍片。与此同时，古巴高水平的芭蕾舞团等艺术团体也频频赴中国演出，让中国观众也可以近距离欣赏精彩的古巴艺术和文化。

中古教育合作方兴未艾。早在上世纪60年代，古巴就接受了第一批中国留学生，他们曾在我国对外各领域的许多重要岗位上发挥了重要作用。近年来，先后又有数千名中国留学生接受古巴政府奖学金，在古巴高校等学习西班牙语、医学、旅游、教育学等专业，目前自费赴古巴的留学生也呈上升趋势。古巴方面也派出更多优秀青年赴华学习，哈瓦那大学孔子学院正吸引着越来越多的古巴人学习汉语。未来双方可继续探讨教育合作模式，增进两国青年之间的相互了解，让中古友谊薪火相传。

旅游有望成为两国合作的新亮点。古巴有着丰富的自然资源和独具魅力的风土人情：巴拉德罗的碧海蓝天，风情万种的哈瓦那老城，激情四射的萨尔萨舞蹈，还有世界上最好的雪茄和朗姆酒。中国民众一直对美丽的古巴有着浓厚的兴趣。去年年底，中古直航正式开通，双方人员往来越来越便捷，实现"万里航程一日还"不再是梦。

抚今追昔，我们有理由相信，在两国领导和人民的携手努力下，中古友谊的航船必将从新的历史起点再次启航，驶向更加辉煌的未来。

（作者为中国驻古巴大使）

（2016年09月24日）

时代呼唤更紧密的中加关系

罗照辉

中加将筑牢基点，扩大双边经贸合作规模；制造亮点，争取早签双边自贸协定；抓住重点，开发互利共赢合作新领域；共克难点，加强在国际经济治理等领域配合协调

中国同加拿大是一对亲近而陌生的朋友。加拿大医生白求恩牺牲在中国人民抗日战争战场上。加拿大曾冲破西方封锁向我国出口小麦，又曾率先同我国建交，度过长达 10 年的"黄金时代"。今天加拿大冰酒、龙虾畅销中国，枫叶、北极光吸引众多中国游客。但中加关系不时受到加拿大国内一些政治因素影响，起伏不定，忽冷忽热。

去年 11 月，加拿大自由党再次上台执政，中加关系一路走高，可以概括为四个"好"。

政治交往开局良好。习近平主席去年底与加拿大总理特鲁多会见，规划双边关系新蓝图。李克强总理在其当选后即致贺电并通电话。特鲁多曾应邀出席中国驻加拿大使馆举办的建交 45 周年招待会，还参加了多伦多动物园大熊猫幼崽命名仪式。近期他率家人正式访华并出席二十国集团杭州峰会，表示要重启加中关系新篇章，中加双方达成建立两国总理年度对话机制等多项重要共识。

务实合作稳中向好。中国已是加拿大第二大贸易伙伴、第二大出口市场和第二大进口来源地。去年双边贸易额达到557亿美元，是建交之初的370多倍。在投资方面，加拿大累计对华投资98亿美元，中国对加投资额580亿美元。特鲁多总理访华时宣布加拿大加入亚洲基础设施投资银行，中加签署了50多项商业合作协议。中加自贸安排、海上能源走廊建设均有进展。

人文与地方交流好上加好。加拿大"大西洋门户"新斯科舍省政府不久前出台了《中国合作战略》。广东省与加不列颠哥伦比亚省签署相互支持"一带一路""太平洋门户战略"的合作文件，为两国省际互联互通合作首开先河。去年双方人员往来近130万人次，两国双向留学人员超过15万。双方还宣布将2018年定为中加旅游年，加将在中国增设7个签证申请中心。

发展理念对接良好。我国提出创新、绿色、开放等五大发展理念，推出"一带一路"倡议，与加拿大新政府创新、绿色经济、扶持中小微企业、扩大基础设施建设等理念高度契合。这为双方互利合作提供了更多机遇。

近期中加关系驶入快车道，一是中国高度重视发展对加关系，自由党政府也有重视发展对华关系的传统。中加既无历史纠葛，又无重大现实利益冲突，合作潜力大，前景好。二是在当前世界经济下行压力加大、"逆全球化"思潮有所抬头的背景下，中加在反对贸易保护主义、推动贸易自由化方面共同语言多，合作意愿强。三是特鲁多政府上台后重视多边主义，中加在联合国、二十国集团、气候变化等重大问题上协调加强。

好风凭借力，扬帆正有时。中加双方将筑牢基点，扩大双边经贸合作规模；制造亮点，争取早签双边自贸协定；抓住重点，开发互利共赢合作新领域；共克难点，加强在国际经济治理等领域配合协调。我深信，顺潮流，逐大势，中加关系一定会再创辉煌。

（作者为中国驻加拿大大使）

（2016年09月21日）

瞩望中国在联合国展现更大担当

刘结一

中国维护国际和平、促进共同发展的努力只有进行时,没有完成时

今年9月20日至26日,第七十一届联合国大会一般性辩论将在联合国总部举行,各国领导人将就广泛的国际问题加强沟通、发表各自看法。

联合国是当今世界最具代表性和权威性的政府间国际组织。自1945年成立以来,联合国为维护国际和平、促进共同发展作出了重要贡献,成为国际社会合力应对各种全球性挑战的主渠道,是构建合作共赢的新型国际关系、打造人类命运共同体的重要平台。当前国际形势复杂多变,联合国的地位和作用更加突出。

今年恰逢中华人民共和国恢复在联合国合法席位45周年。中国是多边主义的坚定支持者和践行者。国际社会对中国的作用和担当高度期待。

中国是最大发展中国家,践行创新、协调、绿色、开放、共享的发展理念,在促进国际发展合作方面具有独特优势。2030年可持续发展议程跨越中国从第一个百年目标向第二个百年目标迈进的关键时期,事关中国全面深化改革、转变经济发展方式的外部环境,意义重大。今年是相关落实议程的开局之年。9月初,中国成功主办二十国集团杭州峰会,首次将发展问题置于全球宏观政策框架的突出位置,为全球发展事业注入强劲动力,赢得国际社会广泛赞誉。

各方对中国继续加强国际发展合作、推动2030年可持续发展议程顺利起步寄予厚望。

中国是联合国安理会常任理事国中派出维和人员最多的国家，也是第二大维和摊款出资国。中国一贯主张通过对话谈判和平解决争端，倡导共同、综合、合作、可持续的安全观，大力推动解决国际和地区热点问题，践行正确义利观，支持非洲国家以非洲方式解决地区冲突，为广大发展中国家仗义执言，展现了负责任大国的风范与担当。当今世界还不太平，地区安全面临一系列新困难和新挑战。国际社会呼唤更多中国智慧和方案，为营造和平稳定的全球家园贡献力量。

中国是联合国创始会员国和第三大会费缴纳国。自1971年恢复在联合国合法席位以来，中国积极践行《联合国宪章》宗旨和原则，高举和平、发展、合作、共赢的旗帜，坚定支持联合国多边合作事业，推动联合国各领域工作取得显著成果。中国在联合国成立70周年系列峰会期间宣布设立"中国—联合国和平与发展基金"，开创了中国同联合国合作的新局面。新一届联合国秘书长将于年内产生，联合国处于承前启后的关键阶段，各方热切希望中国对联合国未来发展给予更大支持。

中国维护国际和平、促进共同发展的努力只有进行时，没有完成时。我们期待国际社会继续为中国特色大国多边外交"点赞"。

（作者为中国常驻联合国代表、特命全权大使）

（2016年09月20日）

相互帮助　风雨同舟

齐前进

最近，叙利亚政治、军事、外交形势出现一些积极变化，由衷希望各方停火止暴，不断推进政治和解进程

今年是中国与叙利亚建交 60 周年。1956 年 8 月，中叙互派大使，叙成为最早同中国建交的阿拉伯国家之一。60 岁对人生而言，是成熟、充满智慧的年龄，中国人称为花甲之年、耳顺之年。对于中叙关系来讲，这是相互帮助、风雨同舟的 60 年。

中叙关系是在两国相互帮助、并肩反帝反殖反霸的战斗中建立的。20 世纪 50 年代由于东西方阵营严重对立，新中国外交局面严峻。叙利亚同时面临帝国主义和霸权主义侵略的危险。谋求独立自主、反对外来干涉的共同任务促成中叙建立外交关系。正如毛泽东主席所说，全世界各国人民的正义斗争，都是互相支持的。中叙建交后，两国在重大问题上相互声援。1973 年中东战争期间，周恩来总理致电叙利亚总统阿萨德，指出你们的斗争是正义的，中国政府和人民将一如既往，坚决支持你们的斗争，同你们站在一起。我们深切缅怀中叙老一辈领导人对发展中叙关系作出的卓越贡献。

中叙关系是在两国相互帮助、推动各自经济社会发展的进程中巩固的。2004 年 6 月，叙利亚总统巴沙尔访华，成为中叙建交后首位访华的叙利亚元首，

极大推动了中叙关系发展。自 2006 年开始，中国成为叙最大贸易伙伴，中国数十家企业在叙开展业务，涵盖油气资源勘探、工程承包、基础设施建设等行业。中国商品为中国赚取了利润，更得到叙人民喜爱。中叙经贸合作互惠互利，为两国促进经济发展和提高人民福祉作出贡献。

中叙关系是在两国相互帮助、维护地区与世界和平的事业中发展的。叙危机已持续 5 年多，中国同情叙人民遭受的苦难，通过各种渠道向叙国内和周边国家的难民提供人道援助，包括粮食、医药品和活动板房等物资。同时，中国作为新兴大国和联合国安理会常任理事国，秉持维护国际法宗旨和原则、反对用武力干涉他国内部事务的基本立场，并着眼维护叙主权和领土完整，在安理会涉叙决议问题上 4 次动用否决权。中国还参与了联合国主持的日内瓦谈判等涉叙问题机制，牵线搭桥，劝和促谈。

中叙关系是在两国相互帮助、共同推动"一带一路"建设中升华的。习近平主席提出的这一伟大倡议，既是要让古丝绸之路合作包容的精神薪火相传，更要加强经济、发展、文明方面的交流，拉紧中国与亚非欧国家的联系。叙利亚位于古丝绸之路的西端，在资源禀赋、贸易市场、基础设施、能源建设等方面具有巨大潜在优势，在开展文化交流、教育往来、人员培训、媒体合作等方面也有坚实根基。中叙未来在"一带一路"框架下的合作前景无限广阔。

"共舆而驰，同舟而济，舆倾舟覆，患实共之。"叙利亚危机 5 年来，人民遭受苦难与不幸。中国政府和人民设身处地，深感同情，尽力提供各种支持帮助。最近叙政治、军事、外交形势出现一些积极变化，由衷希望各方停火止暴，不断推进政治和解进程。相信叙利亚国家和平、人民康乐的日子终将到来。

（作者为中国驻叙利亚大使）

（2016 年 09 月 15 日）

解决叙利亚危机的中国智慧

解晓岩

日前俄美两国外长经过 40 多次艰苦磋商,达成在叙利亚实施停火并推进和平进程的计划。希望这能为政治解决叙利亚危机带来新的机遇

"师之所处,荆棘生焉。" 5 年多的叙利亚危机已经造成 40 多万人遇难,500 多万人沦为难民,700 多万人流离失所,大量基础设施和文明遗址被毁,叙利亚人文发展水平倒退了几十年,国家陷入空前的人道主义灾难。叙利亚乱局还不断释放"蝴蝶效应",导致周边国家政治、经济、民生、安全等领域面临越来越沉重的压力,在世界多地引发严重恐怖袭击事件,酿成二战结束以来最大的难民危机。世人愈加看清,军事手段和外力干涉不可能解决危机,只有停火止暴、求诸政治手段,才能化剑为犁,让叙利亚人民回到和平安宁之中,让世界除掉一个安全威胁的引信。

中国是最早呼吁政治解决叙利亚危机的国家之一,并为此进行了不懈努力。早在 2012 年中方就叙利亚问题先后提出"六点主张"和"四点倡议",2014 年中方在此基础上提出"五个坚持",此后又提出"四步走"和"三个坚持"等框架思路。中方建设性参与联合国安理会有关磋商,积极促使 15 个成员国弥合分歧、达成协商一致,为通过关于叙利亚问题的第 2043、2118、2254、2268 号等十多项决议发挥独特作用。中方作为叙利亚问题国际支持小组初始

成员，积极支持联合国叙利亚问题特使的促和努力，参与了所有叙问题的多边会议。中方分别邀请叙利亚政府高官和反对派代表访华，积极劝和促谈。中方还向叙利亚、周边国家和相关国际组织提供了多批人道主义援助，用于帮助叙难民和流离失所者。

中国智慧主张以和为贵。叙利亚危机爆发以来，中国始终主张以和平手段解决矛盾纷争，为推动叙问题迈向缓和、实现政治解决努力发挥"正能量"。

中国智慧重在奉守"天道"。中国坚决维护《联合国宪章》权威及其倡导的国际法准则，呼吁尊重叙利亚主权和领土完整，反对干涉一国内政和借由外力颠覆其合法政权的做法，主张叙利亚的前途未来由叙利亚人民自己决定。中国政府顶住压力，在联合国安理会4次动用否决权，避免了叙利亚局势进一步恶化。

中国智慧讲究和合共存。我们主张叙问题有关各方应当彼此倾听和理解，通过开展有广泛代表性和包容性的对话，互作必要妥协，相向而行，最终找到照顾各方合理关切和利益诉求的解决方案。

中国智慧追求标本兼治。就如同中医透过肌肤、看清腠理、深达骨髓、去病除根的哲学那样，中国主张既妥善处理当务之急，更注重从全局、长远角度综合治理，从根源入手，一步步解决人道危机、难民潮和恐怖主义问题。

叙利亚问题之复杂、各方利益之纠葛超乎想象，可以说是我从事外交工作近40年来承担的最具挑战性的工作。担任叙利亚问题特使近半年来，我同叙政府、反对派代表和其他相关方进行广泛接触，深入了解情况，努力开展劝和促谈工作。与各方交往过程中，我深深感受到国际社会对中国的信任和期待。

政治解决叙利亚问题的进程仍将充满艰难曲折，甚或反复，但是我们对未来应当抱有充分的耐心和信心。日前，俄美两国外长经过40多次艰苦磋商，达成在叙利亚实施停火并推进和平进程的计划。我们对此表示欢迎。希望这能为政治解决叙利亚危机带来新的机遇。

（作者为中国叙利亚问题特使）

（2016年09月12日）

努力构建中国—东盟命运共同体

徐 步

今年是中国—东盟建立对话伙伴关系 25 周年。自 1991 年建立对话关系以来，中国已成为东盟国家各领域合作内容最丰富、成果最显著的对话伙伴。

东盟是中国周边外交的优先方向。今年是东盟共同体建成的第一年，也是我国"十三五"规划的开局之年，双方关系既拥有长期友好合作打下的坚实基础，也面临发展战略对接带来的难得机遇。

双方各层级对话机制日臻成熟。双方领导人通过互访、东盟合作机制等渠道频繁接触，加深了相互了解和政治互信。双方建立了 10 多个部长级会议机制和 20 多个高官级工作层合作机制，为各领域合作提供了有力保障。

双方经贸关系水平不断提升。2010 年双方建成世界上最大的发展中国家自贸区，自贸区升级版已于今年 7 月 1 日实施。2015 年双方贸易额达 4721 亿美元，较 25 年前增加近 60 倍。中国连续七年保持东盟第一大贸易伙伴地位，东盟连续五年是中国第三大贸易伙伴。

双方人文领域交流更加密切。2015 年双向人员往来已达 2300 万人次，互派留学生 18 万人，中国已成为东盟第一大境外游客来源地，中国与东盟十国缔结友好省市已达 100 多对。人文交流日益成为双方全方位合作关系中的一个重要支柱。

中国与东盟致力于发展睦邻友好合作关系，致力于进一步丰富战略伙伴关系内涵，致力于共同维护和促进本地区和平、稳定与发展。展望未来，中国—东盟关系要继续以共建 21 世纪海上丝绸之路为引领，紧紧围绕"2+7 合作框架"，同时始终把握好以下几点：

一是聚焦发展。双方应把握和平发展的世界大势，将提升本地区人民福祉作为首要任务。刚刚结束的二十国集团领导人杭州峰会提出了"构建创新、活力、联动、包容的世界经济"这一发展主线，也为本地区国家经济发展提供了有益思路。

二是提升互信。政治互信是中国—东盟关系长期稳定发展的重要基础。双方应在推动务实合作、促进人文交流的过程中不断增进了解，加深友谊，使双方战略伙伴关系行稳致远。

三是深化合作。中国和东盟国家都处在各自发展的关键阶段，应大力推进国际产能和互联互通合作，着力强化人文领域的交流合作。中方今年提出将 2017 年确定为中国—东盟旅游合作年，这一提议已得到东盟各国的积极响应。

四是妥处分歧。中国和东盟国家一致认为，南海有关争议应由直接当事方通过对话协商和平解决，南海稳定由中国和东盟国家共同维护。在这一重要共识基础上，双方应继续妥善管控分歧，彼此相向而行，排除域外势力干扰，使南海成为和平与合作之海。

过去 25 年，中国—东盟关系经历了从无到有、从慢到快的"成长期"。未来 25 年，双方关系将进入不断提质升级的"成熟期"。我相信，通过此次东亚合作领导人系列会议，中国与东盟国家将进一步凝聚共识，携手合作，为构建中国—东盟命运共同体砥砺前行。

（作者为中国驻东盟大使）
（2016 年 09 月 07 日）

中摩务实合作前景广阔

张迎红

随着"一带一路"建设不断推进,中摩两国人民心手相牵、共同发展、共同繁荣的梦想一定能够实现

中国同摩尔多瓦虽相距遥远,但两国友好合作拥有深厚的社会基础。建交24年来,中摩两国领导人保持密切交往,双方在彼此关切的重大问题上相互支持,在地区和国际事务中保持良好合作。中摩加强友好合作有效维护了双方共同利益,也为促进地区和平稳定作出重要贡献。

两国经贸合作持续发展。1992年中摩建交时双边贸易额仅为6万多美元,2015年增至3.75亿美元。两国投资合作潜力巨大,摩在公路、铁路、机场等交通基础设施建设方面亟须吸引外资,发展有机农业、太阳能等可再生能源产业条件得天独厚。目前,两国企业保持接触,深入洽谈,正在对具体合作项目进行论证。

"一带一路"建设为两国加强各领域务实合作提供了新平台、新契机。摩积极响应"一带一路"倡议并将加强基础设施建设、实现出口市场多元化和能源自给列为国家发展战略的优先方向,中国巨大的消费市场为摩扩大产品出口提供了广阔空间;中国积极推进"走出去"战略,鼓励本国有实力、信誉好的企业赴海外投资兴业,两国发展需求高度契合。摩背靠独联体、面向欧盟,拥

有发展对外贸易的区位优势。

摩尔多瓦拥有5000多年的酿酒历史，葡萄酒文化独具魅力，面对中国这个世界葡萄酒消费大国，摩强烈希望开拓中国市场。2005年至今，在中方积极协助下，摩在华多次举办葡萄酒节，向中国消费者推荐质优价廉的葡萄酒产品，宣传葡萄酒文化。在双方共同努力下，摩葡萄酒在中国消费者中的知名度和市场占有率显著提升。2015年摩葡萄酒对华出口就同比增长23.12%。

在教育合作方面，两国相互提供奖学金的名额逐年增加。2009年摩尔多瓦自由国际大学孔子学院成立，至今培养学员超过3500人，64名学生获得孔子学院奖学金赴华学习，其中38人在华攻读本科、硕士学位。孔子学院已成为摩汉语教学中心和传播中国文化的基地，"汉语热"在摩学生中间蔚然成风，摩众多优秀学子赴华深造，成为增进两国人民相互了解的友好使者。

在文化交流领域，互学互鉴、互通有无是两国人民的共同心愿。摩尔多瓦人民对古老灿烂、博大精深的中华文明充满向往。迎春花艺术节是摩年度文化盛典，为提升艺术节的影响力和知名度，摩文化部每年均邀请中方文艺团体参演，为摩民众献上精彩的中国传统文艺节目，中国元素成为艺术节的一大亮点，受到摩民众热烈欢迎。2010年基希讷乌中医中心正式开业，中国医生用针灸、按摩等中医传统疗法为摩人民治病疗伤，至今已接诊患者超过2.5万人次。中国医生的精湛医术和周到服务得到摩民众普遍好评，中医的神奇疗效和无穷魅力在摩民众中间广为人知。

巩固传统友谊，推进务实合作是中摩两国人民的共同心愿。我深信，随着"一带一路"建设不断推进，中摩两国人民心手相牵、共同发展、共同繁荣的梦想一定能够实现。

（作者为中国驻摩尔多瓦大使）

（2016年08月08日）

非法裁决令国际法蒙羞

吴 恳

和平谈判是《联合国宪章》《联合国海洋法公约》等规定的首要争端解决方式,也是解决南海争端最有效、最符合国际法的选项

对于海牙这个"国际法之都"而言,7月12日是一个"黑色星期二"。越权组建的临时仲裁庭再次僭越国际法明确规定,就与南海岛礁主权和海洋划界密切相关的问题作出非法、无效的所谓裁决。7月13日,中国国务院新闻办公室发表《中国坚持通过谈判解决中国与菲律宾在南海的有关争议》白皮书,还原中菲南海有关争议的事实真相,重申中国在南海问题上的一贯立场和政策,这是具有重要意义的。

该仲裁案因菲律宾阿基诺三世政府滥用法律程序而启动,因仲裁庭越权管辖而推进,因美国霸权干预而炒热。该裁决是滥权、越权和霸权结合的"怪胎",让所有正义的人们汗颜,令国际法蒙羞。所谓裁决对解决南海问题没有任何积极意义,严重损害《联合国海洋法公约》(以下简称《公约》)的完整性和权威性。

菲律宾阿基诺三世政府单方面提起的南海仲裁建立在菲律宾非法侵占中国南海岛礁的基础之上,案中的法律错误非常明显。中菲南海相关争端的实质是关于南海部分岛礁的领土主权争端和两国间海洋划界争端。前者不在《公约》调整之列;对于后者,中方早在2006年就根据《公约》规定作出排除性声明,

将涉及海洋划界等事项的争端排除适用仲裁等强制争端解决程序。菲律宾提出的仲裁请求均与领土主权争端和海洋划界争端密不可分，均不属于仲裁管辖范围。于法无据的仲裁庭回避《公约》明确规定和既往判例，强行管辖。

中国政府不接受、不承认非法仲裁，是因为中国不纵容滥权和越权，不屈服于霸权，不接受任何强加的争端解决方案。中国绝不会同意任何国家借非法裁决在南海问题上讨价还价、指手画脚、耀武扬威。同时，中方对这一使国际法蒙羞、使地区稳定受损的裁决表示强烈不满和坚决反对，并呼吁所有尊重国际法、信仰正义、追求和平解决国际争端的国家共同抵制这一严重违反国际法治的行为，一起探讨如何避免越权仲裁的闹剧再度上演。

部分国家仍坚持冷战思维，执迷不悟，企图将南海问题当成迟滞中国发展、加强亚太军事存在的棋子。奉劝那些沉湎于零和游戏和冷战思维的国家认清潮流，迷途知返。滥权、越权和霸权的闹剧只能是浮云蔽日，根本无法否定中国在南海拥有岛礁主权、海洋权益的充分历史依据和法理依据。

中国和菲律宾是搬不走的邻居。希望菲律宾现任政府清醒认识阿基诺三世政府孤注一掷的滥权行为对中菲关系和菲自身利益的伤害，彻底放弃前任政府拉域外势力介入南海问题的幻想，果断清理非法仲裁留下的负资产，及时回归通过谈判解决争端的双边及区域共识。

想要解决中菲有关南海争端，和平谈判是《联合国宪章》《公约》等规定的首要争端解决方式，也是解决南海争端最有效、最符合国际法的选项。中国完全有能力依法收复被占南沙岛礁，但是为了维护地区和平稳定，中方长期以来一直保持高度克制，寻求加强海上合作，寻求通过谈判和平解决相关争端。中国捍卫国家权益的意志、睦邻友好的外交政策和通过谈判解决相关争端的耐心与诚意，都不会因非法仲裁的闹剧而改变。

（作者为中国驻荷兰大使吴恳）

（2016 年 07 月 19 日）

美国需要作出正确选择

崔天凯

中美之间不存在领土争议,南海争议不应成为中美之间的问题,更不应被视为中美的"战略竞争"

7月13日,国务院新闻办公室发布《中国坚持通过谈判解决中国与菲律宾在南海的有关争议》白皮书,详细阐明南海诸岛的历史归属、中菲有关南海争议的来龙去脉和事实真相。此前,中国外交部发布声明,表明中方不接受、不承认菲律宾前任政府单方面提起的南海仲裁案所谓裁决的严正立场。外交部还受权发布《中华人民共和国政府关于在南海的领土主权和海洋权益的声明》。这些重要文件郑重阐述了中国在南海问题上的一贯立场和政策,也是对有关仲裁裁决的有力回击。

中国长期以来对南海诸岛拥有主权,直到上世纪70年代以前从未受到质疑。但自那时以来,越来越多的中国岛礁被他国非法侵占,这是当前南海争议的根源。即便如此,南海局势相当长时间依然是可控的。中国和其他地区国家努力管控分歧,并且总体上不断发展友好合作关系。中国同东盟国家达成了《南海各方行为宣言》,在共同开发方面也曾取得很有意义的进展。

然而,南海的局势在大约五六年前开始出现紧张,与美国推出的"转向亚洲"政策大致同步。过去几年,南海地区争端加剧、关系紧张、互信削弱。这些问题占据了国际和地区议程的太多时间和精力,而这些时间和精力本可用来促进合作。

毋庸置疑,菲律宾单方面就南海争议提起仲裁,背离了仲裁需建立在国家同意基础上的通行实践。《联合国宪章》呼吁成员国"发展国际间友好关系",《联合国海洋法公约》本身则开宗明义要求坚持"互相谅解和合作的精神"。这起仲裁案的提起并非基于上述善意,将法律当作政治工具的意图昭然若揭。仲裁案还为国际上滥用仲裁程序打开了大门,将损害和削弱各国通过谈判协商解决争议的努力,引发对抗甚至冲突,并将最终损害国际法的权威性和有效性。中国坚决拒绝仲裁案既是维护自身利益,也是坚持国际正义,履行捍卫国际法基本原则的责任。

与这出仲裁闹剧同时上演的还有军事胁迫。例如美国不断以"航行自由"为借口派驱逐舰、航空母舰、战略轰炸机和侦察机到南海炫耀武力,这是典型的"强权即公理"的表现。

商船在南海的航行自由从来没有问题。南海航道是中国和许多地区国家的经济生命线,当然应该尽一切努力确保该海域的商业流通不受阻碍,坚决反对任何扰乱地区局势的企图。但美国的"航行自由行动"原本就是意在针对《联合国海洋法公约》有关规定的反制行动。事实上,许多缔约国都认为应区分商用和民用船只的航行自由以及军用舰只的"航行自由"。人们担心的是美方在南海集结大量军舰、军机、先进武器,将真正危及各国商用和民用船只的航行自由。如此大规模集中武备,在世界上任何地方都是紧张的根源。

中国维护自身权益及国际正义的意志坚定不移,不会屈从于任何压力,也不会拿核心利益做交易。同时,当前形势下,争议直接当事方谈判协商仍是唯一可行和有效之道,中国对此抱有信心。中国已经与14个陆上邻国中的12个划定了陆地边界,也与越南完成了北部湾的海洋划界。短短几十年内,与如此众多邻国成功解决长期存在的边界问题,在现代国际关系史上很难再找出类似的案例。中国解决南海争议的外交努力也不会被仲裁的一张废纸和几艘航母阻挡。

应该看到,领土和海洋争议只是中国与部分东盟国家关系中的一部分,而不是中国与东盟关系的全部。我们与东盟国家已经做了千百年的邻居,实际上已成为休戚与共的命运共同体。没有哪个国家能够"转向"到世界任何其他地区去。那些可能幻想搭"转向"进程便车并从中牟利的人,不妨到伊拉克、利比亚和叙利亚去问问那里的人结果是什么。

  当前比以往任何时候都需要各国,特别是大国之间建立伙伴关系,构建以合作共赢为核心的新型国际关系。冷战思维解决不了当今世界的问题。中国致力于与美国建设不冲突不对抗、相互尊重、合作共赢的新型大国关系。中美之间不存在领土争议,南海争议不应成为中美之间的问题,更不应被视为中美的"战略竞争",我们绝不能任由其定义中美关系。当今世界上,美国是需要合作伙伴,还是想象中的"敌人"?希望美国能作出正确选择。

(作者为中国驻美国大使)

(2016年07月17日)

丝路牵手草原　共迎美好明天

邢海明

4710 公里的边境线，已经成为中蒙两国和平友谊的纽带，共同发展的桥梁，互学互鉴的窗口

7 月是蒙古国最美的季节，天苍苍，野茫茫，风吹草低见牛羊。蒙古国人民到处举行"那达慕"，骑马、射箭、摔跤，欢度这一时节。今夏的乌兰巴托透着格外的喜庆——第十一届亚欧首脑会议即将在首都乌兰巴托举行。

中蒙互为陆地边界线最长的邻国。亲望亲好，邻望邻好。2014 年，中蒙建立全面战略伙伴关系。近年来，两国关系在政治互信、经贸合作、人文交流"三驾马车"引领下，像骏马一样在广阔的大草原上飞驰。两国领导人保持高频率的密切会晤，中国连续多年保持蒙古国最大贸易伙伴和主要投资来源国地位，每年蒙古国公民赴华人次占人口总数 1/3。两国各领域交流合作内涵广泛而丰富，步入制度化发展的快车道。中蒙立法机构定期交流机制、外交部门间战略对话、政府间经贸科技联委会、矿能和互联互通合作委员会、防务安全磋商以及青年和媒体交流机制稳步发展，全方位推动双边关系不断提升。中蒙合作内涵不断深化，从两国发展战略对接，到共同参与建设中蒙俄经济走廊；从蒙古国矿产品、畜牧业产品对华出口，到两国电力、能源等产能合作；从两军联演联训，到密集的人员往来和文化交流；从蒙古国增加在华出海口，到中蒙

跨境经济合作区和自贸区建设。应该说,4710公里的边境线,已经成为两国和平友谊的纽带,共同发展的桥梁,互学互鉴的窗口,中蒙友好已经深深扎根在两国人民心中。

当前,中蒙正在加快丝绸之路经济带倡议同草原之路倡议的战略对接,积极推动产能合作,实现互利共赢,共同发展。我们既要巩固在矿产资源、基础设施等传统领域的合作,又要在创新、协调、绿色、开放、共享发展理念的指引下,不断拓展新的合作领域和空间。

作为好邻居、好朋友、好伙伴,中国始终积极对蒙古国承办亚欧会议提供支持和帮助。中国领导人出席本届亚欧首脑会议,既是对蒙方最大的政治支持,也充分体现了中蒙关系的高水平。本届亚欧会议主题为"互联互通二十载,亚欧伙伴创未来",与会代表团级别高、数量多,各国领导人将就许多重大议题广泛深入交换意见。中方也将就进一步促进亚欧和平合作与共同发展发出中国声音,提出中国方案,造福亚欧人民。

(作者为中国驻蒙古国大使)

(2016年07月13日)

飞向更加美好新天地

李瑞佑

祝愿天堂鸟展翅翔寰宇,承载中国—巴新友谊,飞向更加美好新天地

曾经有一个传说:有一种鸟来自天国,造物主赋予它美妙的形体、靓丽的服饰。它饮天露食花蜜,腾空飞翔,流彩四溢,为寰宇世间带来祥瑞运气。这种鸟就叫天堂鸟(又称"极乐鸟"),它的故乡就是南太平洋岛国——巴布亚新几内亚(简称"巴新")。

巴新拥有天堂鸟般美丽神奇的自然风貌和神秘独特的岛屿部落民族文化以及丰富多样的自然资源。金、铜、镍等矿产和油气资源遍布全国多个省份,使巴新成为"漂浮在油海上的金岛"。这个"金岛"位于西南太平洋,在澳大利亚的北边、印尼的东边,是亚洲和南太平洋地区的桥梁。巴新国土面积46万平方公里,拥有600多个岛屿,其领海面积比陆地面积大数倍,人口约750万,拥有800多个部落,800多种语言,以英语为官方语言,号称语言文化最多元的国家之一。有幸出使如此神奇独特的国度,与纯朴真诚的巴新人民交往,是我外交生涯中最为兴奋的经历。

巴新于1975年9月16日独立,1976年10月同中国建立外交关系。中国—巴新两国人民本着相互尊重、平等相待、相互支持、真诚合作的精神,不断发展友好合作关系。近年来,两国高层交往日益频繁,友好关系日益紧密。2014

年 11 月，习近平主席同奥尼尔总理两度会晤，一次是在北京亚太经合组织领导人非正式会议期间，一次是在斐济中国与太平洋岛国领导人举行会晤之时。2015 年 9 月，巴新总督奥吉奥应习近平主席邀请率代表团赴北京，出席中国人民抗日战争暨世界反法西斯战争胜利 70 周年纪念活动，其间习近平主席同奥吉奥总督举行双边会晤。

两国经贸往来不断加强，合作前景愈加广阔。作为南太岛国地区最大的发展中国家，巴新地处中国 21 世纪海上丝绸之路倡议的南线延伸，是中国在南太岛国地区重要的经贸伙伴。近几年双方经贸合作增长势头强劲，巴新成为中国在太平洋岛国地区的第一大贸易国。2014 年和 2015 年两国贸易总额分别达 20.52 亿美元和 27.98 亿美元，比上一年分别增长 51.8% 和 36.3%。目前中国有 20 多家公司在巴新从事工程建设和开发经营矿产资源，另有众多华人商家在此从事超市、餐饮、旅馆、建筑和房地产开发等，为增进中国和巴新的经贸合作发挥了积极作用。

两国人文交流不断扩大，人民友情越来越浓。中国援巴新医疗队和农业技术项目组在巴新长年耕耘，为当地人民提供医疗和农业技术服务，受到当地政府和民众的欢迎，成为中国—巴新友谊的亮点。中国医疗队自 2002 年 11 月起在首都莫尔斯比港总医院开展工作，义务为当地居民提供诊疗服务。中国农技组自 2009 年 10 月起连续近 7 年在巴新高地地区开展旱稻试验和示范，为当地农民免费提供技术培训，与当地人民同甘共苦，谱写友谊篇章。

今年是两国建立外交关系 40 周年，双方将开展系列庆祝活动，相信两国各领域互利合作将不断获得新动力，中国—巴新友好合作关系将更上一层楼。祝愿天堂鸟展翅翔寰宇，承载中国—巴新友谊，飞向更加美好新天地。

（作者为中国驻巴布亚新几内亚大使）

（2016 年 07 月 06 日）

积极推动中俄关系保持高水平运行

李 辉

丝绸之路经济带建设和欧亚经济联盟建设对接将为沿线国家创造共同利益最多、合作机遇最大的历史时期

应习近平主席邀请,俄罗斯总统普京即将访华。这是今年中俄关系的一件大事。特别是在当前世界经济增长放缓、国际形势复杂深刻变化的背景下,此访对深化中俄政治互信、推进两国务实合作、密切双方战略协作具有重要意义。

70多年前,中俄两国人民在世界反法西斯战争中相互支持,并肩战斗,用鲜血和生命凝结成了牢不可破的友谊,为世界反法西斯战争胜利建立了不可磨灭的功勋,赢得了世界人民的尊重。近年来,中俄双方携手前行,本着相互尊重、彼此支持、互利合作、共同发展的原则,以真诚、务实、创新的态度构建了符合历史发展潮流和时代主题的新型国家关系——中俄全面战略协作伙伴关系。

当前,中俄关系处于历史最好时期,双边关系保持高水平运行,不断造福两国和两国人民。2013年,习近平主席选择俄罗斯作为就任后首访国家,充分体现了中俄全面战略协作伙伴关系的高水平和特殊性。3年来,习近平主席5次访俄,同普京总统举行16次会晤,在双边层面创下了两国元首会晤纪录。双方签署的3份关于深化全面战略协作伙伴关系的联合声明,将中俄全面、平

等、互信的战略协作伙伴关系提升至全新水平。

双方积极探索互利共赢的合作契合点，不断扩大双边经贸合作规模和广度，进一步提高务实合作的质量和水平。特别是本世纪以来，双方签署了一系列政府和企业间合作文件，涉及双边各个领域。目前，双方正着力推进能源、民用航空、高铁等领域重点项目合作，扩大相互投资，深化地方和边境合作，积极培育新的增长点，切实将两国战略协作的高水平转化成更多务实合作成果，为两国和两国人民带来实实在在的利益。

两国相继成功举办"国家年""语言年""旅游年""青年友好交流年"，增进了两国人民相互了解和友谊。今明两年双方开启"中俄媒体交流年"，充分体现了两国领导人对双边关系顶层设计的战略远见。此外，双方互设文化中心，成立医科大学联盟、青年企业家俱乐部，组织青年议员、外交官、记者、学生互访，互办艺术节、电影周，让中俄世代友好理念深入人心，让中俄友好事业薪火相传。

中俄在国际事务中相互支持，密切协作，倡导构建公正合理的国际秩序，主张加强联合国在国际事务中的核心作用，呼吁各方通过和平方式解决国际和地区热点问题。双方在二十国集团、亚太经合组织、金砖国家、上合组织等机制内广泛开展合作，积极推进全球经济治理、区域经济一体化，有效维护了世界和地区的和平、稳定与发展。

历经60多年发展，中俄关系站在新的历史起点，面临新的发展机遇。两国元首签署的《关于丝绸之路经济带建设和欧亚经济联盟建设对接合作的联合声明》为双方实现发展战略对接、进一步深化务实合作指明了方向。丝绸之路经济带建设和欧亚经济联盟建设对接将为沿线国家创造共同利益最多、合作机遇最大的历史时期。中俄双方有必要抓住机遇，各施所长，充分挖掘各方面的潜能，推动双边合作及与沿线有关各国的互利合作向更大范围、更宽领域、更高水平拓展。

（作者为中国驻俄罗斯大使）

（2016年06月24日）

共享丝路机遇　中乌共创未来

孙立杰

中乌两国元首对深化战略伙伴关系的高度共识，引领中乌关系和双方各领域合作持续深入向前发展

中国和乌兹别克斯坦都是丝绸之路上的文明古国，两国人民传统友谊源远流长。1992年1月中乌建交以来，两国关系不断迈上新台阶，各领域合作取得丰硕成果。

一是政治关系"有亮点"。1996年7月，中乌双方提出要进一步巩固和加强两国之间"平等互利的友好合作关系"。2005年5月，两国决定"全面发展长期稳定的战略伙伴关系"。2012年6月，中乌关系提升至"战略伙伴关系"的新高度。2014年8月，习近平主席和卡里莫夫总统在北京决定，携手共建"平等互利、安危与共、合作共赢的中乌战略伙伴关系"。

这几年，两国元首交往频繁，2015年一次通电话、两次见面。习近平主席即将对乌兹别克斯坦进行国事访问并出席上海合作组织塔什干峰会。两国元首对深化中乌战略伙伴关系的高度共识，引领中乌关系和双方各领域合作持续深入向前发展。

二是务实合作"有特点"。中乌双方在资源禀赋、生产要素等方面有很强的互补性。中国资金实力雄厚，制造业发达，优势产能过剩。乌自然资源丰富，

劳动力充足，产业升级换代需求强烈。两国开展经贸投资和产能合作基础良好。

在共建丝绸之路经济带和国际产能合作的带动下，中乌务实合作已驶入"快车道"。双方天然气、钾肥、棉花、机械设备、建材等贸易顺畅，2015年中乌贸易额在国际贸易整体低迷的背景下逆势上扬，达50多亿美元，同比增长6.2%。中国跃居乌第一大贸易伙伴地位。中国累计对乌投资达76亿美元，在乌中国企业超过600家，涵盖油气勘探及管道运输、交通基础设施建设、电信、纺织、水利灌溉、新能源等各领域。中乌产能合作态势喜人，"吉扎克"工业特区、安格连至琶布铁路甘姆奇克隧道等大项目进展顺利。

三是人文交流"有看点"。中乌共建丝绸之路经济带将民心相通作为重要内容和优先方向，双方文化、教育、学术等领域合作成效显著。10多年前，中亚第一家孔子学院在塔什干落户，现在撒马尔罕又开设了乌第二家孔子学院。乌东方学院等高等院校及很多中小学校开设了汉语系或汉语课堂，一批学生在"汉语桥"比赛中取得佳绩。中国中央民族大学、上海外国语大学和西北民族大学分别开设了乌语课程，上海大学设立了乌国情研究中心。

值得一提的是，中乌高科技和考古合作扎实推进，成为两国人文合作的新增长点。新疆农业大学与塔什干国立经济大学联合创办中乌科教中心，华为公司依托塔什干信息技术大学设立信息与网络技术学院。中国科学院在乌建立了综合性药物研发中心以及多个先进实验室。中乌联合考古在中国整体对外考古合作中走在前列，社科院考古所和西北大学两支考古队正在乌进行明铁佩古城遗址、古代游牧民族遗存等考古发掘工作。

往事越千年，中乌两国人民曾在古代丝绸之路的古道驼铃中，写下辉煌的合作篇章。如今，两国都将弘扬丝路精神作为历史使命。双方将遵循两国元首的战略引领，持续深化战略和政治互信，积极完善各领域合作机制，加强贸易投资、能源资源、优质产能、科技创新、文化人文等各方面合作，不断建设更加全面、更高水平、更深层次的中乌战略伙伴关系。

（作者为中国驻乌兹别克斯坦大使）

（2016年06月20日）

中波"老友"关系走进新时代

徐 坚

中国国家主席12年来首次访波,将开启两国关系发展升级的"新时代元年"

波兰有句谚语:"花红六月兆丰年"。本月,习近平主席将对波兰进行国事访问。这是中国国家主席12年来首次访波。对于中波关系而言,此访将带来"别样红"的六月,务实合作的"丰年",更将开启两国关系发展升级的"新时代元年"。

作为从事外交工作近40年的"老兵",波兰是我工作过的第三个中东欧国家,让我深刻感受到在中国外交新形势下,中国与中东欧国家关系加速发展的"时代节奏"。这样的节奏令人感慨,更令人振奋。

让我感慨的是"天堑变通途"的变化。大约400年前,波兰传教士卜弥格从古都克拉科夫出发,借陆路、水路,历时两年终抵中国,被誉为"波兰的马可·波罗"。40年前,我乘坐列车赴东欧求学时途经波兰,10天辗转漫长的旅途让人劳顿又难忘。时光荏苒,约4年前,我赴任波兰时,北京与华沙恢复直达航班,行程已不到10个小时。

让我感怀的是"天涯若比邻"的情谊。波兰是最早承认新中国的国家之一。建交67年来,纵使国际风云变幻,中波始终践行平等相待、彼此尊重的相处之道,两国关系得以历四时而不衰、经风雨而弥坚。哥白尼、肖邦、居里夫人在中国家喻户晓，他们所象征的科学勇气、艺术情怀和奉献精神，为两国人民共同推崇。今天，波兰诺贝尔奖桂冠诗人辛波丝卡在中国拥有一批年轻"粉丝"，中文名叫"翠花"的波兰姑娘尤斯蒂娜登上了中国荧屏，自创"中国，我喜欢"网站的波兰小伙儿霍达克成了"网红"，两国友谊的接力棒在青年一代的手中加速传递。

让我振奋的是"天高任鸟飞"的广阔合作空间。古时候，中国和波兰分别为古商道"丝绸之路"和"琥珀之路"的重要节点。如今，合作共赢成为时代强音，中波经济发展各具风采，互补性上升，潜力巨大，两国关系加速发展顺乎其势、恰逢其时。从 2004 年两国结为友好合作伙伴、2011 年建立战略伙伴关系，再到今天打造战略伙伴关系"升级版"，中波关系成功实现"三级跳"，并将为中国—中东欧国家合作、中欧关系注入更多正能量。

中国提出"一带一路"倡议，复兴丝路精神、联动亚欧市场，波兰作为中东欧最大经济体，推动打造地区经济纵贯线，双方成为共建"一带一路"、共创亚投行的伙伴。中国—中东欧国家合作机制 4 年前在华沙启航，已成为中国与中东欧 16 国开展全方位合作的"金字招牌"。不久前，我在波兰罗兹参加了蓉欧快铁返程班列发车仪式。一辆搭载 41 个集装箱欧洲货物的班列从罗兹启动，驶向万里开外的成都。当地人自豪地宣称，这是"罗兹火车站行程最长的满载货运列车"。很快，从中国出发的统一标识的中欧班列货运列车也将抵达波兰等欧洲国家。我相信，当"丝绸之路"与"琥珀之路"相遇相连，中波之间必将打造出更强劲的交通、金融、贸易动脉，奏响更宏伟的协作乐章。

属于两个老朋友的新时代令人期待。

（作者为中国驻波兰共和国大使）

（2016 年 06 月 17 日）

中塞友谊结硕果　务实合作开新篇

李满长

习近平主席访问塞尔维亚,这是塞政府和人民期盼已久的事情。中塞关系发展必将掀开新的一页,迎来更加美好的未来

应塞尔维亚共和国总统尼科利奇邀请,习近平主席将于6月17日至19日对塞尔维亚进行国事访问。此访是中国国家主席首次访塞,具有重大历史意义。中国最高领导人的访问是对两国长期友好关系的充分肯定。双方也将借此机会全面规划未来合作,推动各领域合作取得新突破。

作为从事双边工作多年的"老兵",我对中塞关系取得的成绩深感欣慰。30多年前,我作为公派留学生首次来到塞尔维亚,从此同这个国家结下了不解之缘。那时中国处于改革开放初期,我们派出大量考察团赴塞学习经验,塞尔维亚朋友伸出热情之手,为中国发展提供了无私帮助。当时,两国在各领域交流非常密切,塞尔维亚电影在中国风靡一时,给包括我在内的中国人民留下了十分深刻的印象。

在长期工作中,我有幸见证了中塞友谊的巩固和发展。几十年来,无论国际形势如何变化,双方始终珍视传统友谊,平等互利,在对方关切的重大问题上相互理解,相互支持。我们还一起经历了战争的洗礼,同生死、共患难,留下了一段令人难忘的历史记忆。2009年,塞尔维亚成为中东欧地区第一个同

中国建立战略伙伴关系的国家，两国关系进入务实发展、全面深化的新阶段。

两年前，我作为特命全权大使再次来到塞尔维亚工作。我高兴地看到，中塞双边关系发展又取得了新成果。

近年来，两国高层交往密切，互访频繁。李克强总理和张高丽副总理分别于 2014 年底和 2015 年中访塞。2015 年 9 月，塞尔维亚总统尼科利奇率领阅兵方队来华出席中国人民抗日战争暨世界反法西斯战争胜利 70 周年纪念活动。塞总理武契奇于 2015 年 11 月底对华进行正式访问并出席在苏州举行的第四次中国—中东欧国家领导人会晤。

务实合作成果丰硕，前景广阔。中国企业在塞参与了多个大型基建项目。贝尔格莱德跨多瑙河大桥已竣工通车；科斯托拉茨电站一期工程项目业已完工；河北钢铁集团成功并购塞斯梅代雷沃钢厂。E763 高速公路、匈塞铁路等项目稳步推进。两国企业正积极探讨垃圾发电、工业园区等合作项目。

在新的历史时期，双方合作又迎来新机遇。中方提出的"一带一路"倡议得到塞方积极响应。去年底，中塞双方签署了《关于共同推进"一带一路"建设的谅解备忘录》。在多层次合作平台的带动下，中塞务实合作有望进一步扩大规模，拓宽领域，创新模式，为两国及两国人民带来更多实实在在的利益。

习近平主席访问塞尔维亚，这是塞政府和人民期盼已久的事情。塞方将给予超规格礼遇，安排一系列隆重热烈的欢迎活动，中国人民将充分感受到塞尔维亚人民的友好情谊。我们有理由相信，这次访问将使双方在政治、经济、文化、科技等领域合作获得新动力。中塞关系发展必将掀开新的一页，迎来更加美好的未来。

（作者为中国驻塞尔维亚大使）

（2016 年 06 月 15 日）

携手打造中多命运共同体

刘豫锡

中国和多哥将携手共进,共同落实好中非合作论坛约翰内斯堡峰会成果,推动两国各领域务实合作不断取得新成果

多哥是西非濒临几内亚湾的一个小国,拥有自己的鲜明特色。

勤劳、勤奋,这是多哥人民的一张名片。清晨4点,大市场上熙熙攘攘,道路上车水马龙,人们早早开始了一天的辛勤劳作。出使多哥,我被多方安排早上7点向总统递交国书。

政治稳定、经济发展快,多哥的国家建设重要成就可圈可点。多哥经济年均增长超过5%,基础设施持续改善,农业产出屡创新高,城乡面貌日新月异,对外合作不断拓展,人民生活水平不断提高。

中国是多哥最重要的合作伙伴之一,两国友好合作关系为多哥发展提供了重要推动作用,也为两国人民带来实实在在的利益。建交44年来,两国始终保持相互尊重、平等相待、相互支持、相互信任的友好关系。中多深厚的传统友谊是推动两国关系不断向前发展的内生动力。两国经贸合作水平不断提升,中国是多哥最大的贸易伙伴,多哥也是西非地区与中国经济合作项目最多的国家之一。两国人文交流持续活跃,位于多哥的洛美大学孔子学院成立7年来,成为多哥人民了解中国文化的窗口。多哥学生学习汉语的热情日渐高涨,今年

首批20余名学习汉语的多哥大学生赴华参加夏令营。多年来，中国为多哥培训了千余名各类人才，越来越多的学生热切盼望去中国留学。中国的医疗队和农业专家为改善多哥民生作出巨大贡献，受到多哥社会各界普遍赞誉。

两年多来，不管是在首都洛美，还是深入北部腹地，我都深刻感受到多哥人民对中国人民的友好情谊，见证了两国各领域合作成果的不断落实。不管是官方高层还是普通百姓，经常有人向我竖起大拇指，用中文说"你好"。一次出差期间，我的车在半路出了故障，当地人热情主动上前帮助修好。中国产品深入多哥寻常百姓家，从街上的摩托车到简单的日用品，价廉质优的中国商品为多哥人民的生活带来很多实惠和便利。而中多合作的基础设施项目更是成为多哥发展的新标志——洛美国际机场现代化新航站楼去年底竣工后已于近期启用，洛美绕城公路全线开放通车，中国招商局集团参股经营的洛美集装箱码头顺利投产，中部输变电枢纽索科代变电站业已完工，多哥议会大厦、北方航空枢纽卡拉机场等均已在近期开工……这些项目将为多哥经济社会发展增添新动力。

多哥总统福雷是中国人民的老朋友。去年12月中非合作论坛约翰内斯堡峰会期间，习近平主席会见了福雷总统。这几天，福雷总统又一次来到中国进行国事访问。相信两国友好合作关系将不断迈向更高水平。

（作者为中国驻多哥大使）

（2016年05月30日）

迈入中奥关系新时代

赵 彬

历经 45 年的深厚积淀,中奥关系站在新的历史起点,迎来重要发展机遇

2016 年是中华人民共和国同奥地利共和国建立外交关系 45 周年。回顾这段不平凡的历程,中奥关系经历多个发展阶段,当前正阔步迈入 "4.0" 新时代。

"1.0"——开局起步。1971 年 5 月 28 日,中奥两国建立外交关系,奥地利成为最早同中国建交的西方国家之一,中奥关系掀开新的历史篇章。1974 年 4 月,时任奥地利外交部长访华,这是两国建交初期奥方来访的最重要代表团,为两国关系开好局、起好步发挥了引领作用。

"2.0"——固本强基。中国改革开放的春风为中奥双方交流与合作带来强大的生机和活力。两国各领域交流日益增多,合作不断扩大。1984 年 4 月,我国务委员兼外交部长访奥,这是两国建交以来中国外长首次访奥。1985 年 9 月,时任奥总统访华。这一时期,中奥相继签署经济、科技、投资、民航、卫生等领域合作协定,为两国关系进一步发展夯实基础、构建框架。

"3.0"——全面发展。20 世纪 90 年代以来,中奥关系厚积薄发、全面提速,呈现出良好发展势头,各领域交流与合作发展迅速。1999 年 3 月,中国国家主席对奥进行国事访问,这是中国国家元首首次访奥。2015 年中奥贸易额达到两国建交初期的约 300 倍,中国已成为奥第五大贸易伙伴。中国游客在奥年

过夜量逾 70 万人次，在奥留学人员约 3000 人。双方迄今已结成 18 对友好省州或城市（区）关系。中国银行于今年 3 月在维也纳设立分行。这个时期，中奥关系总体保持向前发展势头，但也经历了一些风雨和波折。历史经验表明，相互尊重主权和领土完整、互不干涉内政和平等互利等原则始终是发展中奥关系的基本原则。

"4.0"——升级换代。历经 45 年的深厚积淀，中奥关系站在新的历史起点，迎来重要发展机遇，迈入"4.0"时代。当前，中国协调推进"四个全面"战略布局，深入落实"十三五"规划，加快实施"中国制造 2025"战略。2015 年，奥地利以加入联合国 60 周年、加入欧盟 20 周年等为契机，总结历史、规划未来，大力推进"工业 4.0"等战略。中奥在发展战略、发展理念、发展道路等方面具有诸多契合之处，双方应以更加宽广的视野和更加开放的心态发展和深化双边关系。未来一段时期，双方可聚焦"小""电""资""金""白""绿"六大领域开展合作：一是深化两国中小企业交流与合作，加强政策引导和资金扶持，搭建信息交流平台；二是鼓励和支持两国电商企业加强交流，为中奥开展跨境电商合作创造有利条件；三是进一步推进投资便利化，助力双方企业在更大规模和更高水平上开展相互投资；四是推动金融合作提质升级，拓展两国在双边、多边金融合作的广度和深度；五是以中国举办 2022 年冬奥会为契机，加强双方在赛事组办、教练培训、场馆建设、冬季运动装备等方面合作；六是打造中奥绿色伙伴关系，加强节能环保技术和产业交流合作，结合奥方优势及中方需求，在节能建筑、清洁能源等领域深化合作。

建交 45 周年为中奥两国提供了重温历史、展望未来的良好契机。我相信，中奥双方将以建交 45 周年为新起点，共同推动中奥友好合作关系迈上新台阶，使"4.0"时代的中奥合作更好造福于两国和两国人民。

（作者为中国驻奥地利大使）

（2016 年 05 月 28 日）

中阿友谊深植人民心中

姚 敬

中国和阿富汗两国的友谊和丝绸之路一样悠久，这是中阿关系不断发展壮大的坚实基础

阿富汗是我国重要的陆上邻国之一。阿富汗素有"亚洲心脏"之称，是连接东亚、南亚、西亚和中亚的通衢要地，曾是古代丝绸之路上一颗璀璨明珠。过去30多年来，阿富汗饱受战火和动乱之苦，人民颠沛流离。进入新世纪以来，阿富汗发展取得积极成果，但仍受武装冲突、恐怖主义等问题困扰，和平之路依然曲折漫长。据联合国统计，2015年，阿富汗平民伤亡人数达1.1万人，为阿重建以来最严重的一年，且每4人中就有1名儿童。

阿富汗是中国的好邻居、好朋友和好伙伴，中阿两国的友谊和丝绸之路一样悠久，凿空西域的张骞和西行求法的玄奘都在阿富汗留下了足迹，成为中阿文化交流史上浓墨重彩的一笔。自1955年建交以来，两国关系更加紧密，友谊更加牢固，友好合作佳话不断。上世纪70年代，中国政府援建了阿南部坎大哈的一家医院。这家医院因长年救死扶伤而广受好评，当地人至今亲切地称之为"中国医院"。

上世纪90年代，在中国驻阿富汗大使馆因战乱撤离期间，当地雇员尼马图拉赫冒着生命危险，独守使馆整整8年，坚持每天升起五星红旗，直到迎

来使馆重开。今天，这位年近八旬的老人仍在使馆除草、剪枝，辛勤劳作。中国传媒大学教授车洪才"一生成一事"的故事也感动了许许多多人——他耗时36年编撰首部《普什图语—汉语词典》在阿富汗引发热烈反响，被称为"感动阿富汗的中国老人"。中阿友谊已深植在两国人民心中，这是中阿关系不断发展壮大的坚实基础。

2014年10月，阿富汗民族团结政府成立伊始，加尼总统首访首站即选择中国。习近平主席同加尼总统进行了富有成果的会谈。两国发布《中阿关于深化战略合作伙伴关系的联合声明》。声明指出，丝绸之路经济带建设对促进中阿互利合作和地区互联互通具有重要意义。阿政府和人民关注并欢迎"一带一路"倡议，期待以共建"一带一路"为契机，对接中方发展战略，搭乘中国发展快车。对中国而言，阿富汗的参与有利于实现"一带一路"在南亚、西亚和中亚之间的区域联通从区块分割发展到网络状铺开。中国也将一如既往地支持"阿人主导、阿人所有"的和平与和解进程，继续同各方一起努力，争取让和平的阳光早日普照阿富汗大地。

相信中阿传统友好将进一步加深，两国务实合作也将不断焕发新生机。

（作者为中国驻阿富汗大使）

（2016年05月17日）

共建亚洲美好明天

张汉晖

中哈关系建立在高度互信的基础上，务实合作结出累累硕果

亚洲相互协作与信任措施会议第五次外长会议不久前在北京举行。习近平主席出席开幕式并发表了重要讲话；各成员国为落实2014年亚信上海峰会上各国领导人达成的共识，在开放包容的气氛中确定了未来发展方向；亚洲在通向平等对话、和谐合作的道路上又向前迈进了一步。

在亚信20多年的发展历程中，中国的友好邻邦——哈萨克斯坦发挥的作用值得高度重视。哈萨克斯坦是亚信机制的倡议国，是推动亚信进程的重要国家；亚信秘书处作为常设执行机构设立在阿斯塔纳，哈萨克斯坦政府定期为其拨款，纳扎尔巴耶夫总统本人也对亚信的成长壮大作出了重要贡献。近年来，中哈两国领导人在加强安全对话磋商、维护地区和平稳定等问题上达成了广泛共识。双方均认为，亚洲安全问题应该由本地区国家和人民发挥主导作用，通过友好协商、平等对话的方式解决，而亚信正是为加强各国互信，促进亚洲共同安全体系而建立的平台。

中哈在安全领域有着广泛而深入的合作，为其他亚信成员国提供了良好的示范。中国是哈萨克斯坦独立后第一批与其建交的国家，而在哈萨克斯坦放弃拥有核武器之后，中方即向哈方提供了安全保障。此外，双方在平等协商、互

谅互让的基础上，彻底解决了历史遗留的边界问题，使得两国间长达 1700 多公里的共同边界成为友好的纽带与合作的桥梁，也为中哈关系未来的发展彻底扫清了障碍。同时，中哈与其他国家一道，相继签署了《关于在边境地区加强军事领域信任的协定》和《关于在边境地区裁减军事力量的协定》，由此推动了"上海五国"机制和上海合作组织的诞生。总而言之，中哈两国愿意通过友好协商的方式解决所有的双边问题；两国领导人会晤频繁，双边互信在此基础上不断增强。中哈坚定支持对方的核心利益，认可对方为维护本国主权、领土完整、国家安全与社会稳定所作的努力。而在打击"三股势力"、跨国有组织犯罪等问题上，双方也进行了卓有成效的合作。

目前，中哈关系进入深化全面战略合作伙伴关系新阶段，正在全力实现中方"一带一路"倡议与哈方"光明之路"新经济政策在国家战略层面的对接。此外，两国全面推进产能合作，已商定 52 个重点合作项目，涉及金额超过 240 亿美元。中哈关系建立在高度互信的基础上，务实合作结出累累硕果。邻国互信是构建和谐稳定国际关系的重要一环。中哈愿意将经验与其他国家分享，营造亚洲各国相互尊重、平等相待的良好氛围，共建亚洲美好明天。

（作者为中国驻哈萨克斯坦大使）

（2016 年 05 月 16 日）

丝路情缘　再谱新篇

孙树忠

交得其道，千里同好。这是中国和摩洛哥两国关系的真实写照

5月11日至12日，应习近平主席邀请，摩洛哥国王穆罕默德六世对中国进行国事访问。两国元首共同宣布建立中摩战略伙伴关系，为双边关系规划蓝图，指明方向。

中摩两国虽远隔千山万水，但割不断的是千年的丝路情缘。作为唯一扼守直布罗陀海峡的非洲国家，摩洛哥自古以来便是丝绸之路上重要的贸易集散地。中国的丝绸、茶叶、瓷器等商品，通过摩洛哥港口，源源不断地运往欧美大陆。

新形势下，习近平主席提出中阿共建"一带一路"、中非"十大合作计划"等倡议，引领中阿、中非合作。交得其道，千里同好。这是中摩关系的真实写照。中摩都主张尊重各国国情，由各国自主选择发展道路，坚持不干涉内政原则，倡导和平，主张通过对话协商解决争端。

中摩经济互补性强，合作前景广。作为资源贫瘠的阿拉伯国家，摩洛哥小国善政，经济总量居非洲第六，北非第三，令世人刮目相看。摩洛哥推出"2014—2020工业化加速发展战略"，大力兴建保税区、高新技术园区和物流园区，希望发挥"三洲通衢"的地理优势，筑巢引凤，吸引外国投资，承接国

际产能转移，实现摩工业和制造业跨越式发展。这些理念与"一带一路"倡议高度契合。中摩一批互利共赢的务实合作项目有望很快落地生根，开花结果。

民心通则往来密。中摩两国虽然文化与意识形态各具特色，但都爱好和平，开放包容，追求进步。两所孔子学院早已在摩安家，即将启动的中国文化中心将为两国人民架起一座新的桥梁。随着中摩双方签署简化签证、便利人员往来的谅解备忘录，今后具备资质的中国旅游团赴摩旅游，可申请落地签证。摩洛哥是非洲数一数二的旅游大国。悠远神秘的阿拉伯文化、古希腊罗马文明的史诗绝唱、热情奔放的非洲风情，几种文明在这里融合碰撞，形成了独特的文化盛宴。"北非花园"已敞开大门，翘首以盼来自中国的客人。中摩人文和旅游交往即将进入"黄金期"，这将加深两国人民相互了解，使中摩友好更加深入人心。

长风破浪会有时，直挂云帆济沧海。以丝路精神为帆，以务实合作为桨，中摩友谊之船驶向未来。

（作者为中国驻摩洛哥大使）

（2016年05月15日）

涓涓细流汇成海

杨厚兰

中日韩公共外交合作离不开三国政府的支持，也需要社会各界的广泛参与

上月底，首届中日韩公共外交论坛暨 2016 中日韩合作国际论坛在北京成功举行。三国政府官员、专家学者和媒体代表齐聚一堂，为推进三国公共外交合作建言献策。加强三国公共外交合作，是去年中日韩领导人会议达成的重要共识之一，旨在鼓励三国民众加强沟通、增进了解、深化友谊。

中日韩三国开展公共外交合作有深厚的历史渊源。几千年来，三国众多有志之士不畏路途艰险，赴其他两国求学求知、工作生活。六次东渡日本的鉴真和尚、开创孔子后裔半岛一脉的孔绍、长期在扬州为官的崔致远、"海东第一通儒"金正喜、日本遣唐使阿倍仲麻吕和吉备真备就是其中的杰出代表。他们为推动三国文化交流、增进三国民间友好作出了积极贡献。

近年来，中日韩三国人文交流日益密切。2015 年，三国年度人员往来突破 2400 万人次，三国近 60 座城市每周对开航班超过 3000 架次，三国签证便利化程度进一步提高，"说走就走的旅行"在三国间逐步成为现实。

在此背景下，三国公共外交合作日趋活跃。中韩公共外交论坛已连续举行三届，成为两国官产学媒加强公共外交合作的重要机制。三国地方政府积极参与"东亚文化之都"评选，搭建三国城市文化合作新平台。"亚洲校园"项目

影响力渐增，越来越多的三国大学和学生申请加入这一项目。《东亚三国的近现代史》和《中日韩共同常用八百汉字表》等三国专家学者共同研究的学术成果陆续发表，引起三国民众对共同历史和文化的思考。《超级中国》和《激流中国》等由韩日主流媒体制作的纪录片在韩日掀起"中国热"。三国流行文化进一步融合，《琅琊榜》《太阳的后裔》等电视剧在三国热播，韩国首尔东洋艺术剧场今年起专门开设播放中国电影的常设影厅，韩国影迷可以在大屏幕上看到最新的中国电影。近期，首尔爱宝乐园游人如织，两只来自中国的大熊猫"爱宝"和"乐宝"成为乐园的大明星。

在我的外交生涯中，很长时间都是在和韩国、日本打交道。去年就任中日韩三国合作秘书处秘书长以来，我经常与各界朋友聊天，他们均表达了参与、推进友好合作的强烈愿望。秘书处正积极推进三国各领域合作，三国青年大使、三国媒体交流等活动越来越受欢迎。

涓涓细流汇成海。中日韩公共外交合作离不开三国政府的支持，也需要社会各界的广泛参与。我相信，这一领域的合作将不断迈上新台阶。

（作者为中日韩三国合作秘书处秘书长）

（2016年05月09日）

"琥珀之路"上的新期待

黄 勇

经济、文化双轮驱动,中国拉脱维亚合作列车不断提速

中世纪欧洲汉萨同盟贸易的发展,使拉脱维亚成为"琥珀之路"上的重要一站。"琥珀之路"是欧洲古老的商道,从北欧、俄罗斯经波罗的海通往南欧与地中海,又向东发展连接波斯、印度和中国。依托"琥珀之路",波罗的海国家曾以区位优势成为欧亚经济文化的交汇点。

中国人始终对波罗的海国家心怀友好交往之情。波罗的海国家重获独立后,中国即与之建立外交关系,并不断拓展多种形式的经济文化交流活动。中国提出的"一带一路"倡议完全契合波罗的海国家渴望复兴"琥珀之路"的愿景,互联互通的理念有望助力相关国家合作建立完整的欧亚大陆交通物流价值链。

"一带一路"倡议自提出以来,在中东欧国家引起强烈反响,丰富了中国—中东欧国家领导人会晤机制的内容,也为拉脱维亚等波罗的海国家提供了更广阔的合作机遇。拉脱维亚参与了"16+1"商务论坛、智库论坛等全部经济、文化合作机制,并获得2016年承办第五次中国—中东欧国家领导人会晤的难得机遇。

拉脱维亚实施了开辟亚洲新市场的国家发展战略,将独具特色的本国商品送进中国市场,有效减轻欧洲经济不景气造成的国内经济困难局面。据拉脱维

亚政府统计，2015年拉外贸总额同比下降16.6%，但中拉两国双边贸易却逆势上扬。不少中国知名企业如华为、中远、中国港湾、招商局等频繁出现在拉脱维亚民众视线中，一批涉及拉脱维亚甚至波罗的海地区国计民生的规划项目也为国际投资人所看重。覆盖波罗的海、亚得里亚海、黑海地区基础设施建设开发的三海港区发展大构想，波罗的海航空航运区域交通物流中心，连接波兰、立陶宛、拉脱维亚、爱沙尼亚、芬兰五国的波罗的海快速铁路发展规划等等，已陆续亮相。

拉脱维亚在欢呼启动经济"新发动机"的同时，也张开双臂拥抱中国文化。中拉双方已就在拉脱维亚首都里加设立中国文化中心达成意向，拉国内"汉语热""武术热"涌动，拉脱维亚四代汉学家精研中国传统经典，《道德经》《宋词》译释水平之高令人惊叹，美丽的拉脱维亚姑娘安泽以一口纯熟的汉语在中国电视节目中担当主持人，大批喜爱汉语的拉脱维亚年轻人点燃自己的明星梦。

经济、文化双轮驱动，中拉合作列车不断提速。"一带一路"建设有丰富内容和宏伟愿景，拉脱维亚人民有自己的关注和向往。

（作者为中国驻拉脱维亚大使）

（2016年04月25日）

推动中立友好合作迈上新台阶

魏瑞兴

今年是中立建交 25 周年，双方共同庆祝，并进一步深化两国各领域交流与合作。

作为波罗的海地区重要国家和欧盟、欧元区成员国，立陶宛一直保持中国在波罗的海地区最大贸易伙伴地位，中国也是立陶宛在亚洲最大的贸易伙伴。

立陶宛地理位置得天独厚，交通基础设施完善，物流业发达。克莱佩达港位于丝绸之路经济带西端，是波罗的海地区唯一的天然不冻港，2015 年货运量 3840 万吨，同比增长 5.6%，远超周边地区竞争对手。交通运输是立陶宛的支柱产业之一，是立陶宛历届政府经济政策的重点。近年来立方举办了与"一带一路"有关的研讨会和国际论坛，邀请中方相关部门和企业就加强两国交通运输等领域合作进行交流。去年，中国招商局集团与克莱佩达港务局、立陶宛国家铁路公司等分别签署了多个合作备忘录，双方将共同开发集海港、多式联运、仓储、分拨、配送及增值服务等功能于一体的转运中心。这与中国提出的开展亚得里亚海、波罗的海和黑海"三海港区合作"、在有条件的港口建立产业聚集区的倡议不谋而合。

立陶宛在激光、生物技术、信息、纳米等高科技领域具有优势，农产品如奶制品等品质优良，目前中立两国科研机构和企业正在积极推进相关合作。我相信，通过双方共同努力，优化贸易结构，做好优势互补，中立务实合作定将提升到更高水平。

中立两国人文和地方交流也亮点颇多。自2014年以来，双方互办文化节，举行了丰富多彩的文艺演出和文化交流活动，两国高水平艺术团体的精彩表演均受到对方观众的热烈欢迎和喜爱。在地方交流方面，厦门、青岛分别与考纳斯市、克莱佩达市建立了友好城市关系，今年还是广州市与维尔纽斯市结好十周年，阿利图斯市、考纳斯地区等也积极与宁波、嘉善等地开展友好交流。国之交在于民相亲，"民心相通"是"一带一路"建设的重要组成部分。今年是中国—中东欧国家人文交流年，两国将派出更多文艺团体互访演出，并举办一系列书籍、电影和摄影展，丰富两国民间交流。

来立陶宛近一年，我多次与立陶宛维尔纽斯大学师生进行互动。去年，立陶宛开设了首个孔子课堂，我高兴地看到越来越多的立陶宛年轻人愿意学习中文并到中国留学。中国的高等院校也开始培养优秀的立陶宛语教师，提高立陶宛语教学水平。去年两国签署了相互承认高等教育文凭的协议，这将有力促进中立教育交流与合作。

今年不仅是中立建交25周年，也是中国—中东欧国家合作落实之年，"一带一路"为两国深化互利友好合作搭建了更加广阔的平台。让我们紧紧把握难得机遇，推动中立友好合作迈上新台阶，创造更加美好的中立关系发展前景。

（作者为中国驻立陶宛大使）

（2016年04月19日）

为中新人民带来更多福祉

王鲁彤

中新交流合作领域不断拓展，体现了两国关系全面性，中新合作面临新的机遇

当17岁的彼得·杰克逊沉醉于英国著名作家托尔金的奇幻作品《魔戒》三部曲的时候，他也许不会想到，作者笔下的"中土之国"有朝一日会成为新西兰的别称。彼得·杰克逊更不会想到，他执导的《魔戒》三部曲带火了新西兰影视产业，并在远隔重洋的中国那么叫座。曾有新西兰朋友和我开玩笑说，新西兰也是"中国"，是"中土之国"。

在新西兰政府支持下，斯皮尔伯格、卡梅隆等国际大导演纷纷来新，《金刚》《阿凡达》《丁丁历险记》《霍比特人》等作品在新西兰拍摄或进行后期制作，影视产业创造巨大利润。"中土之国"纯净、独特、神秘的世外桃源之美吸引着各国游客一探究竟。2015年，抵新外国游客首次突破300万人次。

中新两国以文化语言创造着新的友好交往史，推动双方影视、旅游、教育、航空、文化等领域合作同步发展，人文交流与服务贸易相互促进。2010年，两国签署电影合拍协议，新西兰成为第一个同中国签署政府间电影合拍协议的国家。2014年习近平主席访新期间，新西兰成为第一个同中国签署政府间电视合拍协议的国家。此后，电视真人秀节目《爸爸去哪儿》、电影《卧虎藏龙2》

在新拍摄，中新首部合拍电影《魔象传说》开始制作，首部合拍电视片《多彩中国》即将启动。

作为新第二大海外游客来源国，2015年中国赴新人数达35.6万人次，同比增长34.4%。中国连续11年稳居新西兰第一大海外留学生来源地，在新留学人员约6万人。中国国际航空公司、南方航空公司、东方航空公司相继开通赴奥克兰、克赖斯特彻奇直航航班。中文现为新西兰中小学第二外语。作为西方国家第一个中文周，新西兰中文语言周于去年9月启动，架起中新语言交流新桥梁。新西兰中国文化中心去年12月揭牌，为新西兰民众了解中国文化提供新平台。

中新交流合作领域不断拓展，体现了两国关系的全面性，契合中国经济转型升级的政策方向。"一带一路"倡议秉持共商、共建、共享原则，拓展了中新务实合作空间。新西兰在西方国家中第一个加入亚投行，抢占了先机，继续走在西方国家发展对华关系的前列。

4月17日至22日，新西兰总理约翰·基将偕夫人及大型代表团展开其任内第五次正式访华之旅，和中国领导人一道共同规划两国关系未来发展。访问期间，中新两国有关部门将签署一系列合作文件，新西兰政府主办的首届新西兰电影节将闪亮登场，中新双方有望达成多项影视合作项目。约翰·基总理还将首次访问丝绸之路经济带重要端点——西安，推进两国发展战略的对接。

跨越重洋，中新两国的手将握得更紧，两国全面战略伙伴关系内涵将更加丰富，为两国人民带来更多福祉。

（作者为中国驻新西兰大使）

（2016年04月17日）

在中非合作中"领跑"

顾小杰

中国和尼日利亚双边关系战略性和全面性日益凸显,两国在多个领域的合作成果丰硕

应中国国家主席习近平邀请,尼日利亚总统布哈里于4月11日至15日对中国进行国事访问。这是布哈里总统执政以来首次访华,也是中非合作论坛约翰内斯堡峰会召开后首位访华的非洲国家领导人,对中尼、中非关系发展具有重要意义。

中尼虽远隔重洋,但两国传统友谊源远流长、历久弥坚。中国是最大的发展中国家,尼日利亚是非洲人口和经济总量第一大国。中尼均享有灿烂的古老文明和活力四射的多元文化,同时也都面临艰巨的发展任务。诸多相似之处为双方携手共进奠定了坚实基础。今年是两国建交45周年,在双方领导人的共同关心和推动下,中尼关系持续健康发展,双边关系战略性和全面性日益凸显,两国在多个领域的合作成果丰硕,在中非合作中"领跑"。

近年来,中尼高层交往频繁,两国政治互信不断加强。布哈里总统去年5月就任以来,习近平主席与布哈里总统分别在联合国成立70周年系列峰会和中非合作论坛约翰内斯堡峰会期间会晤,就中尼各领域务实合作深入交换意见,达成广泛共识,为两国关系未来发展指明方向。今年以来,尼多位部长和

央行行长访华，更是凸显中尼友好交往的热度。

中尼双方在贸易、农业、能源、基础设施、通信等领域务实合作不断推进。尼日利亚稳居中国在非洲第一大海外工程承包市场、第二大出口市场、第三大贸易伙伴和主要投资目的地国。截至2015年底，中方在尼非金融直接投资累计超过25亿美元。卫星发射、铁路建设等大项目落地生根，莱基、奥贡等自贸区建设稳步推进。

两国人文交流日益活跃。尼日利亚在非洲国家中率先在华设立文化中心，中国文化中心也早已在尼落地生根。两国每年都有许多文化、学术团体互访，为两国人民增进彼此了解与认知开启了一扇扇大门。目前，中国已在尼设立两所孔子学院和4个汉语教学点，尼普通民众特别是青年一代学习汉语的热情高涨，并有越来越多的尼日利亚学生赴华求学深造，中尼友好的民间基础愈发坚实。日益频密的人文交流有力促进了中尼两国人民的相知相亲。

中尼同为发展中大国，在政治交往中历来讲究平等互信，在国际和地区事务中合作良好，一直就重大国际和地区问题保持沟通与配合，并相互理解、相互支持，共同致力于维护发展中国家利益。

尼日利亚是具有重要影响力的地区大国，是中国在非洲的重要合作伙伴。尼日利亚政府正在努力践行"变革"，力促经济多元化和工业化，推动国家发展进步。去年12月，中方在中非合作论坛约翰内斯堡峰会上提出包括"十大合作计划"在内的一系列对非合作新举措，同样也为深化中尼各领域务实合作搭好了平台。

我们相信，在实现各自发展目标的征程中，只要中尼携手合作，并充分发挥传统友好和经济互补性强两大优势，用好中非合作论坛等平台，中尼战略伙伴关系发展前景将更为广阔。

（作者为中国驻尼日利亚大使）

（2016年04月12日）

中斯合作根植于人民友好

易先良

中斯之间有讲不完的友好故事,也有描绘不尽的美好前景

斯里兰卡总理维克勒马辛哈即将赴北京开启一段中斯友好新旅程。2014年9月,习近平主席历史性访问斯里兰卡,翻开了中斯关系的新篇章。2015年3月,斯里兰卡总统西里塞纳当选后不久即访问中国,巩固和深化了中斯友好合作关系。相信维克勒马辛哈总理此行将进一步提升中斯战略合作伙伴关系。

一位来斯旅游的友人向我谈了他对斯里兰卡最难忘的三点印象:一是科伦坡独立广场上早晚大量的跑步人,这是这个国家充满活力与向上精神的表现;二是清晨早起采花献佛的妇女,这反映了斯里兰卡人民的虔诚和信念;三是所到之处,作为一个陌生中国人所见到的真诚自然的笑脸。一位自上世纪70年代常去中国旅行、经商的斯里兰卡朋友告诉我:"无论在北上广,还是在偏远的湖南韶山农村,扑面而来的是勤奋与和谐的气息。当人们得知我来自佛国斯里兰卡,都会主动双手合十祝福。"积极向上、诚信、友善,这是中斯两国人民的共同民族特性,也是双方人民长期以来的相互印象。

打开历史的记忆,法显的足迹、尘封的郑和碑诉说着中斯两国延续千年的友谊,签署米胶协定的老照片见证了中斯患难与共的兄弟情义,巍然屹立的纪念班达拉奈克国际会议大厦播撒下中斯世代友好的种子。

尽管国际局势风云变幻、斯国内政党不断轮替，中方与斯里兰卡政府、政党和人民始终保持良好关系，中国人民对斯里兰卡人民的友好感情历久弥新。2009年，斯结束国内武装冲突，迎来持久和平。在重建与发展道路上，中方坚定与斯方站在一起。今天，科伦坡港南集装箱码头、普特拉姆燃煤电站、莲花池剧院等已成为中斯友好的新地标。中国的支持为斯发展奠定了不可或缺的基础。斯里兰卡旅游景区和商场里不断增多的中国游客成为中斯友好的新景象。斯民众到中国经商、旅游、求学成为新时尚。2015年，两国贸易仍稳步增长，达45.6亿美元。中国访斯游客再创新高，达21.5万人次。中斯宗教、文化、教育、科技等各领域交往合作继续拓展，中斯友好的历史潮流势不可挡。

时常有斯里兰卡朋友对我说，感谢中国为斯经济社会发展提供的帮助与支持。其实，这是中斯两国政府和人民互帮互助、共同努力的结果。中方一直致力于推进真诚互助、世代友好的中斯战略合作伙伴关系，为两国人民创造福祉。新时期，中斯紧密合作的故事才刚刚拉开帷幕。

抚今追昔，斯里兰卡作为古代海上丝绸之路的重要一站，亲历了最繁荣的时代。而今，中斯已经吹响共建21世纪海上丝绸之路的新号角。中方愿在此框架下与斯方加强战略对接，促进共同发展，实现互利共赢，并欢迎斯方宣布科伦坡港口城项目正式复工，支持斯打造地区金融、物流和航运中心。中国也将继续鼓励中资企业在斯投资兴业，打造中斯经贸合作新增长点。中方将继续支持斯在华开展旅游推广和茶叶等产品促销，鼓励中国游客到斯旅游，便利两国人员和贸易往来。我们也将支持两国高校、智库、媒体和佛教界加强交流合作，不断增进两国人民了解与友谊。

中斯之间有讲不完的友好故事，也有描绘不尽的美好前景。4月的北京草长莺飞，充满生机。相信维克勒马辛哈总理的中国之行将丰富而精彩，硕果累累，中斯关系也必将迎来更加美好灿烂的春天。

（作者为中国驻斯里兰卡大使）
（2016年04月05日）

"三个第一",捷克等待历史性时刻

马克卿

习近平主席访问捷克,必将引领两国和两国人民越走越近,步伐越来越坚定稳健,为两国人民带来更多的福祉

3月,春意盎然、风景如画的捷克首都布拉格将迎来习近平主席的历史性访问。此访将创造"三个第一":中捷建交67年来我国国家元首第一次访问捷克,习近平作为国家主席第一次访问中东欧地区国家和2016年第一次出访欧洲。

对于中国人来说,捷克并不陌生。爱好音乐者对德沃夏克、斯美塔那如醉如痴,爱好文学者对卡夫卡、米兰·昆德拉耳熟能详,爱好影视者对《好兵帅克》《鼹鼠的故事》难以忘怀,爱好旅游者对布拉格、克鲁姆洛夫流连忘返……提起捷克,许多中国人有着特殊的情愫。新中国成立伊始,当时的捷克斯洛伐克立即宣布与我建交,此后,一批又一批捷克专家、工程师不远万里来到中国,为百废待兴的新中国建设提供了宝贵的支持和援助。20世纪五六十年代,体现两国合作成果的"中捷友谊农场"和"中捷友谊机床厂"在中国业界几乎人人皆知,誉满华夏。

在过去短短两年时间里,中捷关系释放出巨大的互利合作潜能。

两国高层交往十分频繁。习近平主席与捷克总统泽曼会晤了4次,为两国关系良好发展发挥了重要的引领作用。2015年9月,泽曼总统作为唯一的欧

盟国家元首，出席中国人民抗日战争暨世界反法西斯战争胜利70周年纪念活动，受到中国人民的热烈欢迎。

双方经贸投资空前活跃。截至2015年底，中方对捷投资由两年前的2亿美元猛增到16亿美元，捷克对华投资总额达到18亿美元。去年双方签署了共建"一带一路"合作协议，捷克成为中国在中东欧地区的重要合作伙伴。

地方交流"井喷式"发展。捷克几乎所有州市都与中国省市建立了合作关系，双方人文、科技、教育、旅游、卫生等领域交流合作亮点不断。北京与布拉格开通直航，到捷克的中国游客年增30%以上。中医走进捷克，"欢乐春节"庙会等文化活动深受捷克民众青睐。可以说，两国关系进入建交以来最活跃、最富有成果的新时期。

古人云："治国犹如栽树，本根不摇则枝叶茂荣。"在捷克，栽树象征合作长久。2014年10月泽曼总统访华时，特意带上一棵苹果树苗赠给习近平主席。他寄语两国合作像苹果树一样深深扎根，两国关系持久长远发展。习近平主席回应：中捷合作如同一片苹果树林，我们既要摘苹果，更要多栽树。我们要精心呵护两国合作的树苗，使它们早日成林，结出硕果。苹果树成为此后两国元首历次会面时的必谈话题，演绎出新时期中捷友谊与合作的一段佳话。

3月，正是植树的最佳时节。据悉，习近平主席此访也将回赠泽曼总统一棵树。我相信，这棵树满载着中国人民的深情厚谊，一定会在捷克的热土深深扎根、茁壮成长并结出累累果实。我更相信，在中捷各界人士的精心呵护与共同培育下，这棵树将根植于两国人民的心中，获得长久的生命力。

习近平主席访问捷克，必将引领两国和两国人民越走越近，步伐越来越坚定稳健，为两国人民带来更多福祉。

（作者为中国驻捷克大使马克卿）

（2016年03月25日）

春节给"欧洲之都"带来的不只是欢乐

曲 星

由中国元素主导、世界普遍接受并参与的春节文化将成为增进中欧人民友谊的桥梁、推动人类社会进步的动力

今年除夕,我收到老朋友比利时前联邦众议长弗拉奥先生的一条特殊拜年短信:"感谢中国朋友举行的春节盛装巡游活动,让布鲁塞尔焕发新的生机与活力。"的确,"欧洲之都"布鲁塞尔今年度过了一个非同一般的春节。

2月6日,布鲁塞尔市中心大广场张灯结彩,"年味儿"十足。中国驻比利时大使馆与布鲁塞尔市政府联合举办2016年"欢乐春节"盛装巡游活动,并在市政厅隆重举行春节招待会。这是中国人首次在布鲁塞尔举行春节巡游,布鲁塞尔市政厅首次举行中国春节招待会、首次升起五星红旗、披上中国红,是中国形象在"欧洲之都"的一次优雅绽放。我和比利时首相特别代表、农业大臣博苏等比方嘉宾一道为舞狮点睛,为著名的小于连雕像换上中国传统服装,率领近千名中比艺术家在市中心表演精彩的舞龙舞狮、秧歌腰鼓、武术等节目,吸引数万名比欧民众和游客热情参与。比利时荷语国家电台电视台、法语国家电台电视台等当地主流媒体密集报道,盛况空前。

随着中国综合国力跃居世界前列,国际地位和全球影响力显著提升,各国友人了解中国和中国文化的意愿日益强烈。作为中国生活方式、价值理念和哲

学思想集大成者的春节文化，日益在世界各大洲落地生根，成为中国与世界交流的最佳平台与最好抓手。以比利时为例，当地主流社会纷纷组织丰富多彩的庆祝活动。比中经贸委和弗中商会连续多年举办中国春节招待会；比利时法语国家电视台连续两年在春节期间播出《舌尖上的中国》系列节目；列日市政府连续两年举办中国春节文化月……

近年来，海外春节庆祝活动不断推陈出新，布鲁塞尔市政厅春节招待会举办中国时装设计秀，六小龄童带领"群猴"在纽约时报广场表演"百猴闹春"快闪，中国贺岁电影英法德首映。春节成为中国文化走出去的重要品牌，有利于中国文化和世界各国文化进一步融合，让更多国家和人民了解中国的传统和现状，中国的文明、文化和精神风貌。

今年恰逢中比建交45周年，春节活动拉开了全年系列庆祝活动的序幕，营造了良好氛围，体现了中比关系的高水平。作为中国驻比利时大使，我很高兴地看到中比关系步入"快轨道"。两国高层交往频繁，经贸合作稳中有进，人文交流成绩斐然。布鲁塞尔中国文化中心正式揭牌，孔子学院新增两所，成为当地民众感知中国和双方文化交流的平台和窗口。中国游客赴比利时人数快速增长，列日市与中国多个城市开通旅游包机航线，两国民众越走越近，越走越亲。

中比关系是当前中欧关系健康稳定发展的缩影。在欧洲经济萎靡、民心不振的背景下，一场热气腾腾的中国文化盛宴不仅给当地民众带来欢乐的节日气氛，而且是对比利时和欧洲的巨大精神支持，带来比黄金还要珍贵的信心和活力。更重要的是，它将为中欧共同打造和平、增长、改革、文明四大伙伴关系发挥积极影响，为中欧合作注入新动力。

我相信，由中国元素主导、世界普遍接受并参与其中的中国春节文化将在布鲁塞尔大放异彩，成为增进中欧人民友谊的桥梁、推动人类社会进步的动力，为比利时和欧洲人民带来欢乐、祥和、信心，以及对人类更美好未来的憧憬和希望。

（作者为中国驻比利时大使）

（2016年02月23日）

乘风破浪　扬帆远航

徐　坚

中波双方政治互信不断增进、经贸合作日益扩大、人文交流深入开展，是两国政府和人民共同努力的结果

波兰正处于深冬季节。波兰的冬天是静谧的，可以让我细细品味中波合作蒸蒸日上的欣喜；波兰的冬天是漫长的，可以让我深深憧憬两国友谊地久天长的美好。

我出使波兰三年有余，每一年都有不同的感受，每一年都让我对这个美丽的国度更加热爱，对中波关系的发展信心满满。

波兰地处欧洲心脏，历史上是兵家必争之地。虽不幸三次遭受瓜分，但波兰依然在文化、艺术、科学等领域为世界文明作出卓越贡献。钢琴诗人肖邦是波兰的"国家名片"，创立"日心说"的哥白尼开创了人类自然科学向前迈进的新纪元，两次获得诺贝尔奖的居里夫人为世界放射性物质的研究和应用作出了不可磨灭的贡献，显克微支、雷蒙特、米沃什、辛波斯卡等多位诺贝尔文学奖得主给世界带来丰富的精神食粮。在这片土地上诞生如此之多的世界名人绝非偶然，正体现出波兰民族是一个富有创见的民族。

我上任之初，正值中国同波兰建立战略伙伴关系不久、中国和中东欧国家领导人首次会晤在华沙举行，两国关系处在一个新的历史起点。几年来，中波

政治互信不断增进、经贸合作日益扩大、人文交流深入开展，这是两国政府和人民共同努力的结果。作为中国驻波兰大使，能亲手为中波友好事业牵线搭桥、添砖加瓦，令我倍感自豪与喜悦，肩上的责任也是沉甸甸的。

2015年11月，波兰总统杜达对中国进行国事访问并出席第四次中国—中东欧国家领导人会晤。我回国参与陪访接待，深刻感受到中波合作前景广阔，大有可为。杜达总统是波兰新一代领导人，上任之初即主动提出将访华纳入百日出访计划。中国是他第一个到访的亚洲国家，此次行程也是历时最长、到访城市最多、旅行距离最远的一次访问。访问期间，习近平主席、李克强总理分别与杜达总统会谈、会见。两国元首一致同意，努力提高中波战略伙伴关系发展水平。两国还签署了政府间共同推进"一带一路"建设的谅解备忘录，并在旅游、金融、贸易、产能合作等领域达成双边合作协议。

去年，中波双边各层级各领域的交流与合作还有许多可圈可点之处。两国外长实现互访，中波政府间合作委员会首次全会在北京召开。波兰积极参与"一带一路"建设，全面参与中国同中东欧"16+1"合作，是唯一来自中东欧的亚投行创始成员国。此外，"欢乐春节"活动已多次在波兰举办，宣传中国文化的品牌效应凸显，影响越来越大。波兰第五所孔子学院揭牌，"汉语热"持续升温。中国海军舰艇编队首次访问波兰，成为两国和两军交往新亮点。两国企业界务实合作不断扩大，催生出越来越多的合作项目。双方互访游客迅速增长，北京—华沙直航班机几乎班班客满，民心沟通更加紧密。

乘风破浪正当时，继往开来再扬帆。让我们共同祝愿中波友谊之树常青，两国关系百尺竿头更进一步。

（作者为中国驻波兰大使）

（2016年02月03日）

传丝绸之路友谊启中伊关系新篇

庞 森

习近平主席即将对伊朗进行国事访问,将极大推动两国关系发展,为古韵悠长的丝路旋律谱写新时代的华美乐章

2000年前,驼铃阵阵,丝路漫漫。西汉张骞所率使节团跨越千山万水来到安息(古代伊朗),受到了两万民众的热烈欢迎,结下深厚感情。丝绸之路架起一条交流物产、连通人心的桥梁。伊朗的葡萄、石榴与中国的茶叶、丝绸等珍稀物产通过丝绸之路流通交换,织就了古老文明友好往来的美好画卷。

古老的丝绸之路跨越时空,迸发着新的生命力。作为丝绸之路两端的重要国家,中国与伊朗的关系近年平稳发展,各领域合作展现出勃勃生机。

政治关系根深叶茂。习近平主席与鲁哈尼总统多次会面,不仅进一步夯实了两国政治互信,并为两国关系的未来发展规划了蓝图。中国积极推动通过政治谈判解决伊朗核问题,为全面协议的最终达成贡献了中国智慧。两国同为发展中大国,在维护国家主权、民族独立以及在国际和地区事务中有很多共同语言。

经贸合作蒸蒸日上。中国连续6年保持伊朗第一大贸易伙伴国地位,也是伊朗最大的石油及非石油产品出口市场。2014年,中伊两国贸易额突破了500亿美元大关。大量中国企业在伊投资兴业,华为手机、奇瑞汽车等广受欢迎。

中国每年进口的石油，约有 1/10 来自伊朗，伊朗的开心果、藏红花和地毯在中国市场更是备受青睐。

人文交往丰富多彩。伊朗在中国人民心目中向来是神秘、富有魅力的。近些年，中国赴伊旅游团组与背包客迅速增加。两国开设对方语言专业的学校越来越多，德黑兰大学建立了孔子学院。伊朗电影历来为中国观众喜爱。去年，伊朗举办中国电影周，更多伊朗民众欣赏到东方电影的魅力。如今，很多伊朗人都会用非常流利的汉语说"你好"，这正是两国人民深情厚谊的生动写照。

中伊互利合作大有可为。伊朗能源、矿藏资源丰富，工业门类齐全，亟须将发展潜力转化为财富与生产力。中国持续推进工业化与城镇化，正处于经济结构调整与产业转型期。2016 年是中国"十三五"开局之年，伊朗启动"六五"规划，中伊发展阶段深度互补。习近平主席提出"一带一路"构想后，伊朗反响积极，对参与共建"一带一路"表现出极大的热忱。在"一带一路"建设推动下，两国进出口贸易、互联互通、产能合作、产业园区建设将迅速发展，为两国及两国人民带来巨大福祉。

令人振奋的是，习近平主席即将对伊朗进行国事访问，这是时隔 14 年后中国国家元首再次访问伊朗。此次访问将极大推动两国关系发展，为两国政治、经济、安全、文化等领域合作的全面发展注入动力，在两国关系史上留下浓墨重彩的一笔，为古韵悠长的丝路旋律谱写新时代的华美乐章。

（作者为中国驻伊朗大使）

（2016 年 01 月 18 日）

丝路新篇章　合作好伙伴

宋爱国

习近平主席即将对埃及进行国事访问，推动新时期中埃高层往来步入新高潮

相知无远近，万里尚为邻。中埃相隔万里，但山水隔不断两国相濡以沫的真挚情谊，时空挡不住双方贯通古今的交往合作。新年伊始，在中埃人民的共同期盼中，中国国家主席习近平应埃及总统塞西邀请即将对埃及进行国事访问。这是中国国家元首时隔12年首次访埃，并恰逢中埃建交60周年。此访将成为新时期中埃关系发展的里程碑，有力推动两国团结友好、合作共赢、共同发展的全面战略伙伴关系蓬勃发展。

回望历史，2000多年前的古丝绸之路就将中埃两大文明古国联系在一起。中国西汉时期的使者曾远抵今天埃及的亚历山大。埃及成为传统上连接东西方的贸易中心和文化枢纽，见证了驼铃声声、舟楫相望的丝路历史篇章。中国古老发明经由此地传播到欧洲。记得我出使埃及之初，一位埃及政府部长兴奋地对我说，世上罕有与古埃及文明比肩者，唯中华文明堪能媲美，这是对中国文化最真诚的赞美。而绵延千年、贯通古今的丝路精神，正是中埃友好交往的真实写照。

回忆是共同的，心灵是相通的。中国人民不会忘记，埃及是第一个与新中国建交的阿拉伯国家和非洲国家，在中国同广大阿拉伯国家和非洲国家关系的

发展进程中发挥了独特而重要的作用。中国政府和人民支持埃及收回苏伊士运河主权,两国老一辈领导人在万隆会议共商亚非团结等光辉片段,也为许多埃及朋友津津乐道。建交60年来,无论国际风云如何变幻,友谊与合作始终是引领中埃关系发展的主旋律。共同走过辉煌的岁月,中埃两国早已成为同舟共济、彼此信赖的亲密朋友。

在新的历史时期,古老的丝绸之路焕发出新的时代光彩。随着"一带一路"建设和"新苏伊士运河走廊"开发工程的实施推进,中埃发展战略对接迎来历史机遇。两年多来,中埃年贸易额连续突破百亿美元,中国对埃投资规模不断扩大,苏伊士经贸合作区拓展区即将启动,埃及成为亚投行创始成员国,中埃签署产能合作框架协议,中资企业在埃及不断收获商业佳绩和社会赞誉。中埃在电力能源、铁路交通、卫星科技等领域的合作潜能不断激发,两国互利合作势头强劲,成为携手逐梦、共同发展的坚定伙伴。

国之交在于民相亲,人文交流作为中埃友好的宝贵财富和生动剪影,也在不断拉近两国人民的感情。从丝路文明到当代艺术,千百年来中埃文化交融从未中断。今天,行走在开罗的大街小巷,中国文化元素常会突然映入眼帘,热情的民众也尝试着用中文问好。许多埃及朋友因为中华文化而喜欢上中国。从"欢乐春节"大庙会、"汉语桥"中文比赛,到中国电视译制剧在埃热播,再到即将启动的2016中埃文化年,这些多彩灵动的人文活动,成为增进中埃友谊的文化桥梁与心灵纽带。

历经千百载丝路情、60年兄弟谊,中埃关系历久弥新。两国是经得起时间考验的老朋友,并在共同发展道路上日益成为命运共同体和利益共同体。习近平主席即将对埃及进行国事访问,推动新时期中埃高层往来步入新高潮。在两国领导人的共同推动下,中埃全面战略伙伴关系也将登上新高峰。

(作者为中国驻埃及大使)

(2016年01月17日)

共拓合作路 乘风到天方

李成文

中国愿同沙特共建"一带一路"、推进中阿"1+2+3"合作布局,进一步深化双方政治互信和利益融合,推动中沙关系乘风破浪,开启新的航程

说起沙特阿拉伯,人们就会想到广袤无垠的黄沙瀚海、星罗棋布的清真寺、一掷千金的石油富豪、全球穆斯林向往的麦加天方和身着白色长袍、热情好客的阿拉伯人。古道驼铃,宝船浩荡,中沙人民自古以来就通过陆上和海上丝绸之路相互交流往来,明朝郑和船队曾赴天方(即今麦加)朝觐,随行的航海家、翻译马欢盛赞天方是"极乐之国",天方国王也曾派使臣访华。

中国与沙特1990年正式建交,沙特在阿拉伯国家中与我国建交最晚,但建交后双边关系突飞猛进、后来居上。沙特人保持着沙漠游牧民族热情淳朴、豪爽仗义的文化传统,对中国朋友十分"够意思"。2008年中国汶川特大地震发生后,沙特政府第一时间向我国提供5000万美元现金和1000万美元物资援助,是对我国援助最多的国家,当时年过六旬的沙特驻华大使叶海亚先生带头,使馆40余名工作人员为灾区人民献血。2010年上海世博会期间,沙特耗资1.5亿美元修建独具匠心的"月亮船"展馆,并在世博会结束后无偿赠予中方。中国也重情谊、讲信义,始终坚定支持沙特的稳定与发展。

在双方共同努力下,中沙各领域务实合作全面开花,两国人民友谊不断加

深。沙特是中国在西亚非洲地区第一大贸易伙伴和第一大原油供应国。中沙基础设施建设、投资、劳务合作稳步扩大，在产业产能、航天卫星、科技、核能与可再生能源、金融等新兴领域合作不断拓展。中国2013年担任沙特"杰纳第利亚民族文化遗产节"主宾国，沙特担任北京国际书展主宾国。中沙互派留学生不断增加，中国赴沙朝觐的穆斯林持续增多。特别值得一提的是，沙特热情支持中方提出的共建"一带一路"倡议，并已成为亚投行创始成员国。

展望未来，在中东地区持续动荡、全球能源格局深度调整的大背景下，中沙利益契合点不断增多，相互借重和需求日益增大，合作前景更加广阔。历史上丝绸之路曾推动了中国与包括沙特在内各国友好交流往来，今天中方提出的共建"一带一路"倡议为中沙关系发展提供了新的机遇。沙特作为阿拉伯大国，在以能源合作为主轴，以基础设施建设、贸易和投资便利化为两翼，以核能、航天卫星、新能源三大高新领域为突破口的中国与阿拉伯国家"1+2+3"合作格局中，中沙合作更是大有可为。

问渠哪得清如许，为有源头活水来。中国国家主席习近平即将对沙特进行国事访问，这是习近平担任国家主席以来首次出访中东国家，也是萨勒曼国王登基以来中国领导人首次访沙，具有重要历史性意义。沙特人民热切期待习近平主席来访。中方愿以此访为契机，同沙方共建"一带一路"、推进中阿"1+2+3"合作布局，进一步深化双方政治互信和利益融合，推动中沙关系乘风破浪，开启新的航程。

（作者为中国驻沙特大使）

（2016年01月16日）

国际论坛

中挪关系正常化带来正能量

欧阳思

友谊的小船翻了也可以扶正，我们有足够的胸怀对幡然醒悟者重新张开双臂

岁末年终，俄罗斯驻土耳其大使遭枪击身亡。德国柏林发生卡车冲撞圣诞集市事件，造成严重伤亡。再加上今年以来国际上连续发生出乎人们意料的事件，这个世界似乎乱象纷呈，令人忧心忡忡。然而，12月19日中国与挪威关系实现转圜，给世界带来点好消息、正能量。

2010年，挪威诺贝尔委员会把当年的和平奖颁给了中国的服刑犯人刘晓波，引发了一场国际闹剧和中挪关系的轩然大波。当时的挪威政府出于西方长期的偏见和傲慢，对中方的强烈不满和坚决反对不以为然，甚至高调对挪诺委会的授奖决定"点赞"。挪威方面没有想到，中国老百姓出离愤怒了，随即他们就被中国毫不犹豫、毅然决然地拉进了黑名单，踢出了群，彻底屏蔽在了朋友圈之外。

实际上，中挪关系原本可圈可点。1950年，挪威是第二个承认新中国的西方国家，仅比英国晚1天。1954年，挪威对华建交，是较早同中华人民共和国建交的西方国家之一。2004年，中国在挪威斯瓦尔巴群岛设立了北极科考"黄河站"，这也是中国在北极地区唯一的科考站。2007年，挪威承认了中国完全市场经济地位。2008年，挪威同中国启动自贸区谈判，差点就成为首

个对华签署自贸协定的欧洲国家。然而 2010 年之后，中挪关系跌入谷底。最能说明问题的是挪威三文鱼从占中国市场 90% 以上，大幅滑落至不足 10%。挪方不仅经济利益受损，而且据说挪威领导人坦承，随着中国日益走向国际舞台中央，由于对华交往的中断，一向在国际上发挥着独特作用的挪威参与国际事务面临严峻挑战。

在经过 6 年不懈努力并使出"洪荒之力"后，12 月 19 日，挪威外交大臣布伦德突然访华，中挪两国就双边关系正常化发表声明。有人说这是挪威版的"赴京请罪"，此话既对也不对。说对，是因为挪威人是真的来认错了。布伦德对中国领导人表示，挪方将充分尊重中国的发展道路和社会制度，不支持任何损害中方核心利益和重大关切的行为，坚定奉行一个中国政策，随后两国发表的关系正常化声明中也再次强调了上述立场。这些话，是挪方对中方、对国际社会的承诺。中方以"挪威方面对损害双方互信的原因进行了深刻反思"等表态，接受了挪方的"深刻检讨"。中挪关系正常化成为今年中国外交在收官阶段的重大成果，写下了浓墨重彩的一笔。

说"赴京请罪"不对，是因为调侃归调侃，但以大欺小，仗势欺人的事，中国绝不会干，也不屑干。中方强调两国要"相互尊重、平等相待"，认为"中挪关系正常化符合《联合国宪章》所规定的国与国关系基本准则以及双边关系健康稳定发展的正确方向"。人无信而不立，国家之间的交往亦是如此。彼此尊重、平等交往是国家间信任的基础。没有这个基础，就不可能保持友好关系，更谈不上开展务实合作。

近年来，中国领导人反复提到中国特色大国外交，就是要推动建立以合作共赢为核心的新型国际关系。而实现合作共赢的基础，就是要在相互尊重、平等相待、充分照顾彼此核心利益和重大关切的原则基础上发展国与国关系。相互尊重、平等相待的道理历久弥新，早在上世纪 50 年代周恩来总理访问印度时提出的和平共处五项原则里就包含了这一层意思。中挪关系在此基础上实现正常化，再次说明这一理念的生命力和影响力。

中挪关系转圜的消息传回挪威后，据说包括反对党在内的挪主要党派领袖纷纷表示祝贺，挪工商界更是一片欢欣鼓舞，奥斯陆证交所多只海产类股票均出现不同程度的上涨。中挪双方就重启自贸协定谈判达成了原则一致，外界对挪威三文鱼对华出口，两国能源、海洋和北极合作等都抱有非常大的期待，中挪合作前景广阔。

诚然，有个别媒体还在纠缠挪威政府是否向中国"磕头"，个别政客也不忘提醒政府要在人权问题上"坚持原则"。明年9月，挪威将举行大选，不排除还会出现杂音。但应看到，友谊的小船翻了也可以扶正，我们有足够的胸怀对幡然醒悟者重新张开双臂。同时我们也要提醒挪方拿出勇气，坚守自己的承诺，不要以所谓国内政治压力为挡箭牌，当面一套，背后一套。

以史为鉴，面向未来，相互尊重，合作共赢，国际关系理当如此。我们期待中挪关系转圜使这一中国理念更加深入人心。

（作者为国际问题专家）

（2016年12月22日）

欧盟应履行世贸组织法律义务

让—弗朗索瓦·贝利斯

世贸组织成员应在中国加入世贸组织 15 年过渡期结束后,终止在对中国出口产品反倾销调查中使用"替代国"价格的做法,这是世贸组织成员必须遵守的国际条约义务。

根据《中国加入世界贸易组织议定书》第十五条之规定,世界贸易组织成员在对中国出口产品的反倾销调查中使用"替代国"数据的做法将在 2016 年 12 月 11 日终止。经过 15 年漫长的等待,就在这一期限最后来临之际,欧盟却在酝酿变相沿用这一做法,公然违反世贸组织法律,严重损害国际法治精神。

在正常市场环境下,判断是否存在倾销行为,需要将进口商品价格和商品与原出口国的价格和成本进行对比;对于非市场经济国家,国内价格不能作为基准价格用于比对出口价格,法规允许使用另一个市场经济国家即"替代国"的数据,进行反倾销税计算。2001 年中国加入世贸组织时,中国被认为是"非市场经济国家",这就意味着允许其贸易伙伴在世贸组织框架下对中国向其出口"过于廉价"的产品征收反倾销税,并在反倾销调查时使用"替代国"数据的做法。

根据《中国加入世界贸易组织议定书》第十五条(a)项(ii)款,如果中国生产商不能明确证明在制造、生产和销售该产品方面具备市场经济条件,进口国就可以使用不与中国国内价格或成本进行严格比较的方法。第十五条（d）项则明确规定，"无论如何，（a）项（ii）款的规定应在加入之日后15年终止。"这就意味着，第十五条是一则"日落条款"，也就是说，该条款的适用期限是15年，将在2016年12月11日失效。

这一条款白纸黑字写得非常清楚，没有任何歧义，那就是在2016年12月11日以后，那些把中国列为"非市场经济国家"的世贸组织成员，将不能再以此为由，采用"替代国"办法执行反倾销调查，否则就是违反世贸组织规则。欧盟对此条款的意义也非常清楚，所以在该条款终止之前采取了一系列措施，但明显背离了这一条款的基本精神。

前不久，欧盟委员会向欧洲议会及欧洲理事会正式提交了修改其反倾销、反补贴法律制度的提案。该提案建议取消"非市场经济国家"名单，体现了欧盟履行第十五条规定所承担义务的意愿，表现出一定的积极姿态，但提案同时以"市场扭曲"的概念和标准替代"非市场经济"的概念和标准，对于市场价格被干预"严重扭曲"的世贸组织成员，欧盟仍将在反倾销调查中参考第三国价格。这就意味着欧盟并未从根本上取消"替代国"做法，因此也就没有全面彻底地履行第十五条的法律义务。

根据国际法和国际贸易规则，如期切实履行第十五条，是包括欧盟在内的所有世贸组织成员应尽的法律义务和应该遵守的多边贸易体制规则，而不是对中国的优惠。世贸组织成员应在中国加入世贸组织15年过渡期结束后，即2016年12月11日，终止在对中国出口产品反倾销调查中使用"替代国"价格的做法。这是世贸组织成员必须遵守的国际条约义务，任何成员都不应以国内法或者国内标准为由加以曲解、规避甚至拖延。

权利和义务是对等的，作为世贸组织成员，欧盟只有认真履行世贸组织各项法律义务，才能享受世贸组织赋予的各项权利。欧盟如果以国内法为由规避自己在国际条约下的义务，则将受到相应的处罚。中国如果根据第十五条将欧盟诉诸世贸组织法庭，将会百分之百赢得这场官司的胜利。另外，欧盟在承受法律责任的同时，也将使欧洲许多企业蒙受巨大损失。中国是欧盟第二大贸易伙伴，中欧之间的日贸易额超过10亿欧元。中国市场越来越成为欧盟众多企业获得利润的重要来源。欧盟对中国企业的歧视性做法势必恶化双方的贸易环境，为欧洲企业进入中国市场制造障碍。

（作者为比利时范贝尔—贝利斯律师事务所主任合伙人、国际知名反倾销案律师）

（2016年12月09日）

欧洲防务寻新路

皮埃尔·贝尔特莱

欧盟希望妥善应对安全形势的挑战,在国际舞台上发挥重要作用,这种意愿愈发强烈了

众所周知,如今的欧洲面临诸多挑战,首当其冲的是恐怖主义和难民危机。反复强调建设一个安全的欧洲乍看像是空洞的套话,因为困难重重,应对手段和资源又那么有限,此外还有欧洲公民巨大的不信任感。与此同时,来自欧盟外部的威胁也正变得日益强烈。

欧洲现在究竟身处何种境况?我们要明白,欧洲安全形势并非一下子走到今天的地步。最初,英国"脱欧"只是被视为理论假设,却在今年变成了现实。我们第一次看到一个实力强大的国家决定退出欧盟。这件事所带来的负面影响包括:很多欧洲民众开始怀疑欧洲一体化,民粹主义也开始在不满情绪的蔓延中渐成气候。

此外,欧洲海岸线与边境还面临大量涌入的难民。叙利亚危机远未解决,从那里前往欧洲的人员从未间断。根据国际移民组织统计的数据,2015年进入欧洲的移民和难民人数突破了100万。同时,欧盟成员国也因为难民人数的分配问题而争论不休,其中不乏一些反对重新分配的国家。

最沉重的打击莫过于在欧洲土地上发生的一系列恐怖袭击。这些恐怖袭

击，让欧洲这块土地上的民族主义情绪一浪高过一浪，也让更多的欧盟民众对欧盟成员国这一身份进行质疑并反思。

当然，并非一切都那么黑暗。欧洲正在穿越种种危机，做出反思与应对。在英国决定脱离欧盟后，一些欧盟人士欢呼雀跃，认为少了英国这块"绊脚石"，欧盟共同防务建设将面临前所未有的机遇。虽然在建设欧盟共同军事力量的目标中，建立一支类似"欧盟军队"式的共同作战力量在短期内并无希望实现，但这并不妨碍欧盟先向着设立共同基金的目标迈进。

解决欧洲安全问题，欧盟正在行动。今年9月，欧盟27国领导人在斯洛伐克首都布拉迪斯拉发召开了首次没有英国参加的欧盟非正式峰会，安全问题被视为优先事项之一。在欧盟公布的"布拉迪斯拉发路线图"中，防务领域合作备受关注。此前，欧盟委员会主席容克还表示欧盟应建立军事总部，协调欧盟共同防务政策。

欧盟希望妥善应对安全形势的挑战，在国际舞台上发挥重要作用，这种意愿没有削弱，而是愈发强烈了。欧盟资助非洲和中东国家加强航空安全，尤其是在欧洲游客众多的国家；另斥资500万欧元用于加强警力，防范和打击欧盟公民赴叙利亚和伊拉克参加极端组织。欧盟国家还将在地中海沿岸部署更多的力量，应对不断从海上涌入的难民。

（作者为比利时司法部前顾问、法国里尔政治研究所研究员）

（2016年12月07日）

为中国人权成就而欢欣鼓舞

汤姆·茨瓦特

现在到了要打破西方人权观垄断的时候，我们要在人权领域发出一个全面的、有别于西方的声音

今年是联合国《发展权利宣言》通过30周年，由中国国务院新闻办公室和外交部共同举办"纪念《发展权利宣言》通过30周年国际研讨会"很有意义。我不仅代表荷兰人权研究所，而且代表跨文化人权交流中心与会。我们的中心响应习近平总书记所提出的有关通过讲好中国故事、分享中国经验让世界了解中国梦的主张，我们致力于加强与世界各国的人权专家对话，实现跨文化交流，帮助世界关注中国和非洲国家等发展中国家提出的人权主张。

我衷心祝贺中国共产党和中国政府在减贫方面取得的巨大成功，毫无疑问这是人类历史上最伟大的人权发展成就。因此，我对联合国人权理事会极端贫困与人权问题特别报告员菲利普·阿尔斯顿感到非常失望，尽管他也承认中国在减贫方面的成就，但在访华后还是发表毫无根据的、自相矛盾的言论以贬低中国的人权发展。

西方有些人没有认识到，人权不仅仅事关金钱，更事关人的尊严。能够享受充分并且可负担的医疗卫生服务、拥有足够的食物，这是实现人的尊严的最基本条件。1991年中国国务院新闻办公室发表的首部人权白皮书中，就人的

尊严与发展权之间的关系做了令人信服的说明。这一点也成为我们讨论发展权的核心，即以人为本。

联合国《发展权利宣言》的提出，是发展中国家在人权方面所做出的第一次成功的联合行动，它最终能被通过也是发展中国家外交官集体努力的结果。我本人目前正在致力于建设跨文化人权交流中心。这个跨文化人权交流中心是由来自中国、东南亚、南亚、非洲以及拉美和加勒比国家很多专家学者联合成立的。该中心建立于2014年，主要目标是加强世界各国人权专家之间的对话，实现跨文化交流。我们的工作重点之一，就是依靠发展中国家，尤其是中国和非洲国家的学者，制定人权领域的一些概念，加大发展中国家在人权领域的话语权。

目前，我们这个中心正在制定一份全面的关于发展中国家的人权愿景文件。这一愿景文件将会明确指出发展中国家在人权方面的一些基本观点。我们认为，现在到了要打破西方人权观垄断的时候，我们要在人权领域发出一个全面的、有别于西方的声音。

（作者为荷兰人权研究所所长、荷兰乌特勒支大学法学教授）

（2016年12月05日）

治理污染是区域性和跨部门课题

尤斯坦·尼加尔　高柏林

中国的优势是可以学习欧洲和美国以前所取得的经验，从而更快地提高空气质量

过去几年，中国空气质量总体上得到改善，但污染问题依然存在。造成空气污染的主要原因是烧煤，但汽车尾气、扬尘和二次颗粒物污染也日显严重。治理空气污染，可以在国际比较中寻找经验。

事实上，中国政府的应对方法跟英国曾经的模式差不多。英国在"伦敦大雾"发生后，于1956年通过了《清洁空气法案》，先是大力降低二氧化硫，随后是消除氮氧化物，进而逐渐降低颗粒物（包括PM10和PM2.5）浓度。美国也采取了类似举措，1970年推出了《清洁空气法》。美国足足用了50年，把PM10的年平均浓度从20世纪60年代早期的每立方米60微克降到了如今的每立方米20微克，这才达到了世界卫生组织的标准。而英国到2020年才有可能达到这一目标。

中国的优势是可以学习欧洲和美国以前所取得的经验，从而更快地提高空气质量。中国政府2002年确定了113个空气污染最严重的城市，并制定了改善空气质量计划。大多数火力发电厂和炼钢企业装备了清洗、除尘和去除二氧化硫及氮氧化物的设施，并且被迁出城市中心区域。北方城市大都采取了集中

供暖的措施。我们认为,这些措施是降低中国城市空气污染程度的最有效途径。

中国政府加大力度"向污染宣战"。"十一五"规划制定的目标,要求二氧化硫排放量比 2005 年水平降低 10%。"十二五"规划扩大了主要污染物的清单,把氨氮、氮氧化物等包括在内,要求排放目标比 2010 年降低 10%,而且还要求把二氧化硫的排放量再降 8%。多年努力见到了实效,1997 年至 2012 年中国城市 PM10 的年平均浓度下降了约 80%。

过去 5 年来,中国政府集中治理对公众健康损害最大的污染物 PM2.5。2012 年,中国政府公布了降低空气中 PM2.5 浓度的更为严格的标准,并从当年开始分期实施新标准。这一新的标准与世界卫生组织的标准相当。"十三五"规划还第一次将降低 PM2.5 的目标纳入其中,确定了把 PM2.5 浓度降低 25% 的目标。中国正在建设全世界最大的空气监测系统,逐步覆盖全国所有城市。

为了进一步改善空气质量,达到中国和世界卫生组织的标准,有两方面工作是值得多加关注的:其一,建立有效的区域空气质量管理机制。空气污染物可飘移 500 千米,能越过省界。所以,各省的行动计划需要考虑气象数据,并整合到由区域性负责机构监管的区域性计划之中。其二,要考虑除火电厂、汽车和建筑工地以外的其他污染源。钢铁厂、水泥厂、建筑机械,甚至是农业生产中燃烧的秸秆,都会大幅提高 PM2.5 浓度。

总而言之,空气质量管理计划需要各省份、多部门参与,严格执行排放标准,同时激励企业采取有效的减排措施。有效减排,实际上也是企业提升生产效率和竞争力的应有之道。

(作者分别为世界银行高级环境专家、世界银行中国首席环境专家)

(2016 年 12 月 02 日)

接过杭州峰会的接力棒

迪尔克·梅斯纳

针对当前世界经济面临的主要挑战,二十国集团杭州峰会进行了积极充分的讨论,明年汉堡峰会将在这一基础上继续开展工作。

首先,二十国集团的重要任务是为全球经济增长创造条件,但增长必须系统融入2030年可持续发展议程和气候变化《巴黎协定》。杭州峰会发挥了联结作用,可持续发展成为各方领导人在中国讨论的核心议题之一。下一步,二十国集团应当大力倡导全球经济转向零碳排放和循环经济。在接受现有环境安全界限的前提下,我们期待这一目标能够在2050年或2060年实现。

其次,二十国集团成立初衷之一是建立一个坚实的全球金融体系。为此需要考虑三个关键问题。一是应当确保市场稳定,促进金融资源流入投资、就业和创新。二是确保全球金融体系透明度,防止全球利润非法转移和相关国家税收锐减。三是改革全球金融市场,使其成为可持续转型的动力。这些问题都在杭州峰会上得到了讨论。中国作为东道主提出了绿色金融理念,通过金融改革撬动经济发展绿色转型。

第三,要将全球变暖限制在既定目标内,全球经济必须在能源、土地利用与农业、城市基础设施建设等领域深度转型。杭州峰会前,中国和美国分别宣布批准《巴黎协定》,此举发出的信号令人瞩目。德国将在明年的峰会上大力推动二十国集团绘制到2050年的"去碳化"路线图,并主张向今后的每次峰会报告相关进展。

全球经济面临的一大挑战是，部分国家出现了激进的民粹主义、盲目排外和"凡事以我为先"的思潮。不少人觉得全球化不仅没给自身带来利益，反而造成了威胁。这部分人的自然反应是关闭开放大门，回归狭隘的本国利益主义。这种思潮是危险的。它滋生的背景是很多国家社会不平等加剧。因此，任何增长议程和可持续发展战略必须有助于社会包容和减少不平等现象。杭州峰会积极推动包容性增长，为了防止相关国家出现倒退，我们还需要做更多工作。

还有一个挑战关乎全球秩序。目前，地区性冲突在增加，难民人数众多，领土争议有升级态势，恐怖主义跨越国界……有些观察家甚至谈起了"新冷战"。德国前外交部国务秘书沃尔夫冈·伊申格尔指出，"全球秩序正遭受腐蚀"。二十国集团有必要强调，应当大力推动全球治理变革、塑造全球合作文化、在公平公正基础上建立伙伴关系。我们生活在一个"综合性全球化"的时代。所有国家都离不开气候体系、稳定的金融市场、有序的国际组织等全球共享因素。合作的反面是危机，是全球经济动荡，甚至战争。二十国集团应当带头开展全球合作，证明其可行性。这可以说是二十国集团最重要的任务。

明年的汉堡峰会将继续应对上述挑战，并可能选取两三个作为焦点议题。此外，数字化及其对经济社会的影响也将扮演重要角色。二十国集团还有必要回答代表性问题。峰会如何体现不在场的170多个国家或地区的利益？杭州峰会考虑到了贫穷国家的发展需求。汉堡峰会将继续这么做。二十国集团智库会议是重要配套会议。德国发展研究院和基尔世界经济研究所将牵头全球其他智库，为明年的峰会议程设置出谋划策，为应对全球发展挑战贡献智慧和思想。

杭州峰会是二十国集团的一次重要峰会，我们将接过接力棒，履行接下来的使命。

（作者为德国发展研究院院长）

（2016年12月01日）

智利真心实意同中国合作

佩德罗·雷乌斯

智利愿将同中国的互补优势最大化,继续保持智中关系在中拉合作中的典范作用

作为智利工业促进会的国际事务负责人,在我看来,中国和智利拥有完全互补的经济,双方几乎在各领域都不存在竞争。智利工业部门从未将中国的到来视为威胁,而是真心实意地期盼进一步扩大与中国的合作与交流,促进两国人民生活水平的提高。

中国30多年来的发展速度惊人,在促进经济增长、加强基础设施建设和提高人民生活水平等各领域成绩斐然。尽管对于中国而言,智利是一个小国,人口较少,地理位置更是遥远,但智利已经是全球化的市场,并且与南美多个国家签署了自贸协定,可以作为中国企业进入南美洲的最佳入口。

多年来,中国是智利最重要的贸易伙伴之一。目前,中智年双边贸易总额已经超过了300亿美元。与此同时,投资也伴随着贸易的蓬勃发展而明显增长起来。尽管相比中国对巴西和秘鲁等拉美国家的投资额,中国对智利的投资还有很大潜力,但2015年显然已经成为双边投资的一个里程碑:中国建设银行智利分行获任南美地区首家人民币清算行;中国农产品企业开始走进智利,收购智利的公司或者与当地生产商合作,深挖智利农产品出口潜力,不仅中国民

众能够享受到高品质、放心的食物，智利商家也能进一步提高国际竞争力、扩大国际市场。

对于中国企业来说，在智利投资也是积累国际市场经验的良机。智利是一个经济完全开放的国家，"游戏规则"全由市场决定，投资环境完全是国际化标准，保证了国内外企业的利益最大化。华为等一批优秀的中资企业已经在智利站稳了脚跟，成为智利通信领域的顶梁柱。如果有机会，中智企业之间可以就智利的市场营销、聘用劳工和企业员工互动等方面多进行沟通，介绍和传播好的经验，让中资企业更为适应智利的投资环境。

中国和智利已经不仅仅是由"矿业和能源"连接起来了，农业、基建、电子信息技术……智中合作正在遍地开花。此外，智利的农业现代化还在起步阶段，我们有计划在未来五年内将农产品出口量翻番。为达到这一目的，智利需要在物流、基建、通信和冷藏等技术方面做出改变，这就需要中国的支持，我们非常重视中国的高新技术发展经验。智利方面为了进一步加强与中国的合作交流，已经设立了智利—中国投资贸易促进会，其中有不少工作人员以汉语为工作语言，相互之间的联系和沟通更为便利。

智利是第一个同中国建交的南美洲国家。在两国建交的46年间，智利屡屡和中国创造了在拉美地区的"第一次"，双边政治和经济合作密切，民间交往也渐渐开花结果。我在这其中看到了智中双方在天文、气候变化等领域合作的重大契机。以天文为例，智利是全球接受天文投资最多的国家，2010年至2015年间，智利仅天文领域就获得了20亿美元的直接投资，全世界有70%至80%的天文望远镜都设在智利。据我了解，中国也有在此方面加深与智利合作的意愿，两国可以通过研究机构间往来、新技术交流等落实这一意向。

对于智中两国而言，我们都有不少可以互相借鉴和学习的经验成果。在未来，智利会继续支持中国在亚太自贸区等经济一体化倡议上的领导作用，将两国的互补优势最大化，继续保持智中关系在拉中合作中的典范作用。

（作者为智利工业促进会国际事务总监）

（2016年11月23日）

选举乱象凸显美国"病"得不轻

袁 鹏

大选出现的种种乱象、怪相,折射了美国的"经济病""社会病"和"政治病"

2016年美国总统大选投票即将举行,可以肯定的是,不论特朗普或希拉里·克林顿谁最终胜出,史册上所记录的都不是民主的胜利,而是美国200多年选举史上"脏乱差"的一页。

所谓"脏",不仅体现在两位候选人在公开辩论中互泼脏水,其用语之不堪和手法之粗鄙,令许多美国人"不忍直视",而且体现在所谓美式民主背后"肮脏的一面",民主党方面,为确保克林顿党内胜出,桑德斯居然被"内定"掉了。共和党方面,为阻止特朗普势头,党内大佬集体发声,甚至不惜倒向克林顿,几乎所有主流媒体"一边倒"地站在克林顿一边,令"特朗普们"直呼"美国民主已死"。

所谓"乱",伴随这场大选始终。初选阶段,民主党的桑德斯几乎将笃定的克林顿掀下马;共和党内,杰布·布什、卢比奥、克鲁兹等一个个政治明星相继折戟,被视为"不靠谱"的特朗普则一路过关斩将,其跌宕起伏堪比现实版的纸牌屋。大选阶段克林顿与特朗普的角逐,更是"邮件门""健康门""性骚扰门"轮番上演,惊奇不断、乱象丛生。

所谓"差",不仅是选举格调差,更主要的是整个选情几乎被情绪化的极端言论和无所顾忌的人身攻击所主导,候选人几乎无法集中精力阐释系统的施政措施和严肃的政策主张,以致选举失去其本意,而沦为一场闹剧。

2016年美国大选的不同寻常,在于美国"生病"了。一是"经济病"。美国经济虽步入复苏轨道,但普通民众却少有获得感,经济增长则依然主要靠量化宽松等货币政策支撑,结构性问题并未触及,贫富差距拉大,中产阶层萎缩,青年一代迷惘,这正是"桑德斯现象"背后的主因。二是"社会病"。奥巴马执政8年,种族矛盾不仅未能缓解,反而逆势反弹,族裔、代际、性别、区域、阶层矛盾不同程度地上演,导致愤怒、焦虑、悲观情绪弥漫,孤立主义、保护主义、民粹主义大行其道,这才使得特朗普异军突起,走到现在。三是"政治病"。三权分立、两党制衡原本是"美式民主"引以为傲的制度设计,发展至今则异化为两党严重对立,府院冲突不断,政治效率低下,政治"极化"与"分化"从不同侧面撕裂美国,不仅令民众失望、厌倦,也令许多美国政治学者对"美式民主"的未来忧心忡忡。

"美国病",究其根本,在于冷战后美国本该进行的体制性变革一直未能展开,导致结构性矛盾日积月累,"小病"酿成了"大病"。比尔·克林顿时期美国沉醉于赢得冷战的胜利感和"新经济"带来的繁荣,没有改革的动力;小布什时期则因"9·11"事件的突发而将战略重点转向反恐、伊拉克战争,根本无暇顾及体制变革;及至奥巴马上台,虽意识到改革的必要性和紧迫性并锐意改革,无奈政治根基太浅,加之错过好的时机,因此"奥巴马新政"举步维艰,雷声大雨点小,未达到变革美国的目的。

今天,影响美国社会经济发展的重大问题诸如移民、枪支、税收、教育等等,两党无法达成共识,奥巴马也无法凭一己之力推动解决。结果,奥巴马执政8年,经济虽得以复苏,但受益者依然是华尔街、华盛顿的权贵,民众的生活状态、收入水平依然未恢复到危机之前。枪支泛滥、非法移民等显见的问题因政治斗争只得任其发展,执政者作为有限。2016年大选出现的种种乱象、怪相,其实是民众以一种极端的方式发泄对现状的极端不满。

在这种背景下,无论谁最终胜出,都将面临如何有效治理的执政难题。对世界人民而言，更关心的则是在国内纷争加剧的背景下，美国未来的对外政策是会有所节制，还是会更加冒进或冒险，毕竟，总统对外交事务的裁量权远大于内政。美国究竟将走向何方，我们只能拭目以待。

（作者为中国现代国际关系研究院副院长）

（2016 年 11 月 08 日）

信任的种子结成丰硕的果实

纳吉布

42年前,时值1974年,先父也是我国时任总理拉扎克凭着一股信念:"踏上一段未知的旅程,播下相互理解与信任的种子",开启了马中建交序幕。

几十年后,父亲对中国的信任决策得到了验证。他早年播下的种子,我们如今有了收成,更看见了愿景。

在政治与商贸来往的紧密推动下,马来西亚同中国之间的经贸关系不断强化发展,友好关系达到新高度。2015年,中国是马来西亚最大的贸易伙伴。自2009年以来,中国都一直保持这地位。去年,马中双边贸易总额约1000亿美元。在东盟国家中,马来西亚是中国最大的贸易伙伴。

这次访问期间,两国签订许多新的协议和谅解备忘录,马中关系势必更上一层楼。

同时,马中企业合资发展,促成了中国—马来西亚钦州产业园区和马来西亚—中国关丹产业园区联营计划,为我们的人民创造了新的就业机会。现在我们还有马六甲皇京港计划,此开发项目刚刚于上个月启动。还有吉隆坡的"大马城"计划,将是世界最大的综合地下城。更值得高兴的是,马来西亚被选为厦门大学的分校地点,这是中国公立大学在海外设立的第一所分校。这只是其中几项联营项目,其他尚有铁路、房地产、能源等跨领域合作计划。

展望未来,我们将善用东盟机制与习近平主席所提出的具有远见卓识的

"一带一路"倡议，致力于为马中两国与本区域谋求互惠共荣的发展。

同时，我们与中国在军事领域上的合作也在向前迈进。两年前，我们与中国展开第一次双边军事合作，并在去年首度进行联合军事演习。我们也即将展开首次军事贸易，马来西亚将从中国购买滨海巡逻舰，其中两艘在中国建造，另外两艘在政府资助下在马来西亚建造。这项合作也有助于提升马来西亚的造船业与国防工业。

马来西亚与中国的关系基于互信与尊重。我们不否认，即便是最亲密的朋友，在一些问题上也会有不同意见。在南中国海问题上，我们认为领土重叠以及海上争议应以符合法律及和平协商的原则，冷静、理智地通过对话解决。

我们认为大国有必要公平对待小国，这包括前殖民国家，他们无需对曾经被其剥削过的国家如何处理内务指手画脚。马中都认同捍卫国家领土与主权的必要性，同时认为每个国家的历史、价值观及政府管理体系都应受到尊重。

我们欢迎中国创设亚洲基础设施投资银行。在新世纪里我们需要新机制：和平对话，而不是对主权国家的外来干预；创造共赢，而不是独赢。

"亚洲世纪"已经到来，马来西亚同中国在本区域内比一些国家更具有代表性。机会就在那里，就看我们能否把握住。我相信，我们必能给两国人民的生活带来正面的改变，重塑一个更美好的区域与世界。

（作者为马来西亚总理）

（2016 年 11 月 04 日）

不要误解中国的人权进步

罗伯特·劳伦斯·库恩

我希望西方开始认可中国的人权成就,随着中国继续按照自己的步骤不断在人权事业上取得进步,中国和西方都能从中受益

整体来看,中国在人权领域取得了实实在在的进步。一般来说,最重要的人权是保障人们获得足够的生活必需品,如食物、房屋等;然后是好的生活,比如就业、教育、医疗、娱乐等。在这些方面,中国都无可争议地明显改善了数亿人的生活状况,中国庞大的人口不再经历饥荒和瘟疫,民众的居住条件明显改善,受教育水平明显提高,政府应对自然灾害果断有力。

我认为,中国近来在人权领域取得了两大历史性的成就。第一个成就是,2014年10月中国共产党召开了十八届四中全会,会议决定全面推进依法治国,深化司法体制改革。在众多具体改革措施中有一项是,完善确保依法独立公正行使审判权和检察权的制度。此外,最高人民法院设立巡回法庭,探索设立跨行政区划的人民法院和人民检察院,探索建立检察机关提起公益诉讼制度。这对于司法公正和保障人权而言,都是重要的进步。第二个成就是,2015年1月起,中国全面停止使用死囚器官,公民自愿捐献成为器官移植供体的唯一来源。

毫无疑问,既然中国在人权领域取得了巨大进步,为什么西方在很大程度

上仍然对此熟视无睹，甚至鸡蛋里面挑骨头？在中国人权不断取得进步的情况下，怎么解释西方的怀疑和指责呢？

显然，西方没有认识到中国在保护人权方面的进展，尤其是在法治建设和司法改革方面。西方一些人称，有竞争的多党制能够让中国更加稳定，而不是相反。事实上，西方的体制只会给中国带来巨大风险，因为中国有13亿多人口，仍然处于发展进程中，并且经济社会发展仍不平衡。

西方媒体天然对各种形式的权力，特别是对政府和企业的权力持怀疑态度。不管是西方政府，还是中国政府，不管是本国企业还是外企，都是如此。西方社会的基础建立在个人至上、政府机构相互制衡基础上。这就是为什么西方媒体无法认识到中国社会基础的优点。

中国仍是发展中国家，中国共产党的领导是为了最广大人民的福祉。在中国，政治制度是保障中国实现小康，并最终实现现代化的途径。而在西方，政治制度是事实也是目的，因为他们不相信其他的制度能够长久地提供公共产品。

我希望西方开始认可中国的人权成就，随着中国继续按照自己的步骤不断在人权事业上取得进步，中国和西方都能从中受益。

（作者为美国公共学者、政治经济评论员、跨国公司战略顾问）

（2016年10月31日）

华盛顿政治竟然如此荒诞无稽

阿尼尔·西格德尔

空洞的政策辩论，两党候选人特朗普和希拉里之间没有底线的个人攻击，都让民众感到迷茫和不满

经过一年半的喧嚣，美国总统大选终于到了最后阶段，越来越多的美国人对这场选举感到失望。空洞的政策辩论，两党候选人特朗普和希拉里之间没有底线的个人攻击，都让民众感到迷茫和不满。

希拉里的"邮件门"进一步削弱了她的信誉。而特朗普不按常理出牌，对希拉里的攻击和妖魔化一次次超越人们的想象力。特朗普用谎言和选举语言来挑动公众神经，甚至直接宣称投票系统腐败，"只在获胜的情况下，才接受选举结果"。美国媒体对竞选过程花边新闻的报道只加重了这种混乱，而鲜有建设性。

美国总统大选时间跨度长、耗费甚巨、过程复杂，候选人必须从一开始就把精力集中在筹款和赢得党内支持上，因此"金钱政治"大行其道。以华尔街精英为代表的工商界对候选人的影响大大高于普通民众，因为候选人需要他们的金钱和资助，以支付旷日持久的竞选战。没有这些支持，候选人可以说是寸步难行。

另一方面，现代美国总统大选中，站在前台的核心是候选人，而不是党派。

候选人要赢得提名除了取悦于工商界精英，还要赢得选票。因此，候选人无暇专注于国家和民众看重的核心议题，只是哗众取宠，看重曝光率。

此外，选举越来越技术化，选举与理念、政策、服务、贡献等没有关联了，而只同筹款金额、投票率、支持率等绑在一起，这严重背离制度设计的初衷。当这一切成为常态，社会对政治家的看法也发生变化，政治参与者和竞选公职的人形象大跌，选民对政治也越来越冷漠。

美国仍然没有完全从金融危机中恢复过来，收入分化、种族歧视、枪支暴力等社会问题越来越突出，但是候选人没有能力为美国当前面临的问题提供有说服力的解决方案。美国民众，不管是自由派还是保守派，多数对华盛顿政治不满，尤其是在当前党派政治愈演愈烈的情况下，立法、行政甚至最高法院的效率都在下降。

对华盛顿政治的不满主导了今年的选举。"特朗普现象"估计是最能娱乐人心，同时又使人深思的现象了。特朗普露骨地炫耀财富，宣称将"自己的钱"用于竞选。他没有从政经验，也没有系统阐述内外政策，并且谎话连篇，竟然战胜了共和党内十几位政客。民主党方面，参议员伯尼·桑德斯高举反华尔街的大旗，主张提高最低工资标准、施行免费大学教育和医疗，获得了很多中下层民主党人和年轻人的支持。而希拉里，则被这些人看做是华盛顿政治传统的延续。

这都说明，美国选民对华盛顿政治严重不满。此外，两党候选人都面临很大争议，也意味着现有机制下两党选不出最好的候选人，美国选举制度和民主制度面临前所未有的困境和挑战。共和党还被广泛认为是白人的政党，对少数族裔的吸引力不够。尤其是经过今年这场选举，如果共和党不作出调整，两党的人口结构差异会越来越大，这又会进一步加剧政治极化。未来不管谁当选，都会面临一个更加分裂的美国，这给新政府增添了新的阴影。

目前的很多民调显示，希拉里领先，这让特朗普更加不安，他会更加猛烈对希拉里进行攻击，美国大选的荒诞剧不知道会怎么收场。

（作者为美国政治学者、专栏作家）

（2016年10月28日）

"一带一路",着眼未来

彼得·弗兰科潘

国际领导者们需要认识到增进相互联系和交流的重大意义。"一带一路"倡议,正在帮助塑造当下及未来

当我还是一个小男孩时,我的卧室里有一幅世界地图。我经常花很多时间来了解地图上的国家及其主要城市的名字,了解主要河流的路径,了解高山、沙漠的位置。

我知道历史上国家的疆域通常沿着自然地形展开,高山、大海、沙漠缔造了天然的防御,也造就了彼此之间的分隔——这些障碍阻挡了思想与信息的相互交流,使得贸易变得困难,阻碍经济、政治以及文化的发展。然而在今天,由于技术的进步,我们几乎已经完全克服了这些物理障碍,飞机、高速铁路、互联网改变了我们彼此之间的往来与交流。一切变得如此迅速。

现在,正是我们更好了解这个世界及其相互关联的好时候。认识到我们所处的世界正在改变是十分重要的,这在我们思考"一带一路"倡议时显得尤为突出。这是一项面向21世纪的工程,包含公路、铁路、发电厂、港口、运送管道等重要建设,同时也是对历史成功经验的学习。中国战国时期的赵武灵王曾说:"圣与俗流,贤与变俱。"即使古代的统帅也同样明白与时俱进的重要性。

我们正生活在政治、经济、国际格局不断变化的时代,正面临着诸多挑战

和问题。但我们并非第一次面临如此多挑战——无论是应对气候变化，还是经济减速，历史总能给予我们经验。从古至今，我们始终面临着周边形势变坏进而影响国内经济及社会状况的担忧。历史经验告诉我们同周边国家建立长期积极关系的重要性，以及不这么做的危险性。

通过了解这片大陆的历史，我们能够获得更好的启示，丝绸之路是一个很好的切入点。一些人谈到丝绸之路，只把它视为是一条将丝织品从中国出口到欧洲的异域古道。事实上，丝绸之路并非只有一条通路，而是东西方互通的多条线路。就像人体的动脉和静脉，通过丝绸之路，传送着东西方所喜爱的丝绸、香料、陶瓷、锦缎……

一些人可能认为丝绸之路只是一段尘封的历史，但只要仔细研究就会发现，它曾是世界改变的中心，人类自学会读写之后，第一次如此大规模通过合作创造财富。在丝绸之路的沿线，不少城市兴起，不同的法律、风俗、文化得以传播，连农作物的种植范围都得到扩展。这条连接世界的通道不仅刺激了贸易，而且鼓励不同语言的人们彼此交流观点看法以及信仰。在促进科技发展、文化繁荣方面，丝绸之路发挥着极大的作用。在很长时间里，它都是促进全球经济运作的润滑剂。

丝绸之路的沿线国家拥有丰富的石油、天然气、矿产资源。曾经连接东方和西方的世界中心在当今仍然具有十分重要的位置。但是除了这些，国际领导者们更需认识到的是增进相互联系和交流的重大意义。"一带一路"倡议正在帮助塑造当下及未来，而非仅仅对历史的回溯。我们正处在艰难而复杂的时代，然而历史上我们同样经历过无数类似的时刻。在古代，中国每一次扩大其影响力，都伴随着去了解沙漠、高山、大海另一头世界的努力。在当下，我们同样需要这么做。

孔子曾说过，"知者不惑，仁者不忧，勇者不惧"。这是我们应该期待的当下及明天。

（作者为英国牛津大学伍斯特学院高级研究员）

（2016年10月27日）

美国制度弊端给极端立场开道

吴心伯

竞选结果表面上是选票,实际上是钞票,民主政治变成了钱主政治

2016年的美国总统大选,是一次两党候选人都不受欢迎的选举,是一场现行体制的异见者与维护者之间的对决,更是一幕挑战美国政治正确、冲击社会道德底线的政治秀。这次选举暴露出的种种乱象折射了美国政治制度的深层次弊端。

首先是美国共和党初选制度的弊端。美国民主党候选人的提名除了本党一般党员投票外,还有超级代表的投票,这些超级代表多由民主党在国会参众两院的议员、在联邦和州政府任职的官员担任,他们是民主党的精英。民主党设立超级代表制的初衷是为了防止民主党内选出极端的候选人,难以在与共和党的对决中吸引中间选民。但共和党则没有这一制度。于是在美国政治极化加剧、公众对现有体制越来越不满的政治生态下,极端的候选人容易脱颖而出,就像这次特朗普一样。虽然共和党的精英们深知特朗普不靠谱,一些人士也建议在美国共和党全国代表大会上换人,但却缺乏制度手段,最后只能无奈地接受特朗普。共和党初选的制度设计只考虑党内民主,而忽视了协商和制衡,最后反被这种党内民主绑架,这是特朗普参选带给共和党的一大教训。

其次是美国两党制的弊端。美国名义上是多党制,实际上是两党制。现有

的政治设计使得共和、民主两党能够控制政治资源，轮流坐庄，其他政治力量被边缘化。两党制比多党制政治运作的有序性相对强一些，但蕴含着政治对抗和极化的风险，并且由于排除了其他政治力量的参与，使得在需要对现有政治生态进行改良时，外部力量难以发挥作用。在良好的政治生态下，两党的竞争有底线，这就是要从国家利益的大局出发进行必要的妥协，确保政治机器的正常有效运转。如果政治生态不佳，两党竞争就会突破底线，由竞争走向对抗，降低政治机器运作的效率，并且由于无法借助第三派政治力量进行改革，导致政治生态每况愈下。这次大选的激烈对抗固然是近年来美国政治极化的持续发酵，更重要的是，尽管人们对两党候选人都不满意，但却无可奈何，因为其他参选人，不管是自由党的约翰逊，还是绿党的斯坦，都注定难成气候。所以美国选民与其抱怨两个候选人不堪，更应该抱怨两党制不公。

第三是美国选举制度的弊端。美国总统大选最为人诟病的就是金钱与政治的关联。有了钱，才能做广告、搞竞选活动，才能提升人气、争取选票。这就决定了竞选结果表面上是选票，实际上是钞票，民主政治变成了钱主政治。候选人参选首先要解决钱的问题，而一旦当选，则必须回报主要的金主，这种利益输送无疑违背了民主政治的基本原则。美国最高法院在2010年的一项裁决中批准企业无限额地提供竞选捐款，使得2012年美国总统大选花费总额达到创纪录的20亿美元，预计今年的竞选费用将会更高，这意味着钞票对选票的影响更大。

再看美国国会选举。2011年共和党控制的国会重划国会选区，使得两党各自在一些选区拥有垄断地位，导致其他党派的选民和独立选民无法有效推举他们的民意代表，这实际上是以党派利益剥夺了民众的民主权利。不仅如此，在这种选区制度下，两党内部持极端立场者更容易当选，而这些人当选议员后只会加剧党派斗争和政治极化。

（作者为复旦大学美国研究中心主任、教授）

（2016年10月26日）

"一带一路"预示更光明全球化前景

让—皮埃尔·拉法兰

"一带一路"倡议并非简单的学理式思辨,大量金融手段和多边机制为"一带一路"倡议赋予了新的治理模式

丝绸之路的历史总是激发人们无尽的想象。法国作家玛格丽特·尤瑟纳尔笔下的古罗马皇帝哈德良就曾对古丝绸之路上繁忙的商贸充满向往。

习近平主席提出"一带一路"倡议,世界为之惊叹。共建"一带一路"是中国经过深思熟虑做出的决定,有三个重点值得关注:

一是欧亚非大市场将成为利益共同体。随着全球化边际效应递减,世界经济需要新的增长动力。互联互通将为亚洲带来新的增长机遇。通过帮助"一带一路"沿线国家发展基础设施,中国的对外开放水平和转型升级将得到加强。中国不断推进人民币国际化,促进经济增长朝着更高质量和更加包容的目标前进。

我们同住地球村,没有哪个国家能变成离群索居的鲁滨逊。中欧合作有助于欧盟实现经济增长和创造就业的目标。欧亚非地缘战略整体将成为一个利益、责任和命运共同体。欧洲和美国主导的全球化曾给城市、沿海和西方带来了繁荣,但农村、内陆和东方却遭到遗忘。中国的"一带一路"倡议寻求"全球再平衡",预示着更加光明和平的全球化前景。

二是新活力在亚洲崛起。亚洲正通过改革和开放成为推动结构性变革的引擎。亚洲的活力会带动欧洲的发展。亚洲国家一向认为"拥有欧洲就拥有了世界",尤其是在美国将战略目光投向太平洋地区、忽略欧洲的空当期,抓住欧洲市场变得更加关键。欧亚合作将成为未来世界的重要平衡力量。欧洲应当抓住机遇,重新回到世界舞台的中央,欧美跨大西洋关系或将得以重塑。

三是发展与文明同步。西方主导的全球化在引入激烈竞争的同时带来了一些破坏性影响:文明逐渐衰退,个人主义膨胀,非理性行为增多。近来在西方国家出现的民粹主义抬头、美国大选乱象以及英国"脱欧"等现象着实让世界大为震惊。

以埃及、希腊、印度和中国为代表的欧亚非地缘政治实体应当共同担负起人类文明复兴的使命。如今,"一带一路"框架下的文化交流正遍地开花。例如,以"一带一路:文明对话与融合"为主题的第二届中法文化论坛将于2017年在法国里昂举行。

"一带一路"倡议并非简单的学理式思辨,大量金融手段和多边机制为"一带一路"倡议赋予了新的治理模式。习近平主席2013年提出筹建亚洲基础设施投资银行,亚投行拥有超过1000亿美元法定资本,将成为撬动发展的有力杠杆。亚投行、金砖国家新开发银行和丝路基金的建立,表明中国具备落实"一带一路"倡议的能力。

法国欢迎并支持"一带一路"倡议,因为这一倡议直接关乎法国的利益和战略布局。对"一带一路"倡议做出及时回应和发展战略对接,考验着法国政府的决策智慧。

(作者为法国前总理,参议院外交、国防和军事委员会主席)

(2016年10月24日)

杭州峰会展现中国引领力

夏先良

G20 杭州峰会聚焦经济增长和世界经济体系建设，包容开放维护团结，旗帜鲜明反对逆全球化行动，符合各国人民的共同心声

二十国集团（G20）杭州峰会近日成功举行。这次峰会以"构建创新、活力、联动、包容的世界经济"为主题，契合当前世界经济最强脉搏、现实意义重大，举世瞩目、影响深远，展现出了中国对世界经济的卓越领导力。

当前，世界经济增长动力和全球经济治理是各国最为关心的议题。近年来世界经济增长未见明显好转，许多国家经济增长不及预期，全球贸易与投资增长缓慢。G20 杭州峰会聚焦经济增长和世界经济体系建设，包容开放维护团结，旗帜鲜明反对逆全球化行动，符合各国人民的共同心声。

创新就是推陈出新，它是世界经济走出低迷的重要法宝。当今世界经济不仅面临增长缺乏活力和动力问题，而且面临严重的结构性问题。创新经济发展方式是各国需要进行的功课。不仅中国、印度、巴西、俄罗斯等新兴市场国家需要创新经济增长方式，欧美日等发达国家也需要创新经济增长方式，调整失衡的经济结构，以减轻债务和金融风险，降低失业率。这次 G20 杭州峰会本身就是一个很好的创新经验交流平台。中国首次围绕创新采取行动，推动制定《二十国集团创新增长蓝图》，把各国实施创新政策的力量汇集起来，以期在创

新理念、行动和机制上协调一致。

近年来，美欧一些国家由于经济下行压力而采取自我保护的动作不断，贸易与投资保护主义政策开始兴盛，对多边贸易体系失去兴趣，着力打造自我封闭的小圈子，这些国家的政界、商界和学界中开始出现了一股反全球化声浪。中国是现有世界多边贸易体系的坚定维护者，推动维护全球多边贸易体系，促进贸易投资自由化、便利化。中国自接棒G20主席国以来，不遗余力地推动G20加强贸易和投资机制化建设，制定G20全球贸易增长战略和全球投资指导原则，体现出中国对世界经济的引领能力。

世界经济高度相互联系，你中有我，我中有你。一花独放不是春，百花齐放春满园。解决世界经济发展、结构和体制机制问题不能单靠一个国家力量。G20是全球经济合作和治理的重要平台，在引领和推动全球经济合作方面发挥举足轻重的作用。G20杭州峰会继续同心协力，发扬同舟共济、合作共赢的伙伴精神，中国始终坚持开放、透明、包容的合作态度，同G20各成员加强沟通、对话和协调，峰会达成数十项重要合作共识和行动计划的成果，实现了联动式共同发展目标。

G20杭州峰会把发展问题置于全球宏观政策框架核心位置，就落实2030年可持续发展议程制定行动计划，首次提出支持非洲国家和最不发达国家工业化开展合作，推动气候变化《巴黎协定》尽快生效，推动各国讨论公共管理和再分配政策调整，构建全球经济治理的长期机制，让世界经济增长和发展惠及各国人民。

G20杭州峰会取得了巨大的成功。它推动了二十国集团协力创新，为全球经济持续增长注入活力和动力，向世界传递经济增长的积极信心，展现团结合作精神，积极开展国际政策沟通、协调和对接，积极推进了全球经济秩序和治理体制创新改革，规划出对未来全球贸易经济与金融治理具有深刻影响的发展蓝图，有助于促进全球经济强劲、平衡和可持续增长。

（作者为中国社会科学院财经战略研究院研究员）

（2016年10月22日）

金砖合作树大根深

裴广江 张梦旭

当今世界舞台,上演的不再是西方国家自导自演的独角戏,而是发达国家与发展中国家对话与合作的协奏曲

"金砖国家",从概念提出发展到今天的合作局面,时近15年。金砖国家合作平台起步至今,走过10年。金砖国家携手,被誉为新世纪以来世界格局变革中的"现象级事件",展示了新兴市场和发展中国家整体崛起的锐不可当之势。

2001年11月,在那篇著名的《全球需要更好的经济之砖》报告中,高盛公司首席经济学家吉姆·奥尼尔首次提出"金砖"概念,并在此后预测,金砖国家(中国、印度、巴西、俄罗斯)经济总量40年后将超过西方六大工业国之和,到2050年将全部跻身世界经济六强。这个预言,引来了惊叹,也夹杂了质疑。

金砖国家没有令人失望。国土面积约占世界30%、人口约占世界42%的金砖国家,整体经济增速远高于发达国家,经济总量从占全球的7%跃升至23%,贸易和投资占全球的比重均大幅增长。过去10年,金砖国家对世界经济增长贡献超过50%。当国际金融危机风暴袭来,发达国家增长引擎失灵,金砖国家成为世界经济稳定器和动力源。在世界格局的天平上,金砖的分量沉甸甸。

当前，受全球经济不景气影响，金砖国家发展面临严峻、复杂的外部环境，增长遭遇逆风。"金砖褪色""新兴大国陨落"论调不断，质疑金砖国家合作有效性的杂音时有出现。但这些"唱衰"金砖的声音，只能是试图破解量子通信密码的徒劳，无法干扰新兴市场和发展中国家整体崛起的步伐。

时代的发展，带来了世界格局调整的必然。在国际货币基金组织等机构中，发展中国家的代表性和发言权不断扩大；在二十国集团这个国际经济合作的主要平台上，新兴市场国家与发达国家在同一张桌子前平等对话。解决全球热点问题，越来越离不开发展中国家；应对全球性挑战，不能没有发展中国家的参与；促进全球增长，越来越要看发展中国家的动力足不足。这一切清楚地表明，当今世界舞台，上演的不再是西方国家自导自演的独角戏，而是发达国家与发展中国家对话与合作的协奏曲。

金砖闪耀，映照全球。从2008年北京奥运会开始，夏季奥运会、世界杯足球赛、冬季奥运会在中国、南非、巴西、俄罗斯等金砖国家举办，一次次绽放的绚烂烟花交相辉映，精彩的亮相折射世界潮流。瑞典卡罗琳医学院教授汉斯·罗斯林打过一个生动的比喻：如果地球有识别码的话，那会是"1114"，即全球70亿人口中，大约10亿居住在欧洲，10亿居住在美洲，10亿居住在非洲，40亿居住在亚洲。到2050年，世界人口很可能达到90亿，地球的识别码将变成"1125"，非洲和亚洲将各增加10亿人口。根据国际货币基金组织本月初发布的报告，新兴市场和发展中国家今年的经济增速将是发达国家的两倍以上，继续保持对发达国家的绝对增速优势。更多的人口，更快的增速，都将是新兴市场和发展中国家力量的显示，都将是使世界格局的天平趋向平衡的重要砝码。

十年树木。金砖国家走过共谋发展、不断前行的十年，走过拓展合作、互利共赢的十年，走过敢于担当、有所作为的十年，合作焕发枝繁叶茂、树大根深的勃勃生机。回味果阿会晤，放眼明年金秋中国厦门，金砖国家将继续奏响友谊与合作的旋律，新兴市场和发展中国家崛起的宏大乐章必将更加响亮。

（2016年10月20日）

美国大选是场权贵间的恶斗

约瑟夫·布拉姆尔

美国的政治体制不再受到多数美国民众欢迎，相反它陷入了自身的合法性危机

美国民主正面临一个根本性问题：社会不公加剧、阶层流动停滞、政府由富豪操控、政策反映利益集团观点、大多数民众陷入无能为力境地——这就是当下美国的现实。美国的政治体制不再受到多数美国民众欢迎，相反它陷入了自身的合法性危机。这也是我的新书《出卖自由——贱卖的美国民主及其对欧洲的影响》中的一个核心观点。

多数美国民众已经对当前美国经济和政治当权派丧失信任。通过个人努力改变命运的美国梦已经褪色。许多美国人开始为日常生活发愁，对改变自己的命运感到无能为力。与此同时，他们还得眼睁睁地看着少数人强势左右政治，改变游戏规则从而让自己分得更大的蛋糕。这是一种畸形现象，再分配从社会底层向顶层转移，只有一小部分精英阶层从中受益，穷人和富人之间的剪刀差越来越大。

竞选期间，像唐纳德·特朗普这样的民粹主义者受到民众追捧，这是因为多数民众认为现有政治不再代表民众的利益。美国民众已经受够了美国政治的一成不变和一切照旧。希拉里的竞选资金受制于华尔街，而特朗普作为超级富

豪，他不需要被任何人收买，也不受制于任何人。

在上一次美国总统大选中，官方可查的竞选资金为 20 亿美元，而今年美国大选的竞选资金最终有可能达到 60 亿美元。募集竞选资金的背后，每一分钱都是日后对政治决策施加影响的允诺。对政治献金最上心的人包括美国的军火商、油气大亨、信息技术公司和金融行业。这些人都不希望国家对这些领域进行管控以及征税。

富人也可以在国会选举中好好"投资"。在众议院议员竞选中，94% 的胜出者是出钱最多的竞选人。在参议院，出钱最多竞选人的胜出率是 82%。因此，要想在每两年一次的众议院选举中保住席位，需要花费至少 200 万美元。而要想在每六年一次的参议院选举中成为或者留任参议员，平均大概需要 1000 万美元。

2010 年美国中期选举以来，在美国总统和国会之间形成的对立态势在 2016 年大选之后仍将延续。美国政治的这种僵局，已经彻底扭曲了美国建国先驱们在国会和总统之间设立权力竞争和权力平衡的本意。

下一届美国总统可能只会在一个领域拥有真正的决策权：安全政策领域。作为最高指挥官的美国总统同时支配着美国在全球活动的情报部门，这时他才是世界上的"最强者"，尤其是在美国声称受到威胁的时候——例如受极端主义恐怖分子威胁。当威胁临近的时候，即使平时行动力广受限制的总统也会扩大自己的权力范围，并突破国会的权力限制。因为外部威胁一方面可以将公众视野从严峻的内部社会矛盾引开，例如种族主义、贫困、犯罪、毒品泛滥等；另一方面，塑造敌手可以为在军事和情报等安全领域投入更多资金提供冠冕堂皇的理由。

（作者为德国外交政策协会美国问题专家）

（2016 年 10 月 20 日）

中国是全球减贫事业的楷模

郝福满

中国将继续推动全球消除贫困的进程,并向世界表明,实现包容性增长和为最贫困人口提供更好的机会皆有可能

10月17日是联合国确定的国际消除贫困日,也是中国的扶贫日。

这是一个值得庆祝的日子,因为世界银行最新数据显示,自1990年以来全世界已有近11亿人摆脱了极端贫困。中国对于全球减贫事业取得这一成绩起了关键作用,通过保持经济快速增长,采取有利于提高贫困人口收入和生活水平的政策,自1990年以来已帮助7.3亿人脱离了极度贫困。

在成绩面前,我们绝无理由沾沾自喜。根据现有的数据,2013年全世界还有近8亿人生活在日均生活费1.9美元的国际贫困线下。前路并非坦途,世界极贫人口半数以上在撒哈拉以南非洲,而未来贫困人口将更多地集中在脆弱地区,成为边缘化人群,无法像其他人一样享受政策和计划的福利。所以,需要采取切实可行的政策措施和创新方式,打通实现2030年可持续发展议程目标的"最后一公里"。

除贫困外,世界各地的许多民众和决策者越来越关注收入差距问题。简言之,缩小收入差距对于实现2030年消除极端贫困的目标至关重要。实现这个目标仅靠经济增长是不够的,还要确保经济增长为最贫困人群带来最大利益,

为极贫人口创造机会，使他们能够获得更好的就业、更优质的服务，并为他们的后代摆脱贫困束缚奠定基础。缩小收入差距，也是各国政府为促进经济增长、创造就业、帮助脱贫所采取的必要措施获得政治支持的关键。

中国制定了在"十三五"期间消除极端贫困的雄心勃勃的目标，并已在我们认为有助增加贫困人口收入的重点领域取得了显著进展，包括儿童早期开发和营养、全民医保、普及优质教育、针对贫困家庭的现金转移支付、农村基础设施尤其是道路和电力建设、累进税制等。未来的主要挑战将是进一步推进户籍制度改革以为外来人口提供更好的就业机会，加强贫困数据采集，对难以惠及的剩余贫困人口，如老年人和少数民族实行精准扶贫，促进作为中国主要社会安全网的低保制度的精准化。

在2016年中国扶贫日到来之际，我们为中国在帮助亿万人民脱贫方面发挥的作用感到骄傲，同时也要以现实的态度对待尚存的挑战。毫无疑问，中国将继续推动全球消除贫困的进程，并向世界表明，实现包容性增长和为最贫困人口提供更好的机会皆有可能。

（作者为世界银行中国局局长）

（2016年10月18日）

对 G20 杭州峰会成效充满信心

谢尔盖·塔拉卡耶夫

在世界经济局势不明朗、G20 内部也面临复杂情况的时候,中国担任 G20 主席国并成功主办 G20 杭州峰会,可谓勇挑重担

世界经济增长近年来一直在 3% 左右徘徊,与以前相比大大缩水。其中,发达国家近几年来增长都在 2% 以下,未来尚难改观;发展中国家增速也在减缓。世界银行、国际货币基金组织等国际金融机构的专家不时调低预期。在世界经济局势不明朗、二十国集团(G20)内部也面临复杂情况的时候,中国担任 G20 主席国并成功主办 G20 杭州峰会,可谓勇挑重担。

当前世界经济增长乏力的症结,一方面是各国缺乏足够的刺激来保障持续增长;另一方面在于部分国家已经采取的措施效率很低。同时,国际贸易增长缓慢、投资活跃性低、金融市场持续不稳等因素也让世界经济复苏形势更为严峻,无法排除再次爆发全球或局部金融危机的可能。

G20 峰会初始之时,在应对国际金融危机方面发挥了重要作用。但随着世界经济的逐渐复苏,G20 的执行力却因为不同成员的利益分歧而大大降低。G20 框架下的文件诞生了很多,但很多国家的做法却与其背道而驰。如 G20 峰会就反对国际贸易保护主义提出很多有建设性的要求,但发达国家采取的贸易保护措施却成倍增长。

在这种复杂的背景下,中国针对增强G20活力、恢复其全球经济治理功能提出了一系列倡议,并将保证可持续增长和降低现有风险作为主要目的。虽然改革国际金融机构、提高各国投资积极性、推进结构性改革等倡议已经不是G20框架内的新名词,但是中国提出的方案让世界主要经济体间的有效合作变得更有可能。

中国强调要专注于讨论经济议题,同时强调在有争议的问题上要采取折衷的态度。中国力促G20成员把目光转向寻求现有问题的解决方法,而不是一味纠结问题产生的原因。同时成功说服G20成员不去争论业已采取的货币刺激政策的效果,而是关注如何充分利用结构性改革、税收政策、预算政策等促进经济增长。

中国在监督决议落实状况、完善管理机制方面也进行了广泛、深入的研究,同时推动发展中国家获得更多话语权。在中国的推动下,G20杭州峰会第一次就落实联合国2030年可持续发展议程制定行动计划,同意推动《巴黎协定》尽早生效,发起《二十国集团支持非洲和最不发达国家工业化倡议》和《全球基础设施互联互通联盟倡议》,将为发展中国家人民带来实实在在的好处。

杭州峰会落下帷幕,时间会证明中国方案究竟效果如何。中国在多个多边框架下积累的经验和取得的成果,令人对G20杭州峰会成果的落实也充满信心。

(作者为俄罗斯战略研究所外国经济处主任)

(2016年09月27日)

"杭州共识"有助应对全球挑战

彼得·威廉姆森

杭州峰会成果证明，尽管面临诸多挑战，全球合作仍大有可为

我们正处在国际政治经济环境困难且不确定性大增的时代。今年6月，世界银行将2016年全球增长预测从2.9%下调至2.4%，世界正陷入低增长模式的危险中。传统的货币宽松政策似乎不再见效，收入不平等现象加剧，贸易保护情绪增长，民族主义势力崛起，所有这些都威胁着国际贸易体系。政治紧张以及恐怖主义也在全球多地蔓延。

在种种挑战面前，人们对二十国集团（G20）杭州峰会实质性成果寄予期望，希望朝着构建创新、活力、联动、包容的世界经济方向迈进。杭州峰会成果证明，尽管面临诸多挑战，全球合作仍大有可为。

"创新增长方式"，聚焦寻求新的方式来重振仍然疲软的全球经济。中国的主张包括鼓励G20经济体增加对全球基础设施的投资，鼓励推进改革以及创新，抓住新的增长机会，尤其是消除新技术快速运用的障碍。这些已经取得了一定进展。例如，今年6月在西安举行的G20农业部长会议上就达成了一系列鼓励农业技术合作与分享的措施。此外，中国通过自身的供给侧结构性改革开创新的增长路径，对外树立了榜样作用。

"更高效的全球经济金融治理"，意味着增加发展中国家、新兴市场国家在

国际经济组织和机构中的声音，更好地反映 21 世纪多元发展的现状。为推动这一目标，中国邀请了老挝、乍得、塞内加尔、泰国及两个有代表性的发展中大国哈萨克斯坦、埃及一同出席杭州峰会。峰会推动国际货币基金组织在份额以及管理方面的改革取得进展。

"强劲的国际贸易和投资"，我认为此次峰会侧重应对"全球基础设施资金缺口"难题。根据麦肯锡的预测，为维持经济增长速度，到 2020 年，全球每年仍需要额外的 3 万亿美元基础设施投资。G20 发起全球基础设施互联互通联盟倡议，用以开展全球投资计划。杭州峰会可以在其基础上发展新的促进基础设施投资措施，并同中国倡导建立的亚投行、"一带一路"倡议、丝路基金、金砖国家新开发银行等配合发展。历史上，G20 在贸易政策方面发挥的作用有限，我们相信 G20 杭州峰会将在自由贸易政策领域发挥更大作用。

上述这些重点议题都同"包容和联动式发展"相关联。这本身是一个巨大的议程，需要多方面的努力。我认为 G20 成员首先需要在能源治理领域推动改革，完成巴黎气候大会上达成的协议内容。我们期望 G20 成员能够切实减少石油能源补贴，增加绿色技术的使用以及由发达国家向发展中国家的转移。

达成共识从来不是件容易的事，而杭州峰会达成的"杭州共识"堪称实质性进展。这告诉人们，国家与国家之间，建设性对话与合作才是应对挑战的最佳方式。

（作者为英国剑桥大学嘉治商学院国际管理学教授）

（2016 年 09 月 26 日）

杭州 G20，洞见全球经济增长

维拉普拉萨德

发达国家和发展中国家所需的中长期经济发展方向都已初见端倪，国际社会正满怀信心地目睹这些规划付诸实践

不久前，G20 杭州峰会圆满落幕，这是中国继提出"一带一路"倡议以及亚洲基础设施投资银行等创新举措后，又一次从理论到实践层面对世界经济复苏开出的新药方。

中国领导人在本次 G20 峰会上开创性地提出"创新、活力、联动、包容"四大关键词，这被视为针对全球经济放缓的一剂良药。正如这四大关键词所阐明的，全球经济的活力有赖于更多的投资和更好的监管，但其内部的联系正被日益增长的贸易保护主义所侵蚀。英国"脱欧"给英国及欧盟都带来压力，它们双方都需正视这一现实，而创新性和包容性增长或许对彼此都有裨益。

创新与包容对世界经济复苏至关重要，这一点有史可鉴。首先，技术革新是促进全球经济可持续增长的原动力，美国、日本、韩国以及多数欧洲国家在上世纪后半叶的发展正是有赖于此。现如今，中国和印度都将创新看作其国家发展的主要推动力，都在努力向创新型国家转变。中国希望在 2020 年前后完成这一目标，印度则把 2010 至 2020 年视为自己的"创新十年"。除了以创新带动国民经济增长，中国还试图把创新活力注入全球经济增长。如今，拿出一

份经过深思熟虑的以创新驱动为核心的全球经济增长蓝图比以前更为迫切。本次峰会则被视为塑造这一创新型全球经济架构的重要契机。

其次，将更多发展中国家纳入 G20 峰会对全球经济包容性增长至关重要。埃及、老挝、塞内加尔等新兴市场国家应邀来到杭州与会令人鼓舞，令更多国家感受到 G20 峰会的重要性，这本身就是一种成功。对这些国家来说，有两方面最为渴求，一是投资，二是新技术。近 30 年来，中国在基础设施建设方面取得的成就有目共睹，这理应被众多发展中国家关注，而中国也有责任将其宝贵经验分享给其他发展中国家。为了实现这一目标，中国和其他发展中国家需要加强合作，贡献出各自的资金与市场，不应因为过分的顾虑而失去双赢的机会。

除了上述主题，中国在推动联合国 2030 年可持续发展议程上的努力也令人印象深刻。中美两国领导人在本次 G20 峰会前一天共同出席气候变化《巴黎协定》批准文书交存仪式，中美率先批准《巴黎协定》使得全球减排的前景更加光明。印度在本次峰会中也阐明自身的减排困难，得到了 G20 其他成员的正视与理解。

全球经济发展正在由"千年发展目标"向"可持续发展目标"转轨，绿色经济是必不可少的推动力。这就需要发达国家和发展中国家携手贡献出各自的价值。发达国家需要提供更多生态友好型新技术给发展中国家，而发展中国家则需要建立更多环境友好型的产业政策。只有这样《巴黎协定》才能真正得以推进，更美好的世界才会到来。

在本次 G20 峰会上，中国领导人对世界经济的洞见令人钦佩。此外，本次峰会更值得称道的成就是，无论是发达国家还是发展中国家，其需要的中长期经济发展方向都已初见端倪，国际社会正满怀信心地目睹这些规划付诸实践。

（作者为印度尼赫鲁大学国际关系学院教授）

（2016 年 09 月 22 日）

当深入研究二战中的中国贡献

丹·迪纳

第二次世界大战东方战场始于日本侵略中国，中国人民抗日战争是二战东方战场的核心

在一个全球化的世界，西方国家尤其是欧洲国家，在对二战的认识上，应该越来越注意亚洲太平洋战场的重要性，以及中国角色的重要性。第二次世界大战亚洲战场的核心就是中国人民的抗日战争。事实上，目前西方研究主要还停留在欧洲战争，对东方尤其是远东战场的研究和理解，还远远不够。

这从对二战爆发时间上的不同定义就能看出来。二战到底是何时何地爆发的？又在何时何地结束？在欧洲学者看来，二战爆发的时间再明确不过——在《苏德互不侵犯条约》秘密签订后，1939年9月1日，德军对波兰发动闪电战，第二次世界大战爆发。

然而，1931年9月，日本制造"九一八事变"，占领中国东北地区并随后扶植建立伪满洲国，这是日本"以华制华"手段下的傀儡政权。自此，实际意义上的亚洲地区的第二次世界大战的序幕已经拉开了。日本侵略战争的又一次升级事件，即为1937年7月7日，日本攻占京郊卢沟桥。"卢沟桥事变"是日本开始侵略中国的重要标志，拉开了中国人民抗日战争的序幕，这一战争也是第二次世界大战亚洲战场的核心。

1940年德意日三国同盟条约缔结后,日本向印度支那南部地区的侵略步伐加速,其重要原因之一,就是在其侵略行为受到中国顽强抵抗后,日军急于从南线切断西方对中国武器和物资的援助通道,以应对中国激烈的武装反抗。最终,中国远征军保住了滇缅公路。日本为了完全占领中国,一直疲于奔走于中国的边界地区,以切断西方对中国的战争援助和供给,最终还是以惨败告终。

第二次世界大战东方战场始于日本侵略中国,中国人民抗日战争是二战东方战场的核心。中国在抵抗日本侵略中,承受了最大的牺牲。这一牺牲不仅仅体现在那些庞大而沉重的平民和军人的死亡数字上,同时也体现在中国人民所遭受的、直至今日才逐渐为人所知的那些前所未有的战争暴行上,其中就有1937年12月发生的南京大屠杀。

中国人民抗日战争之于二战的巨大贡献,首先在于将日本的兵力大量引入中国内陆并分散开来,拖延了日本在整个亚洲的侵略计划,同时消耗了日军实力。日本不得不随着中国抗日的步伐而被动行动,进一步拉长战线。没有日军在中国战场上的消耗,美军对日作战时,就很难拥有优势。为西方所熟知的远东地区美日之间的太平洋战争,实际上更多是一场海战,与大陆战相比,海战的伤亡数量要小得多。同时,美国原子弹试验成功,在他们计算衡量利弊后,认为继续派兵深入作战可能有数万甚至百万士兵的牺牲,因此决定对日投放原子弹。这也从另一个角度证明了中国战场的重要性。

(作者为以色列耶路撒冷希伯来大学近现代史学教授)
(2016年09月19日)

增进国际共识的绝佳机会

史蒂芬·皮克福德

中国作为轮值主席国的作为，是保证 G20 杭州峰会成功的关键

中国为 G20 杭州峰会设置的四大议题非常重要："创新增长方式""更高效全球经济金融治理""强劲的国际贸易和投资""包容和联动式发展"。这些实际上都是为应对 G20 成员面临的最重大现实挑战而制定的。在当今的全球经济形势下，刺激增长无疑成为各国政策的重中之重，而通过增强投资以及国际贸易来拉动增长将是当务之急。与此同时，增强关键性国际金融机构的作用也至关重要。

两年前的 G20 布里斯班峰会上，与会代表一致同意到 2018 年前使 G20 整体 GDP 额外增长 2% 以上，但是在那之后全球经济一直停滞不前。美国经济表现不尽如人意，美联储因此一再推迟其许诺已久的收紧政策；欧洲已经陷入低增长状态，英国"脱欧"又增加了另一层的不确定风险；日本经济同样不景气，导致其政府准备采取新一轮的大规模刺激方案；大宗商品价格走低使巴西和俄罗斯陷入衰退，主要的新兴市场国家只有中国和印度依然保持良好的增长纪录。

近期，国际货币基金组织再次调低了今明两年全球经济增长预期。今年全球经济预期增长率只有 3.1%，为 2009 年以来的最低水平。同时，不少重大风险的存在也可能进一步拉低增长。除了英国"脱欧"外，欧元区也可能由于新一轮的银行业危机导致复苏继续走弱。新兴市场国家同样面临着银行业部门不良贷款激增的风险。要应对这些风险及挑战,需要G20拿出更加坚决、更具协调配合性的政策方案。

布里斯班峰会上达成的结构性改革方案对经济的长期复苏十分关键。但即使能够充分得以实施,仍然难以有效解决短期经济问题。目前,全球经济面临需求不足的问题,因此应对方案的关键绝非增加供应。

目前,货币政策在刺激需求方面的效果已经达到极限,财政政策将成为G20成员的主要工具。尽管债务及赤字问题在不少国家依然非常高,但是如果经济表现继续如此低迷,可能导致财政状况的进一步恶化。也有观点反对扩张性的财政政策,认为这可能导致市场不良反应,恶化信用评级并推高政府举债成本。如果国际社会能就财政政策达成广泛协调,这种市场不良反应的风险也可能被降到最低。G20在这方面发挥了至关重要的作用,就像它曾在2009年国际金融危机最危险的时候所做的。

经验告诉我们,通过协调合作刺激经济增长,将增强每一次措施的效果。所有国家一起行动,不仅将拉动本国经济,而且将有助于他国经济增长。

杭州峰会为增进国际共识创造了一个绝佳机会。世界主要经济体领导人齐聚,探讨如何应对当下全球经济衰退,有助于增强市场信心,同时削弱保护主义情绪。中国作为轮值主席国的作为,是保证G20杭州峰会成功的关键。

(作者为英国皇家国际事务研究所资深研究员)

(2016年09月09日)

中国为推动全球发展做出重要贡献

比尔·盖茨

中国作为全球发展伙伴的角色将日益凸显，在继续实现自身发展的同时，还将在帮助其他发展中国家应对挑战方面作出更大的贡献

对于全球的贫困人口来说，二十国集团（G20）杭州峰会可谓意义重大。中国作为此次峰会的东道主，遵照此前的承诺，将制定落实2030年可持续发展议程行动计划列入G20杭州峰会的重点议题。在包容联动发展议题之下，中国主张重点推动"消除贫困""粮食安全与营养"等关键问题。

联合国可持续发展目标旨在通过消除贫困、提高最贫穷国家人口的生活水平以及应对气候变化问题，为构建一个人人向往的美好未来奠定基础。G20杭州峰会在中国的推动下，对促进可持续发展目标的实现做出了新的承诺。这再次证明，如果没有中国的引领、参与和创新，可持续发展目标将难以顺利实现。

作为全球人口最多的国家，中国近年来所取得的发展成就是联合国千年发展目标得以实现的重要因素。1990年到2010年间，全球极端贫困人口总数减少了一半，其中大多数来自中国和南亚国家。过去30年里，中国成功帮助逾6亿人脱贫，创造了人类发展历史上的奇迹。此外，中国在改善医疗卫生水平方面所做出的努力挽救了数百万孕产妇和婴幼儿的生命，为降低全球孕产妇和婴幼儿死亡率作出了巨大贡献。

尽管成就举世瞩目，中国在发展方面仍然面临许多重大挑战。但我相信，中国的发展态势及其对促进发展的坚定承诺和持续投入，将令其在支持全球实现联合国可持续发展目标方面继续发挥引领作用。

我曾多次访问中国。无论是政府官员、企业家，还是科学家，他们为促进发展所作的承诺和努力都让我印象深刻。他们与比尔及梅琳达·盖茨基金会怀有同样的愿景，即构建一个让每个人都能过上健康而富有成效生活的世界。

因此，基金会与来自中国政府、非营利组织及私营部门的诸多伙伴开展广泛合作，并针对中国国内公共卫生情况面临的挑战，启动了结核病防控、艾滋病防控和烟草控制等重点项目。在继续推进这些项目的同时，随着中国国内需求和发展情况的变化，基金会在中国的工作重点也不断扩大。

与此同时，我们相信中国的经验和成就将为其他国家提供有益借鉴，从而推动全球可持续发展目标的实现。

作为全球创新引擎之一，中国的影响力也与日俱增。许多来自中国的创新医疗和农业产品对解决全球健康和发展领域的难题显示出巨大的潜力，比如低成本疫苗、结核病快速诊断工具和帮助小农户提高作物产量的小农机械等。

为了加速全球健康领域的创新，盖茨基金会与北京市政府及清华大学合作创办了"全球健康药物研究中心"，针对影响发展中国家贫困人口的重大疾病研发新药。中国拥有丰富的人才储备，每年的研发投入高达约 2000 亿美元，全世界都将从中国不断增强的创新能力中受益。

中国在其他方面显示出的国际领导力也令人鼓舞。去年，在中国的引领下，20 多个国家的政府共同发起了"创新使命"倡议，承诺未来 5 年内将清洁能源研发的政府投资翻倍，以便提供可靠且可负担的能源，帮助应对气候变化。

随着 G20 杭州峰会的顺利闭幕，我相信，中国作为全球发展伙伴的角色将日益凸显，在继续实现自身发展的同时，还将在帮助其他发展中国家应对挑战方面作出更大贡献。

（作者为比尔及梅琳达·盖茨基金会联席主席）

（2016 年 09 月 06 日）

G20 推动世界重视经济安全

郑永年

作为全球最大的新兴市场国家,以及最大的发展中国家,中国可以在发达国家和发展中国家之间扮演协调的角色,并对目前的世界经济困局提出自己的见解

国际社会正处于地缘政治不断变动的时代。遗憾的是,我们还没有走出 2008 年国际金融危机的阴影。这场金融危机是世界经济结构失衡的产物,尽管大家在危机后努力作出调整,但时至今日主要经济体,如美国、日本、欧盟的经济结构依然失衡。

最近一轮的全球化主要是从 20 世纪 80 年代的英美国家开始。但是,这一波经济全球化发展到今天,在促成世界经济格局发生翻天覆地变化的同时,也给世界经济和各国内部带来了诸多非常严峻的问题。由于国家间各种政策协调远远跟不上全球化的进程,导致了两次危机的发生,即 1997 年至 1998 年的亚洲金融危机,以及 2008 年的世界性金融危机。二十国集团(G20)的产生和发展,本身就是围绕着这两次重大危机展开的。

当前,各国都把目光聚焦于国内政治问题,国际经济合作失去了动力。事实上,现在世界的主要困难在于经济安全出了问题,英国"脱欧"、美国民粹主义崛起、中东乱局等,说到底都是经济问题。经济安全是人类社会最基本的

安全，脱离了经济安全，其他安全都无法得到保证。现在的问题是，在经济安全缺失的情况下，大家反而去谈其他安全，这是本末倒置。G20要把这个趋势拉回正轨，避免陷入地缘政治陷阱，在推动国际经济合作、重塑全球经济治理两方面，G20可以发挥重要作用。

G20包括世界主要经济体，作用在于协调世界经济增长。G20峰会能够促成主要经济体领导人树立共识、恢复信心，这也是完善全球经济金融治理的前提。我希望本次G20峰会能够把人们的关注从地缘政治拉向世界经济合作。为什么世界现在还走不出经济危机？为什么经济结构仍然没有调整好？G20成员应该一起诊断原因，寻找解决路径。

作为全球最大的新兴市场国家，以及最大的发展中国家，中国可以在发达国家和发展中国家之间扮演好协调的角色，并对目前的世界经济困局提出自己的见解。这些都是中国积极参与全球治理的体现。通过本次G20峰会，中国希望展现大国风范和大国责任，为世界经济带来新动力。同时，中国还通过亚洲基础设施投资银行以及"一带一路"倡议等促进世界经济发展。作为贸易大国，中国也已经成为推动全球贸易自由化和便利化的大国。

尽管中国经济进入新常态，其经济增速依旧比很多经济体高。中国经济的基数庞大，是拉动世界经济增长的重要引擎。目前主要经济体结构处于失衡状态，而中国在结构调整上进展最快。尽管增速放缓，但是中国没有出现大规模失业，民间消费在增加、就业结构在改善，经济形态正在向消费型转型，成为消费型社会的中国将对其他国家经济作出巨大贡献。而中国作为世界经济的一部分，世界经济的稳定发展对中国本身也是推动力，将促进中国经济的可持续发展。

（作者为新加坡国立大学东亚研究所所长、教授）

（2016年09月04日）

完善国际金融架构 期待"中国方案"

林建海

中国担任 G20 主席国后,与各方携手完善国际金融架构,争取在杭州峰会上为 G20 完善国际金融架构贡献"中国方案"

自 2008 年国际金融危机爆发以来,二十国集团(G20)已经召开了十次峰会。即将召开的 G20 杭州峰会,聚焦全球经济面临的重重挑战,从政策应对和国际合作上展开深刻而广泛的讨论,完善国际金融架构是其中重要努力方向之一。

中国担任 G20 主席国后,重启国际金融架构工作组,与各方携手完善国际金融架构。今年 7 月成都财长和央行行长会后,G20 已形成了《迈向更稳定、更有韧性的国际金融架构的 G20 议程》,围绕扩大特别提款权(SDR)的使用、增强全球金融安全网、推进国际货币基金组织(IMF)份额和治理改革、完善主权债重组机制和改进对资本流动的监测与管理等五个方面提出了一系列建议,争取在杭州峰会上为 G20 完善国际金融架构贡献出"中国方案"。

完善国际金融架构在当前经济金融形势下显得尤为重要。其主要原因在于:第一,全球经济更加多元化。新兴市场国家和发展中国家经济总量不断增加,国际地位迅速上升。第二,全球经济互联性大幅增强。30 多年来,不仅国际贸易网络变得非常复杂,全球价值链、区域价值链飞速发展,全球跨境资本流动也大幅增长。这些变化对国际金融架构提出了新的要求。

经过多年努力，IMF 2010 年份额和治理改革方案终于在今年 1 月 26 日全面生效。这是 IMF 历史上一次最大规模的份额与治理改革，也是一次最大规模的有利于新兴市场国家和发展中国家的话语权调整。这次改革使 IMF 自有份额资本翻了一倍，增加到约 4700 亿 SDR（约合 6600 亿美元），也使中国跃居 IMF 第三大股东，大幅提高了中国在 IMF 的话语权。如今，IMF 又展开了第十五次份额与治理改革讨论，内容包括份额公式、份额提高幅度和份额分配的确定等。显然，这一治理改革对新兴市场和发展中国家意义重大。IMF 希望在 2017 年 10 月的年会前完成这项工作。

2015 年 11 月 30 日，经过 IMF 执行董事会严格审议，人民币被认定为国际"可自由使用货币"，并将于 2016 年 10 月 1 日起，加入由美元、欧元、日元和英镑组成的 SDR 货币篮子。但是，要进一步加强 SDR 在稳定国际货币金融体系中的作用，和其在国际金融市场上的广泛使用，还有很多工作要做，这也是 G20 讨论的一个重要问题。

实现全球范围内的互利共赢、共同增长，不仅需要各国实施强有力的、稳健的经济政策，也需要一个更加完善的国际金融架构和全球经济治理机制。两方面相辅相成、相互促进，将有助于防范危机的再次发生、提高应对危机的能力、增进新兴市场国家和发达国家之间的合作和交流，最终促进全球经济实现强劲、可持续和平衡增长。

（作者为国际货币基金组织秘书长）

（2016 年 09 月 02 日）

G20 峰会值得期待

保罗·马丁

我对中国主办的 G20 杭州峰会抱有很高的期待，相信中国能够引领各方一道发现问题、解决问题

G20 是国际经济合作的主要论坛。G20 峰会在 2008 年国际金融危机爆发后应运而生，标志着全球经济治理改革取得重要进展。但从前几次峰会来看，在逆转全球经济衰退方面，G20 并没有发挥应有的作用，也没有满足外界的期待。当前世界经济依然没有完全摆脱危机，在目前的经济形势下，G20 理所当然需要发挥更为重要的作用。

我非常高兴地看到，中国担任 G20 主席国后，G20 在沿着正确的方向发展。中国为筹备 G20 杭州峰会做了出色的工作。G20 主席国的一项重要工作是与 G20 其他成员联系，做好前期工作。从举办前期会议，包括智库会议和部长级会议的数量来看，中国都做得非常出色。我确信，中国将举办一次成功的 G20 峰会。

G20 杭州峰会是一次重要的会议。首先，中国是世界上最重要的经济体之一，如此重要的经济体主办 G20 峰会，这本身就将使 G20 峰会的分量大增；其次，中国在前期就峰会涉及的重要议题举行了密集的讨论，同各方一道为峰会准备成果，并积极推动将成果转化为行动；再次，鉴于目前世界经济的状况，

许多人认为全球经济增长变缓是新常态,在此背景下,各方对杭州峰会抱有很高的期待,期待峰会为世界经济增长开出"药方"。

中国经济所进行的探索,也为我们在这方面的期待增添了信心。中国经济转型是中国为促进增长而采取的深思熟虑的政策。在全球经济放缓的大背景下,基础设施和教育的投资,对拉动经济增长意义重大。在基础设施领域,中国也显示了相当的领导能力。创立亚洲基础设施投资银行就是一个例子。

G20也应当更多关注影响世界经济发展的全球性问题。比如难民问题、非洲问题、海洋可持续发展问题、腐败问题、气候变化问题等。这些问题都应在G20峰会上进行讨论。如果要想使这些问题得到解决,对其他多边国际机构给予关注和支持是非常重要的,如国际货币基金组织、世界贸易组织等。

这次中国邀请埃及、乍得、塞内加尔等非洲国家领导人参加G20杭州峰会,是一个很好的决定。我们必须关注非洲发展问题,非洲拥有世界上最年轻的人口,给予他们发展机会,将有利于世界上的每一个人。中国在非洲有很大的影响力,在这方面可以发挥广泛作用。

G20峰会的初衷是解决世界经济面临的挑战。过去几次G20峰会的问题是,即使人人都同意的承诺并没有得到完全遵守和落实。我对中国主办的G20杭州峰会抱有很高的期待,相信中国能够引领各方一道发现问题、解决问题。我也期待着,中国和加拿大能够在G20框架内进行多方面合作。

(作者为加拿大前总理、前财政部长)

(2016年09月01日)

沙特如何看中国

萨勒曼·杜赛里

沙中两国沿着全面战略伙伴关系道路前进,这对于海湾地区的安全与稳定十分有利

沙特阿拉伯王国国王萨勒曼·本·阿卜杜勒—阿齐兹·阿勒沙特曾在2014年3月以王储的身份访问中国,这为中沙关系打下了坚实基础。今年1月,中国国家主席习近平对沙特进行国事访问,两国签署了多项合作协议和谅解备忘录。正如萨勒曼国王所说,这也成为加强"两国和两国人民间友谊与合作"又一重要步伐。

8月29日至31日,沙特王储继承人兼第二副首相、国防大臣穆罕默德·本·萨勒曼·阿勒沙特带着发展沙中全面战略伙伴关系的良好愿望访问中国,希望推动双边关系深入发展,取得更大合作成果。沙中两国在重大国际和地区问题上持有相同和相近的立场,这就是为什么两国在过去数十年中能够保持双边关系稳固的原因。

自从沙特发布"2030愿景"以来,沙特王国便朝着持久繁荣之路前进。毫无疑问,单纯依靠沙特自身,这一愿景是不可能取得成功的,必须通过与其他国家,尤其是大国,发展互惠互利的伙伴关系才能实现。此次穆罕默德王储继承人访问中国,沙中两国实现发展战略对接是重要内容。对沙特来说,这就

是从完全依赖石油转型到以更安全可靠的方式使其财政收入多样化。毫无疑问，沙特把发展对华关系作为其建立伙伴关系的典范，希望在实施发展"2030愿景"时，从中国汲取大量经验。

穆罕默德王储继承人对中国的访问，是沙特对外战略的重要一步。因为沙特在新时期外交政策的突出特点，就是寻求朋友多样化和建立伙伴关系，这在这次访问中得以体现。可以预见，中沙两国将通过这次访问达成一系列协议和谅解备忘录。

许多人认为中国的对外政策能够避免陷入政治纠纷，并且不伤害其他国家利益。尽管中国在中东地区也拥有巨大利益，但中国并没有卷入中东的危机。相反，中国还能够长久保持与中东国家的友谊，中国与沙特的关系同样如此。我还要指出，沙中关系有巨大的潜力可供挖掘，可以肯定的是，两国的共同利益十分广泛。

世界能源安全离不开海湾地区的安全，海湾地区石油供应的中断会导致灾难性的后果。正因为此，中国和沙特应该看到，把两国汇集在一起的不仅是经济合作伙伴关系，两国更应沿着全面战略伙伴关系道路前进，这对于海湾地区的安全与稳定十分有利。

（作者为沙特阿拉伯《中东报》总编辑）

（2016年08月30日）

G20 杭州峰会正当其时

马丁·雅克

中国是目前世界上发展最迅速的国家之一,处在影响未来全球经济及其治理的关键位置,而杭州峰会正处在一个历史性的重要时刻

在过去几年里,中国在国际社会中扮演的角色越来越主动,更多地成长为经济全球化的塑造者。有两个标志性例子可以证明:一是筹建亚洲基础设施投资银行,该银行吸纳了来自欧洲及亚洲的多国成员,将成为亚洲地区基础设施建设投融资最重要的机构;另一个是提出"一带一路"倡议,致力于打造最具雄心的跨国发展战略。此外,海外投资、人民币国际化、中国企业"走出去"等,都说明了中国的全球影响力在多个层面迅速扩展。

但全球国际贸易和投资却整体呈现衰退态势,这也是中国此次主办二十国集团(G20)领导人峰会面临的最大挑战。在西方,反全球化的迹象变得普遍,美国大选中反全球化言论频出,把美国工薪阶层失业怪罪到全球化上;英国民众公投决定脱离欧盟。所有这些现象的核心问题是,质疑全球一体化的未来。

对这些现象决不能坐视不理,因为反全球化的情绪不仅出现在美国、英国,也在世界其他地区逐渐高涨。事实上,问题的核心不是全球化本身,而是过去所实行的全球化模式。由于这一模式没有使美欧等地的广大民众受益,而只使其中的少数富裕阶层得利,从而造成了社会不平等和不稳定的加剧。

G20 杭州峰会所设定的议题与应对这一挑战高度相关。"创新增长方式"针对全球经济增长缓慢这一核心问题。当前，无论是美国还是欧洲，都未从国际金融危机中完全恢复。欧盟经济目前正面临着某种程度上"失去的十年"；美国恢复情况好一些，但增长率依然令人失望。这些国家应对经济停滞的政策显得非常不充足，过于依赖货币政策，目前来看这一政策的效果十分有限。

中国的重要性体现在即便增速放缓，中国的经济增长率依然十分亮眼，同时中国还致力于维护全球一体化，推动互利共赢。无论是在经济表现上，还是在对全球化承诺的恪守上，中国都有助于向世界提供一种基于增长与合作的全球一体化模式。该模式认识到刺激有效需求的重要性，而不再单单依靠货币政策，西方国家需要倾听这一不同的政策声音。如美国一些地方就面临基础设施损坏的困扰，需要大力投资基础设施建设。

"更高效的全球经济金融治理"是本次峰会的另一个重要议题。毫无疑问这一领域潜在的风险在加剧。过去 40 年，全球经济重心从发达国家向发展中国家发生了重要的转移，然而全球经济治理结构却没有进行相应的有效调整。G20 在实践上替代七国集团（G7），以及国际货币基金组织（IMF）份额和世界银行投票权的迟来改革，也许可以视为最显著的两大变化。但由于 IMF 以及世界银行主要依靠西方国家的资金，在投资发展中国家以及亚洲基础设施方面既缺少政治意愿，也缺少资金准备，所以进展缓慢。

中国是目前世界上发展最迅速的国家之一，处在影响未来全球经济及其治理的关键位置，而杭州峰会正处在一个历史性的重要时刻。如果中国能在峰会上拿出一些新的富有创造力的方案，那将使峰会为历史所永远铭记。

（作者为英国剑桥大学政治与国际关系学院资深研究员）

（2016 年 08 月 29 日）

自说自话几时休

宗 文

美方动辄对中国宗教和民族问题进行无理指责，严重损害中美互信

不久前，在一片孤清冷寂之中，美国国务院再次抛出了所谓的"2015年国际宗教自由报告"，对世界范围内199个国家的宗教政策和宗教问题评头论足，任意裁判。不出所料，该报告今年的涉华部分依旧是老调重弹、故伎重演。罔顾中国发展进步的事实，罔顾中国宗教信仰的真实状况，把往年的报告复制抄袭一番，再塞进一些添油加醋、文不对题的所谓"新事例"，继续把中国列入所谓宗教自由"特别关注国"。真是满纸荒唐言，通篇吐沫飞，让人不屑一顾。

中国人自古崇信好德，向来主张己所不欲勿施于人，强调以德报怨。对于这种是非不分、黑白不辨，疯疯癫癫的痴人呓语，本可弃之不顾，一笑了之。但是，宗教信仰自由是重要的权利，这份报告又是以美国国务院名义发布的，代表其官方主张，在是非黑白的原则性问题上，有必要澄清事实，重申我们的严正立场。美方无视客观事实，年复一年发表此类报告，歪曲和攻击中国的宗教政策和宗教信仰自由状况，中方对此坚决反对。我们要求美方尊重事实、摒弃偏见，客观公正看待中国的宗教政策和宗教信仰自由状况，停止利用宗教问题干涉中国内政。同时，美方应多反省自身存在的问题，不要总是对别国指手画脚。

评判是非长短，总要立足于事实。宗教信仰自由是中华人民共和国宪法赋予中国公民的一项基本权利，是中国共产党的一项长期的基本政策。中国政府充分尊重并依法保障公民的宗教信仰自由，中国公民依法享有充分的宗教信仰自由权利，这是有目共睹的。多年来，中国政府一直积极协调宗教界与社会有关方面的利益纠纷，坚决纠正干涉宗教信仰自由、排斥和歧视信教群众、侵犯宗教团体和宗教活动场所合法权益的现象，特别重视对宗教界合法权益的保障。近年，中国政府有关部门采取有力措施，及时纠正宗教活动场所"被承包""被经营""被上市"等现象，维护了宗教界的声誉与合法权益。推动解决了宗教活动场所和宗教院校开立单位银行结算账户、申领组织机构代码证等问题，为宗教界平等开展社会活动提供便利。

在保障宗教界的合法权益的同时，中国政府还积极主动为宗教界提供公共服务，帮助宗教界解决实际困难。近10年来，仅中央财政投入寺观教堂维修款就累计超过2亿元，从2011年起增加至每年3000万元。中国政府格外注重对西藏、新疆等地少数民族宗教信仰的尊重和保护，投入大量资金修缮寺庙、清真寺，保护宗教文化遗产。西藏现有藏传佛教寺庙1700多处，新疆现有清真寺2.4万多座，充分满足了信教群众的宗教活动需要。为解决宗教教职人员的社会保障问题，中央政府6个部门先后两次专门联合下发通知，推动相关问题的解决。目前，我国宗教教职人员在自愿基础上医疗保险参保率达到96.5%，养老保险参保率达到89.6%，符合条件的全部纳入最低生活保障，基本实现了社保体系全覆盖。可以自信地说，我们的相关工作，比美国政府的医疗改革做得要好、要强。中国宗教界一致认为，改革开放以来的30多年，是中国宗教发展历史上前所未有的"黄金时期"。

当代中国，人民享受充分的宗教信仰自由。政教关系积极健康，宗教界的合法权益得到有力保障；宗教关系和谐，信教群众和不信教群众、信仰不同宗教的群众及信仰同一宗教的群众之间，相互尊重、和睦相处；宗教界积极拥护党和政府的领导，拥护社会主义制度，顺应社会、服务社会，履行社会责任；我国宗教与外国宗教在互不隶属、平等友好的基础上积极开展交流交往，增信释疑、传递友谊等等。这些才是中国宗教的真实状况和主流，是中国宗教政策法规实施的实际成效。美方对此视而不见，只关注一小撮被中国政府依法取缔的非法团体、假借宗教名义从事犯罪活动而被依法惩处的罪犯，动辄对中国宗教和民族问题进行无理指责，这不禁让人怀疑其真实目的和动机。这类举动，粗暴干涉中国内政，不仅毫无建设性可言，而且严重损害中美互信，其结果只能是适得其反，是时候悬崖勒马，回到正轨了。

（2016年08月26日）

运用国际平台创造机遇

门 镜

对中国和世界而言，G20 杭州峰会的举办都有着重要意义

经过中国政府紧张而精心的筹备，二十国集团（G20）领导人第十一次峰会将于 9 月初在杭州举行。

G20 财长会议创立于 1999 年，但峰会机制是从 2008 年才建立起来的。当时的欧美金融和经济危机形势非常严峻，七国集团已经无力应对。时任法国总统萨科齐曾提出："21 世纪的管理不能再用 20 世纪的规则。"可以说，G20 峰会的建立是历史发展的需要，是时代的召唤。

如今，G20 峰会将首次在中国举办。作为世界上最大的发展中国家，中国肩负起重任，在全球经济治理面临挑战的时刻，与其他国家共同商讨国际经济体系改革之路，找到经济可持续发展的道路，为世界的稳定和发展作出贡献。对中国和世界而言，这次峰会的举办都有重要意义。

首先，国际格局正在发生深刻变化，布雷顿森林体系统治世界的历史正在终结。中国及其他发展中国家在 G20 峰会中的作用不容低估，国际经济体系改革需要发展中国家积极参与。中方宣布，本次峰会将成为 G20 历史上发展中国家参与最多的一次。这不仅是向全世界表明全球经济治理离不开发展中国家，同时也是中国为发展中国家争取更多话语权的良好机会。

第二，中国积极主办本次峰会，向世界展示了一个负责任大国的态度。虽然目前的国际经济体系存在许多不合理因素，但中国并没有因为自身的发展和强大就否认现有体系的存在价值和意义，而是积极寻求体系的改革，与其他国家一起商讨全球治理大计。这也将有助于增加其他国家对中国发展的理解和支持。

第三，中国对世界经济发展作出了重大贡献。尤其是2008年国际金融危机发生以后，中国的经济政策成为带动世界经济发展的动力。虽然近年来中国经济发展速度放缓，但中国的影响力一直在不断增加——今年10月人民币将成为国际货币基金组织特别提款权货币篮子里唯一的新兴市场货币。过去几十年发展的经验为中国积聚了力量，也积累了能力。鉴于这个原因，G20峰会在中国举办，不仅能够让世界有机会看到中国的发展，也可以让世界分享中国的经验。

第四，G20杭州峰会将不仅解决眼前问题，而且放眼未来，富有创造性地发展和制定前瞻性政策，更好地引领世界经济的未来走向。习近平主席强调，杭州峰会将以"构建创新、活力、联动、包容的世界经济"为主题，使世界经济增长红利为各国人民所共享。而中国作为主办国，可以充分利用这个机遇把自身发展需要同国际发展机遇相结合，积极寻找合作平台及合作伙伴，牢牢把握未来发展的主题，使中国的发展融入世界的发展，互惠互利。

此外，G20杭州峰会将为中国发展提供良机。我相信，中国在今后的道路上，将会更多地利用国际平台所带来的机遇，加强对外交流，增加国际经验，合作发展，合作共赢。

（作者为比利时欧洲学院欧中研究中心主任、教授）

（2016年08月25日）

为发展议题注入新内涵

恩里克·杜塞尔·彼得斯

中国不仅可以为拉美和加勒比地区国家提供一个参照，还可以成为设计和履行全球新议程的一个引擎

中国社会经济在最近 40 年中经历了深层次的转型和变革。中国经历了十分惊人的发展过程，一跃成为世界第二大经济体以及世界第一大出口国和第二大进口国。尤其在提高人民生活水平和减少贫困两方面，中国取得了举世瞩目的成就，尽管有发展不平衡的现象存在，不过总体而言，中国的经济增长和社会发展成绩斐然。

从 21 世纪初起，中国实施了一系列高质量的改革。这些改革由中国制定的长期规划所引导，与即将举行的 G20 杭州峰会的主要议题息息相关，影响深远。

首先，中国建立了一套完整体系，以寻求在经济增长、竞争力、金融、就业、城市化等各领域的经济政策手段能够整合联动，并通过设立长远目标、长期政策和不断完善的市场竞争机制加以引导。

其次，推动简政放权，以更实际和更灵活的手段达到提升人民生活水平的目的。

再次，中国公共部门在多个领域做出努力，包括调整中国经济结构，面向国内市场，向服务业转型，并不断提升产品附加值；以提高人民生活水平为目

标，大力推进城市化进程；通过提高服务业水平、卫生医疗水平、工资收入、教育质量以及基建设施的覆盖与完善，改善人们生活质量等。

此外，其他一些改革也取得巨大成效，比如：中央政府权力下放，寻求更大透明度、控制地方债务的财政改革，更趋市场化的金融改革以及科技体制改革等。打击腐败现象、提升创新能力及科技实力，也在改革中扮演了至关重要的角色。中国的公共部门都以大幅改善人民生活质量，尤其是落后地区人民的生活质量为最终目标。

中国经济对世界的贡献从其自身近20年的巨大经济活力便可看出。此次G20峰会将讨论金融体系建设、贸易和投资流动性、2030年可持续发展议程等一系列议题，其中，中国最大的贡献之一就在于大力促进发展中国家可持续发展的努力。

中国在纺织业、工业、农业、电子通信和汽车与配件制造等众多领域具有丰富经验，对其他发展中国家来说价值巨大。中国所具备的战略眼光、金融和政策手段以及短、中、长期的规划也能给其他发展中国家带来启发。当前，拉美和加勒比国家共同体已经开启了中国与拉美和加勒比国家合作规划（2015—2019），这样的合作也将为G20其他成员在2030年可持续发展议程框架下的发展战略提供范例。

联合国拉丁美洲和加勒比经济委员会等机构已经为全球平衡发展做出了许多努力。同样，中国近几年的发展经验也可以为此提供许多有意义的借鉴。当前，在G20成员及拉美和加勒比地区国家都有来自中国的大规模投资，中国拥有水电站、港口、公路、铁路等众多大型基建项目的建设经验，有着通过创造就业打造国家供应链，以及推进与"一带一路"建设相融合的中国特色发展战略，相信中国将为发展议题注入新的内涵。中国不仅可以为拉美和加勒比地区国家提供一个参照，还可以成为设计和履行全球新议程的一个引擎。

(作者为墨西哥国立自治大学中墨问题研究中心主任、

拉美加勒比与中国学术研究中心负责人)

(2016年08月24日)

从根本上建设人类命运共同体

狄伯杰

"一带一路"倡议再次吹响了共同体意识的号角，通过重振交流渠道和加深国家间交流，建立起经济和安全的共同体

我毕业于印度尼赫鲁大学，专业方向是中国历史和中印关系。20世纪90年代我曾多次来到中国，并随中国社会科学院农村发展研究所深入中国乡村调研，走过中国多个乡村。

作为研究中国的学者，我非常钦佩习近平主席在外交上的高瞻远瞩和筹划中国未来的高远立意，尤其是"一带一路"倡议已经有100多个国家和国际组织参与其中，真是了不起的成就。

当前，中国面临全新的国外环境，一些西方大国对中国的崛起感觉非常不舒服，如美国就打出"重返亚太"战略，通过派军舰巡航南海等方式不断遏制中国。中国正以更大的战略眼光与行动不断迎接这些挑战，"一带一路"倡议就是其中之一。西方领导了近现代以来第一次经济全球化，而推动"一带一路"建设的中国会带领东方进行第二次经济全球化，让世界各国受益。

如果分析古代"丝绸之路"和"海上丝绸之路"的政治和经济重要性可以发现，沿线国家和大洲通过无数的节点联结起来，这些节点促成了一个松散的经济和安全共同体的形成。然而自威斯特伐利亚体系诞生以来，民族国家逐渐

成为国际行为主体，形成了现在国家间边境的概念。随着经济全球化的深入，各种贸易区和国家间自贸区相继建立，国际社会需要一个联结全球经贸的通道或共同体。习近平主席提出的"一带一路"倡议正契合了国际社会当前的这一需求。更重要的是，"一带一路"倡议再次吹响了共同体意识的号角，通过重振交流渠道和加深国家间交流，建立起经济和安全的共同体。在这样的背景下，"一带一路"将从根本上促进双边、地区甚至跨地区的人类命运共同体建设。"一带一路"的五大重要合作内容，即推动政策沟通、设施联通、贸易畅通、资金融通和民心相通，提供了非常务实的框架。

自从这一宏伟构想不断推进以来，人们对"一带一路"的兴趣越来越浓厚。以促进区域内经济福祉为目标，通过经济、人文交流等方式在国家间各层次上建立更紧密的联系，将减轻安全方面的忧虑。相信发展中国家和欠发达国家一定会大大受益于中国的资本、产能和有竞争力的技术，这也是联结基础设施、市场准入、能源合作及民间交流的福音。

相信"一带一路"将促进世界多极化建设和各层级多边外交及贸易系统的建立，为促进亚洲乃至整个人类命运共同体建设添砖加瓦。

（作者为印度尼赫鲁大学中国与东南亚研究中心教授）

（2016年08月19日）

讨论和解决全球问题的盛会

吕克托夫特

中国作为 G20 主席国，把发展问题放在 G20 杭州峰会议程的突出位置是众望所归，表明中国是一个负责任大国

2016 年二十国集团（G20）峰会即将在中国杭州召开。中方主张在 G20 峰会上制定落实 2030 年可持续发展议程行动计划，这本身就是一个创举。去年 9 月，联合国发展峰会通过了 2030 年可持续发展议程，之后气候变化巴黎大会又达成了《巴黎协定》。这些都表明，我们面临的问题没有国界，解决这些问题必须通过国际协调才能够实现。

2030 年可持续发展议程通过后，现在最重要的问题是如何尽快落实 17 项可持续发展目标。中国作为 G20 主席国，把发展问题放在 G20 杭州峰会议程的突出位置是众望所归，表明中国是一个负责任大国。国际社会要帮助和推动那些不发达国家实现可持续发展目标，所有国家都应参与进来。不仅政府部门要制定相关政策和法规，私营企业也应积极参与进行多方合作。我们需要来自各方面的支持，因为没有大国和富裕国家的支持，那些最不发达国家、内陆国家和小岛屿国家不可能独自实现可持续发展目标。这就是联合国所强调的合作发展，从联合国第三次发展筹资国际会议，到气候变化巴黎大会，都体现了合作共存、可持续发展原则。在这方面，我们特别感谢中国的贡献，我们也与亚投

行和金砖国家新开发银行等机构开展了良好合作。

我非常赞赏中国在落实可持续发展目标和应对气候变化方面作出的贡献。气候变化问题是许多人类面临问题的根源，将气温上升幅度控制在2摄氏度以内至关重要。如果人们不采取措施来减缓气候变化的话，国际社会将没有能力再谈减少贫困，也无法提高人们的生活水平和健康水平。那将是一幅悲惨的图景：许多人口将被迫离开家园沦为难民，人们失去赖以生存的资源，不同国家和群体之间为争夺赖以生存的资源而不断发生冲突……值得庆幸的是，中美两国在应对气候变化领域达成了合作协议，率先进行减排，为其他国家做出了表率。没有中美两国的合作就没有今天的成果。G20杭州峰会必将再次推动世界主要经济体加快减少排放、实现可持续发展的步伐，这将是一次重要的盛会，占世界经济总量近90%的国家坐在一起讨论落实可持续发展目标和应对气候变化问题，一定会产生丰硕的成果。

中国提出的"一带一路"倡议不仅对中国自身经济发展有利，同时也是在帮助沿线国家改善基础设施建设，实现共同发展。中国倡议成立的亚投行，以及金砖国家新开发银行等金融机构将会加大对发展中国家的投资力度，弥补世界银行、亚洲开发银行等对中小发展中国家贷款的空白之处。

近几年中国经济增速放缓，但这并不是坏事，中国是在进行经济结构调整，提高经济发展质量，这是实现可持续发展的最好解决方案。如果中国还按照过去几十年的方式发展，在生态环境方面是不可持续的。

在即将召开的G20杭州峰会上，各方将就国际社会面临的共同问题进行讨论。我们需要更加紧密地合作和协调政策来解决跨国问题，需要中美等大国共同努力解决国际社会面临的共同问题。

（作者为第七十届联合国大会主席）

（2016年08月17日）

日本应倾听邻国的正义声音

石田隆至

为行使武力开辟道路,通过否认、模糊日本在战争中的加害责任,在战争受害者看来,必然是试图回归战前、让威胁再度袭来的危险举动

今天是8月15日,日本战败投降71周年。日本首相安倍晋三发表战后70周年谈话已过去一年。这一年里,日本社会到底发生了哪些变化?

去年8月14日,战后70周年谈话发表之后,好几位中国朋友问我该如何理解谈话内容。他们不约而同地格外关注安倍的一句话——"我们不能让与战争毫无关系的子孙后代担负起继续道歉的宿命。"

我想,这句话从字面上看可有两种解释。第一种解释是,我们这一代人诚挚道歉,与战争受害国之间建立了稳固的信赖关系,下一代人再也不会被要求道歉。第二种解释是,鉴于已经非常充分地进行了道歉,我们这一代人宣布,不管今后受害国说什么,下一代人再也不进行道歉。鉴于现在日本政府以及民间层面历史修正主义蔓延的局面,人们很担心后一种解释更符合谈话者本意。

去年,日本政府强行在国会通过系列安保法。日本历届内阁都认为宪法不允许日本行使集体自卫权。然而,安倍政府不顾日本宪法第九条为了阻止日本再度发动侵略战争这一历史事实,以"中国威胁论"为借口,嘴边挂着"反省"一词,却架空了宪法第九条。没有经过修改宪法的程序而使得日本事实上可以

在海外行使武力，这是否认宪法的暴举。

去年12月底，在战后遗留的随军"慰安妇"问题上，日韩两国政府达成共识。尽管受害者希望查明真相和追究日本政府法律责任的要求都遭到否认，但这却成了"最终且不可逆转"的和解。最近，日本政府又特意反复声称"那不是赔偿金"，并标榜这一历史问题的"结束"。与之相对应的是，对于广岛和长崎被投放原子弹的历史，日本政府却一直坚持没有"结束"的态度。日本政府对于加害和受害历史的态度如此迥然不同，令人诧异。

以修改宪法为政治目标的安倍政权支持率依然较高，执政联盟在上月的参议院选举中获胜。在随后的东京都知事选举中，支持历史修正主义教科书、呼吁日本有必要进行核武装的候选人当选……这些会给遭受日本侵略和殖民统治的国家人民传递什么样的信息？恐怕大多数日本人还没有意识到这个问题。

日本政府以东海的领土争端为借口，继续煽动"中国威胁论"。不仅如此，尽管并非当事国，日本还在南海问题上炒作"中国威胁论"，为安倍政府解禁集体自卫权、修改和平宪法、扩充军备等制造借口。

日本曾对中国发动侵略战争，战后又对中国进行封锁。回顾历史，我们可以非常清楚地发现真正威胁东亚的是谁？答案绝对不是中国。非常遗憾，在日本却很少能听到这样的声音。日本政府为行使武力开辟道路，通过否认、模糊日本在战争中的加害责任，来恢复日本的"荣誉"，认为这是实现和平所必需的。然而，这种破坏了和平主义、否认了战后民主主义的政府行为，在战争受害者看来，必然是试图回归战前、让威胁再度袭来的危险举动。

只有日本经常反省并坚决不再重蹈战争覆辙，且被受害国认可是"对过去错误的反省"，对东亚来说才算真正意义上开启了"战后"，才能修复与战争受害国关系。希望日本政府能够倾听国际社会，尤其是亚洲邻国的正义呼声。

（作者为日本明治学院大学国际和平研究所研究员）

（2016年08月15日）

部署"萨德"使半岛问题更难解

李相万

部署"萨德"是韩国政府忽略半岛和平统一、无视国民安危的决定,是主要为美国利益服务的非战略性决定

当前,东北亚地缘政治态势正在发生急剧变化。朝鲜第四次核试验后,半岛局势进一步紧张。美国"亚太再平衡"战略的核心是针对中国,而中国则表现出强烈意志要摆脱其影响。日本要完成所谓的"正常国家化",正加速武装。韩国在此时决定部署"萨德"反导系统,使半岛问题更加难解。化解当前难题,需要利害相关的当事国之间对话和合作。

部署"萨德"是美国为了掌握亚太地区霸权而刺激中俄的决策,其后果可能会触发扩散性军事竞争。中国早在上世纪90年代末就开始强调美国在东北亚地区部署导弹防御系统是针对中国,并一直通过正式途径表达反对韩国加入导弹防御系统的意见。"萨德"是超越韩国安全需求的武器,并且韩国政府无法介入"萨德"系统的运作。历史告诉我们,韩国若鲁莽地参与到大国博弈中来,将会成为第一个牺牲者。

中国对"萨德"感到愤怒,主要原因是"萨德"并不能让韩国有效应对朝鲜攻击,但是会为美国完成导弹防御系统、进一步监控中俄提供抓手。在韩国部署"萨德",会缩短美国阿拉斯加空军基地的预警雷达网捕捉洲际弹道导

的时间，对中国在东北亚的战略利益影响非常大，但作为对付朝核的手段则几乎没有作用。"萨德"雷达的设计初衷是给美国的导弹防御系统提供情报，所以部署"萨德"对韩国的防御力量没有帮助。对中国来说，部署"萨德"意味着韩国在美国强化对华军事遏制方面扮演了重要角色。韩国选择部署"萨德"给韩中之间的信任造成了恶劣影响。

通过在韩国部署"萨德"，美国将推进导弹防御系统计划，但是对于韩国来说，此举得不偿失。"萨德"的运营费用、韩国国内理念之争、韩国国民对政府政策的不信任、政府对首都圈防御的不关心、韩国与中俄关系的恶化、半岛分裂局面的固化等，都是韩国需要承担的负担。因此，部署"萨德"是韩国政府忽略半岛和平统一、无视国民安危的决定，是主要为美国利益服务的非战略性决定。

当前，韩国国内反对部署"萨德"的声音高涨。韩国政府向美国提出重新协商或延期部署"萨德"，才是妥当举措。国会批准程序和明年韩国总统大选也可能成为再议"萨德"议题的转机。韩国可以从波兰和美国之间关于部署导弹防御系统的协商过程中吸取经验教训。波兰同美国在波兰部署导弹防御系统的决定曾被长期搁置。

朝鲜半岛无核化对韩国来说是生死攸关的问题。韩国任何重大决定都应以半岛无核化与和平统一为核心。韩国被他国牵制着如此仓促地决定部署"萨德"，与和平统一的根本目标背道而驰。在半岛统一的过程中，周边国家的作用相当重要。韩国要确保实现无核化，确保半岛统一进程对东北亚地缘政治和经济产生积极影响。

（作者为韩国庆南大学远东问题研究所教授）

（2016年07月31日）

所谓仲裁暴露了西方霸权心态

汤姆·兹瓦特

西方总是傲慢、自大地以自己的模式作为普世标准,菲律宾南海仲裁案再一次暴露了西方的霸权心态。

菲律宾南海仲裁案的 5 名仲裁员中的 4 人来自欧洲,这个缺乏国际性、代表性、权威性的临时仲裁庭如何胜任极为复杂、事关亚洲国家利益的南海仲裁案?尽管临时仲裁庭是在《联合国海洋法公约》(以下简称《公约》)框架下行事,但由于并没有对主权及划界问题的管辖权,所以其仲裁结果不具备法律效力,更谈不上执行。西方对所谓中国不接受、不承认裁决结果是违反国际法的舆论,完全是"贴标签"行为。

《公约》虽然是各国相互妥协达成的法律共识,有很大回旋空间,但现实依然是西方的司法机构以自己的意识形态和思维定式牢牢掌控着对《公约》的解读权和裁量权。

这种貌似公正、但实际由西方操控的国际司法机构并非个例。近年来,国际刑事法院与非洲之间的关系就陷入低谷。虽然有 30 多个非洲国家是国际刑事法院缔约国,但国际刑事法院因在审判案件和执法过程中轻视甚至漠视非洲国家的主权和尊严而遭到强烈批评和抵制。很多非洲国家甚至打算退出国际刑事法院,另起炉灶、自主承担非洲的司法建设。

法律是工具而不是目的,法律只是解决冲突的手段之一,如果法律和法庭让情况变得更糟糕,那就不应该采取这种手段。有的律师认为,哪怕是最复杂的政治问题,法庭也可以作出裁决。可现实是,法国法院不对直接涉及外国政府的案件作裁决,英国法院不对包括外交在内的高度涉及政策的案件作裁决,美国司法不介入总统就战争与和平相关问题所作的决定。我认为,临时仲裁庭当初依循这类做法、从此案退场才是明智之举。

东方人其实更有智慧。历史上,受儒家文化主导的亚洲国家在处理类似纷争时通常采用非冲突性方式、以谈判磋商来化解矛盾,这种做法十分人性化并卓有成效。此外,亚洲国家通常不会因为一个问题的纷争而影响其他领域的合作,但西方却习惯于做非黑即白的简单判断,常因某一方面的分歧而扩大到全方位的对抗,急于斩断关系而不是努力解决问题。比如,因为不满土耳其在人权方面的法律状况,欧盟就中止与土耳其在其他领域的深入对话与合作,其结果将是欧盟在难民危机的泥潭中越陷越深。

在菲律宾南海仲裁案中,西方自我标榜为国际法的捍卫者,指责中国是破坏者,但我的看法正相反。中国在2006年就根据《公约》第298条所赋予的权利,以政府声明的形式做出排除性声明,将涉及主权、海域划界等事项的争端排除在强制争端解决程序之外。包括英国、法国、俄罗斯、澳大利亚等在内的30多个国家都发表了类似的声明,中国不接受、不承认有关主权和海洋权益的仲裁,恰恰是在依法行事。

最危险的是利用国际法达到政治目的,这才是对国际法的真正损害,而有的国家正在这样做。历史上,中国在亚洲地区的引领地位一直为亚洲各国普遍认可和接受。西方却认为中国是威胁地区、甚至全球的"大块头",必须加以限制。美国这个域外大国把南海问题作为遏制中国发展的突破口和切入点。但如果西方滥用所谓法律来限制中国,不仅会扰乱现有的区域平衡,而且会极大损害国际法的权威性。

既然中国已明确提出对仲裁结果不接受、不承认,仲裁不仅不能解决中菲之间的矛盾,而且使争端更加复杂化。司法裁决具备合法性,才能被执行。如果一个或多个当事国不相信你的合法性,裁决不可能被执行。这不是让主权国家漠视法庭决定,而是希望国际司法机构在作出不受欢迎的裁决前要三思。如果你想请人坐到一起，应该端上一杯茶，而不是拔出一把剑。

（作者为荷兰乌特勒支大学法学院院长）

（2016年07月28日）

我们坚决抗议部署"萨德"

金忠焕

我的家乡在韩国庆尚北道星州郡,那里充满着我儿时的甜美记忆。7年前离开政坛,我决定重归故里,种田,写诗……直至听说"萨德"要来了。

2016年7月13日,韩美军方"突然"宣布将"萨德"反导系统部署在星州郡的决定,可是这其中疑点重重。

一是实效性。根据韩美军方的说法,部署"萨德"的根本目的是为了保护韩国民众不受朝鲜的导弹与核威胁,然而生活着一半韩国人的首都圈却最终不包含在"萨德"的防御范围内。那部署"萨德"究竟为了什么?"萨德"覆盖大部分驻韩美军基地,其用意又是什么呢?

二是安全性。将"萨德"部署在星州郡,韩国政府给予当地民众的说明很简单:部署"萨德"是安全的,电磁波也是安全的。为了证明其安全性,美军甚至首次向韩国开放了位于关岛的"萨德"基地,允许韩国军方测量电磁波数值。然而,电磁波产生的影响大小取决于雷达设置的半径,雷达半径设置为600公里、1000公里、2000公里,其产生的电磁波数值也不尽相同;雷达启动与否,开启时间长短,对电磁波数值也将产生不同影响。所谓的测量安全,不得不让人产生疑问:这究竟是基于怎样的标准,可信度又有多少呢?说"萨德"在韩部署并非加入美国导弹防御系统,可信度又有多少呢?

三是针对性。在韩国部署"萨德"本身究竟是不是为了防御来自朝鲜的威胁,有关国家都心知肚明。中国和俄罗斯也非常清楚,美国和日本想借"萨德"对其进行牵制。

四是责任性。"萨德"部署在星山炮台周边,产生的后果究竟由谁来承担?5公里内有8所学校,3公里内有6所,最担心的是父母、学生,还有农民。从星州郡政府到"萨德"部署地星山,只有1.5公里,2万余名星州郡居民生活在"萨德"统制的方圆3.6公里范围内,这就好似生活在军事基地,每天带着身份证,接受审查出入,这是生活么?星州郡民众正在醒悟,抗议的呼声从"香瓜生意毁了""土地价格下降",变为"为了朝鲜半岛和平,'萨德'部署在星州不行,在韩国任何一个地方都不可以"。

五是部署"萨德"是否需要国会批准。这成为新的争论点。韩国在野党方面提出,兹事体大,应提请国会批准。国会立法调查处也回应称,"萨德"应该经国会批准。但历史上,美军基地的搬迁,有经国会批准通过的案例;说"这并非基地搬迁,而是设置炮台",没有走这一程序的案例同样存在。解释不同,政府意志不同,相关事项所走的程序和最终的结果也不同。《韩美驻军地位协定》是不平等条约,美国主导,对美有利,而韩国处于不利;对于美国政府,韩国政府说不上话、使不上力。

六是"萨德"的运营问题。"萨德"最终能否按照"韩国提供土地,美国提供资金"的约定模式进行,存在太多未知数,而最终成为"韩国提供土地和资金"的可能性又有多大?美国部署"萨德"分为试验用、临时用、研究用,试验用是做做看;如果"萨德"在韩国为美国研究用,这就意味着"萨德"在韩的基地、统制区域3.6公里半径范围内的土地都属于美国。韩国国防部对协议内容并没有公开。运营、维持的费用如何持续,政权交替,美国能为韩国做什么保证?

朝鲜半岛核问题的出路何在?六方会谈是维护地区和平的最优选择,这也是我所热切期待的。

在韩国的首尔、仁川、大邱、龟尾……还有很多的韩国人与星州郡居民站在一起。星州是居民赖以生存的家,如果搬离这里,又要去哪里生活?星州郡居民经历了,知道有多痛。在韩国的任何一个地方都不可以部署"萨德"。星州郡居民会将抗议坚持到底,直至政府重新讨论并最终撤回这一决定。

(作者为韩国青瓦台前秘书官、星州郡居民)

(2016年07月25日)

伊战错误不可能永远蒙蔽世人

拉法埃洛·帕恩图西

伊战报告所揭示出的惨痛事实,将在未来数年里继续折磨着英国公众。伊拉克人民也正在继续遭受这场战争后遗症带来的深重灾难

有关伊拉克战争调查报告的公布,使得英国人得以重新反思时任首相托尼·布莱尔做出的入侵伊拉克决定。

英国官方于2009年组建了伊拉克战争调查委员会。时任首相布朗希望通过调查,能够总结出一些可供后人借鉴的教训。从那时开始,英国民众就一直在等待。然而,报告却一拖再拖,民众甚至认为,这份报告将成为为布莱尔开脱责任的工具。但现在,展现在人们面前的这份报告全面记录了英国做出入侵伊拉克这一毁灭性决定的全过程,英国在伊拉克的关切点以及美英"特殊关系"的运作机制。

按照伊拉克战争调查委员会主席奇尔科特的说法,英国政府在做出攻打伊拉克决定前,并未穷尽将萨达姆拉回谈判桌的所有手段,相反,做出开战决定只是为了同美国保持一致。布莱尔政府之所以这样做,很大程度上也是因为,长久以来英国国内存在一种论调,认为美国更希望与英国保守党打交道,工党政府在外交政策上一贯比较弱。为了回击这种论调,布莱尔把美英"特殊关系"置于其想法的核心,追随美国发动了战争。

既然布莱尔发动战争的想法已定，英国当时的情报部门负责人认为自己有义务为布莱尔的战争决定提供情报支持。一时间，英国政府高层流传着各式各样萨达姆拥有大规模杀伤性武器的证据，但这些证据显然无法得到事实的印证。有报告甚至显示，情报部门为了制造这些假情报，竟然从好莱坞电影中来获取灵感。

糟糕的故事并没有随着伊拉克战争主要战事的结束而结束。最令人沮丧的，莫过于阅读战后伊拉克局势报道。布莱尔辩解称，他曾向美国总统布什表达过对战后形势的担忧。尽管英军士兵在伊拉克尽最大努力来应对糟糕局势，但英国政府并没有明确有效的战后重建规划，所采取的政策遭遇了一连串的失败和挫折。它证明了英国从来就没有为应对混乱的战后局势做好准备。

早在战争爆发之前，英国安全机构就曾警告，称伊拉克战争有可能导致恐怖主义势力从中做大。现在可以明确的是，英国情报机构对如何消除伊拉克战争引发的恐怖主义威胁没有应对之策。随着伊战报告的发布，前首相布莱尔也遭到了前所未有的最猛烈指责。在一场新闻发布会上，布莱尔流着眼泪祈求人们不要指责他是骗子，但他依然坚称基于当时的情报信息，做出攻打伊拉克的决定是正确的。伊战报告告诉世人，布莱尔可以按照其个人的信念来做出发动战争的决定，但错误不可能永远蒙蔽世人。

毫无疑问，伊战报告所揭示出的惨痛事实，将在未来数年里继续折磨着英国公众。伊拉克人民也正在继续遭受这场战争后遗症带来的深重灾难。

（作者为英国皇家三军防务研究所国际安全研究室主任）

（2016 年 07 月 18 日）

伊拉克战争加剧地区动荡

雷蒙·帕切科·帕尔多

暴力只会招致暴力,只有中东国家及该地区的人民才能真正创造这一地区的和平与繁荣

在经历长达 7 年调查之后,英国有关介入伊拉克战争的调查报告终于出炉了,这份报告将大家的视线重新拉回伊拉克战场。伊拉克战争爆发已有 13 年之久,这个地区仍然动荡不断。报告指出,美英联军入侵伊拉克的行动发生在和平手段尚未穷尽之前,所依据的情报信息不准确,战争后果被低估,缺乏有效的战后计划来维护伊拉克稳定,撤出伊拉克后留下一个不稳定的烂摊子。这份报告给我们上了一堂重要的战争与和平警示课。

关于战争,这份报告指出了三点颇具警示意义之处。其中最重要的一点是,战争只能发生在所有其他解决方法穷尽并且无效的情况下。这份报告揭露,萨达姆·侯赛因政权与国际组织的谈判仍在进行中时,英美就已经决定发动战争。而当萨达姆政权被战争推翻,美英却并未找到伊拉克拥有大规模杀伤性武器的证据。事实上,当时联合国安理会大多数成员国支持对伊拉克采取核查和制裁的方式,而非发动战争。

其二,做出战争决定必须要有坚实的合法性基础。但是英国政府的战争决定没有考虑法律合法性,并且削弱了联合国的权威。2004 年 9 月,时任联合

国秘书长安南明确表示美英入侵伊拉克的军事行动是违法的。美国布什政府及其盟友绕开联合国安理会的授权而发动战争，严重损害了美国的形象。

其三，战后重建远比发动战争困难。战后重建意味着必须充分了解对方国家的民众及社会所需所想。然而，入侵伊拉克的军事行动在这方面无疑是失败的，美英联军并不受伊拉克民众欢迎。虽然萨达姆政权被美英联军宣称是独裁、不受欢迎的，但是该政权却给伊拉克社会提供一定程度上的稳定。自萨达姆政权被推翻13年来，伊拉克事实上一直处在四分五裂状态。有些中东问题专家辩解称，即使没有入侵伊拉克，伊拉克国内也会内乱。这无法核验，但是美英联军缺乏明确的战后重建计划，导致萨达姆政权被推翻后地区陷入权力真空，暴力及恐怖主义势力趁势壮大却是不争的事实，这其中包括极端组织"伊斯兰国"的壮大。

关于和平，这份报告也给我们带来了两点很重要的思考。第一，外部势力入侵不可能给一个国家带来和平。报告显示，美英联军事实上根本不知道如何给被占领地区带来和平。和平需要强大的政府、稳定的领导、共同的使命。阿富汗及伊拉克战争都表明，没有这三点，单靠军事行动是没有办法实现和平的。第二，该报告提示西方领导人，绝大部分西方普通民众是反对战争的。布莱尔，一位曾经在国内享有90%高支持率的领导人，因为错误的战争决定而失去民众支持。

伊拉克战争本来是可以避免的，然而却由于错误的决定和行动，导致伊拉克及中东地区处在动荡之中。中东地区民众的生活要比战争之前更加不安全。暴力只会招致暴力，我们必须认识到外部势力干预并非解决之道。只有中东国家及该地区的人民才能真正创造这一地区的和平与繁荣。

（作者为英国伦敦大学国王学院国际关系高级讲师）

（2016年07月12日）

巴西张开双臂迎奥运

米歇尔·特梅尔

巴西已经准备好接待所有来感受国际体育精英赛事的游客们,也将向在全球各地观看奥运会的50亿观众展现精彩赛事

还有一个月就将迎来全球最大的体育赛事,巴西可以确信地说:我们已经为在南美大陆举办的首届奥运会和残奥会做好了充分准备。

已落成的奥运村位于里约最美丽的地区之一,将接待1.7万名参赛运动员中的大部分。包括位于巴哈新区的奥林匹克公园等运动设施都已经全部交付。

巴西准备了切实可行的安保计划,其中包括8.5万名来自联邦、州和市级政府的各级军人,以确保在一个安稳和平的氛围中举行这场体育盛会。安保人员将采取综合行动来保证运动员、技术委员会、国家元首、政府官员、游客、当地民众和记者的安全。

这不是巴西第一次向世界展示组织能力和安全热情地接待来自世界各地的游客。近年来,巴西积累了丰富的举办世界级大型活动的经验,我们举办了世界杯、泛美运动会、世界军人运动会、世界青年日和联合会杯。所有活动都取得了圆满成功,体现了巴西人民的责任感和欢乐。这次我们将再创辉煌。

巴西是全球主要经济体之一,里约奥运会将向世界展示一个民主制度完善、贸易潜力巨大的国家。里约热内卢将在奥运会期间接待约50万名国内外

游客。将要举办足球比赛的五个城市（圣保罗、萨尔瓦多、玛瑙斯、巴西利亚和贝洛奥里藏特）将迎来无数巴西和国外球迷，举办如此规模的赛事将是巴西人民的伟大成就，也将激发民族自豪感。

需要特别强调的是，奥运场馆60%的投资，总计70.7亿巴西雷亚尔（1雷亚尔约合2元人民币）来自私营部门。这些资源和努力将为巴西留下巨大的财富。

首先，奥运会在巴西传播了体育的意义：合作、团结、纪律和超越。具体而言，奥运会将为巴西人民留下训练场馆，全国五个地区的优良设施既可以促进体育发展，也可以提高收益。

其次，在里约热内卢，奥运会对公共政策的执行产生了重要影响。城市基础设施和移动网络项目的实施都因承办赛事而加快，当地居民的生活质量也因此明显提高。

近来，有传闻在比赛期间可能爆发热带疾病。就像世界卫生组织证实的那样，我们可以保证比赛期间几乎不存在寨卡病毒的感染风险。南半球届时将处于冬季，由埃及伊蚊传播的病毒感染率极低。最近几周，里约热内卢和巴西其他地方的寨卡感染病例也大幅下降。记得2014年世界杯期间有140万外国游客来到巴西，当时也有出现疫情的预测，但最后没有发生一起病例。卫生部门将为接待奥运会期间的游客做好充分准备。

巴西已经准备好接待所有来感受国际体育精英赛事的游客，我们也将向在全球各地观看奥运会的50亿观众展现精彩赛事。巴西张开双臂欢迎大家。

（作者为巴西联邦共和国代总统）

（2016年07月05日）

共绘中俄蒙合作新蓝图

张 军

中俄蒙三国将以签署规划纲要为契机,攻坚克难,久久为功,协力打造一条立体联通的经济合作走廊

6月23日,美丽的"太阳城"塔什干铄石流金。在中俄蒙三国元首共同见证下,三国有关部门负责人在《建设中蒙俄经济走廊规划纲要》上郑重签字。这份协议的签署,标志着"一带一路"首个多边经济合作走廊正式实施,中俄蒙三国互利合作迈入新的历史阶段。

中蒙俄经济走廊是三国相依相邻地缘优势的产物,是三国发展战略有机对接的结晶,更是"一带一路"合作共赢理念的生动体现。三国领导人高瞻远瞩,以宏阔的战略视野和坚定的合作信念擘画走廊的建设大计,从杜尚别首次会晤达成原则共识,到乌法会晤签署谅解备忘录,再到此次塔什干会晤正式签署纲要,三年实现三大步的跨越。三国主管官员穿梭往返,三年间召开数十次磋商,逐一敲定各项细节。各方专家学者建言献策,汇集众智,博采众长。三国以互利共赢的合作理念为指引,满怀共谋发展的强烈愿望,最终积小成为大成,推动经济走廊建设驶入快车道。

中蒙俄经济走廊建设充分体现了共商、共建、共享的合作原则。规划纲要以对接"一带一路"、欧亚经济联盟、"草原之路"倡议为目标,强调平等、互

利和共赢，坚持三方协商一致。三国国情和发展水平各异，对合作的诉求和期待也有所不同，但三方地位平等，目标一致，友好协商，推进各自发展战略和项目规划深度对接。走廊联通三国，涉及项目多样，合作主体多元，但大家心存共同的理念和愿望，那就是通过对接合作，实现共同获益、共同繁荣。

中蒙俄经济走廊建设塑造了立足长远、务实进取的合作模式。规划纲要植根于三国共同的发展需求，以拓展合作空间、发挥潜力和优势、促进共同繁荣、提升联合竞争力为愿景，明确了三方合作具体内容、资金来源和实施机制，合作项目涵盖了基础设施互联互通、口岸建设、产能、投资、经贸、人文、生态环保等重点领域。走廊建设重视打造坚实的金融支撑和保障，充分利用国家投资、私营机构、国际金融机构投融资，鼓励公私合作伙伴参与其中。三国还将建立定期会面监督机制，及时完善政策举措。

中蒙俄经济走廊建设描绘了深度融合、共同繁荣的美好前景。走廊聚焦基础设施骨干通道建设，打造便捷高效的互联互通网络。这一网络联通沿线重要节点城市，创建产业园区、经济合作区，形成互利合作的重要支撑。三国将以走廊为依托，加快区域合作步伐，提升区域合作水平，培育亚洲地区新的经济增长极。人们有理由相信，随着走廊建设的深入推进，东北亚地区将以崭新的面貌、更强劲的发展势头吸引世界的目光。

中蒙俄经济走廊作为"一带一路"框架下首条正式开建的多边经济走廊，是在世界经济深度调整、国际上保护主义挥之不去的背景下，多边开放合作的成功典范，其重要价值和示范意义将在更长的时间维度、更广的空间格局中逐步呈现。同时也要看到，"一带一路"建设绝非朝夕之功，中蒙俄经济走廊规划纲要的签署只是开始，未来的前景和成果有赖于三国的共同行动。相信三国将以签署规划纲要为契机，攻坚克难，久久为功，协力打造一条立体联通的经济合作走廊，共建"一带一路"，让互利共赢的美好新蓝图化为现实，造福人民。

（作者为中国外交部国际经济司司长）

（2016年06月24日）

实现全球"零饥饿"需要分享经验

斯坦莱克·萨姆坎格

今年 3 月,粮食署和中国达成新的战略伙伴协议,双方将在三个领域开展合作

每当我有幸走近联合国世界粮食计划署(粮食署)粮食援助项目的受益人,我都会有新的收获,从各国政府为终结饥饿和营养不良采取了创新措施中深受启发。近期,我访问了中国甘肃省,欣喜地看到粮食署和中国联合开展的援助项目取得的成效,该项目帮助当地实现了持久的粮食安全。

从 20 世纪 80 年代后期开始,粮食署与中国政府合作开展项目,通过改善农业基础设施、植树造林以及引进新技术促进当地农业发展,这些合作项目将为几代人带来改变。

短短几十年间,中国粮食安全状况发生了翻天覆地的变化。众多国家正如饥似渴地学习中国的宝贵经验,中国正尽力帮助他国一道实现全球"零饥饿"的目标。

中国政府和人民建造了灌溉系统、道路和桥梁,从无到有推出了学校营养餐项目。中国政府一直大力推行强有力的农业政策,着力改善和提高农业基础设施和技术装备水平,更好地帮助农民提高农业生产力。领导力、决心和行动力都发挥了重要作用。

中国政府还意识到，只摄入热量不足以过上健康的生活。中国采取措施改善全民营养状况，进行科学研究，促进饮食多样化。学校营养餐项目就是一个很好的例子，通过投资营养餐项目，中国正在投资孩子们的未来。中国政府还持续推进"生态移民"项目，也就是把人口从资源有限的地区迁移出来。这为改善贫困地区人口的生存和生活条件作出了贡献。

如今，中国日益成为世界舞台上的重要力量及粮食署全球行动中的重要捐助国。我们非常感谢中国在援助埃塞俄比亚和索马里等国家时发挥的关键作用。

从全球层面来看，有效地分享中国经验、中国技术，以及中国政府在实现粮食安全方面实施的政策和项目管理实践，是加速实现全球"零饥饿"目标的有效举措。2015年以来，粮食署与中国农业部合作举办南南合作农作物生产及产后减损培训班，对乌干达、坦桑尼亚和赞比亚等非洲国家人员进行培训，旨在提高相关国家的农业生产、收后损失减少和防灾准备能力。

今年3月，粮食署和中国达成新的战略伙伴协议，双方将在三个领域开展合作以减少全球饥饿：进一步提高中国的粮食安全状况和民众的营养水平；合作开展南南合作项目，促进其他国家学习中国减贫与发展的成功经验；与企业及公共机构合作，筹集资金解决全球饥饿问题。

展望未来，粮食署与中国将继续紧密合作，一道为实现2030年可持续发展议程中的消除贫困与饥饿目标而努力。

（作者为联合国世界粮食计划署政策与项目局局长）

（2016年06月06日）

美国"航行自由"的底色是什么?

张军社

美国的种种行动,充分体现了主导海洋秩序的企图以及对国际法合则用、不合则弃的"美国例外论"思维

当地时间4月25日,美国国防部发布报告称,过去一年美军舰机在世界各地开展的所谓"航行自由"行动,"挑战"了中国、印度、印尼等13个国家和地区"过分的海洋主张"。

稍加分析即可看出,美军实施的所谓"航行自由"行动,以及所给出的理由,充满了霸道与傲慢,是对《联合国海洋法公约》"航行自由"的滥用,挑衅沿海国的主权和安全,危害国际海洋秩序,有损地区和平稳定。

这份报告列举的美军所谓"航行自由"行动,实质就是以美国的标准,依靠美国强大的海空力量,挑战广大沿海国在领海、专属经济区等海域的正当权利。例如,美军以行使所谓"无害通过权"为名,在不提前申请或通报的情况下,出动舰艇强行进入他国12海里领海。对此,华盛顿给出的理由是,这些国家要求实施"无害通过"的外国军舰事先申请或通报,属于"过分的海洋主张"。然而,根据《联合国海洋法公约》相关规定,沿海国可在其领海内采取必要措施,以防止外国军舰在其领海"非无害通过",外国军舰在实施"无害通过"时应遵守沿海国制定的相关法律和规章。很显然,美国军舰未经申请或

通报强行进入他国领海的做法是有违国际法的。

事实上，1979年美国抢在《联合国海洋法公约》签订前推出"航行自由计划"，就是要在不加入《联合国海洋法公约》的情况下，最大程度维护美国军事力量出入各大洋的自由和机动性，挑战新的海洋秩序。这充分体现了美国企图主导海洋秩序以及对国际法合则用、不合则弃的"美国例外论"思维。

从一段时间以来美国高官、议员及战略人士的相关表态来看，近期美军针对中国实施的所谓"航行自由"行动，归根结底是出于其拿不到台面上的考量。美国此类"挑战"行动，根本不是为了维护"航行自由"，而是煽动南海紧张气氛。与此同时，美国滥用"航行和飞越自由"，威胁中国的主权和安全。根据《联合国海洋法公约》，各国在行使其包括飞越自由在内的权利时，应遵循海洋和平使用原则，顾及沿海国的权利和义务。

众所周知，中国历来反对搞军事扩张，中国在南海有关岛礁上的建设行为是在行使根据国际法享有的正当权利。一直以来，中方为维护地区和平稳定在南海问题上做出了极大克制，且始终致力于同直接有关的当事国通过谈判协商解决有关争议。同时，中方也一贯尊重和支持各国根据国际法在南海享有的航行和飞越自由。美国不是南海问题当事方，应恪守在主权争议问题上不选边站队的承诺，停止在南海问题上的冒险和挑衅行为，客观公正看待有关问题，为直接当事方通过协商谈判和平解决有关争议营造氛围，为地区和平稳定发挥负责任的作用。

（作者为海军军事学术研究所研究员）

（2016年04月28日）

为促进相互理解贡献力量

阿莱·海德尔

没有任何一个大国能像中国那样,一视同仁地帮助其他国家复苏经济

今年年初,中国国家主席习近平访问了埃及,我和所有埃及人一样对此感到十分激动。这一访问适逢埃及和新中国建立外交关系60周年,体现了两大文明古国之间源远流长的友谊。雄伟的长城和高大的金字塔,是中国人民和埃及人民智慧与力量的见证。

习近平主席对埃及进行的历史性访问成果丰硕。中国主张建立以合作共赢为核心的新型国际关系,即各国都能得到预期的发展,实现安全和稳定,提高人民生活水平,这次访问埃及就是该战略的具体化。中国的战略有助于在应对恐怖主义的同时振兴全球经济。

我和所有埃及人一样深信,没有任何一个大国能像中国那样,一视同仁地帮助其他国家复苏经济,通过共建项目创造就业机会,改善人民生活,尤其是帮助发展中国家降低青年人的失业率。而在这些国家,失业率居高不下是恐怖主义得以蔓延的重要原因之一。

中国之所以能够得到包括埃及在内所有爱好和平的国家的高度赞赏,是因为中国奉行的哲学就是要使各国利益彼此相连,让各国人民互相贴近,在各领域共同发展。这与某些国家利用宗教、种族和部落、价值观念冲突实行颠覆和分裂的帝国主义战略极为不同。

在诸多大国中，中国更适合发挥世界经济复苏火车头的作用——我这样说绝非溢美之词。中国力促各国利益相连，共享安全、和平与稳定，中国决不会成为攫取别国资源的殖民者，因为她对发展中国家人民遭受的苦难以及实现发展和摆脱贫困的强烈愿望感同身受。正因为如此，习近平主席访埃结束时，埃中发表了关于加强两国全面战略伙伴关系的五年实施纲要，中方表示支持埃及人民独立自主选择自身政治制度和发展道路的权利。中国越强大，越有利于世界的稳定与和平。

幸运的是，中国倡议实施的"一带一路"建设，与埃及正在建设的伟大工程——"苏伊士运河走廊经济带"相契合。新苏伊士运河在一年内完成挖掘，反映了埃及人民开创大业的能力。现在，埃及正致力于对接"一带一路"，并以工业、商业的振兴为基础，力争在几年内实现经济的大幅增长，特别是要把苏伊士运河这条重要国际航道打造成物流和技术中心。

埃及具有连接亚、欧、非三大洲的地缘战略优势，历史上又是丝绸之路的重要支点，埃中在"苏伊士运河走廊经济带"共建合作项目，其成果可以快捷地辐射到非洲、阿拉伯地区和欧洲的市场。

习近平主席访问埃及时，埃中签署了21项合作文件，涵盖政治、经济、商贸、文化、军事、传媒等领域。在此框架下，中东通讯社愿意加强同中国新闻机构的合作，建立涵盖阿拉伯地区、地中海地区、非洲、亚洲通讯社的数据库与技术库——为"一带一路"与"苏伊士运河走廊经济带"的对接贡献力量。我坚信，中东通讯社能够成为沟通联结不同媒体的重要平台，为促进各国人民之间相互理解贡献力量。

最后，我要对"中国经验"表示由衷赞赏和钦佩。中国的成功在于10多亿人民紧密团结在爱国主义的旗帜下，为实现既定目标而奋斗。

（作者为埃及中东通讯社社长兼总编辑）

（2016年04月06日）

核安全之路，中国与世界同行

诸旭辉　张佳琦　宋翔宇

近年来，随着核能的迅速发展，核设施与核材料的安全越来越引起国际社会的重视与关注。特别是"9·11"事件以来，全球防止核武器扩散与反核恐怖形势日趋严重，核安全问题与防范核恐怖主义成为国际社会着重攻克的一大难题。

中国作为核能发展大国，一向对核安全问题倍加重视。面对这个全球性课题，中国深知"一枝独秀不是春，百花齐放春满园"的道理，一直在现有框架下，加强国际合作，承担责任与义务，为推动核安全全球治理进程作出巨大贡献。

自2010年启动以来，核安全峰会已成为国际安全领域合作的重要平台。中国积极参与历届核安全峰会并响应峰会确定的行动计划，在核安全体系建设、技术交流与培训等方面都采取了许多措施来加强自身核安全能力，并取得了很好的效果。在2014年的海牙核安全峰会上，习近平主席全面完整阐述中国的"核安全观"，从全局性、战略性、持久性着眼，对深入推进国际核安全合作具有深远意义。

作为一个负责任的大国，中国始终严格履行国际义务，并与联合国和国际原子能机构紧密合作。中国与其他国家共同推动联合国安理会先后通过了第1540号、第1887号等决议，为国际核安全提供了有力的法律支持。中国积极参与《核材料实物保护公约》修正案以及《制止核恐怖主义行为国际公约》等公约的制定和签署，并在国内批准了上述公约。自 1984 年正式加入国际原子能机构以来，中国一直积极参与机构事务，并在重大和热点问题上发挥作用。未来，中国将进一步用好联合国和国际原子能机构的国际合作平台，展示中国核安全的水平和能力。

中国与美国同为在全球范围内拥有巨大影响力的核能国家，开展核安全领域合作符合双方的安全利益，也符合世界的利益。作为中美合作的一个重要成果，核安保示范中心于今年 3 月 18 日在北京落成，这个信息必将成为第四届核安全峰会的一个亮点。同时，中美核安全技术合作也成果斐然，包括研究堆低浓化合作、出口管制与核探测合作、打击核材料非法贩运工作等多方面内容。通过合作，双方达到了互利共赢的结果，也为国际核安全双边合作起到了良好的示范作用。

为推动全球核安全合作进程，中国除在全球层面开展广泛合作外，也在亚太和周边针对地区共同问题开展了补充性合作，主要体现在中日韩地区的合作交流、与上海合作组织国家加强反恐合作以及在东南亚地区进行核安全培训三个方面，为地区安全与稳定作出积极贡献。

核安全之路，中国与国际社会成员同行，在广阔的国际合作舞台上发挥了重要作用。

（作者单位分别为中核集团、中国核科技信息与经济研究院）

（2016 年 03 月 29 日）

我们在同一艘全球巨轮上

马凯硕

一个强有力的联合国,有助于保证我们这艘全球巨轮保持正确的航向

在西方,越来越多的人认为世界正在趋向分散,许多事件导致这种悲观主义观点蔓延。2008年国际金融危机动摇了人们对西方决策者的信心。即使危机已经过去,美国的许多中产阶层仍然不认为他们的生活水平正在改善。同样的,许多欧洲人仍能感受到2014年欧元危机的影响。接连发生的恐怖主义袭击,进一步加深了西方社会的不安全感。

形成对比的是,东亚和南亚地区对2015年保持乐观。中国经济进入新常态,呈现6.9%的中高速增长。考虑到巨大的增量,它对世界经济增长的贡献率超过了1/4;印度在增长率方面也表现卓越。东盟十国的GDP增长稳定保持在5%的平均水平,东盟共同体的成立还可能加速它们的发展。中国、印度和东盟十国的人口总和达到33亿,占世界人口比重超过40%。如果世界40%以上的人口都在稳定向前发展,则说明世界正趋于融合而非分散。

整体而言,尽管冲突还在中东和东欧等地上演,但我们现在确实生活在一个相对和平的世界。世界的贫困也减少了。联合国2000年通过的千年发展目标,其中最雄心勃勃的目标之一就是要把全球贫困人口减半。如今,我们已经几乎要完成这个目标了,因为中国、印度和其他一些亚非国家所取得的减贫成

绩十分显著。尤其是中国,是第一个提前实现联合国千年发展目标贫困人口减半的发展中国家,为全球消除贫困作出了杰出贡献。

　　世界各国合作应对重大全球性问题的努力也取得了进展。2015年12月在联合国气候变化巴黎大会上,各国代表同意把全球平均气温较工业化前水平升高控制在2摄氏度以内,并为把升温控制在1.5摄氏度以内而努力。这是一项重要的突破。

　　世界之所以能共同应对类似全球气候变暖这样的全球性问题,其中一个重要原因是,越来越多的人意识到我们在同一艘船上。在经济全球化到来之前,居住在190多个国家的数十亿人口就像生活在190多艘船上。然而,经济全球化使世界缩小了,全球人口不再像以前一样生活在不同的船上,而更像住在同一艘轮船上的不同船舱。

　　一个强有力的联合国,有助于保证我们这艘全球巨轮保持正确的航向,行稳致远,共同致力于解决全球性问题,也有助于帮助克服西方社会日益增长的悲观主义情绪。

(作者为新加坡国立大学李光耀公共政策学院院长)

(2016年02月02日)

中拉整体合作扬帆启程

祝青桥

中拉在发展道路上有着共同的梦想和追求,双方深化合作大有可为

2015年年初,中国—拉美和加勒比国家共同体论坛(简称"中拉论坛")首届部长级会议在北京举行。会议不仅推动中拉关系进入双边合作与整体合作并行发展的新阶段,也标志着中国与发展中国家整体合作机制实现全覆盖,更显示了拉美和加勒比地区在中国外交格局中的重要地位。

一年来,在双方精心培育下,中拉论坛的嫩苗茁壮成长,展现出蓬勃生机。整体合作作为中拉关系五位一体新格局中不可或缺的一环,为中拉关系向更高水平发展提供了新的动力。

中拉政治互信更加巩固。习近平等党和国家领导人多次与拉美领导人就推进中拉整体合作、打造中拉命运共同体深入交换意见,达成重要共识,引领中拉关系发展。拉美国家发展对华关系热情高涨,年内多国领导人访华,哥斯达黎加、厄瓜多尔分别同中国建立战略伙伴关系。中拉在国际事务中保持良好协作,在涉及彼此核心利益和重大关切问题上始终相互支持。

中拉对话合作更加顺畅。中国同拉共体"四驾马车"外长举行新一轮对话。新设立的中国政府拉美事务特别代表与拉方保持沟通协调。中拉论坛框架下的原有分论坛成功举办,基础设施、科技创新、政党交流等领域成立新的分论坛,

并开展了富有成效的活动。联合国拉美经委会、拉美开发银行等其他拉美地区组织和多边机构高度关注并积极参与中拉合作。

中拉利益融合更加紧密。一年来，中拉论坛首届部长级会议通过的中拉合作五年规划和中方350亿美元一揽子对拉融资安排实施顺利。中国智利自贸升级谈判、中国哥伦比亚自贸可行性研究稳步推进，多种拉美农产品输华问题得到解决。人民币清算银行先后在智利、阿根廷设立。中方对拉投资和新签工程承包项目金额均大幅增长，双方经贸合作新旧动力转换初见成效。

中拉友好更加深入人心。中国增加对拉奖学金和培训名额、"未来之桥"中拉青年领导人千人培训计划等有序开展，"中拉科技伙伴计划"和"中拉青年科学家交流计划"正式启动。中方提出建立中拉文明对话机制等新倡议，得到拉方积极响应。拉美艺术季、加勒比音乐节等丰富多彩的活动在华举行。中国与古巴开通直航，填补了中国与加勒比地区的航线空白，有力促进中拉人民往来和旅游合作。

当前，中国已进入全面建成小康社会的决胜阶段，以创新、协调、绿色、开放、共享的发展理念为引领，推动经济社会发展转型升级。拉美各国正致力于推进经济结构调整和产业升级，处于发展的关键期。中拉在发展道路上有着共同的梦想和追求，双方深化合作大有可为。

展望未来，中拉要坚持平等相待的合作原则，加强对话、凝聚共识，不断夯实中拉全面合作伙伴关系的政治基础。要坚持互利共赢的合作目标，牢牢把握共同发展的主旋律，促进双方发展战略对接。要坚持灵活务实的合作方式，双边、多边并举，积极培育新的合作增长点。要坚持开放包容的合作精神，求同存异、兼容并蓄，增进彼此了解与友谊。

回首2015年，中拉论坛扬帆启程；放眼2016年，中拉整体合作蓄力再进。面对风云变幻的国际形势，双方同心协力、和衷共济，必将推动中拉关系取得更大发展，也必将为世界发展繁荣作出新的贡献。

（作者为外交部拉丁美洲和加勒比司司长）

（2016年01月29日）

宗教极端主义不是宗教

叶小文

宗教极端主义不属于某个民族,是人类的公敌,也是一切宗教、一切民族的公敌

本世纪以来,宗教极端主义空前活跃,它与恐怖主义相结合,给国际社会带来了巨大的安全威胁。宗教极端主义不是宗教,但往往是宗教的异化物,是对原有宗教的歪曲、亵渎、糟蹋,它的目的、思想主张、组织形式、活动方式、心理情感都不在原有的宗教范畴,却依然打着宗教旗号,在信仰上极端化、行为上狂热化,把宗教政治化、组织诡秘化,以此为其罪恶目的服务。

当代宗教极端主义的产生有着复杂的社会政治、经济和文化等多方面原因。

首先,宗教的异化和蜕变产生了"种子"。宗教思想的本质是对超自然、超人间力量的崇拜,超验性、非理性是其主要特点。不过为了适应各种社会的要求,各种宗教中也具有大量现实、理性的因素,用以指导信徒追求和向往未来世界的美好生活。但如果将宗教中的超验性、非理性因素扩大化,就容易成为宗教极端主义。

其次,西方殖民主义和霸权主义催生"种子"发育。历史上西方列强的殖民统治在广大殖民地结怨甚深。当代西方国家的霸权主义和强权政治是造成反西方情绪的直接因素。西方现代文化的泛滥给一些国家的传统文化和宗教价值

观造成巨大冲击。因此，一些国家在宗教复兴和逐渐向政治回归的过程中，反西方化的呼声变得越来越强烈。

第三，政治、经济矛盾的现实土壤使"种子"扎根。一些国家动乱不已，贫困、失业严重和两极分化的加剧造成国内矛盾尖锐化，成为宗教极端主义滋生和蔓延的国内根源。经济发展不平衡，导致不同民族和宗教之间的矛盾加深，民族分离主义和宗教极端主义泛滥。各种国内政治矛盾的畸形化和极端化，往往也成为当代宗教极端主义产生的直接原因。

宗教极端主义一般都具有极端性、狂热性和蛊惑性，常常能够蒙蔽一些不明真相的群众。宗教极端主义不一定都会演变成恐怖主义，但是各种恐怖主义的背后大多具有宗教极端主义作为思想支撑。

宗教极端主义不是宗教，不属于某个民族，是人类的公敌，也是一切宗教、一切民族的公敌。深受其害的，不仅是被他们凶残杀害的无辜群众、被他们骤然破坏的和谐安宁，更是被他们所冒充、亵渎、糟蹋的宗教。暴恐分子如此恶毒、残暴、凶狠地反人类、反社会、反宗教，竟然还打着"宗教"的旗号！哪一个宗教不向往和平、珍爱生命？哪一个宗教会蛊惑信教群众、煽动仇恨杀戮？

伊斯兰教的"伊斯兰"，是阿拉伯语的音译，本意就是"和平"。《古兰经》说："信道的人们啊！你们当全体入在和平教中。"宗教极端主义根本就不是宗教。2000年《世界宗教与精神领袖千年和平大会宣言》指出："我们的世界被暴力、灾难、战争和各种毁灭行为所破坏，而这些行为常常被说成'以宗教的名义'。"

宗教极端主义分子制造暴恐事件，绝不是民族问题和宗教问题，但当宗教极端主义与狭隘民族主义相结合时，就会产生很大的破坏力量。

反恐必须依靠国际社会精诚团结，携手合作。恐怖主义是国际社会的"毒瘤"，非一国努力所能消除。

（作者为中国国际交流协会副会长）

（2016年01月12日）

国际反恐要走正确道路

李 伟

中国坚决反对一切形式的恐怖主义,坚持以联合国安理会为主导,坚持"综合治理"与"标本兼治"的反恐战略

当世界从2015年走进2016年时,与往年有所不同,很多国家,特别是一些西方国家取消了大型场所的跨年欢庆活动,有的国家甚至是在恐怖威胁警报声中迎来新的一年。2015年,恐怖主义对国际社会构成的威胁与危害不断上升。新的一年,国际反恐形势依旧不容乐观。从全球层面看,一些国家在反恐上投入越大却导致恐怖活动愈发猖獗的现象值得深思。

在不到两年时间里,极端组织"伊斯兰国"成为国际社会面临的重要恐怖威胁,原因主要有二:一是中东地区的局势动荡。该地区宗教、民族冲突激烈;历史、现实矛盾突出;一些国家的政治、经济、社会问题成为动荡导火索。事实表明,这些因素都已为恐怖分子所利用。二是西方国家的插手干预。2003年伊拉克战争、2011年以来西方对利比亚和叙利亚的军事干预等,加剧了中东地区的混乱局面,为恐怖主义发展提供了滋生的土壤和广阔的空间。

当前中东地区域内和域外国家组成不同的打击"伊斯兰国"阵营,但并未结成统一战线。各个阵营都声称要不断加大打击"伊斯兰国"的力度,可效果

并不十分显著。究其深层原因,虽然各阵营打击的"共同目标"都是"伊斯兰国",但背后的政治动机却各不相同。一些国家把"反恐"当作工具而不是目的,仅是为实现本国的其他国家利益服务。

与此同时,反恐单纯依靠军事手段的固定思维仍旧主导着很多人的思考,伊拉克和叙利亚几乎成为新式武器的试验场。然而,局势的演进已经表明,军事打击只是反恐的一个方面,更重要的是寻求解决恐怖主义的根源。从现实来看,如果不能恢复地区与相关国家的安全与稳定、经济发展和社会进步,反恐就很难取得实质性效果。

长期以来,为维护霸权和私利,美国等西方国家强推"颜色革命""和平演变""民主改造",最终结果却是四处制造麻烦,引发动荡,使恐怖主义有了可乘之机。当危机出现之后,西方国家对自身面临的恐怖威胁选择严打之,而对于其他国家面临的恐怖威胁则在很多时候选择利用之。美国在反恐问题上,如何打、打不打、打多狠,都是从本国利益来考量。

中国也是恐怖主义的受害者,在国际上中国遭受恐怖袭击殃及和侵害的事件也有所增多。中国采取各种措施阻止中国籍人员出境参加国际恐怖活动,是国际反恐的重要组成部分;中国防范、打击境内恐怖活动是从维护人民生命财产的根本利益出发,既是维护中国国家安全的大局,也是为国际反恐发挥自己的作用。维护中国的海外利益免遭恐怖袭击的危害,中国重视与所在国的安全合作,而不是"单边反恐"。

作为负责任大国,中国坚决反对一切形式的恐怖主义,这与一些西方国家所奉行的阻碍国际反恐合作的"双重标准"有着本质不同。中国坚持以联合国安理会为主导,协调国际反恐合作,这与西方国家仅以本国利益为出发点和落脚点的"功利型"反恐有着显著区别。中国坚持"综合治理"与"标本兼治"的反恐战略,这与一些国家仅重视"以暴制暴"的治标式反恐有着很大差异。

中国出台《中华人民共和国反恐怖主义法》表明,中国依法反恐的决心丝毫不会动摇。中国既要坚持打击对中国国家安全构成威胁的恐怖主义,同时也从国际社会整体利益出发,积极参与国际反恐斗争。中国将继续坚持正确的反恐理念，积极同众多国家加强合作，不断促进国际反恐斗争走上正确道路，为早日铲除恐怖主义作出自己应有的贡献。

（作者为中国现代国际关系研究院院长特别助理）

（2016年01月11日）

环球走笔

欧洲"红与黑"带来的追问

许立群

"红"与"黑",几乎是2016年欧洲的"主色调"。

3月在比利时布鲁塞尔、7月在法国尼斯、12月在德国柏林,接连不断的恐怖袭击事件重创了这三个欧盟核心成员国。圣诞前夕,瑞士苏黎世响起的枪声更让欧洲几乎难再有"世外桃源"……2016年,发生在欧洲的恐袭数量堪称史上之最,猩红的血色让整个欧洲都惊魂难定、人人自危。

与此同时,传说中的"黑天鹅事件"也在频频现身。年中,英国"脱欧"公投结果举世震惊,给全球格局带来的剧烈震荡至今难以估量;年末,意大利修宪公投结果更有可能引发严重后果。作为欧盟主要经济体的意大利,未来如果也脱离欧盟或将引发欧元区崩溃和严重的经济衰退,这对于欧盟的打击将更为致命。

然而,无论是惊悚的红,还是压抑的黑,都没有促使欧洲进行理性的追问和深刻的反省,问问在这些痛苦和灾难背后,谁才是始作俑者。

欧美主流媒体大肆渲染汹涌的难民潮给欧洲带来各种社会问题及安全威胁,却不深究正是西方自己引火烧身——为西亚北非动荡煽风点火的同时,导致中东北非多国成为恐怖主义温床、"伊斯兰国"等恐怖组织趁势坐大。北约的狂轰滥炸,制造了数以千万计的平民流离失所、艰难逃亡,而欧洲普通百姓也同样成为西方强权行径的牺牲品。

近年来，欧洲一些国家政府治理失灵，政客慌张失措之余往往把事关国家命运的重大决策权交给公投，所谓"民主投票"成为其逃避责任的方式。然而，2016年的一次次公投结果匪夷所思。在信息不对称、责权利不匹配的情况下，民众又如何能为国家利益深谋远虑并做出最优选择？更令人担忧的是，当前在欧洲多国崛起的极右政党，十分热衷借"公投"煽动和放大民众对现状的不满、愤怒、恐惧等负面情绪，实现其反移民、反欧盟、反全球化的政治诉求。事实证明，民主的滥用只会激化矛盾、加剧对立、撕裂社会，给欧洲一体化进程造成颠覆性冲击。

此外，在经济层面，欧洲一些政客将增长乏力、失业率居高不下、区域发展不平衡等问题简单粗暴地归罪于来自发展中国家的"不公平"竞争，而选择性忽视自身的制度缺陷——极为"慷慨"的高福利体制严重拖累工作效率和经济增长，严苛的劳工制度挫伤了企业发展积极性……为转移视线、转嫁矛盾，欧洲频频挥舞贸易保护主义大棒，对包括中国在内的新兴市场国家施以制裁措施，但其结果却是得不偿失、损人不利己。

不能不说，欧洲今日遭受的重重磨难，固然有外部因素的影响，但很大程度上也是因为缺少反躬自省、锐意变革的勇气和魄力。

2017年3月，欧盟将迎来《罗马条约》签订60周年。曾经，这一里程碑式的条约孕育并催生了被誉为"人类文明史上一次伟大创举和实验"的欧盟。但眼下，对于欧洲来说，比谋划一场隆重庆典更为迫切和紧要的，当是一场"触及灵魂"的自我剖析与深刻变革。

（2016年12月30日）

和平的关键是人心

张梦旭

进入12月，肆虐以色列近一周的山火基本得到控制，以色列民众开始重新享受地中海畔的暖阳。同样带来阵阵暖意的，还有巴勒斯坦人民对以色列山火肆虐之时伸出的援手。

面对以色列山火蔓延，巴方先后派出过8辆消防车、44名消防员，在以色列城市海法和耶路撒冷附近灭火。在犹太定居者的房屋被烧毁时，周边的巴勒斯坦民众也纷纷向这些犹太人敞开了家门。为此，以色列总理内塔尼亚胡专门致电巴勒斯坦总统阿巴斯，感谢巴方的帮助。半个多世纪以来，由于领土争端、耶路撒冷归属等一系列复杂问题，犹太人和巴勒斯坦人在这片土地上战火不断。然而在自然灾害面前，巴以民众能够放下成见，共同灭火，让人们感受到和平相处的可贵。

笔者曾有幸深入巴以地区采访，令人颇为诧异的是，尽管出现在新闻中的巴以双方冲突不断，但现实中两者联系却相当紧密。在约旦河西岸，以色列货币新谢克尔可以通用，许多巴勒斯坦人会讲以色列官方语言希伯来语。以色列修建的犹太人定居点和巴勒斯坦村镇比邻而居，柏油公路蜿蜒其中，定居点的犹太人会到附近的巴勒斯坦城镇洗车、补胎等，据说这里的费用比以色列能便宜不少。有4.5万至5.5万巴勒斯坦人持有以色列的通行证，靠在以色列境内打工养家。每个工作日，数千巴勒斯坦人从约旦河西岸进入以色列工作，到了傍晚，再与约旦河西岸犹太人定居点的犹太人一同乘公交车返回。就在最近，以色列海滨城市内坦亚一家餐馆就推出新举措，只要一桌顾客中既有巴勒斯坦人又有犹太人，他们食用的鹰嘴豆酱就能享受五折优惠。该餐馆经理表示，这样的举动就是让人们团结起来的一小步。

巴以和平进程提出至今已有 20 多年，双方分歧依然很大。然而，和平始终是大多数巴以民众的最大愿望。巴以近年来能保持相对平静的状态，巴勒斯坦民族权力机构和以色列政府之间的安全合作功不可没，这种合作机制得以使诸多尚在萌芽状态的袭击事件被及时终止，阻止了事态的升级和失控。

此外，巴以双方不少有识之士意识到，巴以和平事业构建民间基础的重要性。坐落在特拉维夫地中海滨的佩雷斯和平中心就是这样一家机构。笔者曾采访时任中心主任的彭达克博士，他告诉笔者，该中心通过举办教育、卫生、学术等各界人士的交流活动，为巴以民众交流提供平台，同时努力在巴以年轻人中培育和平文化，通过举办足球赛、夏令营等活动来加强双方青少年的了解、认知与友谊，培育和平的种子。

"你好"，在希伯来语和阿拉伯语当中，都有和平的意思。在巴以和谈停滞的当下，努力在巴以民众中培育和平种子，以熄灭仇恨之火，也不乏是解决巴以争端的一种新尝试。毕竟，最持久的和平，建构在人们的心里。

（2016 年 12 月 12 日）

警惕"网络谣言"变成生意

方师师

"我想特朗普赢得大选是因为我。"38岁的保罗·霍纳日前在接受《华盛顿邮报》采访时,毫不掩饰内心的膨胀。美国大选期间,"亚米希人支持特朗普""奥巴马禁止全美的体育赛事放国歌"等假消息均出自这个声称拥有"脸书谣言帝国"的狂人之手。而与脸书矢口否认助选特朗普入主白宫相反,保罗·霍纳仍对自己制造的所谓"讽刺艺术"的新闻骗局在社交媒体上呼风唤雨得意洋洋。

一些网站编造的耸人听闻的信息,经常成为病毒式传播的典型案例。自2014年初开始,很多互联网企业就发现,带有偏见和夸张性质的内容,经由各类媒介平台的算法推荐和搜索排名,更能引爆点击量并使流量飙升。流量意味着用户,用户则带来定向广告。这也许可以解释为何在脸书谷歌等网站上,谣言似乎也成了一门"生意"。霍纳承认,他靠使用假名注册的诸多假网站散布假消息,每个月可以从谷歌的智能化广告推广业务中赚取1万美金,而在脸书上每100万的点击量就会带来1万至3万美元的收入。

互联网和各类新媒体媒介平台兴起后,几乎承包了普通用户的信息源,也容易沦为假新闻和谣言的泛滥之地。从技术角度看,各类媒介平台的工作机制在很大程度上助推了假新闻和谣言肆意传播。如果假新闻和谣言第一轮无法进入媒介平台的新闻聚合矩阵,就不会被算法系统推荐,那么就等于不存在。但目前缺乏有效辨识假新闻和谣言的技术工具，同时媒介平台的算法如果过于简单则容易让假新闻在短时间内吸引更多受众。

而从社会角度来看，要求媒介平台对假新闻和谣言进行过滤，就相当于要求其起到互联网时代信息把关人的作用，但媒介平台为了维护自身商业利益和"中立"地位，保持用户黏度，规避潜在的社会风险，一直不太愿意插手内容环节。在质询其公共身份和社会责任时，媒介平台都会强调自己是技术公司，不是媒体。以脸书为例，《纽约时报》刊发了数据与社会研究所分析员罗宾·科普兰的评论《喜欢或不喜欢，"脸书"现在是一家媒体公司》，指出脸书平台自身的经济与商业目的，以及同广告商、出版商之间的利益同盟关系。因此从某种程度上来说，不是媒介平台完全无法把关虚假信息，而是选择不作为。

媒介平台虽然不是传统意义上的媒体，但既然发挥着信息传播的作用，就需要担负起相应的媒体责任，追求自身利益不能以牺牲公共利益为代价。

（2016 年 12 月 02 日）

大数据书写"足球经"

李 潇

"应该早点儿换上鲁尼,让他在中锋位置向阿森纳的防线施压;并且用阿什利·扬替换下体力耗尽的拉什福德,就能避免最后时刻边路被突破后的丢球!"在曼彻斯特,刚刚走出老特拉福德球场的曼联队球迷约翰,对着英国记者的镜头这样抱怨道。

欧洲这片足球热土,球迷的热情绝不仅限于场内的呐喊助威,考虑球队的战术、安排人员和阵形,样样是其热衷的"分内事"。不过,约翰的判断和大数据分析的结果差别很大——阿什利·扬作为典型的右脚攻击型球员,换上他可不是什么好主意。

数据统计和建模分析,在足球领域已渗透到了"毛细血管"。训练场和赛场上,教练们会让球员佩戴数码装备,通过对其跑位数据和身体状况的实测评估战术的合理性;在商业市场上,翔实的大数据成了球员、经纪人和俱乐部间最好的沟通和议价工具;在博彩业,大数据的应用更是被发挥得淋漓尽致,天气、场地、裁判、球员伤病、历史战绩等,甚至连不同颜色球衣的胜率,都有能够参考的数据。

实际上,早在1950年足球界就已经出现了第一个"数据分析师"。英国热血球迷查尔斯·里普是会计出身,他持续30多年、记录了近2200场比赛中与进球有关的数据,还总结出很多球场"规律",堪称那个时代的人工手写大数据。

上世纪90年代，现代体育产业开始出现专业的体育数据公司。那时的工作人员是拿着纸和笔，反复点击录像机上的暂停和播放按钮来记录和分析。最初提供的数据统计也只有传球、射门、扑救寥寥几项。如今，一场足球比赛，约每2秒就至少有1个数据条目被记录和分析。

大数据在绿茵场上引起世人的广泛瞩目，与2006年的德国世界杯密不可分。当时的1/4决赛中，德国队险胜了与阿根廷队的点球大战。赛后，德国队守门员莱曼回忆，上场前队友递给他的一张纸条帮了大忙：纸条上记录了教练组和德国几家研究机构的统计分析成果——阿根廷球员的点球习惯和偏好方向、角度。例如克雷斯波，长距离助跑射向右侧，短距离助跑射向左侧；艾马尔，长时间停顿后射向左侧……

其实，大数据在足球领域的应用，不仅限于微观分析，更为重要的是可以借助其影响力，窥见全球化的宏观发展趋势。近年来，有多家大数据研究机构就致力于分析大型国际和洲际赛事的夺冠球队，与所在国家、地区、城市发展水平以及居民收入等要素间的联系，以此来作为全球化进程趋势的研究和预测依据。

竞技运动的最大魅力在于其不确定性，但大数据这理性的"料"似乎给激情四射的足球赛场增加了更多乐趣和可能性。而现代足球的影响力，也借大数据之光，在球场之外制造了一片新天地。

（2016年12月01日）

"我非常想念我的国家"

李 琰

自去年初至今,法国、德国、比利时等国多座城市发生爆炸袭击,难民屡次成为掩护恐怖分子的"保护伞",也成为被集中攻击的对象。

"不要再接受难民,我们要安全!""让他们回去,这里不喜欢他们"……一向标榜自由、开放、多元的法国向跋山涉水来投奔的难民也摆出了拒绝的姿态。瑞士苏黎世近郊的富庶村庄甚至表示,宁愿自掏腰包接受罚款,也不愿意接纳10名来自叙利亚的难民。在不少欧洲人看来,这些难民带来的不再是廉价劳动力,而是意味着社会不稳定和分食就业机会。

眼下这场难民潮,被认为是二战以来欧洲遭受的最大冲击。大量难民的入境,直接考验着欧盟各接收国的经济和社会承受能力,而文化与宗教的迥异则带来了一些意想不到的冲突和无奈。语言不通,信仰不同,文化隔阂,教育程度低下又没有一技之长,很多难民面临一道又一道坎儿。在去年来到德国的110万名难民中,完全没有接受过任何正式教育的人达7%。有乐观者估计,5年后这些难民也只有一半人能融入德国劳动市场,并以技术含量不高的体力劳动为主。

回顾历史,对那些已经进入欧洲地界的难民而言,融入也绝非易事。二战后欧洲劳动力严重不足,法德等国家曾吸引了大量来自非洲、中东以及亚洲的移民。经过几代人的努力,这些移民虽有了立足之地,可寄人篱下的感觉始终萦绕心头。在法国，笔者目睹很多移民养家糊口的工作多以低端服务行业为主，清洁工、维修工、收银员、公交司机、小摊贩等。"生存而非生活"，是他们共同的感慨。

没有价值观认同，就很难有归属感。旅法多年的摩洛哥作家塔哈尔·本·杰伦认为，移民就像把一棵树连根拔起，移植到另一片土地，然而离开自己原本生长的土壤、重新扎根是痛苦而艰难的过程。

"我在叙利亚的家曾是个天堂，我能自由自在地生活；现在身为难民，我想做什么都遭到拒绝。"暂住约旦难民营的贾马参加了国际移民组织的"我是难民"计划，向大家分享他的故事和心绪，"我非常想念我的国家，我的家，我的邻居。"

欧盟接纳安置难民是一种无奈之举，治标不治本，更重要的是如何解决源头的问题。如果有关方面能多些人道主义，多些对生命的尊重，多些对世界和平的珍惜，也许贾马和他的同伴就能早日回到家乡。

（2016年11月01日）

习惯性"充电"的工薪族

陈尚文

"60岁,如果那个世界来带我走,请转告它我还年轻,不能走;70岁,如果那个世界来带我走,请转告它我还有很多事情没做,不能走;80岁,如果那个世界来带我走,请转告它我还有用武之地,不能走……"

这首名为《百岁人生》的"神曲"今年曾一度流行韩国乐坛。尽管曲调和演绎方式都很传统,但歌词却感染了韩国的男女老少,令人笑罢又涌泪。旋律中与命运的不懈"抗争"或许是一种现实的"惯性",倘若留心观察,不难发现韩国尚未步入退休年纪的人们为应对激烈的职场竞争比歌里更"拼",尤其是争相加入"充电工薪族"。

韩国社会2009年曾以"囊萤映雪"之寓意创造了"工读"这个概念,它指的是人们虽已步入职场,但仍通过考取学位、资格证等提升自我素养,为更美好的未来做准备。然而,这个词的意义现今却发生了变化。笔者有一位年逾40岁的韩国朋友,目前已经是一所学术研究机构的部门主管,但每周仍然会抽出两天时间上语言研修课。在她看来,这只是迫于韩国职场现状的无奈选择,并渐渐成为一种习惯。

1997年亚洲金融危机爆发,曾一度让韩国的职场变为战场,甚至出现了"体温36.5度""38岁线"等新造词,来形容30多岁就纷纷"被"名誉退休的尴尬局面。而目前受长期产业低迷、经济萧条等因素影响,部分行业的结构调整、调职逐渐日常化,韩国就业市场人员流动性加快。艰难就业后唯恐失业、已失业或被"提前退休"后如何维系生活……在职者学习的动力越来越多地来源于就业环境不稳定带来的强烈安全感缺失。

不断学习提升成为增加就业保障的必要选项。今年初,韩国市面上曾推出一款价格不菲的英语学习专用平板电脑,仅仅不到5个月的时间,销售额就达300亿韩元。而该商品的消费者多为40至50岁年龄层人士,由于下班后很难抽时间去学院、辅导班,各种学习器材受到热捧。此外,韩国电视购物频道推出的外语培训、自我能力开发等产品,同样受到上班族的青睐。

除了工作与学习并行,利用闲暇时间兼职的人数也在显著增加。韩国知名求职网站日前对逾千名在职人员的调查就显示,10.9%的受访对象表示自己在做兼职,包括辅导班讲师、咖啡馆服务员、报纸或牛奶派送工等等,而这一部分收入的70%几乎都用于生活费和子女养育费。另有73.8%的受访者有兼职意向,其中55.6%表示仅凭工资生活困难。很多人虽然明知做兼职会对职场竞争带来负面影响,但迫于生活的现实无可奈何只能偷偷继续……

就业者充电学习具有积极意义,但有韩国学者称,现今韩国陷入了一种"强迫症社会",能够"幸存"似乎成为了生存的意义。要真正让上班族安心就业,将"生存"提升到实现自身价值,无论是提振经济还是完善社会保障体系,恐怕韩国社会还有很多的功课要做。

(2016年10月27日)

大堡礁的脆弱与平衡

李 锋

澳大利亚总理特恩布尔不久前承诺,将投入10亿澳元(1澳元约合5.1元人民币)用于大堡礁地区的生态保护。这是大堡礁面临"白化危机"以来,政府做出的应对策略之一。

和袋鼠一样,大堡礁也是澳大利亚的"国家名片",这是一片贯穿澳大利亚东北海岸、绵延2000多公里的珊瑚礁,清澈见底的海水,五彩斑斓的珊瑚礁,数不胜数的各类海洋生物使游人流连忘返。去年,大堡礁吸引了超过200万名游客,为澳大利亚带来近60亿澳元的旅游收入。

然而,科学家却告诫我们,如果再不采取有效措施,数十年后人类或许再也无法欣赏到这一大自然的杰作。大堡礁第一次出现白化现象是在1929年。研究显示,气候变化引发的大规模珊瑚白化已毁掉大堡礁北部和中部至少22%的珊瑚,且珊瑚死亡率可能继续上升,大堡礁的长期前景不容乐观。联合国教科文组织的专家也表示,可能重新考虑是否将大堡礁列入濒危名单。

大堡礁的生态系统是世界上最完整的生态系统之一,但其生态系统的平衡也是非常脆弱的,只要某方面受到威胁,对整个系统都将是一种灾难。

珊瑚对生长环境要求较高。海洋吸收了人类排放的近半数二氧化碳,其结果就是海水酸度相应上升,这也是当前珊瑚生存面临的严峻挑战,因为珊瑚礁主要由碳酸钙构成,一旦海水酸度过高,礁体将更易遭腐蚀侵袭,抵抗飓风的能力会大大下降。

来自陆地径流的沉积物和营养物的流入对珊瑚的生存环境也是一个现实威胁。研究显示，随着沿海人口的增加和农牧业以及工业的迅速发展，自19世纪60年代以来，河流沉积物向大堡礁海域的输送速度增加了5到10倍，这其中包括大量的化肥、除草剂和各种杀虫剂，加剧了近海水体污染和富营养化，刺激藻类疯狂生长，导致局部海水升温，含氧量减少，有毒物质积聚，珊瑚虫等海洋生物中毒或窒息而死。

近年来，全球能源贸易的繁荣不断刺激澳大利亚的煤炭出口，运煤船只频繁在大堡礁海域穿梭，海运事故也加剧了水体污染风险。大堡礁海洋公园管理局负责人不无忧心地说，一旦过往运煤船发生漏油等事故，对海域内的珊瑚来说后果是灾难性的。

大堡礁的命运令人揪心。其实为了保护大堡礁，长期以来澳大利亚也在从技术改良、管理升级和资金投入等多方面进行努力。在特恩布尔宣布的10亿澳元保护计划中，绝大部分资金将投入到减少农业污染、提高废水处理效率以及推动清洁能源发展等项目上。但这些措施能在多大程度上改变大堡礁的命运，却是个未知数。在一些科学家看来，珊瑚虫，这些大堡礁的"建筑师"们的未来凶多吉少。

数千年来，大堡礁扛住了大风大浪的袭击，不承想其命运却在短短100年时间里急速出现转折，而其最大的威胁不是海洋里的天敌，却是现代的人类。"除非改变现有生活方式，否则不论眼下如何有效管理大堡礁，都难以改变它的未来。"昆士兰大学海洋生物学家贾斯廷·马歇尔的忧虑，未必是危言耸听。

（2016年09月14日）

女性的奥林匹克之路不平坦

张慧中

在刚刚落下帷幕的 2016 年里约奥运会中，女性参赛运动员的比例创下新高，占运动员总数约 45%。同时，女性运动员可以参加的赛事比例达到了 47.4%，几乎与男性运动员平分秋色。

随着社会不断进步，女性在奥运赛场的地位也在不断提高。此次里约奥运会，不少国家在派遣女性运动员方面实现了突破。例如，澳大利亚代表团的女性运动员数量首超男性；美国代表团创下了奥运历史上女性参赛运动员最多的代表团纪录；而沙特则派出 4 名女性运动员参赛，这是该国史上第二次派出女性运动员参加奥运会，且较上届奥运会的数量增加了一倍，其意义不言而喻。

然而，从古希腊时期到今天，女性的奥林匹克之路走得并不平坦。早期的奥林匹克赛事对女性参赛甚至观赛都作出限制。到了 19 世纪，"奥林匹克之父"顾拜旦也坚持认为女性不应参赛。直到 1900 年，女性才首次得以参与奥运赛事，但仍身着长裙，项目也仅限于网球和高尔夫球。近至 2012 年，女性最终才得以参加所有奥运项目的竞逐。

今天的奥运赛场上，尽管女性运动员屡创佳绩，然而研究表明，针对女性运动员的隐性歧视仍固化于一些人的心中。美国《剑桥大学学报》日前对社交网络中的超过 1.6 亿个关键词进行分析后发现，男性运动员在体育资讯中占据的空间和时间比女运动员多 3 倍，人们对于女性运动员最常讨论的还是年龄、长相和婚姻状况。

而作为具有广泛影响力的大众媒体，其对女性运动员的评论则常常忽略了她们的身份和努力。匈牙利游泳选手霍斯祖在打破了女子 400 米混合泳世界纪录夺冠后，美国全国广播公司在评论中将这一成绩归功于作为其教练的丈夫；而当美国射击运动员科丽·科格德尔获得飞碟射击项目的铜牌之后，《芝加哥论坛报》直接忽略了她的名字，称其为"芝加哥熊队边裁的妻子"。

这些对女性运动员充满偏见、不乏贬低性的言论，引发了人们的愤怒和吐槽。事实上，针对女性运动员的歧视性言论不是一朝一夕的问题，很多体育评论员或许都没有认识到，他们的言论正体现了下意识的固有偏见，并可能在潜移默化中使人们对女性、女运动员产生歧视性的认知。

伊朗运动员内马提作为该国首位女性旗手亮相开幕式，中国运动员傅园慧的自信与坦率获得了媒体的众多好评……总体而言，女性在奥运会中的优异表现和独立人格正为女性运动员不断赢得尊重与喝彩。而对于女性运动员的歧视性言论引发的广泛关注和质疑，则是正视问题、取得进步的表现。

随着社会意识不断发展，女性运动员地位的不断提高是必然趋势，而赢得尊重不仅仅在于与歧视性言论抗争，不断挑战自我、创造佳绩同样必不可少。让女运动员的成就能以女性自身的身份获得称颂，这也应是奥林匹克倡导公平公正精神的组成。

（2016 年 08 月 24 日）

地铁中的文化流光

王 迪

不久前,西班牙马德里皇家剧院地铁站被装饰一新。以该剧院为主题的大幅墙画环绕着整个站台,乘客走进地铁站,就仿佛亲临了剧院现场。

墙画总面积超过100平方米,分别呈现了马德里皇家剧院的内部景观、交响乐团的演出场景以及剧院曾上演的经典歌剧片段,连站台顶部都化身为剧院穹顶的复刻版。而墙画中每个画面的位置设计也别具匠心,供乘客等候列车的铁长凳后,正好对着墙画中剧院的看台椅。一眼看去,还真以为乘客是坐在红色古典靠椅上。

西班牙皇家剧院建立200周年庆祝活动明年即将拉开帷幕,而马德里地铁也将在2019年迎来百年纪念,因此,马德里大区政府与皇家剧院基金会共同提出了倡议,让城市地面上的文化建筑与地下世界建立更紧密的联系,营造地铁站的美学感受,并让乘客通过地铁开启一段文化之旅。

歌剧院地铁站并不是文化之旅的第一站,马德里大区政府很早就开始考虑,如何将文化搬进人们日常出入的场所。这一方面能进一步推动公共交通的使用,另一方面也能让文化焕发新的活力。马德里大区主席克里斯蒂娜·西弗恩特斯希望,公共交通能与市民更加亲近,通过地铁来反映出马德里文化的多样性,将文化的生命力融入地铁当中。

事实上,地铁站内的装饰工程并不复杂,只是将设计好的主题壁画贴在墙上，但其效果却十分出众。不需要看站名，乘客便知道，歌剧院站到了。

地铁站站名通常都与地面上的建筑或街区有关联。试想一下，如果地铁每停一站，都是一个新的风格，直观反映着地面上的文化特色，本地乘客会回想，有多久没进去逛过了。外地游客则更能通过地铁站内的主题决定要去的旅游景点，如果没时间近距离游览，那就坐地铁感受一下其中的氛围吧。

不止站台内，文化早已走进了马德里地铁的车厢中，将人们在地铁上的时间充分利用起来。车门边贴着的 A4 纸大小的画报会定期更换，上一辆列车是一首巴勃罗·聂鲁达的诗，这一节车厢则是马里奥·巴尔加斯·略萨的短文。

有人计算过，马德里平均每位乘客每次搭乘地铁的总时间最长不会超过半小时，然而，即使是短短两三站的路程，大部分人仍保留着阅读的习惯，因此口袋大小的书籍也是最受马德里人欢迎的。鉴于这一特点，马德里政府为乘客们精心挑选了一系列读物，画报或许做工从简，却是从以人为本的角度出发的。即便是平时不爱看书的人，也会为打发时间而读上一读。读完了，正好到站了，可某句诗还在人的心中回味。

有人说，水光山色的自然美，可以潜移默化影响人的气质神韵。而点滴之间的文化传承，则对人格熏陶和素养积淀有不可衡量的影响。当文化成为无所不在、生生不息的一种生活方式，心灵也许更容易走向丰厚与纯净。

（2016 年 08 月 19 日）

黄金太多怎么办

苑基荣

近日,曾受全球媒体关注的印度"金人"达塔意外离世。达塔之所以出名,是因为他在 2012 年以 25 万美元的价格,购买了一件用 3.5 千克黄金制作的纯金 T 恤。身着此物,连同纯金打造的戒指、手镯、项圈及奖章,达塔被媒体称为"金人"。

达塔其实代表了大部分印度人的偏好。印度人喜欢黄金,甚至达到了痴迷的地步。作为世界第二大黄金消费国,印度每年进口黄金约 800 至 900 吨。这些黄金都去了哪儿?——农村新娘是当仁不让的黄金消费大户。新娘披金戴银是印度人结婚的传统,黄金嫁妆更是结婚的必要装备,很多农村地区的贫困家庭为此一辈子省吃俭用。《印度快报》报道称,印度农村对黄金需求占该国需求总量的接近 2/3。

除了印度人喜欢黄金,印度的"神"也喜欢。2011 年,人们在印度南部喀拉拉邦一所神庙的地下室发现了价值超过 220 亿美元的黄金,包括金币、金手镯、金项链等,而这仅是印度神庙拥有黄金的"冰山一角"。由于香客和信徒大量捐献,印度神庙成为黄金的最大持有者。据世界黄金协会的数字,印度神庙目前拥有黄金约 3000 吨。

然而,印度教徒认为神庙黄金归神所有,不属于任何个人,因此捐献的黄金都被封起来不进入流通领域。新娘的饰品和嫁妆中的黄金则都是家庭储蓄。

截至今年4月底，印度外汇储备为3631亿美元，其中黄金储备仅为201吨，而印度民间的黄金储备却高达2万吨，占世界黄金总量的10%。

英国《经济学人》杂志分析称，由于印度金融体系是帮助政府降低借款成本，对储蓄者回报很少，为此仅有少数印度人开设银行账户，加上外国人大量持有印度股票等，印度人投资渠道有限，只能将目光转向保值的黄金。数据显示，2001年至2011年十年间，印度进口黄金约为7000吨，仅次于美国官方的黄金储备。印度央行称，印度约有80%的经常项目赤字是黄金进口所致。

作为黄金消费和储存大国，印度政府不乏烦恼，一边是年年贸易赤字，各项建设资金严重缺乏；另一边是大批黄金闲置，不能发挥任何作用。

为了解决这个难题，印度政府一直在打民间黄金的算盘，希望能够用其充实外汇储备，以平衡贸易，促进经济增长。印度政府一方面不断提高黄金进口税，希望抑制人们的需求；另一方面，政府允许寺庙将神庙黄金存进银行赚取利息，这样存进银行的黄金就可被融化后卖给珠宝商。但前者加剧了印度黄金走私，后者对神庙而言也缺乏号召力，大部分神庙还是倾向于将捐献的黄金锁起来而不是进入经济领域流通。

未来，面对根深蒂固的黄金崇拜，如何将民间黄金"盘活"？还将考验印度政府的智慧。

（2016年08月12日）

茶道与商道

阿 罗

京都的初夏。天气微热，走在深而幽静的巷子里，与同行的朋友一起叩访百年茶店——有斐斋弘道馆，体味何为"一生一度"的茶会。

这是一座素朴的日式老宅。木质大门的裂缝，是时光雕刻的印迹；竹筒砌成的院墙，别有一种闲寂的美态。石块铺就的甬道，沙砾中的树木，还有随处可见的苍苔，都让人恍惚生出一种时光穿越的感觉。

榻榻米茶室，是一个充满了光与影流动的空间，有些幽暗，仿佛闻得到岁月的气息。从茶师太田达的口中我们得知，为了准备这次茶会，他们花了5个小时的时间洒扫庭院，重新摆放了庭院里的石头，更换了茶室里的字画，茶点也是根据当天的天气特别制作的，颜色是那种温润的绿，透着一丝丝的清凉……这样静雅的所在，如此精心的准备，因于日本茶道对"一期一会"的推崇——主客之间，纵然日后还会参加许多主题的茶会，但此情此景此意，所遇所闻所感，今生永不复重来。

日本江户幕府末期的大茶人井伊直弼曾在他所著的《茶汤一会集》中这样描述："每次茶事之会，实为我一生一度之会。"日本茶人的这种心态，似乎至今也没有改变过。为了这"一生一度"的体验，弘道馆的每一次茶会，都像一场交织着光影花画的即兴演出，让你的味蕾沉醉在茶道的艺术中。

茶师太田达的另一个身份是京都老松家和果子的第四代传人。在日本茶道中，茶果子之于茶事，个人认为，除有和胃之效，更有锦上添花的妙用。造型各异的精致茶点，顿时让茶道有了如花的感觉。老松家的果子在京都是出了名的好，特别是夏柑糖，堪称艺术品。因为这样的身世背景，太田达先生的茶会比日本传统的茶会多了一点与众不同之处，除了茶道中"和敬清寂"这四规之外，还有一种商业精神浸透在里面。对于这种商业精神的通俗解释，就是时刻把客人放在心上，为客人提供极致的服务，让客人获得永生难忘的体验。在太田先生看来，茶道商道，同为一道。

往细里说，当然是茶有茶道，商有商道，但二者实为相通的。

茶道中的敬，是为主客之间互敬，因此才有了仪式感，才有了终生难忘的体验。茶得了道，升华为艺术，走向了世界。遥远的德国法国，也有来自亚洲的一抹茶香飘过；西方国家政要、球星影星，能有几人不识茶道之美？商道同样讲究和与敬，是为"敬天爱人"，和气生财。在世界上，一个企业如果时时怀着一颗敬畏的心去做产品、做服务，焉有不虏获人心之理？

虽说日本弘道馆这酽酽的绿色抹茶未必合每一个人的口味，但这般体验带来的启迪，怕是难以抹去的。

（2016年07月05日）

当心"过滤泡泡"主宰了你

林 芮

你是否注意到，使用互联网搜索引擎搜索同一个关键词时，每个人得到的结果不尽相同？以谷歌为例，其内嵌的算法会根据用户所在的地区、时间和先前活动记录等数据给出相应搜索结果。这种网络针对个人化搜索而提供筛选后结果的推荐算法，也被称为"过滤泡泡"。

使用推荐算法在互联网上很常见，亚马逊在"对同一本书有兴趣的读者在某种程度上兴趣相近"的假设前提下，为读者推荐图书；很多社交网站还会根据用户数据、附近用户感兴趣的内容等，给用户推荐新闻、朋友和推销广告。

推荐算法想要为用户打造一个专属的个性化世界，其逻辑是"如果足够了解用户，就应该为用户推荐其感兴趣的内容"。于是，通过互联网和算法呈现的一切，都与用户的观点、兴趣高度趋近。这的确给人们带来很多方便和愉悦，但也有人担心在"过滤泡泡"的世界里人们会走向趋同。

描绘现代美国人分化状况的《消失的邻居》一书作者马克·邓克尔曼认为，"技术进步让我们更容易和那些与自己有单一共同兴趣点的人产生连接，也更容易避开不同的观念"。在生活中，经常接触同质化的思想，我们的想法不但不会受到挑战，而且会不断自我证实和加强。这种行为实际上无形中将我们生活的色彩变得越来越单调。

根据心理学的相似性原则，人们更乐于接受与自己相似的想法，也更容易跟与自己相似的人交往。美国传播学者约瑟夫·克拉伯提到过"心理倾向性",即受众的态度、观点、兴趣等倾向导致其有选择地接受信息。因此,推荐算法更像一个"同谋",是让我们在互联网上变得更加随心所欲的一项技术而已。

有趣的是,最近美国《科学》杂志上有一篇针对1000万名社交媒体用户的大数据进行研究的文章,其结果指出,真正具有影响力的信息过滤器是用户自己,毕竟推荐算法依据的数据是用户自己的选择。

随着个性化程度更加深入,新闻媒体也在尝试以不同方式实现个性化定制。编辑作为信息"守门人"的时代已渐行渐远,而自动化的算法正在充当互联网的"编辑"。这种趋势正在快速地将我们推向一个新的世界,一个互联网认为我们感兴趣的、但未必是我们需要的世界,从而也引出"过滤泡泡"背后更大的隐忧——我们的视野被"窄化"了,看不到被删除的信息,已知的盲点变成了未知。

以往阅读报纸,多数读者可能会略过大部分新闻,而只选读感兴趣的内容,但在这个过程中至少能意识到忽略了一部分新闻。报纸提供的信息像更加平衡的"膳食",不仅能提供像蔬菜一样的重要资讯,也能带来像甜点一样让我们感兴趣的信息。

从这个意义上看,面对"过滤泡泡"的存在,研究算法的人士固然有一份责任,但作为受众的人们尤其需要提醒自己克服心理上的"惰性"。主动接触不同讯息,拓宽视野,别让"过滤泡泡"主宰了你。

(2016年07月04日)

现在是未来的起点

蔡肖兵

数字化变革是所有行业的涡轮加速器;将来人工智能的智商达到5000都不在话下;应用材料、生物、基因和纳米技术的发展使设计有机体或成为现实……一想到德国未来学家赖因霍尔德·卡纳描述未来可能出现的种种图景,就让人不得不感慨这个时代的飞速发展和科技取得的巨大进步。

新世纪之初的短短十几年间,人类掌握了纳米技术,可以制作出薄至几个原子厚度的材料;人类懂得了基因编辑,可以一定程度上改写作为生命遗传信息基础的基因链;数字化变革出现了可以与专业棋手匹敌的人工智能……科学技术带来的惊叹只会越来越多,也让世界急剧发生着变化。

毫无疑问,人类将会越来越依赖科学技术,并不可避免地拥有一个技术化的未来。而伴随科技发展带来的种种问题也日渐引发讨论乃至争议。有人认为,技术困境只是技术进步不充分的表象,终会通过技术发展来解决。1897年,汽车的出现解决了出行问题,让纽约街道上遍布的马粪和被累死的马尸消失不见的同时,也带来了空气污染问题。可是新能源汽车的问世,又转移了人们焦虑的目光。

担忧还有很多,面对手脚更麻利的高智商机器人,人类的生存空间是否受到挤压?虚拟现实技术的异军突起,真实的生活是否失去意义?——1938年,爱因斯坦在他的《告后人书》中说:"我们这个时代产生了许多天才人物,他们的发明可以使我们的生活舒适得多……利用机械的力量，我们终将使人类从繁重艰辛的体力劳动中解放出来。我们学会了飞行。利用电磁波，我们很方便地从地球的一个角落同另一个角落互通信息。纵然有这一切……人人都生活在恐惧的阴影里，唯恐失业，遭受悲惨的贫困。而且不同国家的人民还不时互相残杀。因此，一想到未来，大家都忧心忡忡……"

问题的根源其实在于"人"。人类对未来不可控的恐惧，对人类自身弱点的不安，也许要超过对科技本身带来问题的疑惑。技术和它所产生的后果是一对孪生子，后者解决起来并不简单。即使人们小心谨慎，"偏差"也总是难免的。所以，无论是对技术本身的未来走向，还是"技术化"的人类未来，必须审慎思考。当然，人类应有信心，相信自身有能力纠正无法预测的偏差，克服命运面前的无力感。

好的预测，实际上能够对未来的发展产生积极的影响。上世纪80年代，著名的未来学家阿尔文·托夫勒在《第三次浪潮》中对新时代知识经济预测和描述，实际上引导并推动了日后这一趋势的发展。而面对飞速发展的技术变革，人们也不应因循守旧，赖因霍尔德在作出工业4.0预言时早就提醒我们："不要再依赖迄今为止的思维和决策模式了。迅猛的改变可以一夜之间从无到有。在这个新世界，每个人都应当不断重新审视自己的思维方式，并在必要的情况下大胆地将旧思维抛弃。"

现在是未来的起点，我们现在的所想所做影响着我们的未来。

（2016年05月30日）

"美的本身"才是真

吴绮敏

凝视奥古斯特·罗丹经典雕塑作品《永恒之春》者,大约都免不了一丝沉醉,继而从心底升腾一份赞美。想必本月上旬苏富比拍卖会创下的纪录,也是多少人怦然心动的结果——《永恒之春》以2041万美元拍出,远远高出拍卖前预估的800万至1200万美元价位,成为罗丹作品拍卖价格之最。

一锤定音之际泛起的啧啧议论,该不会仅仅是金钱效应吧?!

拍卖会上的天价的确不足以诠释艺术伟大的原因。这位法国艺术家离开人间已经99年,但他在欧洲雕塑史上的地位无可撼动——被形容为如诗人但丁在欧洲文学史上一般尊贵,被誉为欧洲两千多年来传统雕塑艺术的集大成者、20世纪新雕塑艺术的创造者。法国人民以他为骄傲,即便是在艺术大师俯拾皆是的巴黎,能如罗丹般独享个人作品博物馆的也鲜有。去年11月,罗丹博物馆完成3年修缮重新开馆的消息成为当地重要新闻,法国总理瓦尔斯甚至亲自前往参观。

罗丹作品的影响是世界性的,中国人民也越来越熟悉。1993年,88件罗丹作品来北京做客,露天展出首次离开法兰西的2米高青铜雕塑《思想者》,不远处就是排队买票的"长龙",堪为经典一景。而2014年,作为纪念中法建交50周年系列活动高潮的标志之一,139件罗丹博物馆馆藏精品来到中国展出,以"永远的思想者"为主题,又一次于无声处激荡无数观者赞叹的心绪。

为什么是罗丹？肯定有很多人千思万虑过这个问题，但笔者以为答案值得反复求索。

我们可以从不朽的《巴尔扎克像》《青铜时代》《地狱之门》《加莱义民》等叹为观止的杰作中体悟。艺术巅峰拔起于深厚的现实沃土，匠心独运的目光投向生活中的普通人，将灵感注入冰冷的石材、铜材，映射人类或澎湃、或深沉、或忧伤、或悲壮的内心世界，让观者的思想能够跟随作品的精神而自然爆发。

作品的力量是不是揭示了一切？通过罗丹的遗嘱我们还能体悟更多。"千万不要哗众取宠，吸引眼球。要朴素、要率真""拙劣的艺术家永远戴别人的眼镜""在做艺术家之前，先要做一个人""要有耐心！不要指望灵感……艺术家的优良品质，无非是智慧、专心、真挚、意志。像一个诚实的工人一样完成你们的工作吧"……字字句句，皆如他所告知世界的道理——"艺术又是一门学会真诚的功课"，亦如他一遍又一遍塑造作品各个局部以求最终至美的不懈行动。

这就是匠心吧，一种守真精进的精神，无关玄妙，但足以创造神奇。天价的《永恒之春》怎么来的？ 1884年构思，1901年至1903年制作，罗丹真的很投入，但没有着急。为了展现但丁《神曲》中的"地狱之门"，罗丹付出整整37年的意志和心血，遗憾的是及至耗尽生命之烛也未能彻底完成。但谁能否认已完成部分的传世震撼？《地狱之门》上方的"思想者"，又何尝不是罗丹本人精神与追求的写照？

或许，罗丹留给世界最重要的启示，就是他在遗言中所倡导的去发现一切事物外形下透露出的内在真理——他将这个真理称为"美的本身"，并穷其一生虔诚钻研和发现之。所以，罗丹的作品不会是浮云，无需以任何虚浮的光环去装点。人们盛赞精神之美永存，《永恒之春》无价。

（2016年05月24日）

让万家灯火更璀璨

马 菲

"大家快下班吧,我也想早点走了。"领导在单位广播里这么说时,你仅仅微微一笑? 那么"爸爸,快回家陪陪我吧"这一稚嫩的童声响起时,你是否还能稳如泰山? 如果真有"钉子户",首尔市政府是这样做的——强制熄灯。为了让工作人员少加班,首尔市政府将每周三和周五定为家庭日,在这两天18时准时熄灯,并播放"独具特色"的下班广播。

加班,是韩国职场人的家常便饭。据经合组织统计,韩国人2014年的人均工作时间达到2124个小时,而经合组织成员国的平均水平为1770个小时。韩国超出平均值354个小时,位列第二。"你知道首尔的夜景为何这么美吗? 因为到处都是加班的人点亮的灯光。"一位韩国朋友的调侃透着无奈。

然而,长时间工作并不意味着更高的工作效率。经合组织的数据还显示,2014年韩国的人均劳动生产率仅为每小时31.9美元,远低于该组织成员国49美元的平均水平。"上班要比上司早,下班要比上司晚。就算没事做也要在办公室待着,这样才会给上司留下努力工作的印象。"这是笔者一位朋友道出的韩国"职场生存法则"。

长期以来,刻板的职场尊卑意识、环境压力下的合群心理以及少得可怜的假期,使原本因竞争压力而产生的韩国加班文化渐成装样子的"礼制"。而这不仅无益于提高工作效率,还引发了诸多社会问题。超长的工作时间不仅影响员工的身体健康,也使其心情压抑。加班侵蚀了员工的个人自由时间,直接影响着结婚率和生育率。已组建家庭并育有子女的员工则面临不得不放弃照顾家庭的艰难抉择。

加班带来的诸多弊病引发韩国各界的重视。近期,就有韩国企业开始施行一周四天工作制,要求员工仅周一至周四在公司办公,以此来提高工作效率,避免不必要的加班。在此之前,还有不少机构尝试打破加班惯例,通过切断网络、强制关电脑以及派人巡查等各种方法,要求员工在每周固定的某一天或两天准时下班。

彻底改变根深蒂固的加班文化,远非开展一些反加班活动这般简单。政府的政策鼓励,企业文化的改变,评价员工标准的调整,领导层的以身示范,都是不可或缺的要素。近年来,韩国一直提倡企业创新经营,提高工作效率。"创造经济"的一个标志,或许就是温馨的万家灯火更加璀璨?

(2016年05月20日)

留存，当以"柔软"的方式

白　阳

红色电话亭、红色双层巴士、红色邮筒……这些红色设施早就成为英国的重要标识物。然而，不同于还在使用的巴士和邮筒，拥有近百年历史的电话亭已基本失去了原有功能，"沦为"仅供外国游客钟爱的拍照背景。

不过，红色电话亭近来遇到了"重生"的机会。纽约一家初创公司尝试对一些电话亭进行改造，配上桌椅、电源、打印机、咖啡机、无线网络后，改造出一座座红色"迷你办公室"，唯一不变的是那具有纪念意义的外观。

实际上，这已经不是英国电话亭第一次"变身"了。自2009年以来，英国电信以1英镑的价格允许公众认领废弃的电话亭，超过1500个电话亭被民众改造成花店、图书馆和小型艺术馆；2014年，伦敦的两名大学生提出电话亭可以被改造成太阳能手机充电站，方案还在创业大赛上胜出并获得创业基金付诸实践。

单纯的变身尚属相对低端的物尽其用，而随着物联网等科技的新发展，城市基础设施的性质开始发生变化，互联网信息化特征也得以增强。在南非，近8万个电话亭正计划被改造成为WiFi热点；在美国纽约，7500个电话亭也将在未来12年里被改装成现代化的智能终端，为市民提供高速的免费无线网络、电话、地图、充电服务，同时还兼具广告牌功能……过去帮助人们沟通联络的小小电话亭，悄然换上新的内核，以新的身份立于街头，存在于人们的生活中。

当前，在城市面貌改变缓慢的发达国家，很多老旧基础设施都渐渐开始在新技术的帮助下大规模参与身份重建，包括地铁、通信设施、宽带网络的升级换代都在陆续展开，而基础设施带来的革命也将为经济发展提供强大原动力。比如，通过引入云计算平台，日本高速公路智能交通系统红绿灯切换等方面功能得以提升，使交通拥堵路段减少了20%。德国柏林的学校建筑，通过低能耗技术改造，保护外观的同时延长建筑使用寿命，降低运营成本。

城市的可持续发展离不开科技的支撑，科技也当以"柔软"的方式留存城市记忆，让它们免除被拆除和淘汰的厄运。有人曾呼吁，让城市的记忆留下来，让城市的记忆流下去。看来，只要努力，就可以做得更多。1926年就走上伦敦街头的红色电话亭，去年仍被英国人投票选为英国史上最佳设计。人们正想方设法赋予其新的内涵，让钟爱的记忆得以延续。

（2016年05月18日）

古城乐声伴着文明归来

宦 翔

自发生叙利亚危机以来,大型音乐会在这个国家几乎销声匿迹。然而5月初,历史古城台德穆尔(又名巴尔米拉)迎来了久违的歌声——由俄罗斯马林斯基剧院交响乐团和叙利亚国家交响乐团等乐团带来了音乐会。今年3月底,这座被联合国教科文组织列为"世界文化遗产名录"的城市刚刚脱离战火,如此"迅速而华丽的转变",令人眼前一亮。

怎样看待这一转变的意义?现场观众的表现或是最好的诠释——演出尚未开始,剧场就持续沉浸在欢呼声中,以至于组织方不得不呼吁大家保持冷静;每首乐曲结束,观众们更是长时间报以热烈掌声。尽管场地简陋,但富有诚意的演出仍令人感到欢愉与欣慰。这是叙利亚人在压抑与困厄中的释放与狂欢,也是台德穆尔重获新生的洗礼——此前,极端组织破坏了这里的多处古迹,并在演出所在地古罗马剧院处决战俘。

音乐所带来的不仅是视听的享受。随着文明的胜利,台德穆尔的修复和重建工作也已于日前启动。包括联合国教科文组织在内,数十个国家和组织表示愿意提供协助。4月中旬,一家英国机构利用三维打印技术,复原了遭极端组织炸毁的胜利之门的模型。日前,模型已经开始在全球巡展,受到了各地民众"追星般的礼遇"。

实际上,从陷入战火到恢复安宁,台德穆尔一直受到国际社会的高度关注,这源于它所蕴含的美学价值和特有的魅力。这座古罗马风格的古城有两千多年历史，地处地中海东岸的一片绿洲中，曾是古丝绸之路上连接波斯湾和东方各国以及地中海和西方各国的贸易中心，持续繁荣数百年之久。法国思想家狄德罗曾在其著作《1767年的沙龙》中如此描写台德穆尔：遗址在我心中投下巨石，万物自无中来，向无中去，一切终将消逝，只有世界继续，时间永恒……

此外，这座城市的经历也为尊重和维护世界文明多样性提供了注解。正如一位正在那里进行修复工作的波兰专家所言，"这是人类共同的财富"。越是民族的，就越是世界的，不同文明因交流互鉴而丰富多元。纵观历史，文明的瑰宝总是凝聚着人类共同的价值追求，跨越地域和民族，代代相传。"美美与共"，人类文明本来就应该是包容和多元的。

多一分对文明多样性的尊重，也就多一分对人类共同文明的认同。而这份认同，正是修复和重建台德穆尔的基础——这是一个庞大而系统的工程，需要国际社会齐心协力。社会总是按照螺旋上升的轨迹发展的，无论道路平坦或者曲折，先进取代落后，愚昧让步文明，这是永恒的趋势。如果说天灾人祸是风暴，那么文明就是河流，具有最终改变世界的力量。

（2016年05月12日）

"半座好屋"有宏大追求

侯露露

今年初,由于"半座好屋"等设计作品,亚历杭德罗·阿拉维纳获得有建筑界"诺贝尔奖"之称的普利兹克建筑奖。阿拉维纳是第一个获得该奖的智利建筑师。

作为保障房建设领域的先锋人物,阿拉维纳的身影常常出没在那些贫穷或是遭受灾难蹂躏的社区中间。2004年,阿拉维纳接手了智利北部伊基克市的一个保障房项目,负责为市中心一处贫民窟的100个家庭设计修建保障房。

当时政府给出的预算是每户7500美元,但算上购买土地、修建基础设施开支,这笔钱只够在原址给每个家庭盖一个不到40平方米的小屋,如果想要更加舒适的居所,只能到郊区地价便宜的地方另起炉灶。"对这里的居民来说,住在市中心区域,意味着更多的工作机会。"阿拉维纳清楚居住地对于一个低收入家庭的意义。

广泛听取居民意见后,一个想法渐渐在阿拉维纳脑海中清晰起来。如果没有钱盖一个大房子,为什么不先盖一半呢?顺着这个思路,阿拉维纳和他的团队在原址为每户居民建了"半座好屋"。建好的房屋包含主体功能区,分上下两层,并在二层保留一片像露台一样的空间,当这个家庭未来有了经济实力后,可以在这个空间扩建,甚至可扩至约80平方米。

居民们喜欢这个设计,他们的生活因此有了更多希望:"只要努力,就可以过得更好。"这正是阿拉维纳用自己的设计传递的理念。房子不止是政府给贫困家庭的福利,而且将成为这些家庭的第一笔投资。

城市化的进程不断加快。2014年,全球有约30亿人居住在城市里,他们中的1/3生活在贫困线以下。预计到2030年,全球将有50亿人生活在城市中,贫困人口将达到20亿。"住房问题不足以阻止人们来到城市,只不过他们可能住在棚户区或是贫民窟。"阿拉维纳说。

建筑自其诞生之日起,就不仅仅属于技术和美学范畴。建筑与人息息相关,是需求的表达和固化,甚至成为一种情感连接。而城市化进程的加快,建筑师面对更大的挑战,要"服务于更广泛的社会和人道主义需求"。

这正是普利兹克建筑奖评委会将青睐的目光投向阿拉维纳的原因。阿拉维纳和伙伴们建造2500多套社会保障住房时,将居民和社会利益最大化置于首位。这种追求,让建筑也拥有了浓浓的人情味。

(2016年05月10日)

谁说古巴人听不到摇滚乐

李 强

英国滚石乐队日前首次赴古巴免费演出,吸引多达50万观众聚集哈瓦那体育中心,掀起了一场摇滚热潮。许多乐迷提前一天就赶到哈瓦那,其中不乏从拉美其他国家乃至欧洲美国前来的粉丝——短短几天内,从加拿大、墨西哥来往哈瓦那的航班都被一订而空。

很多西方媒体对此兴奋异常,因为它们盲目地认为摇滚乐一直都是不被古巴政府接受的艺术形式,纷纷用"历史性的演出""打破摇滚禁区"等表述进行报道。有的媒体甚至煞有介事地评价称,古巴的乐迷们在此前的几十年间根本没有机会在本土看到摇滚乐演出,"滚石乐队给古巴这座封闭的小岛带来了久违的自由空气"。似乎在滚石到来之前,电音吉他和架子鼓对古巴人民来说都是天外之物。

显然,这些媒体是欠缺专业精神的,至少它们忽略了一个事实——早在2009年9月20日,哥伦比亚著名歌手、格莱美奖得主胡安内斯在哈瓦那组织的"和平无国界"摇滚演唱会,就获得超过100万名观众到场支持——是滚石乐队的两倍。

人们应当知道,古巴这座融合了加勒比、西班牙、法国等国文化的群岛国家,从来不乏音乐的基因。萨尔萨、伦巴、爵士乐、摇滚乐都在古巴占有一席之地,古巴国际爵士音乐节更是世界著名的盛会。

胡安内斯曾说，举办音乐会是为了告诉全世界，人们是时候改变对古巴的看法了。但是这场百万人参加的音乐盛会才过去不到 7 年，一些人对古巴的看法却又回到了几十年前。他们不知道如今的哈瓦那街头，找一间表演摇滚乐的酒吧，甚至比找一个超市还容易。

滚石乐队乃至西方摇滚乐，实际上都深受上世纪 60 年代席卷全球的左翼思潮影响，古巴革命更曾激发了西方音乐人的创作灵感，切·格瓦拉的肖像成为摇滚图腾延续至今。但这些历史元素和叙事背景，终究不过是让·鲍德里亚笔下"消费社会"的佐餐调料，西方主流社会从未尝试去感知一个岛国追求自主、对抗强权的艰辛，而是将其从现实中抽离，化为一个个符号化的标签，或用来批判，或用来消费。

不可否认滚石是一支传奇的杰出乐队，但他们也是世界上最赚钱的乐队，精良的运作能力已成为商业传奇。在哈瓦那免费演出造成的全球轰动效应，当然比卖票划算得多。大概也是因此，保罗·麦卡特尼等国际知名音乐人，都透露了将赴古演出的消息。

至于古巴人听不到摇滚乐的谣言，似乎更像是西方一些人渴望得到的满足。仿佛不这样说，他们就没办法找到举办一场免费音乐会的逻辑。仿佛这样说，他们就找到了想象中的胜利。

（2016 年 05 月 05 日）

马背上不平凡的梦想

庄雪雅

村子附近没有书店和图书馆怎么办？42岁的印度尼西亚中爪哇省养马人利德万·苏禄里想出了自己的办法。每周3天，他早早从家中出发，牵着马穿过山林，趟过小河，为山村送去精神食粮。

马背图书馆所到之处包括学校、商铺、广场和其他人群聚集的地方。每当马蹄和脖铃声越来越近，孩子们都会围在一起张望等候。马背一侧的口袋中装有历史故事、神话传说、科普书籍等童书，另一侧则是供成年人阅读的小说、杂志和农业知识书籍。这些书都允许人们免费借回家去慢慢读。利德万在社交网站上讲述马背图书馆故事，感动了很多人。网友纷纷慷慨相助，让利德万的藏书越来越丰富。

印尼政府正大力推动贫困地区教育发展，但由于该国岛屿分散、地区发展悬殊，大量村庄至今仍缺水缺电、教育资源严重不足。居高不下的文盲率是阻碍地方发展的一大问题。据联合国教科文组织统计，仅利德万生活的中爪哇省就有近百万成年文盲。利德万的暖心善举激励了一批志愿者。他们开始利用快艇、摩托、马车甚至是人力三轮车，定期为印尼偏远贫困地区送去书籍。

世界上的流动图书馆还有不少。肯尼亚的骆驼图书馆为村落的孩子送去书籍，即便在气温超过40摄氏度的旱季也不间断；泰国北部偏远山区的孩子们听到货车喇叭声便会兴奋地跑向操场，那是满载儿童读物的货车图书馆和孩子们约定的信号……有人的地方，就有对知识的渴望。地理环境差、基础设施不足，都没有成为那些善良、顽强的知识传播者停止脚步的理由。

当然，突破环境限制，为贫困孩子们创造教育条件的不仅有流动图书馆。位于恒河三角洲、有"被淹没的土地"之称的孟加拉国，一座座流动的"船屋学校"也给被洪水阻断学途的孩子们带来了知识的希望。融合了教室和校车的太阳能船屋可容纳30名学生，并配备一台联网电脑和一个小型图书馆。"船屋学校"成立多年来，改变了当地的教育模式，逾100艘船屋使超过7万人从水上学校、教育培训中心受惠，这一由普通人发起的项目已被称为孟加拉国学生的"诺亚方舟"。"流动学校"模式已在菲律宾、尼日利亚、巴基斯坦、越南、柬埔寨等多地复制。

把书香带到一个个偏远的角落，这是不平衡的世界中不平凡的梦想。

（2016年05月03日）

"断舍离"的无奈与意趣

田 泓

在日本,源于传统思想的"断舍离"成了流行语,并作为一种现代生活理念影响着人们的生活。

"断舍离"最早由日本杂物管理咨询师山下英子提出。简单地说,就是"断绝不需要的东西,舍弃多余的废物,脱离对物品的执着",追寻自己内心真正想要的生活。

畅销书《我家什么也没有》就是"断舍离"生活的代表作。作者麻衣是一名漫画家和四口之家的主妇。她家除了橱柜、餐桌、床等几样基本家具外,诸如沙发、茶几等物品能扔的都扔了,其余的也都被整整齐齐摆放在橱柜里。乍一看去,就像一间没人住过的样板房。她的经历被拍成了电视剧。

《朝日新闻》介绍过一名曾经的潮男,扔掉了几十条牛仔裤以及从小收藏的书和CD,只留下用一只箱子就可以装下的一季衣物。他说,"断舍离"后,不必花很多时间整理房间,可以静下心来和家人相处,钻研爱好。

"断舍离"在日本兴起有着深刻的社会背景。上世纪90年代以来,日本陷入长期通缩状态,社会平均工资下降,消费能力受限。社会学家认为,曾经令日本自豪的"一亿总中流"(即中产阶层)生活呈现滑坡。尤其是在经济泡沫破裂后长大的年轻一代,约有四成走出校园后以"非正式员工"身份就业。结不起婚、买不起房,不少人成了无欲无求的"食草族"。而战后婴儿潮出生的

"团块世代",是消费主义思潮下成长起来的一代。进入退休年龄后,这些人开始变卖年轻时积攒的奢侈品,数量之大甚至让日本这个并不出产钻石的国家,成为世界第二大钻石出口国。

特别是在经历了2011年东日本大地震,目睹数万人在顷刻间失去生命和家园后,很多人感悟到人生短暂,不应该为物所累,开始更加重视人和人在心灵间的牵绊。当然,"断舍离"代表的极简主义受到欢迎,与日本素来崇尚简约朴素的传统美学思想也有相通之处。

不过,对"断舍离"最头痛的大概要数日本央行行长黑田东彦了。他力推量化宽松政策,希望日本民众扩大消费,帮助日本经济走出通缩。但众所周知,导致日本经济困境的并非单一原因,人口老龄化等诸多因素制约了日本的经济改革,依赖货币政策却会不断推高生活成本,难怪日本的普通消费者把钱包越捂越紧,还搞出个"断舍离",号召大家少买东西。

"断舍离"很可能只是日本中青年一代对消费主义以及经济政策的一次小小反抗,不会成为主流生活方式,但其对人与物之间关系的反思值得玩味。

(2016年04月28日)

这样的"传说"可以有

陈效卫

在波罗的海国家立陶宛,农村房屋上经常可看到白鹳筑巢。作为大型涉禽,白鹳腿长、颈长、喙长,所筑巢窝在普通房子上非常醒目。

既不能供人以衣食、也不会衔环报恩的白鹳,何以高高在上、享受如此尊贵地位?原来,在当地堪称"主旋律"的民间传说中,白鹳肩负着类似中国文化中观音或麒麟"送子"的神圣使命:它们在谁的屋顶造巢落户,谁就能欣得弄璋弄瓦之喜,生活从此美满幸福。

饶有趣味的是,追本溯源,"白鹳送子"的传说在逻辑上恰恰颠倒了因果关系:谁家生子,白鹳就选在谁家筑巢。

地处寒带的立陶宛,有孕妇的家庭格外重视取暖,其烟囱"发烧"期自然偏长。世世代代生于斯长于斯的白鹳通过观察对比,发现了这一规律,便"择暖囱而栖"。

白鹳栖囱的原委既然如此清晰,当地人为何将错就错、执意保留这样的不实传说呢?至少,从认知的角度看,孩子们先迷信而后启蒙,被迫在自我否定和扬弃中"二次学习",徒然增添了人生成长的负担与烦恼。

对于上述做法,立陶宛可谓"吾道不孤"。实际上,在以白鹳为国鸟的很多欧洲国家,人们都在"将错就错"甚至是"明知故犯"。其逻辑是:过于较真,许多美好的事物即随风而逝。如西方孩子们每年的快乐之源——圣诞老人,传说可在圣诞夜给全球孩子送去礼物。但据最粗略的估算，即便他率领的驯鹿团队从西向东用足时差，在一天晚上给全世界的孩子都送去礼物也是不现实的。只是，对于这个"美丽的谎言"，很少有人在意和深究。

事实上，对于懵懂的孩子，借助有趣的故事来解答类似人类生育或宇宙本源之类的难题，效果往往超过填鸭式科普：由于认知的限制，后者往往是对牛弹琴，而前者至少会留有印象。在中国，对于小孩子所问的"我从哪里来"，很多父母仍在重复着古老的"拾拣说"。在某种程度上，这就像爱因斯坦向普通人用通俗的方式诠释"相对论"一样，虽不是准确的答案，但至少能让人"懂你"，激发了兴趣。更重要的是，人终其一生，各阶段都有明确定位：童即为童，叟即为叟，揠苗助长或人为催熟有悖人性。

那些简单的传说，有利于孩子们加强与父母的情感联系，明白自己的生命是父母"发现"甚至是从虎口夺回。在立陶宛等欧洲国家，这种情感联系自然转移到"再造父母"——白鹳那里。孩子们由感激到爱护，在有意无意中学会了与"恩人"和其他动物和谐相处。

老而幼稚固属可叹，幼而老成亦复可怜。就成年人而言，面对烂漫无邪的童真萌态，看透而不言透、识破而不点破，是为化境。

（2016 年 04 月 27 日）

潘塔纳尔的湿地保护神话

颜 欢

潘塔纳尔湿地位于巴西境内的区域有个著名的"农家乐",主人格里奥和家人在 20 年前建起的一家小旅馆,如今已经成为当地最受旅客欢迎的落脚点。格里奥不仅仅为游客提供住所,每天清晨他还会带着游客们泛舟古鲁匹河,颇为令人惊讶的是,四周的鸟儿们每次都捧场似地赶来绕着小船,或飞翔、或表演水中捉鱼。

一对总喜欢缠着格里奥索要食物的裸颈鹳名叫"达尼艾夫妇";和他表演刺激"亲吻"场面的凯门鳄叫"德拉贡";叫"索萨"的美洲白鹈鹕连续两天没理他,急得他直喊"你怎么啦"……每一只在普通人看起来完全"脸盲"的动物,在他那里都是有名有姓的朋友,船上的游客受到他的感染一起呼喊着各种动物的名字,它们也像回应一般朝游客飞来、靠近,而不是吓得四处逃散。

潘塔纳尔湿地是全球类似地域中面积最大的,曾被世界自然基金会誉为"世界上生产力最高的环境之一"。这里栖息着至少 3500 种植物、650 种鸟类、270 种鱼类、102 种哺乳动物、177 种爬行动物和 40 种两栖动物。夜幕降临时,用手电筒随意照射附近的小水洼,几十双堪堪突出水面、幽幽反着光的眼睛就能让你立即相信,这里真的生活着超过 3000 万只凯门鳄。

潘塔纳尔湿地地处南美中心,由于安第斯山脉形成之前的大规模地壳挤压,周围高原的几条河流多年来将沉积物和土壤侵蚀的残余物冲积于此,造就了这个生物多样性的摇篮。不过令人难以置信的是，这样一块处处是宝藏的湿地竟然只有不到2%的区域被划为政府保护区域，尽管如此，潘塔纳尔却依旧被世界自然基金会认为是全世界保护得最好的湿地。究竟是什么造就了潘塔纳尔的湿地保护神话？

严厉的法律当然是维护这里生态环境的必要条件之一。笔者的巴西朋友路易斯在湿地附近也拥有一处农庄，除了环绕池塘的木屋，周边所有树木都原样保留。他告诉笔者，法律规定禁止砍伐林木破坏原有的生态，否则将处以极高额的罚款。此外，若有农户遭到美洲豹等动物袭击，可向政府申请获取赔偿，但严格禁止猎杀。

然而更为重要的，恐怕是大多数像格里奥一样的当地人对其他生灵发自内心的热爱，让人为的"隔离"失去了存在的必要。在这里，人们对自然的理解和尊重似乎是与生俱来的。喂养熟识的鳄鱼、帮助受伤的金刚鹦鹉治疗……几乎是当地人的家常便饭。同时，为了应对由于活水源头带来过多的沉积物导致部分湿地正在干涸的状况，当地居民、政府以及相关环保组织已经联合起来在失活的土地上播种植物，希望能留住这片动植物的天堂。其实，更好地维护生态环境也是惠及人类自身，因为周边生活的几百万人也都在享受着湿地为他们带来的健康水源和食物，享受着人与自然的融合的美妙感受。

印度经济学家帕万·苏克戴夫指出，潘塔纳尔湿地每年为人类带来的经济价值近60亿美元，"但这只是一个简单的经济估量，潘塔纳尔湿地是诸多动植物的孕育之地，这些生命和人类同等重要，更是人类亲密的伙伴"。人类需要为地球保存这块生命的净土，也是为自己留下一片福地。

（2016年04月21日）

"追求幸福乃严肃之事"

车 斌

"每年3月20日,太阳直射地球赤道,使白天和黑夜等长,地球坐标系统在此刻达到平衡。"联合国据此将3月20日确立为"国际幸福日"。关于幸福,联合国秘书长潘基文曾说,"追求幸福乃严肃之事""追求幸福是一切人类活动的核心"。

幸福面前人人平等。即便人类有很多差异难以跨越,譬如男人和女人、贫穷和富有、青春和年迈,但无论以何种身份存在,每个人都享有追求幸福的权利。因为幸福是一种非排他性的公共品,一个人幸福的加倍并不意味着另一个人的幸福减半。经济学鼻祖亚当·斯密不仅写过《国富论》,还说过"人类无论贫富,幸福感没有优劣之分"。

什么样的人才能获得幸福?2012年4月,联合国发布了首份《全球幸福指数报告》,从教育、健康、环境、文化多样性、内心幸福感、生活水平等方面衡量全球156个国家和地区的幸福指数。报告显示,幸福指数较高的国家如丹麦、芬兰等多是经济水平较高的富裕国家,但最富有不代表最幸福,世界第一大经济体美国当时仅排名第十一位,而在今年的最新报告中,美国已经跌至第十三位。

哈佛大学泰勒·本—沙哈尔博士曾引用数据说明物质财富的增长并没有带来幸福感的提升,"在美国,抑郁症的患病率比20世纪60年代高了10倍,而发病率年龄也从60年代的29.5岁下降到今天的14.5岁。1957年，英国有52%的人表示自己感到非常幸福，但到2005年只有36%的人感到幸福，而在过去的近半个世纪里，英国国民的平均收入提高了3倍"。

财富不是幸福的等价物，正如亚里士多德所言，"幸福是人类存在的目标和终点"。现如今，"物质至上主义"暴露的弊端和财富的效用递减引发了越来越多关于追求幸福的反思：不丹提出的"国民幸福总值"概念，把实现幸福的目标提升到国家政策层面，成为与国民生产总值并列的衡量标准；联合国则呼吁更多国家在立法和政策制定过程中推行幸福和福祉的概念；沙哈尔博士在哈佛大学开设的关于幸福的"积极心理学"课程，打破哈佛最受欢迎课程纪录；电影《神偷奶爸2》主题曲《幸福》以明快的旋律唱出"我要快乐"的积极心态，一时间火爆全球。

追求幸福，既是理想，也是现实；既是理念，也是行动。在国家层面，政府政策对幸福的关照不仅体现出政策制定者的人文关怀，而且表明对幸福的追求正凝聚为一种集体意识，反作用于社会进步。对于个人而言，幸福感可以通过自身努力来得到增强。法国哲学家柏格森曾提出"心理时间"，认为在"心理时间"的范畴里时间和生命是绵延的、流动的。用有限和宝贵的时间强化个人的生命体验，越多的生命体验就会带来越多的满足感和成就感，当满足感占据内心，幸福便油然而生。读一本有意义的书、听一首欢快的歌、陪家人度过一段温馨的时光、完成一项有成效的工作……幸福感就随着这些被赋予了美好意义和价值的时间流淌中走进每个人的心里。

（2016年04月05日）

为人类发展寻找更多可能

杜一菲

人工智能现在到底有多聪明？一场围棋比赛也许能够告诉你。本月，谷歌研发的人工智能软件"阿尔法围棋"将挑战世界围棋冠军李世石，由于"阿尔法围棋"已经在去年10月大胜欧洲围棋冠军而震惊于世，即将到来的对弈也被舆论称为一场"人类尊严"保卫战。

围棋被誉为世界上最复杂的棋盘游戏，据说棋局比宇宙中的原子数量还要多。然而，"阿尔法围棋"却看似轻而易举就踏上了这块人类智力的高地，不能不引发高度关注。

与此前类似算法软件单纯依赖运算速度的"蛮力穷举"不同，"阿尔法围棋"的制胜法宝在于其算法的优化。研发团队采用名为"深层思维"的人工智能技术，让机器模拟人脑的神经网络，一方面通过"学习"海量棋局提高分析和判断能力，另一方面让系统不断自我博弈，积累胜负经验寻求突破，达到模仿人类直觉式思维的效果。有职业棋手在看过棋谱后感叹，"感觉就像是一个真正的人在下棋"。

啧啧称奇的背后，透出人类的隐隐失落与不安。从人工智能可能造成大规模失业到威胁人类安全，甚至导致人类灭绝，长久以来人们的担忧之声不绝于耳。

人类的"机器焦虑症"早已有之。19世纪初，因担心失业，手工业者在英国各地打砸纺织机；上世纪60年代，民众对自动化的担忧促使美国总统约翰逊特别创立了一个全国委员会以研究其对就业和生活水平的影响。然而历史证明,"技术消灭了工作岗位,但不会消灭工作",技术更新会促进产业结构不断调整,伴随着生产率提高和财富增加,新的需求和新的岗位也将被创造出来。

有很多事实能证明现在就忧惧于"人工智能威胁"大可不必。"大数据+深度学习"的算法即便能战胜围棋大师,也只是单项领域的突破,如何将该智能技术"通用化",甚至模仿"完整"的人类思维还是难点。尤其在人脑研究仍有许多未解之谜的情况下,人工智能的"奇点"更难攻破。此外,相比人脑以亿为单位的复杂神经网络,计算机在硬件上同样面临瓶颈。

疾病、贫穷、恐怖主义、全球变暖……当下的挑战已层出不穷,因为遥远的威胁而放弃一个"帮手"是愚蠢的。寻找人工智能可能带来的伦理、安全问题的答案;及时应对因调整产业结构而带来的挑战;制定相应的法律规范防治技术的滥用,为人类更好的利用人工智能铺平道路,才更是当务之急。

从古至今,对挑战的永不言弃、对变化的积极适应是人类社会能够发展前进的动力。人工智能挑战围棋大师不是为了替代人脑,而是为人类发展寻找更多可能。面对人工智能,人类应该有更多自信。

(2016年03月02日)

你能感觉到耳机的温度吗

高 石

在今年美国国际消费电子展上,一款电子血压计引起了笔者的注意。与其他厂商生产的时尚小巧、仅手表大小的产品相比,它"过大"的 5.2 英寸屏幕明显与同类产品格格不入,面板上一蓝一红两个人形的方块按键甚至有点土气。

原来,这款电子血压计的研发人员是考虑到独居老年人的身体状况,为其专门设计的大屏幕、大字体、大按键,一键测量、一键呼叫的易观测、易操作产品。产品的内置无线网络还可以通过绑定手机社交软件,定时发送语音提醒用户测量血压,用户的亲属也可以实时掌握测得的血压和心率情况。

一旦产品中包含着情感关怀,消费者心中的温度也会在顷刻间上升。随着工业化大生产时代的到来,越来越多的企业开始关注产品的人性化设计。同时,研发设计人员也注意到,现实生活中人们的年龄、身体甚至性别等多方面存在很大差异,并开始给予特殊群体更多的关怀,为其打造真正能享受到使用乐趣的产品,让他们的生活能和普通人一样丰富多彩。

让霍金能够"开口说话"的语音合成技术就很具有代表性。除了帮助言语障碍者将文字转化为声音,达到与他人有效沟通交流的目的,视力受损的人群也可以通过语音技术"阅读"文字。带有同理心的产品设计成为抚慰人心的一缕清风,而随着人们对特殊群体心理状况的更为关注,在一般产品的设计上,淡化"特殊感"也成为社会文明发展新的潮流。上世纪 80 年代,美国北卡罗来纳州立大学教授罗纳德·梅斯首先提出通用设计的概念，意在为所有可能的使用者进行设计，使产品和环境设施能最大限度为所有人使用。通用设计最初发源于建筑设计，主要是针对无障碍设计等概念提出的。为了进一步避免使用者产生隔离和挫折感，研发人员也希望为弱势群体或特殊群体提供"心理关怀"，除必须的特殊产品外，尽量不让他们感觉在使用某种为他们设计的产品，而是在包容性、舒适性、便利性等方面感受到与常人相同的感觉。

研究听力技术的一家比利时公司就依此开发了一款手机应用，可以把智能手机变成全功能的专业临床助听器。据世界卫生组织的估算，全球共有3.28亿成年人和3200万儿童受困于听力问题，但目前助听器产量仅能满足全球不到10%的需求。价格高昂的助听器，经常让大部分患者止步在无声的世界。而现在只要戴上耳机，负担不起传统助听器和不愿让外界知道自己有听障的患者似乎都得到了拯救。

这些都是工业产品越来越"暖"的小切面。暖心的发明，关切到人心深处最敏感的地方，帮助人们提升生活质量的同时，也延展了人生宽度。也许毫不起眼，也许鲜为人知，但这些有爱的设计者和研发者正在赋予工业产品更加暖心的温度。希望未来会有更多的创意，像一缕缕阳光照耀人心，温暖需要它的人。

（2016年02月29日）

"玉米人"的尴尬

王晓波

近日,墨西哥媒体报道称该国越来越依赖玉米进口,尤其是当一些国家玉米产量大幅增长时,墨西哥的玉米亩产收益却低位徘徊,甚至逊于世界平均水平,且进口量占比越来越高。作为全球玉米种植发源地之一,墨西哥国内玉米供应竟现捉襟见肘之势,不得不让人多问几个为什么。

早在几千年前,美洲印第安人就已经尝试种植和食用玉米,玛雅文明甚至有"玉米文明"之称。如今,玉米依然是墨西哥人最重要的粮食之一,玉米产量占墨西哥全国谷物总产量的68%左右,以玉米为原料的食品数以百计,在国宴上也缺不了以玉米为原料的菜肴。不过,"祖籍"本在此地的玉米,现如今却有相当一部分以"客人"的身份来到这片土地。

大约10年前,墨西哥消费的每100千克玉米中有24千克源自进口,但目前该数字已增至31千克左右,也就是说,墨西哥每年消耗的约3400万吨玉米中有近1/3依赖进口。据美国农业部预测,若墨西哥再不提高玉米产量,到2024年,墨西哥玉米进口比例或将增至50%,成为世界最大的玉米进口国。

墨西哥人将自己称作"玉米人","我们创造了玉米,玉米又造就了我们,我们在相互哺育中生活"。危地马拉作家阿斯图里亚斯获诺贝尔文学奖的小说《玉米人》也把中美洲印第安人叫做"用玉米做的人"。不过,今后"玉米人"们或将面临不得不依赖进口玉米的局面,不知是否会令他们的祖先感到尴尬。

经济全球化在给世界带来极大便利的同时，也似乎无形中悬起了一把达摩克利斯之剑。自墨西哥加入北美自由贸易区以来，尽管其出口贸易得到极大的推动，但因墨西哥无论在农业技术、生产规模，还是农业补贴方面都无法与美国相比，比较优势丧失，大量小农破产，粮食安全亦受到威胁。如今，相较于美国、巴西和阿根廷等国的大规模机械化种植和转基因技术，墨西哥的传统中小型农业生产模式和农药的大量使用在成本和收益上的劣势逐渐显现，加之各种病虫害和自然灾害等因素导致玉米减产约10%，墨西哥玉米每公顷平均产量仅为3.17吨，比全球平均产量低38%左右。

实际上，在经历了上世纪30年代至80年代初进口替代工业化发展模式带来的繁荣后，一些结构性问题就开始在墨西哥和其他拉美国家显现。为保护国内市场而建立的高关税和非关税体系阻碍了工业竞争力的提升，其产品在国际市场上缺乏竞争力；工业化依赖农矿业部门创汇以支撑发展，导致农业部门偏重于发展出口生产而忽视粮食生产，造成食品进口迅速增长……

而在上世界80年代拉美爆发债务危机后，拉美国家的经济发展模式在不同程度上从内向型开始转向外向型，以适应世界经济全球化的趋势。但经济快速自由化和外向化又加深了国民经济的脆弱性，一些拉美国家的对外依存度不断上升。而一旦出现出口大宗商品需求下降、价格大幅下跌，或是进口的所需商品供给减少、价格上涨等情况，经济社会的发展便会受到影响。

玉米曾关乎拉美文明的兴衰，而今依然能通过其管窥拉美经济的动向。如何处理好工业化与农业发展之间的关系，发挥本国资源比较优势以强化自身竞争力，优化对外贸易布局，将发展模式向生产率驱动型转变，是墨西哥以及其他拉美国家亟待探索的问题。

（2016年02月22日）

华盛顿政治圈的新漩涡

章念生

美国联邦最高法院大法官安东宁·斯卡利亚 2 月 13 日梦中离世,在华盛顿政治圈里搅起了新的漩涡。

这位意大利裔的美国人,是个了不起的人物。斯卡利亚在最高法院任职将近 30 年,相当于"五朝元老",从 1986 年由里根任命开始,历经里根、老布什、克林顿、小布什、奥巴马五位总统。任职期间,他以智慧、直率、幽默等特点出名,一改大法官的古板形象,为最高法院赢得了公众好感。美国司法界这位"大佬"的突然去世,受到各界关注自是情理之中。但值得玩味的是,华盛顿政治圈更关注的不是他的离世,而是谁来接替他的位置。

就在斯卡利亚去世几个小时后,共和党和民主党关于他的继任人选就公开显示了分歧。共和党人表示,要等到下一位总统再任命新的大法官,生怕现任总统奥巴马任命自由派人士来填补空缺。民主党人则表示,应该尽快任命新的人选。而奥巴马已明确表示,提名新的大法官人选,"是宪法赋予的责任"。

最高法院的大法官们对美国的法律政治、社会文化都有深远影响,有两个典型例子可以"管窥"联邦最高法院裁决的威力。2000 年,小布什与戈尔竞选总统时因选票问题难分伯仲的时候,是最高法院的裁决,让戈尔最终出局。2014 年,最高法院裁决取消个人对联邦候选人及政党参与竞选活动的政治募捐总额上限,为美国政治竞选"松绑"。这两次裁决,对美国权力分配与政治格局的影响之大不言而喻。

联邦最高法院共有 1 名首席大法官和 8 名大法官，他们由总统提名、参议院听证表决后就职。大法官基本属于终身制，只要忠于职守，就可以一直干下去，除非主动辞职退休、被弹劾或被定罪。

从理论上说，9 名大法官任职以后，应该摒弃党派观点，只忠于宪法。但事实上，大法官的出身、经历、观点、立场，无时无刻不在影响他们的行事判断。此前在最高法院大法官的构成中，包括斯卡利亚在内的保守派大法官有 5 名，这种 5∶4 的格局大约维持了数十年。谁来代替斯卡利亚，将直接决定两派力量对比，决定最高法院走向。

如此看来，奥巴马当前面临着比较艰难的选择：要么提名一个自由派人士，彻底改变最高法院被保守派控制的局面，但共和党占多数的参议院不会让奥巴马的提名轻松通过；要么提名一个温和派人选，以期获得参议院通过，但民主党内部不会买账。如果不提人选，则意味着最高法院的席位空缺会超过一年，从而创下新的纪录。

大选年遭遇大法官空缺，这在美国历史上鲜有发生。上一次是在 1940 年，那时的总统富兰克林·罗斯福声誉如日中天，民主党在参议院占据多数，而如今却是任期不到一年的民主党总统遇上共和党在参议院占据多数。

显而易见，联邦最高法院不是超脱于政治的司法机构，谁将接替斯卡利亚，不仅事关"府院之争"，也会为今年本就扑朔迷离的大选再添变数。

（2016 年 02 月 16 日）

童书的"魔法"与现实

赵 松

朋友最近给孩子购买的"神奇魔法书"着实令人大开眼界。虽然它们表面看起来与普通书籍并无二致,但一旦戴着专用头盔或透过平板电脑观看书页时,神奇的魔法就出现了:书中的图画立刻变身在空中舞动的立体景象,孩子也随即浸入书中描绘的虚拟世界中。

想象一下,如果读的是《哈利·波特》,挥动魔杖念起书中咒语,可以让龙从书中"跳"出来,在房间里飞窜;如果读到了书中有火焰在燃烧的部分,可以使用手势来灭火,火焰熄灭后甚至还会留下烟尘。实际上,这种对于大多数孩子来说非常有吸引力的"魔法书"已然面世。

"魔法书"不过是增强现实技术在少儿图书领域小试身手。这种基于虚拟现实的新技术,能够将立体动感的虚拟形象实时叠加到真实的场景之上,通过手机、平板电脑等设备显示出来,给人以强烈的沉浸感。它不仅展现了真实世界的信息,而且将虚拟的信息同时显示出来,两种信息相互补充、叠加。

对于少儿图书来说,借用数字媒体增加阅读效果似乎已经成为不可改变的趋势。它让阅读从静态转向了动态,从翻阅走向了体验。迪士尼公司、企鹅出版集团以及硅谷的新技术公司都在探索新技术在少儿图书市场的潜力;德国、新西兰、新加坡等国家的企业推出的三维互动式娱教图书,已经开始改变儿童的阅读方式。高盛的报告也预测,未来虚拟现实和增强现实技术在教育领域将拥有7亿美元的市场。

"魔法书"被业界看好的同时,也让一些家长忧心忡忡。虚拟的图景会不会令孩子沉浸在自己的世界,使孩子与机器的互动替代亲子交流?会不会影响孩子的文字阅读能力和语言学习能力?不可否认,各种电子终端正在抢占儿童的阅读时间和兴趣。尼尔森图书市场研究公司曾做过一项调查,发现在美国11岁至13岁儿童的业余爱好中排在前几位的分别是电视、游戏、网络视频、体育和手机,而阅读排在第六位。为此,其总裁乔纳森·诺威尔提出一个耐人寻味的问题:"我们会不会失去下一代读者?"

如何让儿童仍然保持阅读的兴趣?这应该是少儿图书出版面临的最大挑战,也是家长,甚至是一个国家战略层面最为关心的问题。实际上,美国学乐集团在对上千个家庭进行调查后,曾发布过一份报告,指出对于6到17岁的孩子而言,享受阅读、有乐趣的阅读以及父母有阅读的习惯,是影响孩子爱上读书最关键的三个因素。

显然,如果新技术手段能够让文字更加生动,让孩子们对知识的记忆更深刻,让学习本身更加有趣,孩子们很可能会更加愿意享受阅读。

在人类需求、商业利益和技术发展的推动下,"魔法书"似乎预示着一种未来,但其生命力尚具诸多不确定性。其中的一个关键是第三方开发者的能力——要看他们能否吸引大量优质的童书作者加入。优质的题材和精彩的内容,才是抓人眼球的基础。

(2016年02月15日)

她留给世界一只和平鸽

温 宪

当地时间1月25日,80岁高龄的康妮在位于华盛顿的女性无家可归者收容所辞世。听闻此消息,有人慨叹,也有人窃喜……

康妮在美国是一位具有高知名度却又备受争议的人物。白宫的地址是宾夕法尼亚大街1600号。自1981年以来的35年间,自称住在"宾夕法尼亚大街1601号"的她一直在白宫对面坚守和平守夜抗议活动。作为一直以来"居住"在5位美国总统近旁的"邻居",康妮此举使她获得了"美国历史上政治抗议最长时间者""反核奶奶""示威钉子户"等称谓,但也有人以"愚蠢""有病"等词汇斥之。

这个世界其实早就疾病缠身,久远如皇帝身上那件从未穿上的新衣一样,当有人打破沉默突然喊出一句的时候,不少人对于戳破麻木的第一反应竟是很不舒服。

康妮本名康塞普赛昂·皮奇奥托,从小是孤儿。早年生活的不幸令她对世界的病痛更为敏感。将她抚养长大的祖母过世后,康妮便来到纽约寻梦。然而事与愿违,在工作、婚姻都接连遭到打击后,她又深陷争夺孩子监护权的官司之中。不幸会将一些人压垮,却也会赋予另一些人过人的勇气。从纽约来到华盛顿,"美国梦"的破灭也让康妮渐渐从个人不幸中醒来,走向了为更多人伸张正义之路。1981年,她结识威廉·托马斯,并与其共同发起了白宫反核和平守夜活动。

寒来暑往30余载，那个多由硬纸板、塑料布搭就的小帐篷渐成华盛顿一景，也是华盛顿警方及相关机构多年来心头一患。尽管遭遇了无数次骚扰、呵斥、拆除与拘捕，康妮仍旧没有放弃执着的坚守，其影响也渐渐扩大。"9·11"事件发生后，康妮及同伴反核、反战、要和平的诉求更是呼应了美国国内反战浪潮，白宫旁"反战守夜人"小帐篷的镜头屡屡在《华氏9·11》中出现并受到国际媒体的关注。

自2003年以来，笔者曾多次在白宫旁与康妮交谈。身材瘦小的她在饱经风吹雨打后面色变得紫红、粗糙，口中牙齿几尽脱落，头上戴着假发。她的身边有一个分门别类、覆盖各个语种的资料箱。"你来自中国吗？"在得到了肯定答复后，她举起了用中文写有"世界和平"的标语牌。她说，她为自己的行动牺牲了许多，经受了许多磨难，但这一切都是值得的。

望着眼前这位瘦小的女性，再回头望一眼不远处的白宫，总感到一种反讽的意味。尤其是近8年来，入主白宫者虽然曾获诺贝尔和平奖，也曾倡议召开核安全峰会，主张"无核世界"；但实际上，在经历了伊拉克、阿富汗两场战争后，美国并非不再动武，只不过方式更加隐蔽。无人机和特种部队的运用更加频繁，核武库的存货则更为高、精、尖。康妮所呼吁的"无核世界"与白宫所谈论的"无核世界"完全是两回事。至近者至远。这位白宫最近的邻居注定不会成为前者的座上宾。

多少年来，世界和平一直是人类社会的理想。康妮是一位理想主义者。人们尽可以对她的诉求方式乃至整个人生进行各种各样的解读，但她对世界和平的呼唤终究泛着良知的光泽。

康妮走了，留给世界一只和平鸽。

（2016年02月02日）

欧洲史与抑郁症

丁　刚

美国朋友奥斯丁家的桌上，放着一本厚厚的《欧洲史》。这是美国大学文史类学科的选读书，也是美国高中开设的大学预修课程欧洲史科目的辅助教材。

美国大学预修课程是在高中阶段开设的具有大学水平的课程，共有22个门类、37个学科。高中生如果选修其中的一些课程并通过考试，分数会成为大学录取的重要参考，入学后还可抵扣大学的学分。目前，美国大学预修课程考试已在全球80多个国家和地区开设。

奥斯丁的孩子15岁，刚刚进入美国一所公立高中就读，桌上的这本142页的《欧洲史》就是她选修的欧洲史课程需要阅读的书籍之一。

美国高中每年有4个学期，欧洲史科目全程长达3个学期，每周5天、每天两节课。其间老师会推荐和指导学生阅读10多本历史专著和经典。这些书不一定要学生全部通读一遍，但有些章节需要精读，还要根据老师的要求写读书笔记或读后感。

欧洲史这门课不仅仅是历史事件的串联，而且是着重于围绕事件来讲述西方人文思想的演进。因此，这门课也被美国学界视为基础中的基础。

但是，对于早已习惯各种电子设备不离手的美国学生来说，这门课的内容离现实生活实在是太远，是一门异常"艰深"的课程。在美国一些高中，选修这门课程的学生不断减少，尤其是那些准备攻读理工科的学生，更是觉得这门课没有实用性。

　　朋友告诉笔者，她的女儿之所以选择这门课，是因为她已经上大学的哥哥再三强调这门课的重要性，并且用"挑战"这个词来形容这门课程的难度。而另一位美国朋友则直接告诉笔者，她一直认为她的孩子后来之所以会患上抑郁症，就是与高中时期选读了这门课程有关。把欧洲史课程形容为"挑战"，甚至视为导致抑郁症的原因，足以显示出学好这门课的难度之大。

　　美国中学的历史教育近年来一直是民众关心的话题。有个别州因为缺少教师和经费，取消了早期美国史的课程，还招致一些美国学者的批评。著名历史学家弗格森曾警告说，从1963年斯坦福大学开始，不断有知名大学停止为在校生开设经典的"西方文明"类历史课程。他将此视为一个事关西方文明能否延续的大问题。

　　一个比较普遍的看法是，新一代美国人生活在由社交媒体构建的现实与虚拟交叉混合的世界之中，很多重要的历史事件和经典思想已经成为一个个孤立的"链接"，学生们通常在考试之后就会把这些"链接"完全交还给老师和课本。

　　历史从昨天而来，经过今天走向明天。美国专栏作家格布利在最新一期《周刊报道》杂志上写文章呼吁人们重视淡忘文化遗产所造成的后果，其中有这样一段意味深长的话：物质财富的积累和技术的成功使我们如此狂傲，以至于我们确信从那些没有iPad的前辈那里已经学不到什么了。可我们今天拥有的这些东西，其实不过是我们祖先思想的实践结果而已。

（2016年01月29日）

"铁锈地带"不该是工业的宿命

赵明昊

翻越破墙、篱笆和铁道，探秘长满野草的废旧工厂，置身其中感受独立于世外的孤独……这样的趣味，怕是很多人在成年之后再未享受过，而一些城市探险群体正乐此不疲地奔走于各地，一窥别样的历史。

诗意背后往往是骨感的现实，这些经历繁荣而后走向衰落的老工业基地，就像被废弃而锈蚀的机器设备一样，被称为"铁锈地带"。在世界范围内，典型的"铁锈地带"包括了美国中西部和东北部一些州，这些地方兴起于19世纪初的大规模城市化，在第二次工业革命时成为重要制造业带。上世纪七八十年代，受困于国内外同行业双重挤压和新技术产业的兴起，这些地方因大规模衰退而衍化为"铁锈地带"。而后，在转型的过程中，又经历了成功或失败。美国的成功例子有匹兹堡，失败的例子是底特律。

不久前，美联储前主席伯南克建议，中国可借鉴美国"铁锈地带"城市查塔努加或匹兹堡的成功经验，从自上而下的重工业增长模式转为自下而上的以服务业为中心的增长模式。

当然，尽管美国"铁锈地带"的复兴可以归功于成功转型，但未必就是通用经验。伯南克的建议其实有意忽视了美国在特定时期于世界经济格局中的地位。

面对传统产业衰退，"铁锈地带"城市成功转型大多依靠引入先进技术，紧密结合了自身要素禀赋结构的变化。美国历史学家戴维·兰德斯有过一个总结:"国家的进步和财富的增长,首先是体制和文化;其次是钱;但从头看起而且越看越明显的是,决定性因素是知识。"换句话说,"衰退"源于美国"铁锈地带"自身的"踏步不前",并非宣告了工业的"迟暮"。

实际上,"工业"的概念一直在不断延展,工业界本身也在不断发生变革,合理稳健的产业结构才是应对经济危机的良方。近年来,德国政府宣称将通过"工业4.0"战略来确保其未来工业生产基地的优势地位,这其中就包括了让工业、工业产品和服务的全面交叉渗透,不仅要通过互联网等新技术来改变生产方式和渠道,而且要追求高质量的工业产品本身。虽然美国在很多行业的理念、经验都值得世界学习,但就像很多德国人打趣道:"对真正的制造业来说,美国远远算不上领先。"美国也意识到了这一点——2014年美国通过的《复兴美国制造业创新法案》,即旨在重新夺回制造业的话语权。

人们越来越意识到,"铁锈地带"不该是工业发展的宿命。关键是,能不能在变革中真正实现转型升级,真正实现可持续发展。

(2016年01月12日)

经济透视

冻产协议能否"解冻"油价?

熊 园

石油输出国组织(欧佩克)11月30日在维也纳会议上达成了冻产协议,将产量每日减少120万桶至3250万桶/日,油价盘中顺势暴涨逾8%。冻产协议虽然有利于平衡供求,短期内将提振油价,但考虑到油价取决于多重因素,对油价后市走向不宜过分乐观。

商品是石油的基本属性,价格主要由供需决定。过去两年半以来,油价持续低迷,关键原因是产能过剩。一方面,全球经济长期复苏乏力导致原油需求不断下降;另一方面,2014年之前近5年时间,油价从每桶50美元狂飙至100美元上方,刺激了主要产油国大幅扩产。

由于俄罗斯等非欧佩克成员国也将参与此次冻产协议,全球原油供给无疑将得到实质性的限制,油价短期有望迎来一波上涨。但在供需之外,原油的金融属性、技术替代和政治博弈也是油价走势不容忽视的因素,从近年来看,这三个因素往往更能左右油价。

首先,自20世纪80年代原油期货出现后,原油被贴上了金融标签,油价开始受到国际资本和投机力量的频繁冲击。2014年中以来油价暴跌,导火索之一就是美国宣布退出量化宽松政策,美元此后一路走强。避险情绪下,美元资产配置需求加大,油价逐渐承压。今年10月以来,美元延续强势,一度探至13年来高点,市场也普遍认为美联储今年年底加息几成定局,且2017年还将再度加息。由此看来，油价又将受到拖累。

其次，以页岩油为代表的新兴能源的兴起，让原油市场不断受到来自技术层面的挑战。美国是原油消费大国，其巨大的进口规模一直是油价的有力支撑。然而，2009年美国页岩油商业化生产取得重大突破，美国原油进口规模不断减少，最高降幅接近50%。有测算表明，只有油价长期低于每桶50美元时，页岩油企业才会大规模停产。在此情形下，冻产之后油价一旦涨至50美元上方，无疑又将刺激页岩油企业的积极性。

最后，原油作为重要的战略储备资源，历来为各国所高度重视。回溯历史也不难窥见油价涨跌背后的政治因素，争夺石油份额更多体现的是地缘政治的考量。本次协议之所以一波三折，无非是欧佩克成员国、非欧佩克产油国、石油消费国和石油公司等各方力量在相互博弈、彼此制衡。利益驱使下，本次冻产协议存在随时被打破的可能性。

应该看到的是，尽管存在诸多制约油价上涨的不确定性因素，但本次冻产协议的达成，还是有望改变油价长期低迷的态势。有机构研究表明，冻产之后，国际原油市场最快从2017年下半年开始将供不应求。同时，今年三季度以来美国经济呈现企稳向好迹象，候任总统特朗普实施扩大基建"新政"的概率很大，原油需求可能得到极大提升。欧佩克今年11月最新发布的展望报告也显示，接下来几年全球原油需求有望逐步恢复。

油价过低使得主要产油国经济增长动能丧失，外汇储备急剧减少，加之强势美元使其本国汇率持续承受较大贬值压力。油价如果继续维持低位，主要产油国陷入危机将在所难免。从这个意义上说，冻产协议换来的绝非仅仅是推动油价上涨这么简单。

（2016年12月01日）

热炒概念只能造就科技泡沫

阚 雷

过去一年,传统行业增长乏力,虚拟现实(VR)、区块链、人工智能、大数据、云计算等高科技企业受到市场热捧,估值普遍出现爆炸式增长。越来越多的投资界人士发出警告,防范高科技泡沫破裂可能酿成的世界性灾难。

从一级市场看,以VR领域为例,2015年全球总投资超过23亿美元,平均每个项目获得融资930万美元,预计2020年全球VR领域投资规模将达到1200亿美元。从二级市场来看,VR概念相关的并购,让股价坐在了火山口。某些VR公司虽然亏损,但在二级市场的股价仍非常高。大量私募基金与上市公司联合,利用VR并购概念在二级市场炒作和套利,给股市造成了严重危害。

在投资市场火爆、估值不断推高的同时,这些高科技行业的实际经济效益却乏善可陈。衡量一个产业是否成熟的标准之一是出货量。尽管目前各大VR生产商对其实际销售量三缄其口,但市场估计2016年全球VR设备的出货量仅有几百万台,市场渗透率不足1%。客户端出货量这么少,做内容的企业根本无法生存,而没有好的内容又影响出货量,形成恶性循环。从今年下半年开始,VR投资趋冷,大量VR创业公司因为拿不到投资,又不能自我造血而面临死亡。事实上,其他一些高科技概念企业,如区块链、人工智能等,也更多强调趋势和方向,避而不谈当下的实际经济价值。

高科技市场的火热,从另一个侧面反映出传统行业的困难。大量资本找不到有经济效益的实际出路,只能追逐一些不切实际的热点概念。由于首次公开募股(IPO)和并购,加上风险投资和媒体的推波助澜,导致一些高科技概念股估值过高,进而产生泡沫。因此,目前资本狂欢的现象非常值得警惕,特别是很多毫无商业模式且持续亏损的公司估值过高,更是给资本市场带来很大的系统性风险。

科技的力量体现于应用,科技应用在于夯实制造业的基础,而热炒概念无异于在纸上画大饼。德国西门子公司在创业早期就发明了电动汽车,但随着后来成本低廉且能源获得更便利的燃油汽车的发明,西门子公司放弃了电动汽车的研发,专注于电气自动化领域的发展,成就了170多年的辉煌。这辆100多年前的电动汽车至今还在德国的西门子博物馆中展出,警示着高科技与经济价值之间的关系。

技术不能超前于商业价值而独立存在,商业价值更不能脱离经济实体而存在。高科技如果脱离了市场需求,就会成为叫好不叫卖的"黑科技"。诸如虚拟现实、人工智能等新生事物,是人类智慧的结晶,但需要我们以理性的眼光和正确的市场导向引导其产业化,切莫让热钱炒作出的泡沫淹没了智慧的光芒。

(2016年11月29日)

科技公司如何永葆活力？

史蒂夫·布兰克

创新型首席执行官（CEO）常常被身为执行者的副手所取代。如果他们继承了高效的商业模式，通常会让公司的盈利保持数年时间。然而，随着市场、商业模式、技术的改变，这些执行型 CEO 往往无法有效应对这些改变。结果便是，公司被其创新型人才所抛弃，日渐式微。

微软以软件界领军人物的角色迈进 21 世纪。比尔·盖茨在执掌微软 25 年后将大权交给了史蒂夫·鲍尔默。鲍尔默在任期间，微软的财报可圈可点：销售额增长了 3 倍，利润也翻了一番多。然而，微软却错过了 21 世纪最重要的技术发展趋势：搜索、智能手机操作系统、云技术等。20 世纪，95% 的电脑操作系统属于微软；而进入 21 世纪，全球生产了 20 亿台智能手机，微软的份额仅占 1%。这些损失并非无关紧要，搜索、移动、云，这些关键词正是目前消费者所趋向的。

这并不是因为微软没有这些方面的优秀工程师，而是公司将重点放在了执行当前的优势上——Windows 和 Office 系统。一些没有直接与其联系的项目得不到重视，也得不到资源。

可见，有远见的 CEO 不只是一个成功商业模式的运营者，而且是一个创新者。好的 CEO 懂得如何在市场变化之前进行改变；更好的 CEO 为市场带来变化——他们懂得如何发掘新市场，先于众人看到机会，他们是真正的实业家。

一个实例就是史蒂夫·乔布斯,他将苹果从一个电脑公司打造成了一家最能盈利的企业。从2001年到2008年,乔布斯3次改造公司,推出了iPod和iTunes、苹果手机、苹果商店,每一次转型都让收入和利润跨上新台阶。这不仅是产品的更新换代,更是彻底的商业模式的转变。

然而,今天的苹果正在重演着微软的剧情。苹果改进了用户界面,让苹果手机成为主导,但是谷歌和亚马逊则认为下一轮产品的浪潮将围绕人工智能服务——由智能机器来操作软硬件,通过识别用户语音进行交流,其中大多数将会成为一种家居设备,而不是仅仅存在于手机里。把手机当作与人工智能交流的平台似乎已经没有什么胜算了。

历史经验证明,若想在快速变化的市场中长远生存下去,光有执行力是不够的。随着公司的壮大,它往往会沦为追求利益最大化和短期投资回报的工具,无意承担风险。大公司及其董事会活在失去既得利益(客户、市场份额、营业额、利润)的恐惧中。在稳定的市场中,这样或许可以生存,但在如今的环境下,很少有公司还能坚持下去。

一个公司在成立伊始,会将挑战和创新作为目标,因为它没有什么可失去的,摆在面前的是无限的可能性。相反,一个大公司会抵触风险,更倾向于执行一个可重复的、循序渐进的商业模式,尽量保持短期的所得利益,公司存在的价值变成了保持股价。然而,具有讽刺意味的是,今天,你把手中的产品和市场握得越紧,往往越容易失去。

(作者为斯坦福大学咨询副教授)

(2016年11月22日)

"苹果"税务风波背后的角力

胡天龙

美国苹果公司与欧盟的税务纠葛并没有结束。今年8月底,欧盟委员会做出爱尔兰政府应向苹果公司征收高达130亿欧元的补缴税金及利息的裁决。然而不久前,又传出苹果将价值90亿美元的资产由卢森堡转移至爱尔兰的消息。苹果"顶风作案",似乎并没把欧盟的处罚放在眼里。深析此次税务风波的来龙去脉,其中的角力别有深意。

苹果公司所实施的"双层爱尔兰夹荷兰三明治"税收筹划,属于跨国公司经常使用的一种创新避税手段。苹果公司通过利用其子公司的独立法人地位和注册地国内税法的漏洞,构建复杂的公司架构,使得其全球范围尤其欧盟的税负大为降低。同时,由于苹果公司将其海外所得始终保持离岸资金形式而没有选择汇回美国,根据美国的海外所得延迟纳税制度(海外所得在汇回美国后才征缴所得税),苹果公司在美国极大地延后了纳税时间,实际上达到了无需缴税的状态。这一手段在本质上与传统的避税手段并无不同,即利用各国国内税法差别和国际税收协定的比较,在所得来源地国和居民身份国均不缴税,进而降低跨国公司整体税负。从现行法律层面来讲,苹果公司在爱尔兰采取的创新避税手段是合法的,至少从法理上可以辩立其合法性,因此未受到各国国内税法或国际税收协定的制裁。

也正因如此,针对欧盟的罚单,美国政府和苹果公司都认为是可以进行抗辩的，坚持主张苹果公司是进行了合法的税收筹划。究其原因，合法的税务筹划与非法的避税行为之间界限经常很模糊，而苹果公司的架构在表面上符合法律的要求。

对于欧盟委员会实施裁定的做法，美国白宫和财政部均提出了批评和反对，这并非出于完全支持苹果公司的避税安排，而是出于其控制税收利益的考量。早在2013年5月，美国参议院发布的一份长达40页的备忘录，谴责苹果公司规避其在2009年至2012年间的440亿美元海外收入的应缴税负。如果苹果公司在欧盟缴纳税款，为避免双重征税，当其所得汇回到美国后，已经在欧盟缴纳过税款的部分将在美国获取一定的税收优惠。如果苹果公司在本案中可以对欧盟进行有效抗辩，免缴罚款，那么美国便可以就苹果公司海外所得征税。

在欧盟对苹果"出手"后，美国也就德意志银行在2008年金融危机前的违规金融活动开出了140亿美元的罚单。这一方面是延续了美国对金融危机前后有不当行为的金融机构进行高额处罚的做法，另一方面也增加了其与欧盟争夺苹果公司税收利益的筹码。美国和欧盟之间的对抗性处罚不仅会对两大经济体吸引投资、保持就业和工作岗位的稳定等带来伤害，还可能对欧盟和美国之间的经贸合作和政治互信带来负面影响。

（2016年10月25日）

里约奥运的"经济遗产"

马尔克斯·利马

这个 8 月,里约奥运会给人印象深刻。虽然不少媒体都指出了里约作为主办城市的一系列问题:从比赛场地瓜纳巴拉湾的水质污染,到安全问题以及可能出现的恐怖袭击,还有寨卡病毒的威胁。但是奥运会还是顺利举行,绝大多数游客表示"还想再来"。

巴西当前面临着历史上最严重的经济不景气问题,国内生产总值去年下降了 3.8%,今年预计还会下降 3.3%。去年官方的通胀指数达到了 10.7%,远超过预期目标的 6.5%。但是,根据瓦加斯基金会的调查,由于进口的减少和最近几个月巴西雷亚尔的贬值,巴西正在逐渐恢复贸易顺差。巴西 2017 年的国内生产总值增长率预期在 0.5% 到 2% 之间。

为举办奥运,里约通过了一系列重要的城市改革方案,包括基础设施建设项目以及城市空间复苏工程。为了满足这样一个大型赛事活动的举办标准,各级政府都投入了大量财力。里约市政府投入了 60 亿美元,其中 80% 来自公私合作机制。州政府投入了 31 亿美元,联邦政府投入了近 10 亿美元。超过 3/4 的公共支出被用来建设"遗产工程",主要是基础设施以及奥运会之后还会继续使用的体育设施,比如将在奥运会之后对公众开放的德奥德罗的泳池,以及会改造成学校的场馆。

根据里约市政府的数据,奥运会期间游客在里约市的消费额约为 12.8 亿美元。相较于政府为奥运会的投资而言，这个数据是苍白无力的。但笔者认为评价奥运遗产的公式必然是超越直接经济收益的，最重要的一部分就是围绕盛会大规模进行的交通、文化和休闲娱乐等基础设施的建设，里约赢得了一个全新的面貌。

基础设施建设的完善必然会对贸易和服务业产生正面影响。例如交通方面的改善将提高物流的效率，并且很可能降低企业在里约热内卢大都市区的投资成本。更重要的是，通过展示组织和举办奥运会这样大型赛事的能力，里约获得了国际层面的认可，让这座城市重新吸引外国投资。

里约热内卢市是奥运会的最大受益者。根据市政府的统计，里约共接待了117万游客，其中41万来自国外。外国游客的日均消费为132美元，巴西游客为100美元。在游客最多的市南区，酒吧和餐厅的客流量增加了70%。在奥运会举办的3周里，酒店入住率平均达到了95%。8月22日是奥运会结束后的第一天，也是绝大多数代表团选择的回程日期，这一天里约国际机场创纪录地接待了8.5万名乘客，是日常客流量的两倍以上。

这一盛会为巴西带来了五洲四海的游客，并将本国的文化和生活方式展示给了全世界。从这方面来看，里约奥运会是成功的：越来越多的国际媒体在报道中给予了里约更多积极的评价。根据市政府的调查，98%的游客都为里约酒店业"点赞"。里约通过奥运会提升了旅游产业的专业性和国际竞争力。从国家角度而言，里约张开双臂拥抱游客的"正能量"会延伸至整个国家，这在经济下行、但中短期内有所回暖的大背景下尤为重要。

（作者为巴西瓦加斯基金会教授）

（2016年09月01日）

日本经济，有刺激却欠改革

张玉来

8月2日，安倍政府公布了28.1万亿日元（约合2730亿美元）的经济刺激计划细节。其中财政措施规模为13.5万亿日元，包括应对熊本地震和2011年东北地区灾害的救灾措施、改善人口结构、基础设施建设，以及应对英国脱欧风险、帮助中小企业等方面。表面看，此次经济刺激计划规模非常可观——是1992年以来的第三大规模，但其资金来源并不确定。由中央与地方政府财政出资的比例仅占1/4，超过一半的资金来自融资或民间资本。

日本曾经提出拉动内需"四大支柱"：推动实现"一亿总活跃社会"目标（指的是让日本1亿多人口都能在家庭、社会、职场发挥作用，创造人生价值），推进基础设施建设，扶植中小企业，强化防灾应对措施。此次经济刺激举措其实仍然没有跳出这个圈子，其背后真正原因在于安倍经济改革已陷入困境。

首先，日银主导的金融宽松政策正逐渐失效，政策空间触顶。2013年开始的无限度、无限期的"异次元宽松"曾带来日元贬值、股价上涨的政策效果，出口制造业、旅游业均享受红利，但未能广泛惠及地方与中小企业。如今，世界经济减速、英国脱欧更是令日元再次回到升值通道。更甚者，日银国债持有余额已突破350万亿日元，占总量的四成以上，明年将达到极限。而国民偏好现金以及存贷利率低，又严重制约着负利率的政策空间。日银追加上市投资信托购买量倍增至6万亿日元就是明证。

其次,社会保障改革迟滞不前、财政一体化改革甚至倒退。与1990年相比,今年日本社会保障费用增长了3倍,成为其财政预算增长的主因。不断加剧的老龄化将令现有社保体系崩溃,这就是日本1/5人口将达70岁以上的"2025年问题",未来可能直接导致个人消费持续低迷。面对如此严峻形势,参院选举前夕消费增税计划竟再度被延期,2012年达成的三党共识也随之瓦解,财政危机日趋严重。

最后是少子老龄化对策缺乏力度。虽然女性及65岁以上老年人占全部就业比例已超一半,但并不能阻止劳动力不断减少的趋势,日本劳动人口比2010年减少近300万,成为其潜在经济增长率徘徊在0%左右的要因。尽管"新三支箭"提出综合生育率1.8、看护者离职率为零的宏伟目标,但各种陈规老矩阻碍着劳动市场改革,如正式与非正式之间的工资差距、外国人就业、所得税和社会保险领域的收入壁垒(年收入少于103万日元者可免缴税,年收入少于130万日元、配偶加入养老保险者可免缴保险费,这种制度实际上成了非正式工低收入的温床)等等。

不久前,三菱东京日联放弃国债标售交易资质已为日本经济改革敲响警钟。日银大量购入不仅令国债丧失了自身金融功能,其负利率政策更是激励政府大量举债,致使结构改革迟缓,也使之更倾向轻视财政纪律。此次大规模经济刺激无疑将继续推高国债余额,这种国家信用被严重透支背后将隐藏巨大金融危机。

(2016年08月03日)

为何重提金本位

宋 科

近日,美联储前主席格林斯潘在接受彭博社采访时提出,为了应对可能出现的恶性通货膨胀,建议重归金本位。金本位距今已百年有余,之所以屡被提及,其根本原因还在于信用货币时代对于黄金本位所特有的那种长期稳定机制的呼唤。

如果从价格稳定的角度来衡量,金本位发挥过历史性作用。在该体系下,由于存在长期稳定的均衡机制和对称的国际收支调节机制,价格波动能够自动纠正和调节,通货膨胀和通货紧缩按照系统性规则运动。但是,随之而来的百余年间,受制于金矿发现和冶炼技术等因素,有限的黄金产量无法满足日益增长的全球经济贸易需求,货币供给量与经济贸易规模之间的矛盾难以有效调节。黄金与货币之间的联系也因此而不断弱化,长期价格稳定机制遭到破坏。

从金本位、金汇兑本位,到黄金与美元双本位的布雷顿森林体系,再到上世纪70年代后期确立的牙买加体系,国际货币体系最终实现了由实物货币向信用货币、由有锚货币向无锚货币、由固定汇率向浮动汇率的转变,黄金也就此彻底脱离与货币的联系。不难看出,黄金非货币化是一个自然演进的历史过程。即便是金本位的"坚定支持者",格林斯潘此次重提金本位,本质上也不会是简单的重归金本位,他想要表达的或许是对当前信用货币体系下主要国家不受纪律约束的货币超发的疑虑和寻求构建一种类似于黄金本位制下的长期稳定机制的诉求。

现行的牙买加体系具有多元化的国际储备资产，多样化的汇率安排，多种形式的国际收支调节手段及各国相对灵活的国内宏观政策选择，属于半市场、半协商的制度安排。当各国政策目标发生冲突时，可以通过国际协调和政策配合来解决。但是，由于主要货币国家大多看重实现国内政策目标而忽视作为世界货币所应承担的责任，导致该体系的国际政策协调非常困难，长期稳定机制难以建立。特别是危机以来，欧美发达国家货币当局为促进本国经济发展，纷纷开动印钞机，加码量化宽松，导致全球范围内的债务率和杠杆率高企、跨境资本流动失序、汇率波动幅度加大、通胀预期迅速攀升等问题不断出现。加上近来频发的暴恐事件、种族冲突、地缘政治等问题，全球经济长期处于一种低位动荡、复苏乏力的极不稳定状态当中。

当前，尽管客观上黄金非货币化进程无法逆转，黄金不太可能再次承担货币职能，但它所特有的内在稳定属性和长期投资价值，却在经济动荡时期得以进一步凸显。比如，受英国退欧公投的影响，近期全球金融市场大幅波动，而黄金与美元、日元等避险资产价格却逆势上扬。公投结果公布当日，黄金价格大涨4.43%，最高达每盎司1362.6美元，创15个月来新高，今年以来的涨幅已经超过25%。可以预计，受当前恐慌和避险情绪蔓延的影响，黄金价格还将会进一步提升。

（2016年08月02日）

如何看待西方反全球化现象

陈凤英

近期,西方国家有些不太平:美国有"特朗普现象",英国为"脱欧"而争斗,德国反对跨大西洋贸易和投资伙伴关系协定(TTIP),美国两党候选人对跨太平洋伙伴关系协定(TPP)说不……种种现象中,不时卷起对经济全球化的负面情绪和言论。

问题的根子还是国际金融危机导致的经济衰退。华尔街金融风暴已过去8年,但发达国家经济依然复苏缓慢。债台高筑与失业率高企,使中产和贫民阶层的生活持续恶化,社会两极分化日趋严重。诺贝尔经济学奖得主施蒂格利茨曾撰文批评美国社会阶层的严重分化现象,认为"1%的人拥有,1%的人治理,1%的人享受",这与林肯总统提出的"民有、民治、民享"概念完全不同。经济上的挫败使中产阶层,尤其是年轻人和穷人缺少了机会和希望;经济不振则导致贸易壁垒升级,资产保护、反外资、反移民等现象迭出;而政治右倾又使得民粹主义、反移民、种族主义等大行其道。结果,反全球化成为对现实不满的发泄,也成为在野政治家手中一张反政府王牌。

历史上,全球每次大的危机后,往往伴随着民粹主义等极端行为。如上世纪30年代"大萧条"后,出现了意、德、西独裁政府;上世纪70年代的石油危机后,英国进行了第一次"脱欧"公投。今天,相似的一幕若隐若现。

需要指出的是,今天的经济全球化毕竟不是西方化,也不是可有可无的选项，它是世界经济增长的重要引擎，各国社会进步的推动因素。过去20余年中，经济全球化使全球南北差距渐趋缩小，贫困人口大幅减少。根据联合国统计数据，全球极端贫困人口从1990年的19亿降至2015年的8.36亿，超过预期减半的目标。而且，这些成绩大多是在2000年后取得的。如果全世界的中低收入阶层在全球化下过得更好，可以说经济全球化整体上是有益的。

事实上，反全球化是全球化的伴生物，迫使人们对经济全球化的无序发展进行反思。无论发达国家还是发展中国家，政府还是企业，都应记取教训，在未来的经济全球化发展中遵循共建、共商、共享原则，重心需从制度安排转向和谐发展，探寻出一种可持续的发展模式，重新赋予经济全球化生命与活力。

（2016年06月22日）

页岩油气，低谷还是低估？

冯 明

最新报道称，目前美国已有 59 家油气公司申请债权人保护，申请破产规模接近了互联网泡沫时期。如何看待北美页岩油产能，成为石油价格未来走势的争论焦点之一。有观点认为，持续的低油价已经挫败了新兴油气企业产能，油价会继续上升；也有观点认为，页岩油供给并未受到根本影响，因而油价会再次转跌。

事实上，2014 年 6 月以来国际油价的变动变得更加复杂：既有周期性因素的影响，又受结构性因素的制约，同时还处于主要经济体货币政策不协调的复杂背景之下。换言之，页岩油气革命是这轮油价下跌的原因之一，但不是唯一原因，在某些特定时间段甚至不是主要原因。过去 4 个月，油价的上升主要是由美元币值相对变化加之衍生品市场的投机性操作引起的。美联储议息会议的声明明显偏向鸽派，石油期货和期权市场多头头寸增至历史高位。因此，很难说油价回升是因页岩油减产或其他石油市场因素造成的。

不过，这并不意味着我们可以忽略页岩油气革命对国际石油市场微观结构带来的重要改变，这些改变未来将从根本上影响国际石油的定价机制。

首先，相对于传统油田，页岩油气的投资生产周期缩短、单口钻井产量规模降低，会带来供给弹性的变大，企业能更灵活地对需求变动做出反应，更快地调整产量。在其他条件不变的情况下，这一因素会降低石油市场的价格波动。

其次，在应对油价下跌时，传统石油生产企业的做法通常是利用雄厚的资金"硬扛"，打持久战。相比之下，新兴的页岩油气企业尽管规模和资金上远逊于传统巨头，但其更灵活，这是尾大难掉的传统石油巨头难以做到的。

事实上，上述特征在本轮油价变动过程中已经初显端倪。随着油价在2015年持续处于低位，美国页岩油企业的投资和生产出现了明显下滑。但只要油价适度回调，这些公司很快就能重新启动生产，新的投资也会以较快的速度跟进。

从短期来看，影响国际油价的最重要因素仍是美联储的货币政策倾向以及美元汇率的走向。世界经济增长动力依然疲弱，石油需求很难有太大的调整。从供给端来看，伊朗在开足马力增加石油产量，沙特、俄罗斯等传统产油国明争暗斗抢夺市场份额。这些因素决定了国际油价并不具备持续上升的基础。当然，继续下跌的可能性也不大。

页岩油气革命的影响更多地体现在中长期。据调查，油价暴跌已经造成全球石油勘探水平降至60多年来的新低，不少全球油企的高科技项目被撤，导致油市需求端将更依赖于陆上油田，比如美国的页岩油。在市场竞争的压力下，页岩油气企业也在改进技术，提升效率和削减成本。尽管短期内产量和投资会因油价处于低位而受限，但页岩油气企业潜在生产能力在不断增强，随着时间的推移，其对国际石油市场的边际影响不可忽视。

（2016年05月13日）

回归简约之美

张 杰 强 薇

德国的红点设计大奖与德国 iF 设计奖、美国工业设计优秀奖并称为世界三大设计奖。今年红点大奖的产品设计类最杰出奖,被授予了一家"名不见经传"的荷兰童车公司格林童。这家公司的童车号称 100% 绿色,童车框架完全采用可回收塑料。它的获奖,不仅是评委会对设计的肯定,更是对其理念的认可。

格林童的童车价格并不贵,一般家庭完全可以承担得起。不过,如果你认为用旧塑料造出来的童车成本会比较低,那你就错了。据透露,用可回收塑料的生产成本是使用全新材料的一倍甚至数倍。问题的关键在于,这家企业是如何在兼顾社会责任、获得设计大奖的同时,又成功地保证了盈利呢?其中的窍门很简单:简约。

格林童的生产者坚信,简约才是最好的、最节省成本的。一般童车的生产需要数十种原材料,300 至 400 个零部件,繁琐的工艺设计使得材料成本和时间成本越来越高。一名熟练的装配工人组装一辆多功能的豪华童车需要几个小时,虽然通过流水作业能提高效率,但建设流水线的成本最后也需要计入价格,最后由消费者埋单。

格林童仅用了两种原材料——可回收的 PET 塑料和聚丙烯材料,零件数量也只有一般童车的 1/10。并且,所有的童车框架都可以同该公司的座椅适配,统一的设计风格、高度一致且型号单一的配件产品,保证了产品的规模优势。因为零件数量少,一名熟练工人仅需 2 至 3 分钟就可以完成一辆童车的框架装配工作。在荷兰的总公司里,两名员工纯手工组装就可以满足目前全欧洲的需求。

随着经济的发展,人们的物质生活不断丰富,消费结构也不断升级,从购买必需品到购买奢侈品,甚至颇有"不求最好,但求最贵"的劲头。这种消费理念对自然资源和社会资源其实都是一种浪费。与此同时,一种倡导回归自然、崇尚简约的消费理念也在悄悄兴起。简约的要义在于摒弃繁琐,重视功能,现在已经有越来越多的产品设计,秉持着那句著名的简约主义格言"少即是多",给人带来了耳目一新的感觉。

简约不仅适用于设计,也同样适用于生产环节。简约的设计带来的是简化的生产和组装程序,进而节省流转和储存成本。从供应链管理角度看,产品设计简化之后,计划、执行、采购、物流等环节的管理也会随之简化;从销售环节看,产品线越短,销量的预测和计划就越容易。无数商业事实表明,供应商及其订单履约过程越简单,就越灵活高效,企业也更具竞争力。

苹果的首席设计师乔纳森·艾维是简约主义的崇尚者。他说:"简约主义并不是简单了事。简约主义的要求必须渗透到整个产品的生产过程中去。"从设计到生产,从销售到消费,简约主义蕴含了许多"经济正能量","简约之美"贯穿了产品从孕育到诞生的全过程。总之一句话:简约不简单。

(2016 年 05 月 09 日)

美联储进退维谷

朱利安·阿卡林　扬·日林斯基

尽管世界经济的两大引擎——美国和中国的经济增长较为稳定，但今年头几个月，全球经济仍被波动的市场情绪和低迷的经济表现所主导，一些主要股票市场和大宗商品价格大幅震荡。面对复杂的环境，美联储面临两难境地：是按照去年12月宣布的路径逐步提高利率，还是等待更长时间？从日前公布的3月货币政策会议纪要来看，美联储内部并没有达成共识。

近年来，经济学家们一直讨论的一个问题是，源于西方经济体的国际金融危机所带来的大衰退，是否会留下一个"永久的伤疤"。全球经济是在逐步恢复活力，还是世界已经发生"根本改变"？正如企业管理者进行新投资时需要慎重一样，当经济情况不确定时，央行也需要谨慎行事。

对美联储来说，现在已是千钧一发的时刻。由于美联储主要考虑其国内情况，有几点因素支持加息：一季度劳动力市场数据比预期要好，特别是创造就业方面；通胀率虽然仍在2%的目标以下，但1月份上升到了1.25%；美联储对今年经济增长的预测维持在2.2%左右，接近其潜在增长率。然而，对经济复苏力度的怀疑，以及对外部因素负面影响的担忧也存在。国外需求低迷，加上2014年年中以来美元对其他货币升值，降低了美国出口商品的价格竞争力，导致美国出口在今年头两个月出现下滑。

如果美联储提高利率，在欧洲和日本都维持甚至扩大宽松货币政策的背景下，美元可能进一步升值。提高利率也是美国经济状况持续改善的信号，有可能导致新兴市场资金更多流向美国，增加全球金融市场的不稳定性。当然，美联储也可以选择保持耐心、维持利率不变。不过，这会招致人为抬高资产价格的批评。此外，许多人会将美联储对加息的犹豫解读为"事情比看上去要糟糕"。

政策变化的后果尚未可知，但全球经济显然有几个不太平的地方，使美国经济存在下行风险。这包括难民危机、恐怖袭击和即将举行的英国全民公投等因素对欧洲经济的影响，日本经济持续停滞不前，委内瑞拉等石油出口国因油价大幅下跌造成的财政收入和经济增长压力等。

美联储下一步的决定备受关注。我们今天看到的发达经济体经济周期的分化是罕见的，同时，经济的不确定性日益与地缘政治风险交织在一起。需要提醒的是，过去30年，美联储经历了4次加息周期。除了上世纪90年代中期，紧随其它加息周期之后，都发生了股票市场下跌和美国经济衰退。即便是唯一例外的1994年加息周期，一些新兴市场此后也出现了金融危机。这一次会有什么不同吗？

美联储不断强调，将以非常缓慢和渐进的方式扭转其宽松的货币政策。尽管这种方法可能不会影响目前美国的经济扩张，但政策制订者们必须防范和应对接下来可能出现的经济衰退。

（作者为美国彼得森国际经济研究所研究分析师）

（2016年04月22日）

经济困境缘于治理不当

丁 刚

巴西经济一蹶不振。从 2014 年开始，这个南美最大的经济体就加速下滑，如今依然看不见底。国际货币基金组织的预测显示，今年巴西经济将萎缩 3.5%。巴西央行近日预测经济将衰退 3.77%。与此同时，巴西通胀高企，今年仍将维持 7.14% 的高位。巴西正遭遇 10 多年来最糟糕的增长停滞与高通胀的双重打击。

一个曾被视为耀眼新星的金砖国家，为何会出现断崖式下跌？回答这一问题，不仅要看经济，也要看政局。巴西的经济问题同时也是治理问题。

目前，巴西经济仍在隧道深处，看不到尽头的亮光，这与经济结构调整的前景渺茫有关，更与政府陷入困境、政局动荡相关。外资撤出、内资观望、出口疲软、货币贬值……这些问题不是没有相应的对策，而是政府无力推行。政局不稳、利益集团角力，这是巴西经济目前面临的最大难题。去年，巴西时任财长莱维试图提高税收并削减政府开支，遭到执政党和在野党的双重夹击，上任不到一年就被迫辞职。莱维在辞职时留下一句话："不改即亡。"事情到了生死存亡的地步，足见难度有多大。

回过头来看，巴西经济走到今天这个地步，也与这个国家的治理相关。过去 10 多年里，巴西经济一度处于上升通道。借助于全球大宗商品价格上扬，巴西经济从 2004 年开始稳定加速，2013 年国内生产总值总量从全球第八升至第七。靠底层选票走上政治舞台的巴西劳工党，其间不断加大扶贫减贫力度，4000 万穷人进入中产行列，巴西由此成为全球减贫新星，多次受到联合国赞扬。

穷人脱贫是好事。但巴西穷人脱贫主要靠的是社会救助，劳动力素质和企业竞争力并没有提升。大批脱贫者进入服务行业，尤其是家政业，加重了中产的付出和社会福利的负担。与此同时，制造业持续萎缩。劳工党政府稳住了票仓，却错过了改革调整的最佳时机。在全球经济减速、大宗商品价格急剧下跌后，巴西经济遭受重创。

即便是在面临危机的关头，若政府能采取及时有力而明确的调整措施，还是可以赢得市场信心的。但多党激烈竞争的制度，导致劳工党政府心有余而力不足，政局持续动荡。

巴西经济柳暗花明无疑需要全球经济好转的支撑，但作为一个大经济体，其本身所具有的能量，也不可能一下子就被经济下滑耗尽。巴西地大物博，矿山、能源、农业、畜牧业依然具有得天独厚的优势，在这一基础上发展起来的肉禽、食品加工和化工产业，仍保持相当强的国际竞争力。金融、电信、电力、飞机制造等行业亦有发展潜力。如果下一步能加大对基建和物流的投入，也有利于经济的回升。

巴西经济走出低谷，短期要看巴西政局能否尽快走向稳定，中长期要看能否通过强有力的改革逐步提升劳动生产率和产业竞争力。后者不完全是一个政局问题，更多的是一个文化问题。

（2016 年 04 月 20 日）

沙特加快经济转型的启示

岳麓士

沙特日前宣布，20年后，沙特将不再主要依赖石油。如果这一愿景成为现实，沙特将彻底改变自上世纪30年代第一口油井喷出原油以来的经济面貌。

沙特经济和发展委员会目前正在制订"沙特阿拉伯王国愿景"。该愿景包括"国家转型计划"等文件，不久将公之于世。"国家转型计划"的核心内容包括：沙特将创立2万亿美元的世界最大主权财富基金。该基金将纳入沙特最有价值的资产，包括国家石油公司——沙特阿美公司；出售沙特阿美公司股票，并将这个"石油巨头"转型成为工业集团。此外，沙特还准备调整补贴，对能源、软饮料以及奢侈品征收增值税等，在2020年前增收1000亿美元以上。

"国家转型计划"不仅是沙特提振经济的重要举措，也是沙特为应对"后石油时代"挑战而作出的明智决策。所谓"后石油时代"，是指新能源、可再生能源快速成长和发展时期，也是石油替代产品的培育、成长和发育时期。

沙特是世界首屈一指的石油出口国，也是石油输出国组织（欧佩克）的发起者与重要成员，其石油储量和产量均居世界前列。石油收入占国家财政收入的70%以上，占国内生产总值的42%。20世纪70年代，石油工业繁荣，油价飙升，随着石油美元源源不断地流入，沙特财力日渐雄厚，并一度有"超级金融大国"之称。与此同时，石油收入的急剧增长，又促进了沙特石油生产能力的扩大。1980年，沙特日产原油达到990万桶的水平。凭借石油，沙特从一个落后的"骆驼加帐篷"农牧国，发展成为一个"喷气机加计算机"的石油富国。

然而，好似花无百日红，随着近年大宗商品步入下行周期，油价持续下跌，布伦特原油价格从2014年年中的115美元/桶下跌至2016年1月的不到30美元/桶。油价暴跌后持续低位徘徊，让沙特经济"很受伤"：石油收入缩水，外汇储备减少，财政赤字攀升，国家经济呈徘徊和衰退态势。2015年，沙特外汇储备与2014年相比减少15.8%，财政赤字高达980亿美元。

严酷的现实让沙特清醒地认识到，石油生产国并不具有控制油价的主动权，单纯依赖石油也无法抵御世界经济波动带来的巨大风险。与其为"冻结"产量或核减份额等问题争吵不休，还不如起而行动，根据国情适度调整原油产量和出口，着力推进非石油经济的发展。

事实上，沙特政府近年来已经开始着手调整经济结构，一方面降低对石油产业的依赖，一方面重视发展农业，鼓励自由经济和自由竞争，支持私人及合资企业经营发展项目，以实现经济多元化。昔日沙特依赖石油的单一经济结构已经有所改观。

目前，全球大约有12个国家收入的第一来源是石油。沙特的"国家转型计划"，彰显了沙特经济转型的坚定决心，具有启示意义。

（2016年04月12日）

负利率暴露"货币万能主义"短板

向松祚

当前,全球货币金融市场出现了一个前所未有的现象:很多发达国家都启动或考虑启动负利率政策。除日本外,欧洲央行 2014 年 6 月已将隔夜存款利率从零降至 -0.1%,并进一步下调至 -0.3%。瑞士、丹麦、瑞典的名义利率也在零以下。美联储主席耶伦最近暗示,如果美国经济复苏低于预期或出现逆转,不排除实行负利率政策的可能性。

低利率和负利率的流行充分说明,国际金融市场的风险偏好已经极度保守,投资者已极度厌恶和担忧风险,全球货币金融和整体经济的不确定性急剧上升,国际经济体系已整体陷入流动性"陷阱"。换句话说,无论利率水平多么低,人们对未来的投资都没有信心,只好持有流动性最高的资产(现金和高信用级别的资产,如国债)。这是一种非常令人担忧的状况,意味着名义利率越低,投资和消费反而越少。流动性资产越受欢迎,经济活动就越萎靡。

当经济体系陷入通缩、实际利率为正、投资和消费萎靡不振时,那么,几乎所有人都会"理性地"选择到银行存钱,甚至将钱藏到保险箱或床底,因为存款或手持现金的真实收益,反而高于一切投资的真实收益。

与实际利率一样,投资的真实收益等于名义收益率减去通胀率。当通胀率为负时,即使名义收益率为零,真实收益率亦为正。每个人都这样做,整个经济体系就会陷入流动性"陷阱"。在这个体系中,流动性非常充裕,可人们就是不愿意消费和投资。央行为了阻止通缩恶化，就不断地降低名义利率，直至名义利率降无可降（降到零或名义负利率）。

这正是今天所有发达经济体和部分新兴市场经济体面临的困境。尽管这么多国家的利率都降低到历史最低水平或为负利率，但通货收缩（通货紧缩的前期）、投资萎靡、消费疲软、出口下降、增长弱化，仍然成为全球经济的现状。负利率政策预示着全球经济可能已经陷入长期衰退或低增长。目前最乐观的估计，2016年全球真实GDP增速将低于3.5%，全球贸易增速将低于3%。新兴市场经济体增长将继续普遍放缓，发达经济体复苏缓慢。

负利率政策的普遍实施，说明一些国家的宏观经济政策尤其是货币政策，对于刺激实体经济增长可能基本失效，也说明"货币万能主义"的政策思维已经破产。唯有回到真正的经济基本面，矢志推进结构改革，激发创新活力，全球经济才有望真正走出衰退，实现强劲复苏。

具体而言，各国应该加强宏观政策协调，稳定汇率和金融市场，避免竞争性贬值引发金融市场危机；遏制投资保护主义和贸易保护主义，以稳定全球贸易和投资增长；增加基础设施投资，改善贫穷落后地区的贸易和投资环境；激发民间企业的投资活力，提升低收入群体的消费能力。

（2016年03月21日）

证券交易所为何频频联姻

陆 婷

3月16日，伦敦证券交易所正式发布声明，表示已就业务合并事宜与德意志交易所达成最终协议，双方同意进行全股票对等合并，交易将于2016年末或2017年第一季度完成。届时，全球四大交易所巨头也将出笼，它们分别是美国洲际交易所（ICE）和芝加哥商品交易所（CME），欧洲伦交所—德交所及亚洲的香港交易所。

过去几年间，国际证券交易所密集整合，在全球范围内不断掀起合并热潮，对国际资本市场产生深远影响。跨国资本的流动与再配置是推动证券交易所行业整合的动力之一。

国际金融危机爆发后，欧美等发达国家的大批企业陷入财务困境，导致各行业都不同程度地存在整合要求，跨国并购与重组的数量及金额直线上升，国际资本流动和再配置速度明显加快，所涉及的领域和地区也日益扩大。为适应这一趋势，证券交易所有必要不断延伸自身的业务触角，以迎合全球化资本配置的需求。

通过跨国合并的方式，证券交易所能够打破区域限制，有效降低不同法律管辖范围内资本流动的成本，使其旗下的上市公司能以较低成本与其他法律管辖范围内的上市公司进行资本和资源的协同，这极大地增强了证券交易所服务国际资本的能力。

行业整合同时也是证券交易所应对电子交易平台挤压的一种选择。随着信息革命浪潮的到来，电子交易模式凭借其在数据管理和成本控制等方面的显著优势，发展势头迅猛，电子交易平台逐步成为企业和投资者的新宠。由于交易所的盈利主要取决于交易市场的活跃度，市场越活跃，交易量越大，盈利就越多。因此，电子交易平台在挤压传统交易所市场份额的同时，也严重侵蚀了传统交易所的盈利空间。作为应对，不少传统交易所选择与电子交易模式主导的交易所合并，以增加市场买卖效率，改善盈利前景。此前美国洲际交易所集团对纽约泛欧交易所集团的并购，就是这类交易的典型代表。

此外，证券交易所合并也有助于改善业务组合，在金融市场变革所带来的机遇中拔得头筹，夺取市场话语权。在合并热潮兴起之前，不少交易所的业务项目都较为单一，或专注于股票业务，或专注于利率、债券、指数等金融衍生产品，还有一些则主要关注大宗商品交易。通过兼并和收购，证券交易所能在保持服务水准的同时，有效提升交易品种和服务的综合性和多样性，扩大自身对市场的控制力。

总体而言，打造多元化、跨市场的交易所运营商正逐步成为证券交易所行业的新趋势，合并后的证券交易所在获得时域轮动和跨法域优势之余，还能促进资本更快地在全球范围内流动，丰富和深化国际资本市场结构。当然，这种行业整合也可能为全球金融体系稳定带来一定风险，例如出现类似银行体系的"大而不能倒"现象以及监管套利等，各国金融监管机构对此需密切关注。

（2016年03月18日）

算一算英国"退欧"经济账

魏 亮

近来,英国"退欧"的气氛再度紧张起来。"退欧"公投定于今年夏季举行,欧盟则做出姿态意欲挽留。加入欧盟40多年来,英国疑欧、脱欧的情愫一直存在,原因包括政治、社会、经济、国际关系等多元因素。要分析英国"脱欧"的综合成本是困难的,仅仅算算英国与欧盟"分手"的经济账,便足以令人明白其成本之巨。挂一漏万地说,英国"退欧"至少要付出四方面成本。

一是沉淀成本,也就是说英国一旦退欧,有些钱从此就"打水漂"了。这包括但不限于自从英国加入欧共体(及之后的欧盟)以来,向这个集体缴纳或者转移支付的资金,参与或影响欧盟制度设计所动用的资源,为辐射整个欧盟而建成的经济金融制度及附设基础设施,为履行欧盟规定的责任和义务所承担的经济损失等。其中,仅英国向欧盟提供的财政预算这一项,每年就达80亿英镑(1英镑约合9.1元人民币)。

二是菜单成本,就如同餐馆换了招牌,菜单也要跟着换一样。不同的是英国"退欧"的成本显然更加巨大和复杂。除了与欧盟相关的所有法律和文件需要重写、重审甚至修法、立法,涉及欧盟的相关国际条约也会作废。这意味着,英国不但可能需要与欧盟重新进行经贸谈判,还需要与超过60个与欧盟签署经贸协定的国家重新谈判。

三是"签证"成本。英国金融服务业资讯机构曾估算,目前,英国外汇交易至少占欧盟的 70%，占全球欧元交易的 40%，管理着 85% 的欧盟对冲基金资产、40% 以上的欧洲私募股权基金，以及占欧盟半壁江山的养老金资产等。其中金融服务贸易顺差有近 40% 来自欧盟国家。同时，这几年，近半数赴英投资的企业都看重在英资本可直通欧洲大陆的优势。如果英国脱欧，每笔资金进入欧盟都需"签证"，这增加了交易成本。目前，在英外资企业和大部分英国本土企业坚决反对英国"退欧"，汇丰扬言把总部搬出英国，高盛则撒钱支持"英国留在欧盟"的倡议活动。

　　四是复原成本。俗话说，病来如山倒，病去如抽丝。在世界经济深度复杂调整的当口，英国"退欧"有可能导致国际金融市场震荡。伦敦作为主要金融中心，英镑作为重要的国际货币必然受重创。据估计，最严重的情境是英镑兑主要货币贬值 20%，英国股市表现也将落后全球主要股指 20%。不少研究机构都将英国"退欧"的分析研判窗口期设定为 2016—2030 年。换言之，"退欧"对英国的经济影响将持续约 15 年。照其预测，最坏情境下，英国 GDP 将被累计拉低 14 个百分点。

　　英国"退欧"的经济成本其实并不止于此，或许这也是 40 多年英国屡次"退欧"未果的原因之一。同样，英国"退欧"，欧盟付出的经济代价也不会小。因此，综合看来，英国和欧盟还是需要找一个共赢之道。

（2016 年 03 月 16 日）

德银，欧洲银行业艰难重组的缩影

陈 新

近日欧美股市大幅波动，令国际银行业备受压力，其中最为触动市场敏感神经的，要数今年以来德国最大的商业银行德意志银行因亏损导致的股价一路下滑。德银股价暴跌，引发欧洲银行股集体沦陷。截至2月12日交易结束，德银年内跌幅达32%，涵盖47家欧洲银行的欧洲Stoxx 600银行股指年内下跌24.6%。德银现象验证了欧洲银行业所患的"体虚肥胖症"，同时也显示出欧洲建设银行业联盟的必要性。

2016年1月1日，欧盟《银行复苏与清算指令》正式生效。与此同时，欧洲单一清算委员会也获得完全的清算权利。这意味着欧洲单一清算机制进入完全实施阶段，欧洲银行业联盟迈出了里程碑的一步。为了达到更高的监管要求，欧洲商业银行开始瘦身、剥离不良资产、调整资本结构，这一进程导致欧洲许多大型商业银行出现账面巨额亏损，并引发股价暴跌。短短1个半月，欧洲主要商业银行股价普遍下跌20%—40%。其中，瑞银、法国农业信贷、巴克莱、德银等年内跌幅均超过25%。而自2015年至今，苏格兰皇家银行、德银、瑞信、渣打等银行的股价跌幅均接近或超过40%。面对欧洲银行股的集体跳水，欧元集团主席戴塞尔布卢姆认为，原因在于欧元区现在执行的银行业法规更严格，投资者对银行的态度比以前苛刻得多。他同时表示，不会因此而放松对银行业的监管。

引发股价暴跌的另一个因素是市场对流动性的担忧。国际金融危机以来，金融监管部门比较青睐一种风险级别较高的"应急可转债"（又称Coco债），认为这种债券有助于银行获得融资，有利于金融市场的稳定。当银行资本充足率低于最低值要求时，应急可转债可以被强制性地转化为普通股或债券本金减记，在一定程度上吸收损失。但它的问题在于，当隐含在这些债券中的可承兑性风险大大增加时，资产的风险就会被放大。1月28日，当德银宣布2015年第四季度继续亏损21亿欧元、2015年亏损68亿欧元时，巨额亏损引发了投资者对德银和市场流动性的担忧。从这个层面上说，金融产品的创新是把双刃剑，把握不当便会引火烧身。

目前，欧洲经济正处于缓慢复苏的进程中。根据欧盟委员会本月初发布的预测报告，欧洲经济复苏已经进入第四年。该报告认为，欧盟28个成员国的平均增长率保持1.9%不变，2017年将提高至2%。欧洲温和增长的前景给欧洲银行业的重组带来了希望。美国的经验表明，在国际金融危机后迅速重组的大部分美国银行，目前增长势头均比较强劲。德银现象表明，欧洲的银行业可以将银行业联盟建设的压力转化为动力，通过加快重组来获得新的活力。不然，欧洲银行业目前面对的困局，很可能是一种危机的先兆。

（2016年02月17日）

裁员潮中的危与机

范剑青

巴西劳工部最近公布的统计数据显示，2015年巴西共减少了154万个就业岗位，其中制造业裁员61万，建筑业裁员41万。里约热内卢著名的马拉卡纳体育场，将是今年夏季奥运会的主要场馆，由于主管方经费紧张，在临近奥运会只有半年的时候，裁掉了3/4的员工。

巴西当前的困境，是部分新兴市场国家受经济寒潮冲击的典型。但在这波裁员潮中，发达国家也未能例外。从银行业到能源巨头和科技大佬，很多跨国公司都面临同样的困扰。

去年10月，德意志银行宣布将关闭在南美、北欧的一些分支机构，裁减9000个全职工作岗位和6000个合同工岗位；渣打银行也宣布计划裁员1.5万人，占员工总数的17%……据路透社报道，欧洲十大银行自去年6月以来累计宣布裁员13万人。

随着能源价格进入冰冻期，持续下跌的油价不仅让俄罗斯、委内瑞拉等产油国吃尽了苦头，也连带着令美国许多油企陷入经营困境，裁员成了自保的不二选择。2015年，美国能源行业共裁员9.4万人，是上一年的7倍。就连引领世界科技潮流的科技大佬们也未能幸免：惠普公司裁掉了10%的员工，微软宣布裁员7800人，IBM虽没有公布确切的裁员数据，但去年收缩人工开支高达6亿美元……

说到这波裁员潮的起因，不同的行业可能还要区别对待。就能源和矿业而言，相当程度上得归咎于周期性的因素。本世纪最初10年，大宗商品价格持续上涨，大量资本涌入能源和矿业部门，带来了产业和就业的繁荣。可眼下，由于需求不足和产能过剩，导致企业亏损严重，特别是前几年高歌猛进的页岩油行业，在目前的油价环境下，生存都很艰难。据统计，2015年美国共有42家石油钻井公司申请破产，"皮之不存，毛将焉附？"

科技公司裁员的原因可能更复杂一些，其中既有企业赢利增长乏力的原因，也有主动向新领域转型的战略考量因素。比如IBM一方面裁减人工，一方面大规模招聘新人，新聘任的职位主要集中在云计算、信息安全和移动技术等方面。微软的裁员也主要是压缩两年多前刚收购的诺基亚手机业务。分析人士认为，IBM等科技公司事实上是借裁员之机整合业务，将眼光投向更有发展前景和具备高赢利前景的领域，从而实现战略转型。

在世界经济复苏乏力的大环境下，能源、矿业或钢铁制造等周期性行业，还需要经历一个痛苦的削减产能和裁员过程，一旦实现需求和产能的平衡，新的就业机会又将到来。由于科技变革而失去的就业岗位，则需要从新兴的产业中得到弥补。这波来势汹汹的裁员潮，其实也意味着新机遇。

经济发展的道路，从来都不是平直的，其中既会有周期性的波动，也会有结构性的转型。越是愁云惨淡的时候，越需要拨云见日的能力和信心。或许，春天就在拐角处。

（2016年02月04日）

硅谷人瞄上"新硬件"

姜奇平

在美国,"新硬件"这一概念眼下正在悄然兴起。在加州硅谷的奇点大学,每个周末都会举行小型的创业者与投资方交流活动,场地分里外间。外间是新硬件的展示,如无人驾驶飞机、3D打印机等;里间是会场,学生等创业者讲述他们的奇思妙想。当地居民像挑白菜一样选项目,经过提问认为有发展前景的,当场就拍板投资。因此,学生进门前可能是"穷光蛋",出门就可能变成大富翁。

"新硬件"现象目前在美国西海岸较为普遍,在东海岸的麻省理工学院的媒体实验室等地也常见。所谓"新硬件",并非传统意义上的主板、显示器等硬件,而是一种产业形态,主要以软件技术、互联网和大数据为基础,以极客和创客等草根创业者为参与主体,在风险投资支持下,利用3D打印、DIY等形式,创造高附加值的"新硬件"。"新硬件"的兴起,从另一个侧面表明,风险投资已经不局限于纳斯达克,而成了民众至少是硅谷居民日常生活的一部分。

通过上述方式融资,"新硬件"获得了发展的必要资金支持,显露出了创新和创业的活力,美国人称其为"新工业革命"。不过,"新硬件"是否匹配"新工业革命"的美誉,进而引领一个时代的发展,现在还不能下这样的结论。

事实上,美国在高科技与制造业结合方面有三种不同的趋势。最早是政府提出的"再工业化",主要以增加就业为目的。由于制造业的回归没能给美国带来就业的明显增加,导致政界与坚持自动化的产业界意见分歧,这一趋势在

2012年受挫后式微。随后在2013年登场的就是"新硬件"趋势，它代表硅谷和高科技人士"侵入"制造业的意向，主要以克里斯·安德森的《创客：新工业革命》为代表。这两种趋势其实都主张高科技制造，"新硬件"对"再工业化"的主要修正在于以高就业替代自动化，同时引入硅谷的风险投资。尽管"新硬件"趋势风生水起，其影响已经不止于美国，但在美国本土，工业界开始聚集在"工业互联网"的旗下，成为目前的主流趋势，反映出产业界与新技术结合的意向。企业家们希望工业互联网到2030年能实现15万亿美元的经济价值。

工业互联网作为美国的主流趋势，在三个方面不同于"新硬件"：一是与硅谷技术决定经济的思路相反，工业互联网更倾向经济决定技术；二是更多强调产业投资而不是风险投资；三是与"新硬件"强调创造新价值相比，更强调削减成本，提高效率。

客观地说，"新硬件"尚不太可能产生全球性影响，这主要是各国比较优势不同。目前，美国在原创性信息技术方面难以被超越和取代，而德国的创新重点则是在工业技术上。此外，美国有风险投资体制等制度保证，例如纳斯达克的退市制度等。从这个角度看，要想复制美国的"新硬件"，还需要配有相应的"环境硬件"。

（2016年01月26日）

应对气候挑战也需要融资工具

中尾武彦

气候变化是当今时代的重要挑战。我们需要资金来缓解其带来的影响。

2015年9月,世界各国领导人在纽约共同达成2030年可持续发展议程,其中相当多的目标都涉及气候变化。事实上,针对全球气候变化采取的行动是实现其他发展目标的基础,这些目标包括消除贫困、水安全、粮食安全以及实现经济可持续增长。

亚洲开发银行(简称亚行)2015年9月宣布,亚行的年度气候融资至2020年将增加一倍,达到60亿美元,约占全部融资的30%。这一承诺反映出在亚太地区应对气候变化的重要性,这里的人民遭受着海平面上升、冰川融化、旱涝和热带风暴等极端天气带来的损失。它体现了亚行的战略重点,也反映出亚行因高效利用其资产负债表而使整体融资能力提高了50%。

亚太地区温室气体排放量占全球总量的37%。如果不积极干预,这一比例将持续上升。干预措施包括向太阳能、风能和地热能等更清洁的技术转型,向可持续交通和更智能、更绿色的城市转型。

在印度尼西亚,由亚行资助的地热发电项目改善了能源安全,并为下一代地热发电厂描绘了蓝图。马尔代夫192座人居岛屿中,有160座修建了新型混合太阳能系统,以帮助减少温室气体排放、降低电费并改善能源安全。

然而,仅凭融资并不足以应对气候变化的巨大挑战。我们还必须把提升融资能力与发展智能技术、增强合作伙伴关系和深化知识结合起来。由于发展中国家公共预算有限，因此，强大的合作伙伴关系对于成功应对气候变化不可或缺。

私营部门能为抵御气候变化的全球行动提供资金、技术及专长。但是，由于相关技术被认为存在风险，企业有时不愿参与，妥善的风险共担能吸引私营部门的资金。公共部门和私营部门合作是吸引私营部门参与气候项目的途径之一。政府可以通过提供股权投资或担保、承担扶持角色将其变为现实。

应对气候变化的全球行动能否成功，取决于能否获得气候相关知识和信息。这就要求扩大融资机构与知识机构的合作。我们需要发起更多类似"亚洲气候基金"的举措。这项基金资本达4亿美元，是针对有利于环境保护、应对气候变化的公司和交易进行私募股权投资的合资企业，投资方向包括可再生能源、清洁技术、自然资源效率、水务等领域。

近来发起的促进复原能力发展的气候服务可以成为未来的合作模式。在该模式下，政府与亚行等多边开发银行、慈善机构及私营公司合作，开发新的工具、服务和策略，提高发展中国家的气候复原力。美国国家航空航天局、斯科尔应对全球威胁基金会等机构的参与，赋予了这种多元化合作伙伴关系更广泛的专业知识。

我们有创造力，也有金融工具来抵御气候变化。凭借适宜的技术、合作伙伴关系和知识，我们就能趁时间犹在，取得实实在在的进步。

（作者为亚洲开发银行行长）

（2016年01月04日）

科技大观

未来服装"智能"无限

黄培昭

千百年来,服装的功能和价值无外乎实用性和美观性两大范畴。然而,科技的日新月异将赋予服装更多属性。在不久的将来,你打开衣柜,里面有可以播放音乐的外套、可以测量脉搏和血压的运动衣、带有保暖功能的袜子,甚至有一双可以识别你情绪的手套。这并不是天方夜谭,"智能服装"已经开始走进我们的生活。

在车水马龙的街道上,边骑车边使用手机是极其危险的事,那么就请穿上一件智能夹克吧。骑行者不用掏出手机,只需轻轻触碰一下夹克的袖口,或按压、摩擦夹克的纤维表面,便可接听电话、获取导航信息、欣赏音乐。据说,除了适合骑行者,这款智能夹克还能被用于不同的职业领域,比如保安、窗户清洁员、驾驶员等等。而且,它离我们并不遥远,明年春季就会公开出售。

智能夹克的生产商之一李维斯表示,夹克这种可穿戴设备不应该有丑陋的电线,装有多点触控传感器的袖口区域"轻薄、柔韧和富有弹性",与正常的衣服没有明显区别,而且还可以洗,"洗衣的时候,你只用把那一部分取掉就可以了"。"那一部分"指的是一个可移动的电子标签,它连接了LED元件、触觉元件、电池及传感器,可以随时拆卸并给其电池充电。

无独有偶。耐克公司正在研发一款能够自动系鞋带的运动鞋。其大致原理和步骤是:在这种鞋子两侧鞋带孔处安装一排小型马达,马达和鞋底的传感器一起，通过电池来供电。传感器记录鞋主人的体重、脚位和身体重心等关键数据，然后，根据传感器发回的数据，马达就会"像钓鱼竿的绕线轴一样将鞋带绕紧，从而达到自动系鞋带的效果"。有业内专家指出，根据耐克的这一思路，还可以拓展开发产品的范围和品类。从理论上讲，只要能把传感器、电池和动力装置做得恰如其分，便能成功地应用在衣服上，让服装产生意想不到的功能效果。

当"智能"遇上"服装"，会摩擦出各种各样的火花。英国媒体还报道说，科学家正在进一步加强高科技服装的研究，使未来的服装兼具多重功能。例如，可为手机等设备提供电力的"充电衣"、可以实时记录主人运动数据并给出反馈和指导的智能紧身衣、可根据用户意愿改变衣服明亮对比度的"变光装"、只要穿在身上就能知道自己身材尺码和胖瘦几许的"测体装"、能够实时监测婴儿呼吸、心跳、体温、姿势和活动状况的"智能婴儿连体衣"，以及可形成折射投影从而使人与周围景物完全融为一体的"量子隐形衣"等，不一而足……科学家们预测，未来的服装，甚至可以拥有与主人的喜怒哀乐以及周遭环境相互动的一些特殊功能。

人工智能、大数据和云计算等深度融合，是未来一个时期信息科技发展的重要趋势，它们之间进行的信息交换与共享将会使智能服装拥有强大的技术依托和数据支撑。而衍生于其间的新科技将会为智能服装的突飞猛进带来巨大的动力。不夸张地说，现代的信息化技术已辐射到传统的服装业，其未来演变的节奏和多样化增量将超出人们的想象。

（2016年08月04日）

二氧化碳或许堪为工业原料

冯雪珺

在工业生产、汽车行驶乃至日常生活中,都会产生大量二氧化碳。据不完全统计,每年都会有数十亿吨二氧化碳气体排入大气层中。毫无疑问,这些二氧化碳会对地球环境造成不良影响。作为造成地球温室效应的"主犯",二氧化碳近年来的形象并不讨喜。

不过,二氧化碳真的只会带来麻烦吗?不要忘了碳酸饮料、泡沫灭火器和"降温神器"干冰,更不要忘了植物生长过程中至关重要的光合作用。植物在阳光的照射下,利用光合色素,将二氧化碳和水转化为氧气和碳水化合物——前者提供了生物界赖以生存的基础,后者则直接为植物生长提供了能量源和"建材"。

碳是化学工业的重要元素,大量化工产品的主要成分是碳。那么,可否像植物一样,将二氧化碳作为"碳源",生产出塑化"建材"? 1969年,一位日本科学家第一次提出将二氧化碳作为"梦想原料"的设想——将二氧化碳转变为二氧化碳基聚合物,用以生产塑料。之所以称之为"梦想原料",不仅因为二氧化碳低廉的成本和充沛的储量,还因为这可以大大减少塑料工业中对石油等化石原料的依赖,从而扩大基础化工业的原材料范围,开辟新的可持续发展途径。

但是,处在燃烧链条最后环节的二氧化碳,其化学性质非常稳定,一般条件下很难分解。加上自身含能很少，必须在高性能催化剂的推动下，才能实现二氧化碳的转化。40多年来，寻找合适的催化剂一直是难点。

不久前，德国高级聚合物和高性能塑料生产商科思创公司宣布，成功找出"超级催化剂"，可将二氧化碳转化为供工业生产用的碳源，全世界第一家使用二氧化碳生产泡沫塑料的工厂也在德国多马根正式投产。科思创首席执行官帕特里克·托马斯表示，在生产过程中，二氧化碳所占原料比例高达20%。这项新技术可使二氧化碳与生产传统泡沫塑料的原料发生聚合反应，在改良产品性能的同时，将二氧化碳引入"工业原料圈"。

塑料工业中，聚氨酯泡沫塑料由于具有一定弹性，被广泛用作防震包装材料、吸音材料和吸水材料等。聚氨酯的主要成分为多元醇和异氰酸酯。在"超级催化剂"的作用下，二氧化碳可打开化学键成为二氧化碳基，"嵌入"多元醇，聚合为聚碳酸酯多元醇，最终与异氰酸酯生成聚醚碳酸酯型聚氨酯。以聚醚碳酸酯型聚氨酯为成分的泡沫塑料，在力学性能、耐水解性、耐热性、耐氧化性、耐磨性上，都比传统的聚氨酯材料高出一筹。

以往泡沫塑料的生产完全以石油为原料，有了这项新技术，二氧化碳可代替1/4的石油用量。加上催化剂在生产过程中不会消减，生产设备也是一次投入长期使用，二氧化碳可从诸如火力发电厂等上游企业廉价获得。从长远来看，将二氧化碳作为工业原料，不仅比传统技术更环保，还具有不可小觑的商业竞争力。科思创计划每年生产5000吨聚醚碳酸酯型聚氨酯泡沫塑料。下一步，他们正尝试将技术扩大到整个塑料工业，顺着这一发展方向，塑料工业未来有望完全摆脱对石油的依赖。

（2016年08月01日）

黑客的克星或叫"白客"

宋豪新

当今时代,互联网已与地球上超过 30 亿人的生活息息相关。而对于绝大多数普通网民来说,网络安全仍然显得极为神秘。2013 年,"棱镜门"事件曝光,"网络战"一词浮出水面,各国政府对信息安全的关注度上升到前所未有的高度。信息安全也逐渐由一个看似遥远的命题,成为众多网友密切关注的热点。

如同现实生活中破门而入的小偷,利用技术漏洞或植入木马病毒,在网络世界里远程潜入电脑、窃取他人信息或进行攻击的人是谓黑客。相对应的,在网络世界里抗击黑客,保护用户信息安全的专业人员,则被称为"白客"。虽然黑客与"白客"在同一技术平台交锋,但只有"白客"能够在诱惑面前转身,"白客"通过发现问题、修复漏洞来帮助厂商或用户保护信息和财产安全。

信息安全领域的技术对抗性非常强,攻防交锋,胜负往往只在分秒之间,造成的损失影响却极为惊人而深远。2013 年,韩国三家电视媒体和两家银行的计算机网络遭遇大规模网络攻击,4.8 万台电脑和服务器出现故障,经济损失惨重。2014 年,美国除了发生针对索尼影业的网络攻击外,还遭受了数起千万级的数据泄露事件,经济损失无法估量。能否保障网络安全,已成为事关国家经济社会有序运转的重要前提。

有鉴于此,许多国家开始着手招揽"白客"人才,与黑客对战。据日本媒体报道,日本政府将创建名为"产业网络安全推进机构"的组织,从民间选拔高水平"白客",建立人才培养机制,逐步建成"白客"队伍,研究高水平网络防御政策。有分析认为,此举也是为了应对2020年东京奥运会期间可能出现的大规模网络攻击而提前布局。

"白客"不仅限于日本,韩国政府在培养"白客"方面更加积极。2013年,韩国知识经济部和信息技术研究院投资19亿韩元(约合164万美元),从200多名顶尖人才中选拔出6名高手,送到海外接受强化训练,并许以每人2000万韩元奖学金。这些"白客"毕业后,优先推荐到韩军网络司令部等机构工作。2014年9月,韩国政府举办了第一届"白客"大赛,把高水平的"白客"人才直接送入韩军网战队伍。韩国未来创造科学部对外宣布,2017年之前将培养出3000名"白客"。

高水平的"白客",眼下实在是一将难求。不过,利用"白客"反制黑客,已经成为很多国家的思路。随着互联网应用的不断普及,网络攻击已成为全球性问题,推进国际网络治理,除了需要制定规则,还需要真拿出技术。

(2016年06月28日)

仿生技术也能"赛"起来

颜 欢

四年一度的残疾人奥运会将于9月在巴西举行。人们总说，残奥会让人更了解"生命的意义"，每位运动员都在讲述一个励志故事，他们用一次次果敢的跳跃、激情的冲刺，把人类的进取精神定格为一个个具体而感人的画面。

如今，科技为他们打开了另一扇窗：人工智能、仿生学技术给残障人士带去了福音，像常人一样奔跑不再是梦想。瑞士国家竞赛研究中心决定于10月在苏黎世举办一场别开生面的"仿生学奥林匹克运动会（cybathlon）"，一方面评测科学技术能否真正有效地帮助残疾人完成日常任务，一方面进一步激发相关领域的科技创新力。

与传统的奥运会不同，这场盛会不但不限制使用科技装备，反而鼓励选手"开外挂"，采用义肢、外骨骼等任何能够增强其身体机能的辅助装备，而且无论是已经商品化的还是新研发的原型产品都可接受。大赛参照残奥会制定了6个以竞速为主的竞技项目，分别为动力轮椅赛，下肢、臂膀、外骨骼假肢赛，电刺激自行车赛和全身瘫痪人士的脑机接口比赛。

笔者在组委会发布的宣传视频中看到，虽然人机体育大赛的运动员在竞赛中可能无法达到残奥会上的极限速度，但他们依然要面临艰巨的挑战。比如在外骨骼设备赛中，脊柱受伤的选手们必须走斜坡，上楼梯，绕圆柱，跨跷跷板，弯腰捡袋子，绕过拐角，最后跑回终点；功能性电刺激自行车赛是为全身瘫痪运动员打造的人脑与计算机交互的比赛,在竞赛过程中,选手将用脑机接口靠"意念"控制计算机中的角色比赛速度,有网友评论这简直就是真人版的《刀剑神域》,使用者能连接虚拟世界,实现完全的虚拟实景!

传统的机械假肢使用起来非常困难,且只能做出非常简单的动作,而仿生假肢利用电子设备加强人造假肢的生物功能,截肢者可以通过自己的意志及肌肉控制仿生假肢的运动。2015年初,三位奥地利人通过手术用仿生义肢替换了受伤手臂,这套义肢可以与伤者的神经和肌肉连接,他们可以通过学习用神经传递的微弱信号来控制手臂和手掌。

研究人员表示,这些可以通过大脑控制的新型假肢,就像真实的人类肌肉一样,当你对其"发号施令",假肢相对应的"肌肉系统"会做出反应。而人工智能会自主"学习"每个佩戴者的神经反应,从而达到无缝衔接的效果。不仅如此,研究者们还在赋予假肢触感,将电极芯片与人体手臂上的两个主要神经系统相连,假肢上的电极会向佩戴者的大脑发送信号。

让残疾人也有机会拥抱体育梦想,甚至是与正常人竞技的梦想,这就是科技的力量。

(2016年05月12日)

虚拟现实技术，让人难分"虚"与"实"

欧　狄

"什么是'真实'？你如何定义'真实'？如果你认为你看到的、摸到的、感受到的一切就是'真实'，那么'真实'就不过是大脑给你的电子信号而已。"这是电影《黑客帝国》的主角墨菲斯所说的一段话。

在《黑客帝国》的世界里，人类通过脑机接口将自己的思想和意识上传到机器中，机器将模拟信号调制成神经信号传递给大脑，人类完全生活在虚拟的世界里。《黑客帝国》虽然只是科幻电影，但却为我们勾勒出了虚拟现实（VR）技术的未来发展。

简单来说，VR技术利用计算机模拟出一个三维虚拟空间，通过"欺骗"视觉、听觉、触觉等感官，让人感觉置身于另一个世界。早在1935年，小说家斯坦利·G·温鲍姆便在他的小说中描述了一款VR眼镜，该小说被认为是世界上最早提出VR概念的作品。此后的几十年里，包括计算机、摄影等领域的科学家通过各种方式试图造出一部VR眼镜，但由于技术和造价等原因，最终均以失败告终。

直到近几年，VR才重新有了复苏的迹象。进入2016年，随着Oculus Rift、HTC Vive和索尼的PS VR这"三大VR头戴显示器"的消费版产品全部亮相，VR热潮被重新点燃，再加上大大小小的VR企业和创业团队如雨后春笋般冒出来，因此2016被业界称为"VR元年"。

不难发现，技术不成熟导致用户体验差、设备价格门槛高，是 VR 此前难以普及的根本原因。而最近的 VR 浪潮为什么可以打得这么高？很大程度上要归功于移动技术的推动。电子元件微型化、芯片运算能力增强、显示技术进步、无线传输技术的发展，让虚拟现实无论在技术上还是体验上都日趋完善。

当前，移动互联网发展到了一个瓶颈期，供应链企业的创新动力已大不如前，电子产业链在移动设备后需要一个新的增长点。而虚拟现实在显示技术、传感器、网络传输等诸多方面都有比移动设备更强的需求。"本来这些供应链上的企业都没什么好提升了，现在需求哐哐哐都来了，整个产业链都开心。大家为了自己的利益，肯定会拼命推动虚拟现实的发展了。"一位 VR 从业者如是说。

人们对新技术和新体验的渴望又加速扩展了虚拟现实技术的应用场景。除了媒介和游戏，虚拟现实正在被应用到各行各业：虚拟看房、虚拟约会、虚拟旅行，甚至有艺术项目通过虚拟现实技术让参与者改变性别。

从这个角度来看，VR 技术的发展尽管目前还处于非常早期的阶段，但它正渗透到每一个行业，改变着人类生活和工作的方方面面。随着显示技术、计算机性能、人工智能、脑科学、传输技术、交互技术的进步，或许人类未来真的能完全生活在虚拟的世界中。到那个时候，所谓的"现实"——正如墨菲斯所说——不过是大脑给你的虚拟信号而已。

（2016 年 04 月 18 日）

人工智能的棋局刚开始

金大植

作为人工智能和深度学习的研究者,我十分关心此次李世石和"阿尔法狗"的对局。这次对弈令我十分惊讶:能够进行深层学习的人工神经网,不执着于多余和错误数据的算法三四年前才出现,现在就已经用于实践并击败了人脑。

自1956年人工智能(AI)一词首次出现以来,其研究的重点一直都在"符号"上。通过符号处理信息现已实现,但直到最近在"深度学习"上的突破,才使得人工智能理解信息成为可能。深度学习是机器学习研究中的一个新领域,是让机器模仿人脑机制来解释信息和数据。拜数学算法和信息处理技术的发展所赐,人工智能不断取得佳绩:2006年后人工智能的算法在数学上得到阐释;2012年深度学习正式启动;2013年,机器在人脸识别上超过人类;仅一年后,机器人在物体识别上也获胜。未来人工智能继续超越人类的可能性很高。

深度学习的不仅是"阿尔法狗",人也是。对于李世石唯一一局的胜利,我很好奇这是否是李世石向"阿尔法狗"学习的结果。这次人机对弈最初的主题是机器能否挑战人类,现在已经变成人类能否超越机器。但是,机器的深度学习归根究底还是在模仿人类,从这个意义来说,李世石是正品,而"阿尔法狗"是山寨版。

创意是以遗传结构为基础的,可以通过结合经验的学习实现创造。但创意活动难以通过语言和符号表现出来,是难以定量分析的能力。人工智能通过学习也可以获得这样的能力。人工智能将在类似的对决上取得压倒性的胜利,如同此次"阿尔法狗"取胜、成为"职业棋手"一样。未来很有可能出现"阿尔法律师""阿尔法教授""阿尔法记者"……人类虽然无法和机器竞争,但可以和机器结合,从而战胜单纯的机器。

在经历了蒸汽机、电气、信息时代之后,人类正在进入以"智能"为核心的第四次产业革命时代。但我认为,现阶段的人工智能不会取代人类。目前的人工智能是所谓的"弱人工智能",没有自律意识和自由意志的人工智能,仍然是人类的工具。未来人工智能也不会取代人类,但可以完成人类大部分的工作——无论是体力劳动还是脑力劳动。不过不用担心,蒸汽机时代时80%的职业现在都已经消失,但人类并没有灭亡。对于人工智能,重要的是人类如何利用它,通过它来建设社会。

美国未来学家雷蒙德·库兹韦尔曾提出技术奇点理论(物理上一个存在又不存在的点),但对于弱人工智能和强人工智能的界限(截然分开的还是连贯的)这一问题的认识仍存在分歧。一部分人文领域的意见认为,人性和自由意志是区别人工智能的关口,但我从事的脑科学则倾向于很难划分出明确的界限。即便是弱人工智能,已经可以极大地改变社会了。

人工智能这盘棋才刚刚开始布局。

(2016年03月17日)

说说彗星的那些事

许文韬

彗星，是个人们认识了很久，却依旧还摸不透的天体。彗星携带有机物，其中还包括人们非常熟悉的酒精和糖。法国巴黎天文台的最新研究发现，洛夫乔伊彗星拥有 21 种有机物，包括乙醇和乙醇醛（一种简单糖类）。这些发现为解开地球的生命起源带来新的线索。

《说文》曰："彗，埽竹也。"这非常形象生动地描绘了明亮的彗星与日月星辰迥然不同的外貌特征。彗星的形态会因时而变，或形如一把利剑，或如巨扇。这是因观测角度不同导致几何投影发生的变化，古人囿于学识常常因此对彗星产生许多困惑乃至恐惧，把彗星和战乱、洪水等天灾人祸联系起来。

迄今为止，没有人能够准确地说清楚彗星家族到底有多少成员。关于它的数量，有这样一个比喻：一个渔夫如果站在太阳表面向太空垂钓，一钓竿下去，准能"钓"起一颗彗星。

人类对于彗星的科学认识，经历了一个漫长的过程。1577 年，丹麦天文学家第谷·布拉赫发现，彗星是比月球还遥远许多的天体，而并非古希腊哲学家亚里士多德所说的"大气现象"。18 世纪，英国人爱德蒙·哈雷的发现，首次证实了彗星和行星一样，是围绕着太阳公转的天体。19 世纪，德国人威廉·贝塞尔提出，彗星之所以长着尾巴，是其表面有高度活性的物质被释放出来，然后在"风力"（实为光压力）的"吹拂"下形成了彗尾。20 世纪中叶，美国天文学家惠普尔提出了脏雪球模型,即彗星的彗核是水、冰和尘埃等活性物质和岩石结合而成,活性物质在太阳热量的作用下挥发,形成非常稀薄的大气,即彗发。这是目前为大家所广泛接受的彗星模型。

彗星和我们有什么关系呢?答案也许藏于生命之源——水之中。46亿年前,太阳系诞生于一大团尘埃气体云中。引力的束缚使得较大的尘埃不断聚拢堆积形成了行星,但还有不少不幸的碎片,因"发育不良"无法成长为行星。彗星属于"营养不良"者。在太阳系形成初期,碰撞是非常稀松平常的事儿,地球也无法幸免。多数科学家认为,如果没有外来的水源补充,地球上原有的水分早就被太阳的热量蒸发殆尽了。所以,可能因为大量彗星的撞击,地球上的水才能不断获得补充。

目前,我们所观测到的彗星都是来自外太阳系的。受引力的微扰之后,一些彗星变得不安分,偏离了原来的轨道向内太阳系进发。当它们离太阳足够近之后,表面的活性物质开始挥发,变得足够明亮从而被人们发现。这些原始彗星或因碰撞、解体而消亡,或因活性物质损耗完毕而成了小行星。

因为长期低温冷藏,加之彗星本身很小无法产生地质活动,彗星包含了许多太阳系最原始的信息。故而,若想知道太阳系的演化,尤其是那些或许和地球生命起源息息相关的资料,恐怕就得从彗星入手了。一言以蔽之,研究彗星或有助于回答千年来困扰人类的一大哲学问题——我们从哪里来?

(2016年02月24日)

打开宇宙时空弯曲的大门

朱宗宏　范锡龙

最近,引力波成为全球科技热词。自美国国家科学基金会与来自加州理工大学、麻省理工学院以及"激光干涉引力波天文台"(LIGO)合作组织2月12日宣布首次直接探测到引力波的消息以来,全世界特别是科学家们为之兴奋不已。英国物理学家、黑洞理论家斯蒂芬·霍金认为,引力波可以提供一种全新的方式来观测宇宙,而且可以彻底改变天文学。

LIGO的两台探测器相继测到,来自13亿光年之外的两个黑洞的绕转并合。这一重大发现,证实了爱因斯坦1915年广义相对论关于引力波的预言。100多年前,爱因斯坦革新了牛顿的引力理论和绝对时空观,创造性地提出了时间和空间互为一体、二者不可分割的理论。他认为引力的本质是时空几何在物质影响下的弯曲,引力波则是时空的扰动以波动形式的向外传播。

如果说机械波、电磁波都是在时空这个"舞台"上传播的,那么,引力波就像是"舞台"本身的波动。时空是一个"很硬"的结构,要想改变它非常困难。如果把时空比作一个弹簧,需要很大的能量才能将它压缩或拉伸一点点。如若想在地球上测量到引力波,需要把测量距离的精度提高到原子核大小的千分之一。如果把地球到太阳之间的距离当作探测器的长度,需要测量的距离变化也不过头发丝的十万分之一。

自1916年德国天文学家史瓦西发现广义相对论一个有趣的数学解之后,

黑洞便成为物理、数学、天文、计算机数值模拟等领域的热门课题。这次探测到的引力波信号来源于两个黑洞碰撞并合，并最终形成一个自转的黑洞。它不仅仅验证了广义相对论对于引力波的预言，也第一次直接证实了黑洞的真实存在。黑洞和双黑洞系统的证实，为天文学、宇宙学观测中的许多理论和现象提供了坚实的支持。

引力波探测除了可以回答人类关心的基本科学问题外，还可催生出一大批新的交叉学科研究领域，甚至新应用、新技术。例如，此次探测到的引力波信号类似于"啁啾"，这类"啁啾"同样会在雷达、声呐、激光脉冲和其他环境中出现，这些学科领域已经开始使用 LIGO 开发的数据处理程序。再例如，LIGO 的复杂光学系统处于 4 千米长的真空管中，这是地球上规模最大、最纯净的真空系统，需要攻克一系列工程和技术难题。同时，LIGO 的光学系统需要非常小的光路损耗，这一需求催生了测量光学损耗的技术。

类似应用的例子还有很多，如激光雷达、焊接、切割、钻孔等。LIGO 使用的石英玻璃纤维、四级摆悬挂系统、主动"测量—抵消"策略等，都是最先进的材料与技术的结合。总之，由引力波探测衍生的种种高新技术，未来都将得到越来越多的应用。

（2016 年 02 月 22 日）

若精准医疗到来

邓雨辰

希波克拉底写下的"医者救死扶伤"的誓言至今已有2400多年了。这期间,文明破土,人类开始温饱富足创造美。如是,各种问题也随之而来:有限的生命可否延长,身体的痛苦可否免除……每个时代对此都有不同的回答。从传统中医医学的望闻问切,到近现代解剖学和外科手术,再到现代医学的非介入诊断和分子制药,每一步,都书写着智慧与疾病的博弈,而发端于21世纪的精准医疗,也许可以让人类离这些梦想更近些。

精准医疗脱胎于"个人医疗"的概念——即针对一个人的或一个疾病症候群的诊断和治疗。尽管我们平日发烧感冒去医院打针吃药,也是针对"一个人"的治疗,但其方法却是普遍的:医生会给有同样症状的人开同一种药,做同一种手术,给予相同的建议。随着医学尤其是分子生物学的进步,人们逐渐发现,疾病的致病机理和诊疗方案应是因人而异的——同一种症状,病因可能不同;同一种病因,不同的治疗所产生的效果也可能不同。

例如,美国约有3万人患有囊肿性纤维化,它是一种遗传性的、可致患者酶环境紊乱、黏液失调,从而继发严重肺部感染的恶性疾病。患者的预期寿命通常只有40年。在精准医疗概念出现之前,通行的治疗方法是使用大剂量的广谱抗生素抑制症状。但这并不能从根本上稳定患者病情,还冒着摧毁患者免疫系统的巨大风险。那么,为何不从调整患者紊乱的酶环境这一根本入手呢?

原因是，这些酶是患者的病变基因所表达出的蛋白质，基因序列冗长而复杂，拥有相同症状的患者，可能在这一因果链条的任意环节出错，因此，治愈囊肿性纤维化，必须知晓每一个患者的具体基因病变、知晓其具体的蛋白质变异，并针对这种变异开发特定的药物——如此，便是"精准医疗"。

从上述案例不难看出，精准医疗是在分子层面治愈疑难疾病的，它只可能出现在基因组技术、分子生物学技术极大发展的今天。当然，必须看到，任何治疗手段，越精准，所适用的群体也就越小，平摊在每个患者身上的治疗成本也就越高。如一种名为 Kalydeco 的药，针对囊肿性纤维化中约 4% 的 G511D 型患者，有着近乎治愈的疗效，但成本极高，一个患者每年需为其支付 30 万美元的费用。一个能救命的药，若患者买不起，也就失去了它的意义。因此，精准医疗需要政府政策、慈善机构、国家财政等多方面的统筹和协调。

盼望有一天，我们从出生就被纳入精准医疗体系。在精确到个人的基因组数据中，每个人都知晓自己所要面临的疾病风险，根据准确的医学建议规避疾病风险，并在患有任何疾病时都得到有针对性的药物治疗，最大限度减少痛苦。这一切的到来，可能只需要时间，但愿是不长的时间。

（2016 年 01 月 29 日）

五洲茶亭

隐形的翻译家

莫　言

大家都说翻译文学是一件不容易的事，大家都说把中国文学翻译成外文是尤其不容易的事，但偏有这么多人用毕生或是大量的精力来干这件事，这让我肃然起敬。

我想，翻译文学所遇到的困难，看起来是来自语言，但其实是来自文化。语言层面的困难是技术问题，借助工具书一般都能解决，但隐藏在文字背后的文化问题，除了译者对被译文学的国家的历史、人民的生活有深入的了解和细致的体察，否则是无法把作家的本意传神地译过去的。因为有好多东西在字典上是查不到的。我们到国外去，或者到国内的少数民族地区去，看到他们的生活习惯中有一些让我们难以接受或不可思议之处，而这些，恰好是文学最希望或最经常表现的。只有实现了从难以接受到乐于接受、从不可思议到习以为常的转变，这才可能在翻译时把深层的意思也译过去。

文学是语言的艺术，翻译当然也是语言的艺术，在文字转换的过程中，如何把原作的语言风格转换过去，让异国的读者领略到原作的语言个性，这的确是个复杂的技术活儿。这就要求译者不仅是他要翻译的那种语言的专家，而也应该是他的母语的专家，这样才能使他的工作有丰饶的选择材料。我的老师徐怀中先生曾说过："从某种意义上说，语言是作家的内分泌。"这也就是说，作家的语言风格，是与作家的个性特征密切相关联的，翻译家要想在自己的母语中找到这种风格的对应,首先就要求他能够理解并把握作家的个性。

我一直认为翻译是创造性的工作,当然有人认为翻译应该忠实于原著,不应该有什么创造。我认为忠实于原著与创造性并不矛盾。假如一部作品有两种或者更多种同文的译文,而这些译文基本上都遵从了忠实于原著的原则,但有的译本好,有的译本差,那我认为,好的译本就是创造性的,不好的译本就没有创造性,甚至有破坏性。

我在阅读翻译成中文的某些外国文学时常常有这样的感受,即这个在他的祖国或同语言地区里很有影响的作家,其作品读起来并不好,我想这很可能是那些破坏性译者所造成的恶果。一个作家在本国或本语言地区的名声不太可能凭空建立起来,他必有他成名的道理。他如果被翻译之后让读者大失所望,排除掉某些文化、政治原因所导致的接受障碍,其主要原因就是翻译不好。

我一直认为在文学翻译过程中,译者与原作者应该密切联系,多多沟通,这也是翻译当代文学的一个优越条件。那些问我问题多的译者让我觉得放心,那些从来不问我问题的译者让我担心,当然,如果这位译者水平非常高那又另当别论。

我觉得译者在与原作者充分沟通、讨论并经作者同意之后,译者对原作做一些章节合并、压缩等技术性的调整是可以的。但不经原作者同意就大幅度地删改,甚至是重写,那当然是不可以的。这些其实都是翻译合作过程中的老生常谈,没有必要多说的。

总之,翻译是戴着镣铐的舞蹈,是被限制的创造,但天才在限制中依然可以创新,庸才即便不被限制,写出来的或译出来的依然是平庸之作。我读过一位伟大作家翻译的日本的和俄国的文学理论著作,翻译者强悍的文风,让原作者消逝了。仿佛这些作品的原作者就是翻译者。我也读过一些伟大的翻译家翻译的外国文学作品,翻译家隐形了,仿佛读到的就是原作,仿佛我的阅读就是与原作者直接对话。

所以,我想,最好的翻译就是好像没有翻译。

(2016 年 11 月 27 日)

匠心成就经典

李 斌

最近,一部名为《我们诞生在中国》的中美合拍电影在社交网络里赢得一片赞誉。在各路影片争相抢渡的暑期档,这部起初不被看好的"自然电影",居然拿下了约5000万元的票房。许多网友主动担当"自来水",用尽全力"帮国宝求排片"。

世界上没有无缘无故的爱,也没有无缘无故的恨。《我们诞生在中国》深得好评,与精雕细作、用意深远不无关系。从用心捕捉每一个微小的动物表情,到高画质展现中华大地的瑰丽和壮美,从温馨细致的叙事风格,到寄寓其中的自然理念,电影展现给观众的,不仅是大熊猫、雪豹、金丝猴3个中国珍稀野生动物家庭的暖心成长与生命轮回的故事,更有对电影品质的极致追求、对自然之美的人文诠释。虽然这部电影要到明年才在世界其他地方上映,目前评价它的国际影响为时尚早,但就精良制作、出色口碑而言,它已经在很大程度上拓展了讲好中国故事的成功经验。

无论是大好河山、丰美物产,还是传统文化、现代风貌,中国从不缺少可以让世界瞩目的文化资源。但在文化走出去、电影国际化的道路上,我们却常常深陷迷途。近年来上映的国产商业大片,在海外市场的票房几乎全部惨不忍睹。这不仅与国内火热的电影市场极不相称,更不利于中国文化国际影响力的提升。而且,自己的"宝贝"不善利用,难免就会被外人拿去"为我所用"。

无论是《功夫熊猫》《花木兰》等动画电影的走俏，还是《美丽中国》等纪录片带来的世界惊艳，都让中国元素成为文化焦点和市场卖点。但是这些成功案例，映照出的都是国外文化产业的强大再造能力。

中国影视作品海外市场受挫，有渠道推广不给力的问题。比如合拍片定位指向中国而不是国外，搭国外产业大鳄的"便车"，容易流于"圈钱""分羹"的资本惯性，无助于中国文化的海外传播。也有文化隔阂、认知差异的因素。许多精心设计的"包袱"，国内观众可能全场捧笑，但国外观众却根本无法理解。"孙悟空打不过蝙蝠侠"，并不是笑谈。更为重要的，电影创作上匠心不足、浮躁过剩，几乎成为顽疾。许多作品剧情设计夸张雷人，跟风炒作3D技术、青春怀旧之类的概念，根本无法打动外国观众。一些从业者只知道迎合国内市场需求，满足于赚"快钱"，无心瞩望海外、放眼世界。

有人曾乐观估计，"中国市场是电影的未来"。中国市场的快速崛起，中国电影技术的逐步成熟，为中国文化走出去提供了很好的基础。诸如《卧虎藏龙》《英雄》《白日焰火》等影片，不是没有在国际电影节和海外市场斩获荣誉和高额票房，这些成功并非出于偶然。中国也不乏成龙、李安、吴宇森等在国际市场颇具号召力和影响力的人物。不久前著名导演冯小刚就签约美国三大艺人经纪公司之一的CAA公司，成为中国艺人走出去的又一突破尝试。机遇有，舞台有，关键人物也有，故事素材更是到处都是，唯一所缺的，就是匠心精神。

何谓匠心？李安拍摄《卧虎藏龙》，每句台词都要反复琢磨古今中西的不同表达，一场竹林谈情戏国内外编剧来回修改许多遍。为了达到原音重现的效果，演员们为发音苦练5个月，影片拍完后又进行了3次配音。《我们诞生在中国》同样是典范，光实景拍摄就耗时3年时间，据说所有拍摄素材加起来有1万多小时，最后呈现出的79分钟可谓精华之精华。贾岛诗曰："两句三年得，一吟双泪流。"好作品来之不易，没有点精益求精的精神，不下足推敲打磨功夫，经典何以成其为经典？

电影不仅是光影的语言，更是价值追求和匠心坚守的见证。一个文化消费的"黄金时代"，维系发展仅靠资本市场的力量远远不够，更需要遵循文艺本身的规律、挥洒创作者的才智、尊重观众内心的选择。不忘初心、坚定信心，拿出更多基于中国、着眼世界的优秀作品，中国电影才能建树起时代高峰，稳立于世界之林。

（2016 年 08 月 28 日）

梦境与现实：当两个世界相遇

李 强

前一阵在网上查资料，意外发现了一部尘封已久的动画片——《克里斯梦游美洲》，当熟悉的主题曲响起时，思绪不禁回到了 20 多年前。

这部西班牙动画片，对于很多"80 后"而言都不陌生。在上世纪 90 年代，"小神龙俱乐部"节目曾在全国播出这部动画：红发男孩克里斯在自家阁楼上发现记载了家族祖先探寻美洲的古书，在品读这本书的过程中，他进入了梦乡。在梦境中，克里斯和印第安小朋友开启了自己的拉美奇幻之旅。于是，神秘的奇琴伊察金字塔，壮阔的马丘比丘遗迹，浩瀚丰沛的亚马孙河以及高耸参天的安第斯山，就这样一一呈现在了眼前。

在童年时刻能与地球另一端的奇幻大陆相连，给我的成长留下深刻印记，甚至可以说，如今我来到拉美工作，很大程度都源于这部动画片的启蒙。不过再度重温，我却发现儿时不曾注意的细节：影片开头还有这样一段西班牙文介绍："谨以此片献给两个大陆相遇 500 周年，1492—1992。"

1492 年，哥伦布到达美洲，欧洲与美洲两个世界相遇了，然后呢？

动画片里神秘而温情的梦境之旅，不过是后人给孩子的美好演绎。真实的故事却是以印第安人的血泪写就：自 1492 年开始一个世纪间，由于战争、疾病和奴役，拉丁美洲印第安人口锐减了 95%。

尽管看起来给儿童播放的动画片似乎不应承载过多的历史负担，但仅以展现拉美神秘文明来纪念哥伦布"发现"美洲500年，未免显得过于轻浮。它甚至不能解答一个基本的问题：这些神秘文明为何"神秘"消失了呢？

经历过强势文明入侵的人们，往往习惯用"受难者"的身份来审视过往，展望未来。但出乎意料的是，这部动画片在视频网站上受到来自包括拉美观众在内的广泛赞誉，一个秘鲁网民甚至建议政府学习制作这样宣扬本土文化的影片。

也许长达500年的殖民过程已将印第安人及其文明毁灭殆尽，即便侥幸存留，也只停留在拉美社会最底层，既难以发出自己的声音，也乏人关注。在主流历史学中，哥伦布以及地理大发现，从来都是以"人类历史壮举"的面目示人的。

这也正是乌拉圭著名作家爱德华多·加莱亚诺所批判的："世界史基本上就是一部欧洲史"。事实上，这种批判不仅存留于历史学领域，欧洲史观至今仍是拉美社会的主流意识，深刻影响着今天的拉美社会。

日前，10万墨西哥农民云集首都宪法广场，抗议政府的农业和土地政策，要求改善底层农民的生存状态。这其中，许多农民都来自最贫困的印第安人村社。500年来，历经殖民、独立的他们，难以得到政府的重视。排在历史队列末尾的他们，在两个世界相遇500年之后，成为贸易自由化、土地私有化的最大输家。

1994年，北美自贸协定正式生效，大批美国农产品得以低价进入墨西哥，墨西哥本国农业遭受了前所未有的毁灭性打击。与此同时，墨西哥南部恰帕斯州的印第安人发动了武装起义，曾一路开进首都墨西哥城，震惊了整个世界，被称为"恰帕斯的惊雷"。

然而即便如此，印第安农民的生活并没有实质改善，"恰帕斯的惊雷"在吸引媒体一时的关注度之后，最终归于沉寂。印第安农民的生活，一如既往。今天，甚至连10万人参加的抗议游行，都在欧美主流媒体的版面上失去了踪影。诚如农民的抗议牌上所写："我们被剥夺了一切，包括恐惧。"

两个世界相遇的故事，仍然待续。

（2016年08月21日）

拾回文明史书的符号

王晓波

秘鲁国家考古博物馆将在首都利马以南的卢林区破土动工，计划投资额达 3.87 亿索尔（约合 7.19 亿元人民币）。秘鲁文化部长迪亚娜·阿尔瓦雷斯表示，建立这一博物馆的目的是更好地保护、研究和继承秘鲁文化遗产，建成后可使目前文化部收藏的 50 万件文物得到妥善保管和展示。

秘鲁是奇穆文明和印加文明的发源地，悠久的历史和璀璨的文明造就了昌昌古城、库斯科城、马丘比丘古城遗址等文化遗产，留下了大量珍贵文物。遗憾的是，许多文物在历史长河中因种种原因流落海外。

进入 21 世纪以来，秘鲁不断加强文化遗产保护，防止本国珍贵文物流出，同时加大了追索流失文物的工作力度，通过外交与法律等途径，陆续从美国、西班牙、意大利、阿根廷等多国追回大量流失的文化珍宝，成果显著。

2008 年至 2013 年间，秘鲁文化部文物检控总局在海关和警务人员的配合下共截获万余件列入国家文化遗产名单的文物。2014 年，秘鲁外交部向文化部移交了美国、埃及、澳大利亚、巴西和英国等多国归还的珍贵文物；瑞典哥德堡市和秘鲁文化部在利马签署有关哥德堡向秘鲁分批归还帕拉卡斯文明文物的协议，返还工作将于 2021 年结束。2016 年，在历经十多年的司法调查和诉讼程序后，阿根廷归还秘鲁 4150 件文物，包括印加文明的陶器和瓷器，莫切文明的陶罐和纺织品……然而，对于许多仍流落在海外的文物来说，这或许只是冰山一角。

在许多有着璀璨古文明的拉美国家，文物流失现象十分普遍。文物流失的方式也各不相同：被侵略者强取豪夺，海外展出后无法运回，被非法盗墓后经黑市走私……

一直以来，文物的流失只在一时之间，文物的追回却是步履维艰，长路漫漫。要寻回这些失散的文物常因难以提供文物所有权证据，被质疑没有足够资金与专业力量来妥善保护回归文物，或要经过漫长的岁月来完成司法程序等诸多因素而重重受阻。

马丘比丘文物在"背井离乡"近一个世纪后在秘鲁政府的不懈努力下终于"还乡"，堪称一个经典案例。1911年，耶鲁大学考古学家宾厄姆在秘鲁发现马丘比丘古城遗址。次年，耶鲁大学与秘鲁政府签订一项协议，宾厄姆获准将出土的陶器、首饰、石器和人骨等4万多件马丘比丘文物带回美国进行为期18个月的科学研究。但协议期满后，耶鲁大学却以秘鲁没有能力保护这批文物为借口拒绝归还。

2001年以来，秘鲁两届政府先后与耶鲁大学谈判。在谈判无果的情况下，于2007年和2009年先后两次向美国地方法院提起诉讼。而在司法途径也走不通时，秘鲁政府又发起强大的外交和舆论攻势。2010年，时任秘鲁总统加西亚还专为此事致信美国总统奥巴马，希望后者出面干预。此外，秘鲁还利用各种机会向他国领导人通报耶鲁大学"掠夺"秘鲁珍贵文物的事实真相，并向国际媒体发放主题为"耶鲁归还秘鲁文物"的宣传品。秘鲁声势浩大的讨还文物运动终于得到国际社会的大力支持，许多国家公开声援秘鲁。而耶鲁大学也终于回到谈判桌旁，并在之后分批归还了这些文物。

有一种声音认为，历史文物是全世界人类的财富，应被存放在一个最有利于其保护的博物馆，而不应纠结于国籍。但是从另一个角度看，历史文物其实并不仅仅是先祖留下的遗物，而是记载着一个民族历史文明的史书。每一件文物都是这部史书中的一个篇章、一个段落、一个符号，每一件文物都承载着这个民族历史长河中一段不能被抹去的文化记忆。对于别国来说，这些文物或许只是价值连城的稀世珍宝、著书立说的研究对象,但对于所属国来说,这是民族文明史中不可缺少的一部分,是民族自豪感的寄托。

(2016年03月27日)

哦，卡雅利沙

李志伟

2005年的柏林电影节金熊奖获奖影片是《卡雅利沙的卡门》，这是一部南非电影，将歌剧《卡门》的故事原封不动地搬到了非洲大陆南端开普敦市郊的卡雅利沙小镇。这里曾经是南非种族隔离制度下最后建立的黑人城镇，见证了种族隔离制度最后的野蛮生长，虽然如同一个旧时代的印记，却并未定格不前，而是焕发出新的生机。

"凡是过去，皆为序章"。站在开普敦最知名的景点桌山向东瞭望，在开普半岛与斯坦陵布什附近山区之间有一块广袤的平地，即为"开普平原"。这里的土地多为沙地，过去是一片荒野，星星点点散落着一些农户，偶尔会作为军队的演习场，平常只有羚羊跳跃其间。1950年，南非白人政府推行按照肤色进行族群分居的《群居法案》，开普敦城区成为"唯有白人可居住的地区"，而黑人和有色人种却被迫迁往开普平原，这里如同"种族隔离的倾泻场"，政府搭建的公寓与私搭乱建的棚户逐渐膨胀，越来越多的农村居民也汇聚到黑人城镇。

卡雅利沙小镇于1985年开始建设，这是白人政府为解决快速增长的进城农民以及其他黑人城镇过度拥挤两大难题而进行的尝试。在科萨语中，卡雅利沙的意思是"新家园"，这里成为南非发展最快的黑人城镇，也是白人政权维系种族隔离制度最后的尝试。在小镇开始建设的9年之后，种族隔离制度落幕，一个新的南非诞生了。

虽然各个种族可以自由迁居，但由于历史、语言、经济和种族政策等原因，黑人城镇许多擦抹不掉的特点依旧在卡雅利沙保留下来。跟洋房花园的白人别墅区和开普敦城区相比，贫穷、高失业率和犯罪率，以及社会经济地位边缘化这些社会问题在这里复杂交织。卡雅利沙现有39.1万人口，其中90.5%是黑人，8.5%是有色人种，其中六成以上居民是由农村地区迁往城市的农民。这里是开普敦最穷的区域之一，许多建筑是由铁皮、纸箱、木头所搭建起的棚户，1/3以上的人依旧要步行200米以上去接水，每户的平均收入是每年2万兰特（约合8500元人民币），而开普敦市平均水平是4万兰特。

"别在树下徘徊，别在雨中沉思，别在黑暗中落泪"。在南非，人们将开普平原上的黑人城镇视为贫民区，甚至视之为龙潭虎穴，不敢轻易踏足。不过，一些有头脑的商人正在尝试改变人们的旧观念与固有印象，转而发掘黑人城镇中的文化魅力，吸引更多游客前来消费。班图·马托勒和阿扬达·古巴是当地的两名社会企业家。在他们眼中，看似贫穷、混乱的卡雅利沙是一片充满机遇的热土。两人计划将卡雅利沙的一处空地改造为非洲特色的菜市场，再将一块废弃的运动场改造成焕然一新的运动综合中心。

一些土生土长的年轻人也在这个久负盛名的贫民区进行市场开拓。瞭望山是开普平原的最高点，距离瞭望山不远处有一个开设在集装箱里的面包店"菠菜新想"，手工菠菜面包和英式玛芬是他家的特色。鲁菲菲·农贾纳是这家面包店的老板，他从40兰特开始起家，现在生意蒸蒸日上，这都得益于越来越多游客的到来。另一家名为"深卡尔莎咖啡"有着通透的落地窗，周围街景一览无余。这家咖啡馆装潢考究，却开在贫民区之中，店主萨贝罗·辛贝库认为，"卡雅利沙人的观念正在转变，附近街区的白人也开始来到这里，白人对黑人贫民区偏执的恐惧感正在消失，他们在这里享受郊区城镇的生活"。有数据显示，卡雅利沙正在悄然改变，超过1%的家庭月收入已经超过2.5万兰特，而在2001年之前没有一户能够达到这一标准。

有人说，黑人贫民区是美丽城市开普敦的疮疤，但这里也是流淌音乐的地方。每到礼拜天，开普敦黑人城镇四处回响着赞美诗的唱诵。开普敦得以成为爵士乐重镇，也是因为黑人对这种迷人曲调的热爱。旧貌换新颜的卡雅利沙，正如小镇一处墙上的涂鸦写道，"你无法冲刷掉过去，但可以创造更加美好的未来"。

（2016 年 03 月 20 日）

不该被边缘的"他者"

赵明昊

伴随着中国人日渐增长的购买力，中国文化也更受欢迎，好莱坞电影或可以佐证。从《火星救援》和《地心引力》的中国航天设备，到《变形金刚》和《碟中谍》系列的上海街景，乃至《钢铁侠3》中国版的中国医生，无不展示了美国电影业对中国票房的看重。但颇让人失望的是，这些中国元素似乎没能取悦到中国观众，就像不久前美国《洛杉矶时报》一篇文章中引用的点评：中国产品和中国明星配角杂乱地凑到一起，"往好了说就是讽刺，往坏了说就是侮辱，这让很多中国观众感觉'被小瞧了'"。

示好却不被领情，冤吗？不冤。在中国观众看来，电影虽然映射了世界格局发生的巨变，但故事依然是西方中心视角，那里的"中国"只是西方世界里的中国，一个为了西方而存在的"中国"。从这个角度就可以理解，为何电影里中国的形象往往是被求助者，观众却还会感受到莫名的荒诞。

后殖民主义研究学者罗伯特·扬在描述这种现象时就指出过："当西方人观察非西方世界时，他们所观测到的与其说是那里的现实情况或非西方民族的真实感受，倒不如说是他们自身的镜像，是他们自己的假设。"

身份决定了看待事物的角度，如何解读去年在中国热映的《帕丁顿熊》(见下图)就是个有趣的例子。作为英国儿童文学的经典形象，帕丁顿熊的经历来自于英国儿童的二战史，但不少中文评论却看出了殖民主义与文化归化的隐喻。片中英国探险家最初与其他西方人一样，认为秘鲁是"一个广袤而又神秘的地方"，但当他与熊夫妇长期接触后却改变了想法，对同僚喊出了"他们不是野兽而是有智慧的文明生物"，虽然他们不会讲英语、不会打板球，而且还住在树上。可惜时至今日，暗示前殖民地民族幼稚、软弱、缺乏自我管理能力的描述仍不鲜见，有些人甚至据此在文化层面将国际间的粗暴干涉、对抗行为合理化。

当然，"秘鲁移民"帕丁顿熊形象的成功，在于他通过努力完美地融入了英国社会，不但得到了人们的尊重，而且找到了文化归属与身份认同，不再是社会边缘的"他者"、低人一等的"客体"。但若只问一句"他是否会怀念秘鲁丛林的生活"是不够的，因为影片同样展示了"他者"融入西方社会的阻碍和困难。作为一个错位者，帕丁顿熊的解决方式是"全盘英化"，忽视了整合两种互不兼容的文化的痛苦，而这正是英国乃至欧洲社会移民问题的一大诱因。

当前世界需要面临的现实问题是，虽然商业贸易、技术进步让不同国度的人们愈发了解彼此，但在可预见的未来，文化将仍然保持着地域性。

人们期待的多元文化世界的未来，就不是以帕丁顿熊树立一个"秘鲁中心主义"来对抗"西方中心主义"，而是真正以抱有开放胸怀，促使不同文化间彼此尊重理解，不再仰视或者俯视。走向现代不是走向西方，从某种意义而言，现代性是西方同世界互动的产物，就像丹麦历史学家戴维·格雷斯指出的："所有人都将运用现代性的工具塑造他们的社会和文化，却不会因此成为西方人。"

世界从来都是色彩缤纷的，你的眼中有我，我的眼中有你，"边缘世界"不该永远被边缘。

（2016年01月10日）

离艺术更近一些

任 彦

最近，荷兰国家博物馆向参观者下达拍照禁令，其中原因令人颇感新奇。

荷兰国家博物馆位于荷兰首都阿姆斯特丹，是荷兰最大的博物馆，在欧洲很有名气。该博物馆是一座哥特式建筑，坐落于一个大广场上，远看像一座气势恢宏的宫殿，透出一种历史的厚重感。该馆共有260多个展室，分布在4个楼层、80个展厅。展品主要分绘画、雕刻、装饰工艺、荷兰历史、亚洲艺术、版画等几大类，按照时间顺序展示了置身于国际背景中的荷兰的精彩故事。

17世纪被称为荷兰的"黄金时代"，当时荷兰在政治、经济和文化等多个领域取得巨大成就，特别是涌现出一大批享誉世界的画家，如伦勃朗、扬·弗美尔、弗兰斯·哈尔斯等，他们开创的画风将荷兰艺术推向世界巅峰。荷兰国家博物馆最吸引人的藏品就是荷兰画家的艺术杰作，其中镇馆之宝就是伦勃朗的巨幅油画作品《夜巡》。置身于这座博物馆里，犹如走进一座世界艺术宝库，观者的艺术细胞顿时倍增。

不久前，笔者参观了这座博物馆。首先映入眼帘的是一个硕大的标牌，悬挂于博物馆入口处最显眼的位置。标牌上印有一个黑色的相机镜头，镜头上打着一个红色的、大大的叉。走进博物馆，大门内侧两边有志愿者向参观者免费发放铅笔和画本。据了解，这个标牌是该博物馆最近举行的一个活动宣传画，其主题词这样写着：当你绘画的时候，你可以看到更多。

该博物馆馆长维姆·皮哲比思对笔者说："在忙碌的生活中，我们难以看到事物有多么美，因为我们忘记了如何近距离观察。很多参观者在博物馆里只是习惯于拍照，根本无暇去留意艺术品本身的内涵。我们推出这个活动，就是呼吁人们放下相机和手机，用铅笔在纸上画下看到的展品。当你绘画时，你可以更加专注，就会离艺术更近一些。"

"这是一个很有意义的创意活动，它让我们反思人与科技的关系。"现场一名参观者对笔者说，"科技产品日新月异，的确给我们的生活带来很大便利，但与此同时我们太过依赖科技产品，以至于我们自身的一些功能在退化。没有照相机的时候，参观博物馆时我们用眼睛来看，但是有了照相机和能拍照的手机之后，我们就用它们代替眼睛来参观博物馆了。本以为镜头可以帮助我们定格更多美好的瞬间，回家之后再慢慢品味，事实上回去之后就很少再看那些照片了。"

对于荷兰国家博物馆的这一创意，很多参观者给予点赞，纷纷表示这种体验很新鲜，的确让他们对艺术品有了更深入的理解。但也有人抱怨自己画技太差，难以表现艺术品的美感。不过，在笔者眼里，画得好坏并不重要，重要的是放慢脚步，亲自参与，调动感官，用心灵与大师对话。

走出博物馆，笔者深为体验这次奇妙的艺术之旅而感到欣然。与此同时，在卢浮宫参观的画面浮现脑海：在那里，很多人拿着相机或者手机到处奔跑，参观者如同赶场般东拍一张，西拍一张。《蒙娜丽莎》画作前聚集了很多人，但真正驻足观赏的很少，人们像看热闹一般聚拢过来，个个高举相机按下快门，并不深究那神秘的笑容是否摄入镜头。很多人为了看上一眼《蒙娜丽莎》，不知花了多少钱、跑了多少路，但真正站在这幅倾慕已久的国宝级名画面前，是否能停下脚步，睁大眼睛，用心品味，却不得而知。

（2016 年 01 月 03 日）

旅人心语

走出蓝房子的弗里达

李 强

提起墨西哥，会想到什么？通过多年媒介的塑造，人们脑海中往往立刻浮现出仙人掌和玉米饼的画面。不过这大都是一些直观印象，真正遍及全球的墨西哥文化元素，其实是墨西哥女画家弗里达·卡洛。无论在纽约、伦敦的艺术商店，还是曼谷、孟买的夜市小摊，随处都能看到她经典的一字眉自画像。评论家、设计师和商业开发公司已将她塑造为墨西哥文化的象征。

于是，当你准备去参观弗里达位于墨西哥城南科约阿坎的故居时，不得不排上两三个小时的队，因为这里已经成为全世界文艺青年的"朝圣之地"。科约阿坎是墨城文艺界人士的最爱：除了弗里达和她的丈夫迭戈·里维拉之外，壁画大师西凯罗斯、哥伦比亚著名作家加西亚·马尔克斯、西班牙著名导演路易斯·布努埃尔等众多知名艺术家，都长期居住于此。

弗里达的故居被称作蓝房子，坐落在伦敦街。以欧洲著名城市命名，是科约阿坎街道的特色：除了伦敦，还有柏林、巴黎、马德里、维也纳等。1907年7月6日，弗里达出生于此，她的父亲是德裔犹太画家与摄影师。弗里达家境殷实，除了因为小儿麻痹造成了右腿比左腿短一点以外，她在蓝房子的童年称得上幸福。读书期间，她结识了来学校创作壁画的墨西哥壁画大师迭戈·里维拉，她日后的丈夫。

18岁那年的车祸改变了弗里达的一生，她的脊椎断成三段，颈椎碎裂，右腿严重骨折，一只脚也被压碎。当时没有人相信她能活下去，经过一年多的治疗，尽管仍然饱受伤痛，她竟然奇迹般地恢复了行走能力。

如今在弗里达博物馆展出大量她当年使用的生活物品，其中很大一部分是医疗器具、拐杖、轮椅、矫正器，以及治疗期间的照片：在一个多月的时间里，她曾躺在一个石膏制成的模子里一动不动。在并不算长的人生中，她经历了30多次手术，最后还被迫截肢。这部分展览内容具有一种恐怖气氛，仿佛展示出弗里达一生中所承受的痛苦。

然而，也正是这种痛苦造就了她奇异的艺术风格。她在卧床期间开始绘画，一生创作的200多幅作品中，大约有1/3是自画像。初看这些画作，人们大都感觉怪异，但如果了解了她的人生经历再去看，就会发现她用画作记录下自己的痛苦和思考。这种独一无二的经历和创作思路，使她的作品备受瞩目，甚至打动了一向挑剔的法国卢浮宫博物馆，弗里达的肖像画成为该馆收藏的第一位墨西哥艺术家作品。

就在弗里达刚刚赢得国际声誉时，她的身体健康却每况愈下。1954年，她在蓝房子中去世，年仅47岁。

弗里达并未从此被人淡忘，相反，她不但走出蓝房子，更走向世界。她的画作屡创拍卖纪录，那道浓烈的一字眉已经成为墨西哥文化的标志。她的声名甚至超过了她的丈夫。

在声名鹊起的背后也不乏泛滥的商业元素。笔者在蓝房子的纪念品商店里看到，弗里达的画像、玩偶、冰箱贴和T恤琳琅满目，与在欧洲、美国乃至亚洲的商店里看到的并无二致。

相比迭戈·里维拉笔下充满政治隐喻的宏大壁画作品，以及其貌不扬的长相，弗里达曲折的人生经历、标识化的外在形象，更能引发商业开发者的兴趣。如今人们看到、听到的弗里达，多为重新塑造的全新形象：被剥离了时代背景和艺术审美的文化消费品，代表了某种异域神秘色彩。人们对弗里达的兴趣，也常常出于某种好奇心和消费欲，而非她背后的墨西哥文化。这，不能不说是一种遗憾吧。

（2016年05月29日）

小鸟何以"依人"?

陈效卫

在拉脱维亚大学后面的街心公园等待被采访者时,笔者看到一群麻雀在地上觅食,随手掏出此前留在包里的一把小米。小米尚未来得及撒出,似有备而来的麻雀们眼疾翅快,一跃而上,竞相飞到手中抢食。它们叽叽喳喳,毫无畏惧,旁若无人,一如淘气的孩子们在父母身旁打闹嬉戏、任性调皮。

平生第一次零距离感受"小鸟依人",我有些不敢相信自己的眼睛,在备感慰藉欢愉的同时,也情不自禁地感谢麻雀对一个来自遥远国度陌生客的信任。

在儿时的记忆中,麻雀在农村被视为偷吃粮食的"老家贼",是孩童们弹弓瞄准的主要目标。城里居民虽很少猎鸟,但体小灵活的麻雀与其乡下的"表亲"一样机警,若即若离,近身不得。撒点碎食,它们边啄边望,随时准备"撤退";给块面包,它们更是叼起就飞,一直逃到安全位置。对待这样的小生灵,人们从未指望有朝一日它们能像鸽子那样在身边气定神闲地觅食撒欢儿。现在,恍如梦境一般,它们竟然飞到手心,毫不担心"主人"会欲擒故纵。

已吃光小米的麻雀眨眼间紧急集合般飞走了。原来,一位老年妇女提着一个布袋,在不远处正大把大把地撒着面包屑。在这位老人面前,麻雀似乎更加从容淡定,在布袋周围边吃边闹。老人告诉我,住在附近的居民常将家中多余食物撒在这里,街心公园靠近马路的这一角,就是麻雀的"食堂"和"天堂"。

像这位老人一样,在拉脱维亚,人们世世代代将麻雀等鸟类视为造物主恩赐的小伙伴，朝夕和平处，相看两不厌，喂食就像居民一日三餐那样平常。麻雀"阅人无数"、训练有素，动辄"抄近路"直扑手中，人们早已习以为常、见怪不怪了。

在常见的动物中，麻雀在食、貌、形、声等诸方面皆堪称"可爱"。麻雀虽吃稻谷和小麦，但"主食"却是害虫。惨痛的教训证明，没有麻雀的世界，害虫就会"作威作福"。无论是在乡下还是在都市，麻雀总是羽毛鲜亮，聚集在一起欢唱。三四十年前，乡下的孩子不仅常在麻雀的啾啾叫声中醒来，而且偶尔还可以看到自家墙壁新增添了麻雀新家庭。雄鸟向雌鸟求爱时的舞姿更加优美，它低头鞠躬，转圈跳跃，生动有趣。《说文解字》曰："雀，依人小鸟也。"唐朝诗人李峤还将麻雀喻为"嘉宾"，形容它们栖宿在人家里，状若宾客。

人们推崇和留恋情爱生活中的"小鸟依人"，在现实生活中对真正"依人"的小鸟照顾得却远不够周到。一些弥漫着农药和化肥的田野，让麻雀失去了捕食的"广阔天地"。在一些城市，麻雀在墙壁上预留的空调管道中、路灯的支架管里、街道两边的大树洞里筑巢，随遇而安，就像拾荒者一样卑微地度日。小鸟不再"依人"，不是不想，而是无法。

人类与小动物和谐相处，就是要尊重其固有的生活方式，友善相待、互不干扰。在此基础上，哪怕一点点善举，都会得到回报。

（2016 年 05 月 22 日）

驯鹿的生存法则

陈效卫

除人类之外,世界上哪种动物最聪明?笔者在俄罗斯"北极圈上的明珠"萨利哈尔德和"世界寒极"雅库茨克两次零距离接触驯鹿后,深感答案或许非他莫属。在亿万斯年物竞天择、优胜劣汰的进化中,驯鹿形成了异常苛刻的生存法则,综合生存力之强令其他动物难以企及。

生活在冻土苔原带上的驯鹿,堪称生命的奇迹。上苍要"饿其体肤",驯鹿就降格以求,练就了用苔藓、地衣等低等植物充饥的能力。驯鹿的两角之间可拓展到近 2 米,分枝繁复超过 30 叉,有利于大面积扫雪觅食。驯鹿进化出的鹿科动物中的最阔蹄子,可从深达 1 米的坚硬雪里刨出食物,也易于在深雪、密林、沼泽中长途跋涉、快速行走。

每年春天伊始,驯鹿还要"劳其筋骨",例行北上数千公里,在日夜兼程的战略转移中觅食。这一达变的本领使驯鹿不仅开发了食物的品种,如改变素食习惯而猎食旅鼠等,而且避开了温带较多的天敌。而生活在同一土地上的猛犸象只会株守家园,在气候变暖、草场植物减少后遂有饥馁之虞,距今约 3700 年时即绝灭。

冻土苔原带上的驯鹿在"足食"的同时,也学会解决了"丰衣"问题。经过亿万年的进化,驯鹿的冬毛变得浓密柔软,且中间充满空气,一如穿了双层皮袄,不仅格外保暖,而且游泳时还可增加浮力,可谓一举两得。

面对自己的天敌——善于尾追的雪狼，驯鹿也练就了硬功与绝活。除了巨大而凌乱的长角可使敌人在"眼花缭乱""手足无措"中被划伤外，驯鹿的常备武器——强壮灵活的四肢和坚硬宽大的四蹄更使敌人猝不及防。尤其是有力的后蹄腾挪奋力踢出，对体量矮小的雪狼有着巨大杀伤力和威慑力。

联合作战是弱者制胜的法宝，驯鹿深得此法之妙。平时驯鹿都是群居，抱团御敌。每年大迁徙时，驯鹿更是数百只乃至千只合力前行，且分工有序：雌鹿领头，幼鹿居中，雄鹿殿后。一旦遭遇群狼袭扰，驯鹿在全力抵御的同时，则由匀速前进变为加速奔跑，矮小的雪狼常常望尘莫及。

驯鹿队伍的超常战力，离不开"半边天"的自强。与其他所有鹿类不同，驯鹿中的雌性也长角。这种角虽相对短小而柔弱，但关键时可用于自保，从而极大地减轻了整个家庭的负担。而且，护子之情下的雌鹿，尚能迸发出母性的天然伟力。母鹿在自备武器的同时，还将孕期缩至7个月，只有猛犸象孕期的1/3，这又大大减少了自身的脆弱性。

驯鹿的父母辈们练就了"金刚不坏"之身，年轻后生们也绝非等闲之辈。幼鹿最争气的绝活就是"早出人才"，生长速度之快创造了哺乳动物世界之最：幼仔产下后两三天即可跟着母鹿一起赶路，一周后即能像父母一样飞跑，时速达48千米。在长达20年的生命征程中，这个短短的一周成长期只占千分之一，庶可忽略。而同样在这片土地上生活的猛犸象，幼象自立需15年，导致父母一生有5000多天受"拖油瓶"连累，"猛"的因素大打折扣。

当然，即使这样快出人才，一双父母也难以保护多只幼鹿。于是，驯鹿父母自觉明智地选择了"计划生育"，小驯鹿们也习惯于在没有嫡系玩伴中孤独成长。

在成功地解决了"与天斗""与地斗"的难题后，驯鹿家族面对的最大难题就是"与人斗"。

动物所谓"没有天敌"，仅是就动物界自身而言。在善于延长臂力和脑力且贪婪成性的人类面前，任何有价值的动物任凭多么凶猛都难逃厄运。鹿角自身也有独特价值，如何避免贪婪的人类杀鸡取卵？驯鹿采取了妥协的制胜策略：每年不辞劳苦地长出新角，不断满足人类的需要，从而拥有了"每天一个蛋，刀斧靠边站"的永恒价值，牺牲小我终以保全大我。驯鹿能成为动物界为数不多的"寿终正寝"者，凭借的正是这种壮士断腕的勇气与智慧。

至此，驯鹿的生存法则可概括为"八自"，即自立与自助、自强与自主、自警与自律、"自虐"与自救。两个涉及驯鹿非凡战力与超常智力的谜团也迎刃而解：冻土带上"缺衣少食"的驯鹿为何能成为鹿类"最兴旺的家族"？圣诞老人缘何唯驯鹿首是瞻、选择红鼻子鲁道夫等作为雪橇"銮驾"在漫天飞雪时为孩子们送来新年礼物？

（2016 年 04 月 10 日）

凝聚人心的节日

赵 松

翻开新一年的日历,俄罗斯的节日可谓热闹。有人做过统计,俄罗斯人一年中有 1/3 的时间是在节日中度过的。而贡献过半的行业性节日超过 60 个,比如宇航节、印刷节、无线电节、建筑工人节、警察节、边防战士节、地质工作者节、医务工作者节、司机节……崇尚喜庆、生性乐观的俄罗斯民族,几乎各行各业都有自己的节日。

节日虽多,但假期少。这些行业性节日设立的初衷并非为满足国民休假权益的需要,而是希望以立法的形式,凝聚和表达社会对职业群体的关爱与尊崇。其实,很多行业性节日在苏联时期就已立法确立。苏联解体后,有的更名,有的改期,但不同行业过节的传统成为共识,并保留至今。同时,新的节日也在不断刷新日历,有的甚至具有世界意义。

节日的设立源于纪念或者企盼。就某种意义而言,行业性节日给世人树立一座凝聚共识的纪念碑,镌刻着值得纪念的历史时刻。1961 年起,4 月 12 日就一直是苏联和俄罗斯的"宇航节"。正是这一天,苏联宇航员加加林首次飞入浩瀚太空;苏联解体后,许多节日或被取消,或被冠以新名称,但"宇航节"从未改变,可见俄罗斯人对这段辉煌历史的深刻记忆。2011 年人类进入太空 50 周年之际,联合国在俄政府的提议下,将 4 月 12 日命名为"国际载人航天日",从一个国家节日升格为全世界的纪念日。这一天,一些与航天有关的博物馆等场所会对民众特别是儿童开放,以加深各国民众对本国航天事业的了解。

在俄罗斯,节日并非日历上冷冰的数字,而是令人感受到社会默契和人文关怀:7月份第四个周六是俄罗斯的贸易工作者日,在俄境内,每年有超过5000万人欢度这一节日。这一天流行一种默契——售货员都要微笑迎客,同样,顾客也不要吝惜对其职业的赞美;11月10日是俄罗斯警察日,许多警察穿着阅兵服执勤,成为街边一道亮丽风景;12月22日,为纪念电力工业部门工作者的节日,有的州区熄灯一小时,以提醒人们不要忘记身边带来光和热的人们……这样的例子不胜枚举。从领导人贺信到专家宴请、从颁发奖章到节日晚会、从亲朋祝福到陌生人的善举,一幕幕动情画面,无形间增进了社会凝聚力、行业向心力和职业认同感。

然而随着时代发展,一些不在节日名单上的新兴职业,也不甘被落下。一名从事网页设计的员工曾收集签名向俄罗斯政府请愿,选择每年第256天设立程序员节。2009年,俄总理签署法案成为官方节日。后来,为了让所有行业都有机会庆祝自己的节日,俄罗斯政府前几年专门出台法令,简化行业性节日的审批程序,民间建议经过相关部委批准,就可以成为公认的行业节日。

俗话说得好:"敲锣卖糖,各干一行。"行业者需要增强认同的窗口,社会也需要表达敬意的出口,这样的节日,颇得人心。当然,节日的意义不是说只有在特殊时间才去关注这些群体。如何诠释节日倡导的精神,增强社会向心力,让大家真正融入到社会的血液中,才是过节的真正内涵。

(2016年02月14日)

墙面画作　壁上史书

王骁波

与墨西哥城相距几百公里的帕丘卡，原本有一大片位于山坡上的贫民社区，远观无味，近而生畏。2015年，当地政府为促进社区转型，为居民创造更好的生活环境而启动了一个项目。他们请来壁画家，将五彩缤纷的颜料"泼洒"在200多间房屋的外墙上，艺术色彩令整个社区焕然一新：从近处看，每间房屋有着独立的壁画装饰，从远处看，坡上鳞次栉比的房屋也似一幅完整的彩色画作。更有意义的是，在此后的一段时间里，原来暴力冲突事件频发的社区，犯罪率也有了下降。真是坡上寒屋本无光，重彩浓墨换新装，心情变换民心结，艺术感化莫相忘。

说起壁画，来到墨西哥城，游客们大都会慕名到市中心广场旁的国家宫一睹迭戈·里维拉的壁画巨作《墨西哥的历史》。壁画位于国家宫中央楼梯的回廊壁上，高五六米，宽数十米，有千余个人物，全景式展现了墨西哥被殖民前的印第安文明一直到上个世纪的历史，是不可多得的艺术瑰宝。

墨西哥国立自治大学图书馆则是另一处不得不看的壁画杰作：这座十几层楼高的建筑外墙被彩色小瓷片构成的壁画包裹，展现出被殖民前的印第安文明、殖民时期的历史、现在的世界以及如今的墨西哥等四个方面，堪称经典。

不过，这些对游客有着巨大吸引力的壁画在墨西哥人看来却是司空见惯。从国家宫的回廊到国立自治大学图书馆的外墙，从美术宫的内壁到剧院的天花板，从地铁站到街头巷尾，各种风格的壁画在墨城随处可见，千千万万幅壁画早已和这座城市融为一体，这其中有艺术名家阳春白雪般的传世精品，也有民间艺术家下里巴人般的质朴之作。墨西哥地方政府也时常开展一些美化城市的活动，邀请国内外壁画艺术家对建筑外墙进行艺术美化，或是特意将一些公共场所的墙面留白，作为壁画家挥洒灵感的园地。

从艺术发展的历史来看，壁画是人类历史上最早的绘画形式之一，大约伴随着人类社会生活而产生并传承下来。原始社会时期，人类在洞壁岩石这天然的画卷上刻画各种图形图案，以记录事件、抒发情感或用于装饰，这便是早期壁画的由来。目前，在法国和西班牙发现的人类岩画可以追溯到两万多年前，多为牛、马、鹿等动物形象和一些图形。而在印第安文明的发源地墨西哥，南下加利福尼亚州现存的岩画有着7000多年的历史，1993年被评为世界文化遗产；恰帕斯州现存的玛雅文明博南帕克壁画，有近2000年的历史。

历经数千年演变，壁画已成为墨西哥乃至整个美洲公共艺术不可分割的一部分。现代墨西哥壁画艺术的繁荣应归功于上世纪20年代开始掀起的"壁画运动"。上世纪初，在墨西哥革命运动的推动下，一大批进步画家在时任教育部长瓦斯孔塞洛斯的鼓励和倡导下，为了唤醒和激励民众、传承和发扬民族艺术，掀起了轰轰烈烈的"壁画运动"，其中最有名的莫过于墨西哥"壁画三杰"——迭戈·里维拉、何塞·克莱蒙特·奥罗斯科和大卫·西盖罗斯。他们号召要实现一种划时代的、具有英雄色彩的、本民族的绘画艺术，这样的意识信念也影响了此后的几代墨西哥艺术家。

如今，在墨城主大街改革大道两旁的公共建筑物上，也能见到许多描绘墨西哥民族斗争史和英雄人物的大型壁画。这些壁画犹如展开的历史画卷，有着栩栩如生的画技、天马行空的创意。画家将民族自豪感倾注其中，壁上之画便仿佛点睛之龙，被赋予了生命。而街头巷尾、楼旁桥下的壁画则十分接地气，其色彩之鲜艳、想象之夸张、技法之讨巧，也会令匆匆走过的路人会心一笑。可以说，壁画艺术已渗透到墨西哥艺术家的血液之中，也融入了墨西哥人民的生活之中。

壁画讲述着历史，历史被嵌入了壁画。生长在这片土地上的墨西哥壁画艺术家们用自己的天赋和汗水,为城市面貌、为国家历史、为民族文明贡献着自己的力量。由此,壁画艺术已经不仅仅是在墙上绘画的艺术,而是生动的社会生活图册,是具象的历史文明书籍。

(2016年01月24日)

专版评论

采取更有力度的行动

解振华

马拉喀什气候变化大会是《巴黎协定》生效后的第一次缔约国大会，也是一次"落实行动"的大会。中方继续遵循公约的原则和规定，坚持"共同但有区别的责任"原则、公平原则和各自能力原则，按照多边议事规则，全力支持主席国摩洛哥的工作，推动马拉喀什会议取得圆满成功。我们也希望与会各方"巩固、保持和发扬"巴黎气候变化大会形成的合作共赢氛围，建立政治互信。

《巴黎协定》的成功达成标志着全球气候治理将进入新阶段，向全球传递了绿色低碳转型的积极信号，进一步推动绿色低碳发展成为大势所趋。气候变化谈判关乎各国核心利益、发展权益和国际影响力，各方围绕《巴黎协定》的博弈十分激烈。中国在巴黎会议谈判中促进各方凝聚共识，积极宣传介绍中国应对气候变化的政策行动，发挥了积极建设性的作用，为会议取得成功作出了突出贡献。

马拉喀什会议重在落实《巴黎协定》确定的相关机制安排，切实做好以下工作。一是做好《巴黎协定》生效实施相关安排。二是安排好《巴黎协定》的后续谈判，争取尽快进入实质性谈判，为协定实施奠定基础。三是继续强化2020年前行动力度，各方应落实好已经做出的2020年前承诺，特别是发达国家应切实提高2020年前减排力度并落实到2020年每年向发展中国家提供1000亿美元的资金支持，为2020年后加强行动奠定基础。四是更加关注发展中国家诉求，就资金、技术、能力建设等发展中国家重点关注的问题取得积极进展。

我们视应对气候变化为实现发展方式转变和结构调整的重大机遇，积极探索和努力践行符合中国国情的低碳发展道路。中国政府积极采取强有力的政策行动，有效控制温室气体排放，增强适应气候变化能力，推动应对气候变化各项工作取得重大进展。经初步核算，我国能源活动单位国内生产总值二氧化碳排放下降20%，超额完成下降17%的约束性目标；森林蓄积量增加到151.37亿立方米，提前实现到2020年增加森林蓄积量的目标。截止到今年9月，全国7个试点碳市场配额现货累计成交量达到1.2亿吨二氧化碳，累计成交金额超过32亿元人民币。这些进展彰显了我国以实际行动应对气候变化的决心。

中国政府本着"互利共赢、务实有效"的原则积极参加和推动与各国政府、国际机构的务实合作，为促进全球合作应对气候变化发挥了积极建设性作用。中国与美国、欧盟等主要发达国家保持密切沟通协调。中美元首三度发表气候变化联合声明，双方于2016年9月二十国集团杭州峰会期间共同发表中美气候变化合作成果文件。今年，中国与欧盟、韩国、俄罗斯等国开展气候变化对话磋商，举行气候变化合作机制多边会议，进一步深化了务实合作。

我们重视巩固加强与"基础四国"、"立场相近发展中国家"和"77国集团+中国"沟通协调，积极推动应对气候变化南南合作。通过建立气候变化南南合作基金，"十二五"以来中国政府累计投入了5.8亿元人民币，为小岛国、最不发达国家、非洲国家等其他发展中国家提供了实物及设备援助，并对其参与气候变化国际谈判、政策规划、人员培训等方面提供支持，累计举办了40余期应对气候变化南南合作培训班，帮助发展中国家培训2000余名应对气候变化领域官员和专家。

气候变化是全人类面临的共同挑战，需要世界各国携手合作，共同应对。中国政府将坚定不移地本着对中华民族福祉和人类长远发展高度负责的精神，积极应对气候变化，并承担与中国发展阶段应负责任和实际能力相符的国际义务，采取更有力度的行动，为应对全球气候变化做出积极的贡献。

（作者为中国气候变化事务特别代表）

（2016年11月18日）

中国与联合国:不断深化的合作

潘基文

今年是联大第 2758 号决议通过 45 周年,这一决议恢复了中华人民共和国在联合国的合法席位,联合国也由此更加具有了代表性。从那时起,中国与联合国的联系更加紧密。中国支持多边主义,支持联合国的各项工作,作为安理会常任理事国,中国承担着越来越重要的国际责任,在全球事务和地区事务中发挥着举足轻重的作用。

担任联合国秘书长以来,我已经 11 次到访中国,见证了联合国与中国在各方面的合作不断深化,保留了很多美好回忆。去年 9 月,习近平主席来纽约出席联合国系列峰会,联合国有幸收到习主席赠送的一份特殊礼物——"和平尊"。我特别喜欢上面雕刻着的 7 只和平鸽和太阳,它们不仅象征着和平,同时也表明联合国 70 年来经历的风风雨雨。这份礼物充分表明是联合国与中国共同的价值取向把我们双方紧密地联系在一起,同时也向世界表明,中国人民对联合国工作的大力支持。我们将"和平尊"放在联合国大厦的显要位置,来来往往的各国代表无不对此敬慕。

中国用自己悠久的历史文化,和平发展的理念以及在国际舞台上发挥的重要作用带动并影响了一大批国家。在联合国制定千年发展目标后,中国实现了几亿人口脱贫。现在,中国又把联合国 2030 年可持续发展议程与本国的"十三五"发展规划有机结合起来。我坚信中国会全力落实可持续发展目标并且为其他国家做出榜样。

中国政府在应对气候变化方面发挥了无与伦比的作用。中国已经向国际社会展示了走低碳可持续发展道路和建设环境友好型社会的意志。今年9月,中国率先批准《巴黎协定》,使得这一高度复杂但又勇气十足的协定能够在11月4日在全球范围内顺利生效,中国发挥了不可替代的推动作用。中美两国元首在二十国集团领导人杭州峰会的系列会议上同时宣布批准《巴黎协定》,让我深受感动,那是历史性的一刻,显示出两个最大经济体应对气候变化、携手共创未来的决心和勇气。

中国对联合国各项工作具有很强的建设性贡献。这里,我特别想说说维和行动,中国在联合国维和行动领域的贡献十分扎实和突出。中国在安理会5个常任理事国中派出的维和人员最多,派出2600多名维和人员,也是第二大维和摊款出资国。中国将加入新的联合国维和能力待命机制,为此率先组建常备成建制维和警队,并建设8000人规模的维和待命部队。联合国维和机制在保护平民和稳定地区国家局势方面至关重要,我们期待中国能够继续支持联合国工作,继续派出训练有素、装备齐全的维和人员同联合国一道完成这一神圣使命。

从提出"一带一路"倡议、成立亚洲基础设施投资银行到举行二十国集团领导人杭州峰会,中国不断显示出在人类可持续发展、包容性发展,创造更加繁荣美好未来方面的领导作用。随着中国不断取得令人瞩目的进步,国际社会对中国的期望也在上升。从落实全球可持续发展目标到维护国际和平与安全,国际社会还期待中国继续发挥领导作用来应对全球共同的挑战。

我与中国人民的友谊以及我对中国文化的羡慕由来已久。我在担任联合国秘书长之前是一名外交官,与中国同行经常交流,我还经常练习中国书法,并已坚持很多年。如今我即将卸任,不管我卸任后情况如何,我将一如既往地继续深化与中国人民的友谊。

(作者为联合国秘书长,本报驻联合国记者李秉新采访整理)

(2016年11月11日)

让匠心成为一种时尚

王 永

工匠精神被写进今年的《政府工作报告》，其重要性毋庸置疑。大家已经充分意识到，只有工匠精神，才能令中国制造走上新高度。不久前，主题为"信心与匠心"的第十届中国品牌节在大连落下帷幕，会议重点探讨了工匠精神。海尔集团首席执行官张瑞敏在发言中表示，匠心就是做到极致，需要精益求精、追求完美、不断进取的工作态度。

有人认为，工匠的工作只是机械地重复，这其实是一种误解。工匠的日常工作和精神属性，代表着一个时代的气质，是踏实、坚定、传承与创新的代名词。每个行业有建树的从业者，身上都一定程度具备这种特性。

精益求精是工匠精神值得称赞之处，具备工匠精神的人，往往对工艺品质有着不懈追求，以严谨的态度，规范地完成好每一道工艺。持之以恒是工匠精神最为动人之处，具有匠心者会隔绝来自外界的纷扰，凭执着与专注从平凡中脱颖而出，为技艺的传承和发展奉献毕生精力和才智。

道理大家都懂，但知易行难。现实生活中常常遭遇糊弄，这正是工匠精神的死敌。与糊弄一样具有杀伤力的是凑合。和糊弄、凑合如影随形的就是粗制滥造。张瑞敏说，当年他之所以下决心砸掉一批有质量缺陷的冰箱，就是要和糊弄、凑合决裂。粗制滥造的产品如果不下决心全部砸掉，工人们糊弄、凑合的心态就不可能得到根本性的解决，也就没有海尔今天的发展。

所幸，如今越来越多的中国企业家已经深刻认识到糊弄、凑合的危害性。那些不愿糊弄、不愿凑合的企业家越来越受到市场和客户的认同，他们的成功正在慢慢带动和影响更多的企业家重视工匠精神，并在生产和企业发展过程中践行。

对工匠精神的重视契合了当今中国的现实需要。它不仅是贯彻新发展理念的内在要求，同时也将进一步激发广大劳动者的劳动热情。客观而言，近年来社会舆论对劳动的尊重与激励，与我国市场经济的改革步伐并不匹配。在市场经济环境下，对企业家的评判标准和激励机制，全社会已逐步形成共识，但对优秀工匠的评判和激励却远不到位。因此，如何从制度建设和社会舆论层面，为工匠的生存、发展和精神传承提供保障，是一个十分重要而迫切的课题。

让工匠精神回归本源，需要从一点一滴做起，从拒绝糊弄与凑合开始。培育和弘扬工匠精神，不仅有利于将创新、协调、绿色、开放、共享的发展新理念落实落细，也可以让越来越多的人通过诚实劳动实现人生理想、展示自我价值，推动形成刻苦钻研、积极奋发的社会风尚。

（作者为中国品牌节创始人兼秘书长）

（2016年11月02日）

中国经验值得借鉴

文霭洁

联合国国际减灾战略 2012 年发布的《造就韧性城市报告》和联合国 2015 年发布的《减轻灾害风险全球评估报告》都一致强调,降低城市脆弱性、增强城市在自然灾害面前的韧性是一项事关可持续发展成败的决定性举措。随着城市灾害风险加大,各国对城市灾害应对能力建设都更加关注。

在德国,《欧盟洪灾风险管理与评估指令》的颁布以及《联邦水管理法》的修订,极大推动了应对洪水的城市空间规划。截至 2013 年底,德国各州都发布了公众可以通过网络获取的洪涝灾害风险地图。海啸安全一直是日本沿海城市规划的核心问题,日本拥有世界上最先进的地震预警系统,其海啸预警服务由环绕日本列岛的 300 台传感器组成,80 部水下传感器全天候监测地震活动,测量向日本海岸移动的海啸高度、速度、位置及抵达时间。

中国正在经历着人类历史上规模最大、速度最快的城市化进程,快速城市化在带来人口和经济聚集的同时,城市面临的灾害风险也日益加大。全球气候变化导致极端天气频发,城市遭遇自然灾害及衍生灾害的风险也随之增大。研究显示,中国 80% 以上的城市受到气象、海洋、洪水和地震等灾害的严重威胁,近年来,武汉、北京、长沙、成都、南京等地先后发生过大面积的城市内涝,中国东南沿海的众多城市几乎每年都会遭受台风袭击,给城市交通和人们的工作生活带来了很多问题。

在应对重特大灾害过程中，中国防灾减灾救灾工作发生了制度、模式和能力等多方面的变化，全社会的灾害风险防范意识明显提升。中国政府高度重视城市防灾减灾工作，中央对城市工作进行了全面部署，提出要把安全放在城市建设和发展的首位。各级政府也加大了投入力度，着力提高城市基础设施、生命线工程、重要建筑物和场所等的设防水平。今年5月12日中国防灾减灾日期间，全国各地组织开展了应急演练、科普知识宣传、人员培训、知识竞赛、模拟体验等形式多样的城市防灾减灾宣传教育活动。国家减灾委在北京举办了第七届国家综合防灾减灾与可持续发展论坛，全面提升公众的参与意识和应急能力。目前，《国家综合防灾减灾规划（2016—2020年）》也正在组织编制之中。

近年来，中国在人道主义援助事务中积极承担责任，积累了丰富的经验，逐渐获得了国际社会的认可。2015年尼泊尔地震后，中国是最早抵达尼泊尔提供援助的国家之一。此次救援是近年来中国政府采取的最大规模的海外救援行动，不仅提升了中国国际形象，而且与中国"一带一路"倡议具有高度一致性。今年4月厄瓜多尔地震中，先后有6家中国社会组织直接参与了现场救灾工作。

中国政府积极利用国际多边和双边机制深化减灾领域务实合作：中国积极参与《2015—2030年仙台减轻灾害风险框架》和《2030年可持续发展议程》谈判；中国与马来西亚成功举办东盟地区论坛第四次救灾演习；中美两军在美国华盛顿州举行第三次人道主义救援减灾联合实兵演练；向东盟提供5000万元人民币经济技术援助并签署谅解备忘录。

30多年来，联合国开发计划署充分利用其全球发展经验，协助中国开展灾害风险管理，提高社区应对灾害能力，推动信息和知识共享，同时也通过南南合作等将中国积累的减灾救灾经验向国际社会示范推广。

10月13日是国际减灾日。今年的国际减灾日以"用生命呼吁"为主题，把减少人员伤亡作为减灾工作的首要任务，城市应对灾害能力建设也始终是防灾减灾的工作重点。国际减灾日旨在推进完善国家和地方的减灾战略、增强与发展中国家的国际合作、普及多灾种早期预警系统的应用等行动计划的实施。

中国是国际人道主义援助的重要力量，我们希望和中国政府一道，汲取来自其他国家的成功经验,为减轻城市灾害风险、提升城市防灾减灾能力做出不懈努力。

(作者为联合国开发计划署驻华代表处国别主任)

(2016 年 10 月 19 日)

悬崖边上的"美国梦"

斯蒂芬·罗奇

美国人常说,"政治导致同床异梦。"长期以来,美国的现实便是如此,2016年的选战(包括总统和国会选举)表现更甚。尤其怪异的是,美国民众的焦虑与选举过程中的腐败形成了鲜明对比。两极分化的选民认为,中产阶层的困境是我们这一时代的关键社会经济问题。然而,竞选资金的结构正日益偏向于富裕的、根深蒂固的权力基础。它导致精英与被剥夺权利者之间出现明显的政治断点。

根据美国政治研究中心的调查,2015至2016年度的联邦大选(包括总统和国会选举)共计筹款25亿美元。与往届大选相比,明显低估了金融资源参与2016选战的充分程度。据《泰晤士报》报道,《纽约时报》集团通过市场化广告、报纸与电视传播等方式,仅在2016年3月有关特朗普的报道,相关价值就接近20亿美元;根据关于希拉里·克林顿的报道,相关价值约是前者一半。毫无疑问,2016年选战的总体花费将很容易打破2012年所创下的63亿美元纪录。

这种超常增长贡献来自于一小部分选民。2016年5月,为联邦候选人、政党和政治行动委员会(PAC)捐赠排名前100的个人合计捐赠总额为2.92亿美元,排名前100的组织(如工会、公司和他们的雇员)贡献1.33亿美元。然而,在所谓"超级政治行动委员会"所筹的7.54亿美元面前,这些数额相形见绌。

当前联邦竞选的个人贡献高度集中于少数富裕投票阶层。根据美国政治研究中心的数据,为大选捐款超过200美元的只占成年人总数的0.34%。2016年所募集资金总额的65%来自于前1%的组织和个人捐赠。

钱花的是地方吗？象征现有权力基础的在任者自然会给出肯定答案。尽管关于政治变革的呼吁不断，但这并未改变在任者的惯性趋势。从1963年到2014年，众议院的平均连任率为93%，参议院为82%。到目前为止，参议院连任者与挑战者之间的花费之比为4：1，在众议院这一比例高达6：1。

显而易见的是，"美国梦"处于危险之中——尤其是如何为后世美国公民带来经济繁荣这一理想目标变得更加遥远。雪上加霜的是，美国中产阶层的实际工资持续停滞已是事实。根据美国人口普查局的统计，1999年以来，美国中等收入家庭的实际收入缩水了7.2%，而在1999年之前15年内增长了18.9%。"美国梦"正站在变为噩梦的悬崖边上。

虽然经济学家和政治家们还在为中产阶层的困境争论不休，但毋庸置疑的是，迫切需要扭转这一严峻趋势。家庭收入压力在增加，劳动生产率在下降，后者是任何经济体生活水准的基础。事实上，从2008年至2015年，美国非农部门每小时产出的年均增长率只有1.2%，而2008年之前8年的增速为2.7%。

主要的宏观经济驱动力的生产率增长，即企业资本支出和储蓄，也一直备受压力。2008年至2015年，非住宅固定投资平均只占GDP的12.2%，而在前8年为12.8%。同样，2008年至2015年，国民净储蓄率平均只有国民收入的0.8%，而在2000—2007年间为3.2%。

储蓄、投资和生产率是经济幸福指数实际关注的问题。三方面的不足导致中产阶层产生焦虑，这已不足为奇。对此，公众已经明白，但美国的政治领导层似乎并没有了解这一点。它可能会承认问题，但难以提供新的答案。

关于政治经济的繁荣需要有一个非常不同的视角，需要一种反思：未来几年是实现还是打碎"美国梦"？它关系到一个国家的选举职能要如何解决这一问题。可悲的是，2016选战并不令人鼓舞，因为政治权力的集中越来越偏向精英与当权者。

（作者为美国耶鲁大学高级研究员、摩根士坦利前亚洲主席）

（2016年07月14日）

迎接一个时代的到来

杰克·吉尔博特

2016年5月13日,美国白宫科学和技术政策办公室(OSTP)与联邦机构、私营基金管理机构等共同宣布启动一项旨在推进微生物组研究及相关技术创新的"国家微生物组计划",这是两年多来上百位研究人员、商业领袖、政府决策者和游说团体不懈努力的结果。

微生物组是由包括细菌、古细菌、真菌、原生生物和病毒等微生物组成的生态系统。微生物的特点是单细胞、极其微小却掌控着地球上关系到我们人类的健康和幸福的重要因子。"国家微生物组计划"正是为了在所有的生态系统、大自然及人造世界里推动最前沿微生物科学的研究与技术创新水平。

这一计划开启了研究团体、联邦政府和产业界之间的复杂对话。美国政府已承诺,将拨款1.21亿美元带头启动一系列微生物科学领域新的研究项目。与此同时,大学、产业界及私人基金会等也有望投入共计4亿美元用于推动基层研究。芝加哥大学、阿贡国家实验室和海洋生物实验室已宣布共建一处微生物组中心,将集合30多个科研单位上百名研究人员一同创建一个多学科集成研究项目,一方面要推动基础研究,另一方面则致力于改善教育水平及相关新知识的转化。

美国"国家微生物组计划"的一个重要方面,就是聚焦平台技术开发。它是指通过不断研究如何操纵、观察和分析微生物世界的过程中所进行的技术创新。一个具有颠覆性的平台技术的成功例子是高通量 DNA 测序技术。"人类基因组工程"为提高基因组测序的速度、精度和成本效益做出显著贡献,而这一贡献无疑也将有助于快速推进微生物组科学发展,使得我们能够观察到几乎无形的微生物世界的基因多样性。

技术创新通常始于基础科学领域,特别是像大学和研究院这样能允许科学家们有时间、自由地探索知识。同时,以公私合作机制来保障投资,有助于推动创新,并将这些技术提供给更广泛的受众。

毫无疑问,微生物组研究的时代已经到来。在"国家微生物组计划"的平台上,不同学科之间能够联合起来,共同努力推动科技创新和基础科学研究。这一计划将刺激学界和产业界,从而会产生经济繁荣效应,同时开发出针对环境和人类健康的解决方案。无疑,大数据将在这一过程中产生巨大影响。一家名为"BioCollective"的机构不仅可以帮助普通民众获取关乎自身健康问题的研究创新成果,同时也能收集人类样本提供给科学研究界。作为"国家微生物组计划"的支持单位之一,"BioCollective"是一种新的商业创新模式,也是参与机构成员能够在向科学家销售微生物组样本过程中创收的一个交易平台。

微生物组研究的产业和临床应用前景十分光明。眼下,许多企业为了填补其科技或工业发展过程中的差距,纷纷转向生物学领域。比如,以往炼油产业主要关注化工方向,如今却十分重视通过微生物学来确定其中的微生物及其代谢过程,从而解决一些关键问题。有趣的是,微生物学现在可以帮助像比奥塔这样的石油企业确定新的油源和提高原油产量。因此,目前至少在能源产业内,微生物组研究能够通过减少化石燃料的成本来切实产生一定的经济效益。更重要的是,该研究使得能源产业在微生物识别和基因工程研究基础上,产生更大量的石油产品,为替代现有石油储备而贡献新的来源。

除了工业领域,农业也在利用微生物技术来提高农作物的韧力、抵抗力和生产力。不少大型农企和初创公司都已在下一代微生物研究方面投入巨资,积极开发能够预防真菌和线虫感染的技术,甚至改变农作物的特性来提升终端产品的风味和营养价值。另外,运用微生物技术使得农作物能够生长在边际土地上的做法,将为农民生产粮食或生物燃料提供更多土地资源。提升产量则既可以改变这些农作物的收入模式；又能为农民创收，还可以推进农作物多样化发展，从而改善粮食安全等问题。

无疑，微生物科学正迎来一个令人激动的时刻。通过不断加大人力物力投资，产业界能够从医疗、生物科技以及环境等领域的技术创新上获得更大发展。随着研究机构与商界和产业界合作的不断加深，许多研究成果就会迅速地完成技术转化，从而服务更多产业领域。目前，我们已经看到在这些领域的经济增长表现，而"国家微生物组计划"的实施将更加促进这一增长。相信在未来10年，通过公私合作，微生物科技领域的研究、开发与转化将不断迈上新的台阶。

（作者为美国芝加哥大学微生物组中心主任）

（2016年07月06日）

"反哺"与"造血"

丁 刚

2014年巴西大选的选票分布图是这个国家区域发展水平的真实写照。在这张图上，以劳工党为代表的左翼呈红色，右翼呈蓝色。选举结果是，整个国家几乎被拦腰切割成两个色块。上面（北部）是红色，下面（南部）是蓝色。这就是巴西经济学家常说的"两个巴西"："落后的巴西"和"发达的巴西"。

区域发展失衡一直是巴西可持续发展的障碍。上世纪60年代中期，巴西在中部打造了新首都巴西利亚，试图借此拉动整个经济向北倾斜。

近10多年来，巴西政府又不断用经济增长的获利补助底层贫困人口，使4000多万人脱困。这些人中有相当一部分都在北部农村地区，那里因此也成为劳工党的票仓。

但是，协调发展是非常复杂的"运算"，不仅仅是国家或富裕地区对贫穷地区的"反哺"。让底层更多分享发展成果是一回事，让贫困地区及其贫困人口具有长期发展能力则是另一回事。没有发展的能力，在经济遭遇风浪之时，贫困地区就会重返贫困，甚至拖累富裕地区乃至整个国家的发展，这是目前巴西经济迅速下滑的一个原因。

协调发展比较好的国家大多都是一面通过反哺构建公平的社保体制，一面抓好"输血向造血"的转换。一些西欧国家从上世纪五六十年代开始建立全民性的社保体制，通过二次分配实现了农村与城市、欠发达地区与发达地区的公民平等。回顾瑞典等福利国家的发展进程，可以清楚看到医保、养老金的全民性、普遍性在其中发挥的重要作用。

韩国在城市化和工业化开始加速之时，就十分重视缩小农村差距。上世纪70年代初，韩国开始推进"新村培养运动"（后改称"新农村运动"），通过农民、相关机构与指导人员的三结合，以勤勉、自助、合作为基本精神，促使农民自发开展家乡建设活动，将"外部输血"与"内部造血"有效地结合在一起，形成城市化与农村发展齐头并进的态势。

韩国的做法与传统的城市先发展、再"反哺"农村不同，而是一开始就着眼于发挥农村内在的发展潜力。

荷兰缩小城乡差别的例子还表明，农村的城市化与城市的"农业化"是可以打通的。荷兰农业就业人口虽然仅占全国就业人口的2.8%，但从事与农业相关的研究、加工、销售等行业的就业人口却超过了全国就业人数的20%。全球25家最大的食品和饮料加工企业，有4家是荷兰的，另外还有12家在荷兰设有分厂或研发机构，这些机构有很多都是设在城市里。荷兰的实践表明，农村与城市的职业紧密连为一体，城乡差别就会逐步消失。

在二元结构固化的中等收入国家，协调发展应当两步棋一起走。一是从一开始就将经济增长与向落后地区和农村的转移支付结合起来，不断加以完善，形成制度。二是在经济增长进程中，通过城市产业链的延伸，或是通过农村产业链的成长，将城市与欠发达地区、农村组合成一个完整的链条。

其中的关键是，既要使贫困地区的贫穷人口享受到同等水平的社会保障，同时还要能够在这些地区形成一定的劳动力培训和产业发展的基础，将输血转换为造血。

协调发展其实并没有一个适用于各国的完整方案，但它追求的是城乡和区域发展的平衡，这必然是一个动态的过程，要随着国家经济发展的进程而不断地进行调整。

（2016年06月01日）

挖掘国际人才"红利"

王辉耀

我国的留学教育工作起步较晚,随着改革开放进程的启动,来华留学生教育工作才真正全面展开。近年来,为了促进外国留学生来华学习和交流,我国政府加大了对来华留学生的资助力度,不断完善我国政府奖学金制度和外国来华留学生的医疗保险等制度。许多省市地方政府、高校也纷纷采取措施,或设立地方政府奖学金,或增加奖学金额度,吸引来华留学生,扩大国际影响。

随着来华留学的学生规模和质量不断提升,来华留学的市场愈发广阔,中国也成了国际留学市场的增长点。但是诸如高等教育国际化程度较低、来华留学生难以就业和实习等问题,仍制约着来华留学的发展。

与欧美发达国家相比,我国在吸引留学生的数量与质量上还有一定差距。根据经济合作与发展组织(OECD)的统计,发达国家的留学生占高等教育总在校生人数的比例在8%左右(OECD平均水平),我国仅为0.5%。来华留学生存量虽然已接近40万,但学历生人数占比只有46.47%,另一半多学生只是短期来华学习语言、文化等内容。这与发达国家吸引的留学生大多是以读取学历为主要目标形成反差,招生质量仍有待提升。

留学"赤字"一直是近十多年来中国留学发展的突出现象。根据教育部统计数据,2015年底我国有126.43万人正在国外进行相关阶段的学习和研究,而外国来华留学人员为39.76万名,留学"赤字"达86.67万人,较2014年度又有大幅上升。减少留学"赤字",推动更多外国学生来华留学的工作仍任重道远。

加快来华留学事务发展,需要进一步深化高等教育改革,推动高等教育国际化发展。借鉴当今国际经验,可行的措施包括:增加高等教育国际化的资金投入和支持力度,推动课程设置和师资的国际化,鼓励高校与国外学校深入开展交流合作项目,推动国际学分转换与学位互认工作的开展,支持高校"走出去",主动吸纳各国优秀留学生;进一步放宽来华留学人员的申请、学习与就业限制,鼓励来华留学生在华实习、就业、创业,为中国创新发展注入"新动能";充分利用"一带一路"的合作热潮,将吸引沿线国家人才来华留学作为"一带一路"建设的重点工程,开辟中国与沿线国家的人才资源双向流通渠道;建立相应的鼓励计划,积极发展来华游学等。

人才是大国竞争的关键因素。面对当今汹涌奔腾的国际人才流动浪潮,通过更加国际化的高等教育和更加开放包容的来华留学政策,吸引更多国家的人才来华留学,将带来更多的人才"红利"。

(作者为中国与全球化智库主任)

(2016年05月31日)

发挥自身优势　用好国际资源

李晓华

近年来,以高铁、通信设备、建筑机械、家电等为代表的中国制造产品的技术含量不断提高,一批中国企业无论是规模还是技术水平均达到世界前列,"中国制造"正在大步迈向"中国智造"。

"中国智造"是持续推动创新驱动发展水到渠成的结果。经过数十年的高速增长,我国制造业不仅规模居世界第一,在国家的大力支持和企业的奋力拼搏下,创新能力也不断增强。2015年,我国研究与试验发展(R&D)经费支出14220亿元,占国内生产总值的2.10%,R&D强度已经处于世界较高水平,科技论文发表数量、发明专利授权数量等科技创新产出指标也已居世界前列。教育事业的大发展孕育了全球最大规模的科技研发人员队伍,制造业的发展壮大造就了具有较高水平的技术工人队伍,而且我国科技人员和技术工人的工资水平均明显低于发达国家,人口质量红利依然巨大。

制造业是创新最为集中和活跃的国民经济部门,制造业的创新不仅需要实验室的开发和设计,而且需要研发设计环节与制造环节保持紧密的联系。也就是说,制造业的创新需要完善的产业生态系统作为支撑。我国拥有世界上最为完善的产业配套分工体系,为技术创新成果的产业转化提供了有力支撑。

当前,新一轮科技革命与产业变革正在兴起,以移动互联网、大数据、云计算、物联网、人工智能、增强现实、机器人、新材料、新能源、生命科技为代表的新兴技术不断取得重大突破，其中的一些技术已经实现产业化或正处于产业化的前夜。这些新兴技术具有知识和技术密集的特点，不但将进一步提高制造业的智力含量、催生出新的产品和产业部门，而且快速成型技术、工业机器人技术、新材料技术、工业控制软件技术等关键技术的成熟和产业化还将会推动制造业本身从机械化、自动化向数字化、智能化升级，进一步改变世界各国之间相对竞争优势。

2016年美国《总统经济报告》认为，机器人将会提高劳动生产率、带动经济增长，对美国经济来说与蒸汽机问世一样重要。在新兴技术和产业领域，发展中国家与发达国家基本处于同一条起跑线，因此每一次新工业革命都使一些后发国家实现对发达国家的赶超。这一轮科技革命与产业变革也将为我国制造业从"中国制造"向"中国智造"实现跨越式发展，提供了难得的历史契机。

加快"中国制造"迈向"中国智造"，既需要发挥自身优势，又要充分利用国际资源。第一，先进技术需要在产业化的过程中逐步成熟和完善，我国巨大的人口规模和快速提高的人均收入水平提供了巨大的市场空间，特别是新兴产业领域的先进技术可以利用巨大的市场容量形成自己的技术标准，掌握产业发展的主导权。第二，从世界范围看，尽管我国的创新能力不是最强的，"中国制造"在技术上不是最前沿的，加工制造成本也已经不是最低，但是把不断增强的创新能力与传统的低成本加工制造能力、产业配套优势结合起来，发展创新型制造，能够以足够低的成本实现快速的规模化生产，在高科技产品上实现价格优势。第三，我国互联网产业拥有以阿里巴巴、腾讯、华为为代表的一批世界级企业，不仅在电子商业产业具有巨大的优势，而且在大数据、云计算、人工智能等新兴技术领域的能力也在不断提升，为我国制造业与互联网产业的融合与向数字化、智能化方向的发展奠定了基础。第四，当前发达国家经济持续低迷，不少高科技企业增长乏力。中国企业可以在外国设立研发中心和实验室、收购国外高科技企业和初创公司，通过充分利用国际创新资源、获得国外先进技术的方式带动"中国智造"的发展。

实现"中国制造"向"中国智造"的转型，根本上要充分调动企业和个人的创新、创业热情，同时也要发挥政府的积极作用，为企业的创新活动创造良好的条件，主要包括加强对市场投入不足的基础研究领域的支持，加强对中小微企业的扶持力度，促进大学、科研院所科技成果的产业转化，加强知识产权保护，保障创新企业获得应有的收益。

（作者为中国社科院工业经济研究所研究员）

（2016 年 05 月 10 日）

"自行车"的双速难题

赵 晨

让各成员国将诸多立法权、对外贸易谈判、市场监管和发行货币等行政主权上交给欧盟，是一件异常艰难且饱受批评的历史性创新。欧洲一体化常常被比喻为一辆"行进中的自行车"，只有不断向前，解决新问题，克服新障碍，它才不会摔倒。但现在这辆"自行车"明显陷入困境，在社会、安全、经济和政治等各领域面临严峻挑战。

社会层面，数十年未见的难民危机不仅给欧洲国家增加了安置的经济成本，威胁到申根协定的实际履行，还埋下了大量宗教、文化和种族冲突的隐患，一些隐患近期已有所显露。

安全方面，3月22日比利时首都布鲁塞尔发生的系列爆炸案距2015年11月巴黎恐袭仅4个月，欧洲再次出现大规模恐怖袭击，不仅令世界质疑欧盟的反恐能力，也使得欧盟各国内鼓动民粹、主张反移民、反欧盟的极右政党获得更大的感召力。

经济方面，希腊债务危机虽有缓解，但德国等债权国仍未与希腊左派执政党在养老金问题上达成一致，危机警报仍未解除。欧盟成员国政治方面，英国政府宣布将在6月23日举行公投。英国是欧盟大国，如果退出欧盟，不仅会令欧盟在成员国数量上首次出现减少，创造一个先例，而且也将使欧盟的军事实力和国际政治影响力大大缩水，削弱欧盟在世界舞台上的地位。

欧盟的困境在于：一方面各种扑面而来的危机都是全欧性问题，需要在欧盟层面提出系统性解决方案，各国严格执行方可予以化解。很多事务需要欧盟设立新机构，推出新规则，这意味着权力需要进一步向欧盟集中，成员国需执行集体做出的决策。然而，很多成员国对欧盟的官僚机构已多有不满，欧盟内部民族主义情绪处在上升势头，对欧盟现有规定的执行大打折扣。在这种情况下，如果再度向布鲁塞尔让渡主权，恐怕会让一些国家民众滋生更多抵触情绪。欧盟这辆"自行车"，仿佛正在经过一段艰难的爬坡路段，它需要发力前行，但也可能会由于力度不合适或者技术不熟练导致不进反退甚至车身局部解体的结果。

这种状况下，欧盟很有可能出现内核更加紧密、外环松散的"双速"化发展前景：即德国、法国、比利时、荷兰等欧盟核心国家在更多事项上加强合作，让渡更多治理权力，结成更加紧密的联盟；而英国和一些中东欧国家会要求增加自主权，对欧盟的强制性指令有选择地遵守，并在诸多事项上与布鲁塞尔和核心欧盟成员国讨价还价。欧盟理事会2月举行的峰会已大体与英国政府达成妥协，就体现了这一趋势。展望未来，欧盟如果能成功地厘清内核与外围的权限界限和标准，仍然能让28个成员国进度不一地向前"骑行"。

（作者为中国社会科学院欧洲研究所国际关系室主任）

（2016年04月20日）

对极端思想说"不"

保罗·托马斯

自"9·11"恐怖袭击事件后,许多国家都面临着国内恐怖主义的威胁。2005年"7·7"伦敦爆炸案、2013年肯尼亚购物中心袭击案、2015年巴黎的两起极端恐怖袭击案等都是现实例子。在法国、比利时、英国,有不少穆斯林年轻人前往叙利亚投奔"伊斯兰国"极端组织,其中一些潜回欧洲密谋恐怖袭击。以上这些情况都让政府不得不思考,为什么青少年会受恐怖主义诱导,需要采取哪些举措来加以防范。

许多政府将青少年"极端化"的过程定义为"受极端伊斯兰教义影响,加入特定极端组织的传送带,预谋使用暴力"。这一定义将恐怖主义与穆斯林社区内部的信仰与教义相关联,认为这些思想为个人极端主义的滋长提供了土壤。

这一简单化的界定遭到了许多学者的质疑。这些学者认为,伊斯兰恐怖主义的现实威胁的确存在,但不能把潜在恐怖分子简单定义为"受伊斯兰教义影响、前往叙利亚"的人。还有其它多种因素导致个人极端化,这些原因可以大体从结构、文化、个人三个角度加以阐述。

首先是结构原因——社会不平等以及社会分化。一些分析人士认为,在许多西方国家,穆斯林作为少数群体是被边缘化和受到排斥的。

文化原因认为青少年通过使用社交媒体接触到一些极端主义观念,并且经过彼此间的讨论和模仿而加深了这种意识形态。"群体思维"让极端思想在小群体内部传播并相互巩固，很有可能诱发极端行为。

个人原因认为个人创伤以及心理脆弱性导致一些个体易受极端思想引诱。有很大一部分恐怖主义者曾经是街头罪犯或瘾君子，许多人在监狱服刑期间受到极端思想诱惑，非常容易迅速转变为"圣战"者。

上述多方原因预示着应对恐怖主义威胁需采取不同举措。以前，西方国家遭受恐怖袭击后往往对整个穆斯林群体采取遏制措施，这后来被证明是不明智和错误的。西方国家吸取教训，逐渐采用"软性"预防性措施，并将重点放在破获阻止恐怖主义预谋案件上。2006年，英国出台了反恐"预防战略"，旨在对穆斯林社团产生影响，消除社团内部极端意识形态存在的土壤，打击极端组织，搭建与穆斯林社团的合作平台，分享信息等。除本国外，英国还与欧盟其它国家加强了反恐经验的分享与合作。由于国情不同，每个国家的反恐重点也不尽相同，英国强调对穆斯林社团施加影响，丹麦则强调加强对脆弱个体的咨询帮助，以防止他们滑向恐怖主义。

在采取应对举措的过程中，各国也面临挑战。以英国为例，其反恐"预防战略"就遭到了很多反对，不少人士认为该战略专门针对穆斯林群体，具有歧视性和偏见性。现在的保守党政府对该战略进行了相应调整，预防措施不再局限于穆斯林社区，同时政府加大了对公务员、教师和医护人员的培训，增强他们发现可能的极端化青少年的意识及能力，鼓励他们采取预防性措施。

总之，欧洲许多国家都面临着国内恐怖主义的威胁，在采取及时有效的预防性措施的同时，还必须注意保持政策的均衡，否则可能适得其反。

（作者为英国哈德斯菲尔德大学教育发展学教授，本报记者李应齐采访整理）

（2016年04月19日）

用文化的力量塑造中国形象

娜塔莉娅·阿扎洛娃

中国文化有一种特殊的吸引力。延绵数千年的生命、系统庞杂的规模、代代相传的延续性都使其成为世界上独一无二的文化存在。但更让人惊艳的，是中国文化的创新性始终能带给世界不同的惊喜。

丝绸之路在历史上描绘出一幅不同文化交融的和谐画卷，"一带一路"倡议的推出再度掀起沿线国家文化交流的热潮，为中国文化走出国门创造了契机。在俄罗斯，近几年被翻译成俄语的中国散文作品数量显著增多，如王蒙的散文、余华的小说等，但最受欢迎的还是诺贝尔文学奖得主莫言的作品。这些书籍像一只巨手，为俄罗斯读者推开了通向中国人精神世界的大门。它们既承载着中国厚重的民族文化传统，又以一种开放的姿态拥抱世界文学，恰如"一带一路"建设带着中国的成功经验走向世界、拥抱世界。

在"一带一路"建设的合作过程中，文化融合是一股不可忽视的力量。在交流中互学互鉴，能够打破地域的界限，消除不同文化间的隔阂。中国古代诗歌作为传统文化的载体曾经由古丝路传播至沿线国家，深受当地民众欢迎，在俄罗斯亦毫不例外。近年来，"一带一路"框架下文化交流活动频繁举办，中国诗歌作品再次走进俄罗斯读者的视线。几年前，我们出版了一本《杜甫诗集》新译本，2015年又出版了《中国诗歌选集》。这些新的译本用当代语言重新阐释了作品的精髓，帮助读者更好地品读中国文化，促进中国诗歌文学在俄罗斯传播。

不过，相对于几千年的文化积累，中国文化和文学作品的海外发展可以说才刚刚起步。"一带一路"上层出不穷的文化合作项目，不仅有助于提高中文作品的翻译和图书的数量，也能够带动相关文化问题的研究、讲座的开展、作家间沟通以及网络出版物和电影作品的交流。俄罗斯科学院语言研究所世界诗歌研究中心目前正积极推动当代中国诗歌的翻译和研究，这部分文学作品在俄文学研究领域仍存在不少空白。我们建立了专项研究项目，以促进两国当代诗歌和散文领域的相互交流，从而充实双边文化合作的内容和种类，丰富俄罗斯的中国文学研究。

我们有理由相信，俄中双方积极参与的"一带一路"文化建设项目，将不仅仅是简单的作品翻译和介绍，而是能将中国文学在俄罗斯的现有盲点各个击破，建立起文化间无障碍交流的典范，推动文化融合的历史潮流。蕴含着21世纪社会深刻思想的中国现代文学，尤其是诗歌作品正迈步走出国门，向全世界受众展现出一个蓬勃发展的中国、一个开放包容的中国、一个影响世界命运的中国。

（作者为俄罗斯科学院语言研究所世界诗歌研究中心主任，
本报驻俄罗斯记者林雪丹采访整理）

（2016年03月29日）

为促进妇女发展加速行动

拉克什米·普里

20多年来,全球妇女事业在许多领域取得巨大进展。截至2014年,143个国家在宪法中规定男女平等;132个国家禁止童婚;至少119个国家立法保护妇女免受家暴,125个国家通过法律,在工作场所和公共场所杜绝性骚扰。更多的女孩能够上学接受教育,更多的妇女能够走出家门去工作,能够担任更多领导职务。

在去年9月通过的联合国2030年可持续发展议程中,国际社会确定了新的发展框架,从中可以看到一个清晰的、改变现实的希望。2030年可持续发展议程为长久改善妇女地位、保障男女平等和妇女权益提供了大好时机。今年3月14日召开的联合国妇女地位委员会第六十届会议也全面诠释了妇女在这一发展议程中的重要作用。

妇女在应对气候变化过程中扮演着不可或缺的重要角色,她们既是各种应对气候变化行动的执行者,又是这些行动的受益者。事实上,妇女在合理利用能源方面有巨大潜在才能。在许多发展中国家,妇女往往是一家之主,特别会掌握能源的使用。如果剔除社会结构中歧视妇女的因素,那些女企业家就可以在一个更加宽广的平台上发挥才干,创造更多社会财富。目前,联合国妇女署在与太平洋国家妇女进行合作,对她们进行使用太阳能技术的培训,不断增强她们在村落中的影响力,带动和激励其他村落的女性走出传统性别角色。

尽管在总体上男女平等事业取得一些进展，但在某些地区性别歧视现象仍大量存在。尽管女性接受的教育程度并不低于男性，但其工资收入总是比男性员工低约24%。甚至在一些国家，妇女还得为躲避战乱而背井离乡，饱受各种暴力侵扰，过着极不稳定的日子。

要实现2030年可持续发展目标，妇女的作用不能忽视。我们现在一定要集中精力，全力落实发展目标，这就需要我们有坚定的政治决心和具体的财政投入，需要国家机构建立并保持有效和包容的机制，确保不同性别能够融入可持续的经济发展环境，支持妇女能力建设，停止对妇女进行各种形式的暴力活动。我们经历过雄心勃勃但执行不力的遗憾，因此，一定要有具体的执行方案才能让2030年可持续发展议程和《亚的斯亚贝巴行动议程》提出的目标成为现实，才能到2030年时在我们这个星球上真正实现男女平等。

中国政府高度重视提高妇女权益问题。中国于1995年成功举办了联合国第四次世界妇女大会，去年又与联合国妇女署联合举办了全球妇女峰会，大力促进男女平等和妇女全面发展。联合国妇女署高度评价这一盛举并将继续与中方开展合作。中国在促进男女平等和妇女全面发展方面取得了巨大进展，在妇女接受教育和全面融入经济建设以及有关妇女问题的立法改革等方面更是表现突出。我们为习近平主席在促进男女平等、促进妇女事业全面发展方面展现出的决心鼓掌，为他致力于发展中国家妇女事业进步、致力于支持联合国妇女事业点赞。

当然，同其他世界大国一样，中国也面临许多挑战。妇女在全面参与经济活动、同工同酬机制、就业机会以及参政议政方面还有很大发展空间。世界妇女事业还有许多工作在等着我们。我期待着与中国以及世界各国共同努力，抓住机遇，共同促进世界妇女事业大发展，到2030年真正实现全球男女平等。

（作者为联合国助理秘书长兼妇女署副执行主任）

（2016年03月22日）

重塑军事力量体系

阮光峰

当前,军事技术加速发展,大国之间战略竞争日趋激烈,战争形态正在向信息化战争发展,军事转型的深度和广度进一步加大。

打破军兵种界限,进一步完善联合作战指挥体制。未来信息化战争,从战略、战役到战术行动,都将是多军兵种力量、多维空间一体化联合作战,战区级联合作战指挥体制在作战指挥中的主导作用更加突出。从新军事革命发展趋势看,在战区一级建立联合作战指挥体制已经成为重要发展方向,对军队整体转型具有重要牵引作用。

美军的联合作战指挥体制主要由"国家指挥当局"和战区指挥系统构成,近年来仍不断创新发展。目前,联合特遣部队成为美军实施联合军事行动的主要方式,积极完善"联合特遣部队总部"指挥方式,根据全球某个特定区域的作战行动,从特定军种和特种作战部队抽调作战部队,选拔计划人员,以便实施联合训练和战备任务。俄军经过几轮改革的实践探索,将原有6个军区合并调整为4个军区,同时成立联合战略司令部,组建空天军。俄国家防务指挥中心开始全面运行,初步实现联战、联训、联保一体化,实现单一军种指挥机关向联合作战指挥机构的转变。

军事改革就意味着军事力量格局的重组和优化。当今世界,发达国家军队都把减少数量、优化结构、强化功能、提高效益,作为改革和转型的重点。美军力争到2020年建成一支更精干、更先进、作战能力更强的新型联合部队。根据新版《四年防务评估报告》，美军未来4年将优先发展空、海力量，相对压缩地面部队，将陆军现役部队规模从目前约49万削减至45万，最终是要确保各军种协调发展，提升美军整体作战能力。日本也加快推进军事改革，实现由基础防卫力量向"联合机动防卫力量"转型。

加强新型作战力量建设，促进新质战斗力生成。空天作战、网络作战、特种作战等新型作战力量技术含量高、作战机理特殊、作战效能独特，代表着先进战斗力，是重塑军事力量体系的突破口。据报道，美国计划于2050年前组建空天舰队，并将网络空间司令部的编制由2000人左右增至6000人左右。美国防部计划扩建陆军特种部队，预计到2020年前后扩充到3.5万人左右，以便更好地与传统部队联合承担多样化的军事任务。俄罗斯加紧"统一信息空间"建设，打造新型作战网络。日本也决定建设一支太空监测部队，在自卫队设立"网络安全卫队"，组建日本网络安全中心。英国决定加大国防投入，组建更多特种部队，以应对各种危机和"伊斯兰国"挑战。

面对世界新军事革命的浪潮，中国不断深化国防和军队改革，进一步打牢实现强军目标的坚实基础。在领导管理体制方面，调整改革军委机关设置，军委机关下放代行的军种建设职能，减少领导层级，精简编制员额和直属单位。在联合作战指挥体制方面，建立健全军委、战区两级联合作战指挥体制，重新调整划设战区。在军队规模结构方面，裁减军队现役员额30万。另外，在部队编成、新型军事人才培养、政策制度、军民融合发展、军事法治体系等方面，也推出了一系列重大改革举措。目前，军委机关、战区及相关军种调整组建任务基本完成，军队领导指挥体制改革取得突破性进展，受到国际高度关注，并认为新一轮的军改将使中国军队的组织形态更加现代化，有利于进一步提升战斗力，更好地适应信息化战争和联合作战要求。

（2016年03月01日）

务实合作开新篇

岳麓士

1月19日至23日,中国国家主席习近平对沙特、埃及和伊朗进行国事访问。这是新年伊始中国外交的开篇之作,意义重大,举世瞩目。

沙特、埃及和伊朗是中东三个地区大国。中东位于亚、非、欧三大洲结合部,交通便捷,物产丰富,油气资源储量可观,被誉为"石油海洋"。中东既是古埃及和古巴比伦两大文明古国的所在地,又是伊斯兰教、基督教和犹太教的摇篮。在当今世界格局中,中东战略地位重要,热点问题交织,备受关注。

沙特国土面积约占阿拉伯半岛4/5,作为海湾阿拉伯国家合作委员会(海合会)中的"老大哥",沙特在维护地区和平与稳定、恢复阿拉伯国家团结、推动中东和平进程等方面,作用举足轻重。中沙建交后,两国友好合作关系全面深入发展。2008年6月,时任国家副主席习近平访问沙特,双方签署了《中国和沙特关于加强合作与战略性友好关系的联合声明》。目前,沙特是中国第一大原油供应国,并连续10余年成为中国在西亚北非地区最大贸易伙伴。

地跨亚非两大洲的埃及地理位置优越,在中东国家中人口最多,在中东地区的地位和影响不可替代。埃及曾是中东地区反帝、反殖的一面旗帜,在中东地区享有很高声望,也令埃及同非洲各国和伊斯兰会议组织成员国建立起广泛的共同目标、一致的愿望和密切相关的利益。此外,埃及还是缔造中东和平的基石。中埃关系源远流长,人类历史上最古老的两大文明自然汇合。

沙特和埃及同属阿拉伯国家。2016年是中国同埃及建交60周年，也是中国同阿拉伯国家和非洲国家开启外交关系60周年。在习近平主席访问沙特、埃及前夕，中国政府发表首份对阿拉伯国家政策文件，清晰勾勒出中国对阿外交的崭新轮廓，绘就中阿互利合作的美好蓝图。这是一份指导中阿友好合作提质升级的文件，深得阿拉伯国家的欢迎和赞赏。

伊朗是同阿拉伯国家有着千丝万缕联系的中东国家，也是欧佩克第二大产油国。由于受国际金融危机和美国等西方国家单边制裁的影响，伊朗经济增长缓慢，高通胀、高失业率问题比较突出。2015年，在中国积极斡旋下，伊朗核问题全面协议达成，这是中国特色中东外交最成功的案例之一。随着伊核协议的落实和国际制裁的逐步解除，伊朗将迎来新的发展契机。近年来，中国与伊朗在政治、经贸等领域的友好合作关系保持平稳发展。伊朗是中国在西亚北非地区的第三大贸易伙伴和全球第六大原油供应国。

沙特、埃及和伊朗，都是古代丝绸之路西端的重要驿站。在2014年中阿合作论坛部长级会议上，习近平主席提出共建"一带一路"的倡议。这次中东之行，习主席将同三国元首共商"一带一路"建设与往访国发展战略的有效对接。可以相信，"一带一路"将使中国同中东国家的联系更加紧密。

（2016年01月19日）

大国博弈　动荡难消

苏　格

国际安全形势出现许多新特点和新变化，国际安全之内涵与外延扩展，传统安全问题与非传统安全问题交织显现

2016年伊始，首先有必要界定国际安全形势发展的历史坐标。从纵向和横向两方面审视，国际格局自新世纪开启一直经历十分复杂深刻的调整。世界形势的主流依然是和平、发展与合作，冲突和动荡多现于区域。国际安全形势出现许多新特点和新变化，国际安全之内涵与外延扩展，传统安全问题与非传统安全问题交织显现。中国变量在国际安全格局中的影响和作用不断增大。

国际政治关系合作与矛盾并存，大国关系将持续合作与博弈。新的一年中，"冷战"思维不时对国际安全产生负面影响，联合国维护和平与安全任重道远。传统安全挑战与威胁依存，且通过新的投棋布子还有一定强化。非传统安全问题凸显。2015年底，联合国安理会通过对"伊斯兰国"实施制裁和政治解决叙利亚问题两项决议。但如何"标本兼治"恐怖主义，难题未解。在社会信息化背景下，网络安全在新的一年将持续受到高度关注。还有诸如金融风险、核扩散、气候变化、疾病防治、粮食安全、跨国犯罪、灾害治理等全球性问题，亦须国际社会通力合作实施全球治理。

在国际区域热点问题层面，中东、亚太、欧洲三大地缘政治板块新旧矛盾

交织，一些举世关注的事件似为偶发，但从深层次看，又应了"蓄之既久，其发必速"之古训。中东乱局险象环生，秩序重建举步维艰。新的一年，虽然政治解决叙利亚问题进程已起步，但围绕巴沙尔政权去留问题各持己见。各方"打恐"虽大旗高擎，但背后心思各有不同。沙特伊朗断交等事件的突发及演进，更使中东问题前景愈加扑朔迷离。此外，也门战乱和巴以矛盾亦非一日之寒，不排除大国政治力量继续就此深度博弈。

在亚太，新年伊始朝鲜再次核试震惊世界，余波持续。美国仍在加紧推行"亚太再平衡"战略，对其他强国崛起可能挑战其地位之焦虑感上升。美日等同盟强化，地区安全不稳定因素非减反增。日本政治右倾化，新安保法将正式生效。美国推动跨太平洋战略经济伙伴关系协定（TPP）谈判达成协议，今年各相关国家审批进程值得关注。美国插手南海问题，加之选举年美国国内政治对外交之掣肘等因素，相关问题可能再次被炒作。

在欧洲，美欧加紧"联手"，强化北约并对俄罗斯形成战略挤压。但美欧并非铁板一块，法俄在叙利亚问题上就与美国步调不一。乌克兰危机引发冷战以来美欧与俄最为激烈的地缘政治较量，并将持续冲击区域安全格局乃至大国关系。弥合矛盾绝非易事，但各方似均不愿彻底摊牌。新明斯克协议执行各方步履沉重，"诺曼底四国"领导人将协议有效期再延一年。欧洲近年一波未平一波又起：债务危机使其经济大伤元气；难民蜂拥而至使其遭受二战以来最大难民危机；恐怖袭击接踵而来，冲击欧洲社会安全和人们的心理防线。

经济安全方面，相互依存与竞争同在，机遇与挑战并存。经济全球化不断深入，"双刃剑"效用时而凸显，"一体化"与"碎片化"交织共生。后金融危机持续显现，经济下行压力依存。2016年，世界范围的经济复苏动力仍显不足。国际货币基金组织预测年增长率为3.6%；世界银行将从前预计的3.3%下调至仅2.9%。美联储已加息，导致新兴市场经济体大量资金撤出。全球需求、大宗商品行情和原油价格持续低位运行，美联储官员预期美元利率还会"徐缓上调"。此举有何后发效应，将是新年又一关注点。

中国是维护和平稳定与发展的积极因素。中国外交将"合作共赢"理念落实到政治、经济、安全、文化、生态等各方面，积极稳妥共筑"人类命运共同体"。中国致力于推动实现共同、综合、合作、可持续的国际安全。新一年，随着"一带一路"推进、亚投行运营、杭州 G20 峰会和人民币"入篮"，中国在全球经济安全和全球治理问题上将发挥新的引领作用。展望新年雄关漫道，中国特色大国外交必将栉风沐雨、砥砺前行。

（作者为中国国际问题研究院院长）

（2016 年 01 月 14 日）